राष्ट्रवाद का अयोध्या कांड

रामजन्मभूमि आंदोलन और आत्म-भय की राजनीति

भारतीय भाषा कार्यक्रम
CSDS
विकासशील
समाज अध्ययन
पीठ

वाणी प्रकाशन

सामयिक विमर्श

राष्ट्रवाद का अयोध्या कांड

रामजन्मभूमि आंदोलन और आत्म-भय की राजनीति

आशिस नंदी
शिखा त्रिवेदी
शैल मायाराम
अच्युत याग्निक

अनुवाद
अभय कुमार दुबे

वाणी प्रकाशन
4695, 21-ए, दरियागंज, नयी दिल्ली 110 002

फ़ोन : +911123273167 फ़ैक्स : +911123275710

शाखाएँ

अशोक राजपथ, पटना 800 004, बिहार

कॉफ़ी हाउस कैम्पस, महात्मा गांधी मार्ग, इलाहाबाद 211 001, उत्तर प्रदेश

महात्मा गांधी अन्तरराष्ट्रीय हिन्दी विश्वविद्यालय, वर्धा 442 001, महाराष्ट्र

सुल्तानिया रोड, मोतिया पार्क, भोपाल 462 001, मध्य प्रदेश

www.vaniprakashan.in

marketing@vaniprakashan.in

sales@vaniprakashan.in

RASHTRAVAD KA AYODHYAKAND
RAMJANMBHOOMI ANDOLAN AUR ATM-BHAY KI RAJNITI
by Ashish Nandi, Shikha Trivedi, Shail Mayaram and Achyut Yagnik
Translated by Abhay Kumar Dubey

ISBN : 978-81-8143-370-1
Social Science

प्रथम संस्करण 2005
आवृत्ति 2020

मूल्य : ₹ 595

जयंत प्रिंटरी, एलएलपी, मुम्बई-02 में मुद्रित

वाणी प्रकाशन का लोगो मक़बूल फ़िदा हुसेन की कूची से

अनुक्रम

सांप्रदायिकता को समझने के लिए

भारतीय सार्वजनिक जीवन में सांप्रदायिकता से ज्यादा पेचीदा परिघटना कोई नहीं है। इसका सबूत चाहिए तो भारतीय जनता पार्टी के नेता लालकृष्ण आडवाणी द्वारा पाकिस्तान यात्रा के दौरान दिया गया जिन्ना संबंधी बयान देख लीजिए। आशिस नंदी, शिखा त्रिवेदी, शैल मायाराम और अच्युत याग्निक की पुस्तक **क्रियेटिंग ए नेशनलिटी / रामजन्मभूमि मूवमेंट एंड फियर ऑव दि सेल्फ** के हिंदी अनुवाद का परिचय लिखे जाते समय पूरा देश यह पता लगाने में अपना माथा खपा रहा है कि धर्म के आधार पर द्वि-राष्ट्र सिद्धांत के सबसे बड़े पैरोकार मुहम्मद अली जिन्ना को एक ऐसे व्यक्ति ने सेकुलर क्यों और कैसे बताया जो स्वयं हिंदुत्ववादी सांस्कृतिक राष्ट्रवाद का सर्वाधिक प्रभावी प्रवक्ता है। वामपंथी हों या दक्षिणपंथी, सभी आश्चर्य के सागर में गोते मार रहे हैं।

इस पुस्तक के अनुवादक के तौर पर मेरा विनम्र दावा है कि हिंदी के पाठकों को इसे पढ़ कर अपनी उलझन का हल काफी हद तक जरूर मिल जाएगा। इसी के साथ-साथ उन्हें यह भी पता लग जाएगा कि धर्म के आधार पर राष्ट्र की स्थापना के लिए रक्त-रंजित आंदोलन चलाने वाले नेताओं को अपने बहुसंख्यकवादी राष्ट्र के लिए सेकुलर राज्य-व्यवस्था ही क्यों श्रेयस्कर लगती है। मेरे विचार से पाठकों को यह सुराग भी मिल जाएगा कि भारतीय सांप्रदायिकता का मूल उद्‌गम क्या है? क्या वह धर्म और आध्यात्म में विश्वास करने वाले किसी समाज की देन है, या वह आधुनिक बुद्धिवाद के आधार पर राज्य चलाने के कुछ खास तरह के हिमायतियों की कारिस्तानी है? सांप्रदायिकता परंपरा के कारखाने में ढली है, या आधुनिकता की फैक्ट्री में? उसका राष्ट्रवाद से रिश्ता क्या है? सेकुलर राष्ट्रवाद कब फिसल कर बहुसंख्यक राष्ट्रवाद में पतित हो जाता है? क्या सभी धर्मों से बराबर की दूरी वाला सेकुलरवाद भारतीय की बहुधर्मी परिस्थिति के अनुकूल है? जब पश्चिमी अर्थों में किसी विविधतापूर्ण समाज पर समरूप राष्ट्रीयता का पाटा चलाया जाता है तो उसे कितनी पीड़ा होती है? अगर इन सभी सवालों के कमोबेश जवाब चाहिए तो चार लेखकों द्वारा लिखी गई इस महत्त्वपूर्ण पुस्तक को पढ़ना

जरूरी है। दरअसल, **राष्ट्रवाद का अयोध्या कांड** अपने तथ्यों, विवरणों और विश्लेषण के साथ सांप्रदायिक राजनीति को समझने का गुटका है।

आडवाणी प्रकरण पर ताज्जुब में डूबे हुए लोगों को यह किताब सांप्रदायिकता बनाम सेकुलरवाद की बहस का एक ऐसा पहलू दिखा सकती है जो आमतौर पर सामने नहीं आने दिया जाता। दरअसल, सेकुलरवाद के साथ घनिष्टता का दावा बहुसंख्यकवाद के कई विख्यात पैरोकारों ने किया है। यह असंभव नहीं है कि कोई निजो जिंदगी में घोषित रूप से सेकुलर हो, लेकिन सार्वजनिक जीवन में किसी एक धर्म या समुदाय के वर्चस्व के लिए काम करता नजर आये। ज़ियनवादी इजराइल के संस्थापक थियोडोर हर्जल, मुसलमानों के लिए पाकिस्तान की स्थापना करने वाले जिन्ना और राजनीतिक हिंदुत्व के संस्थापक विनायक दामोदर सावरकर के निजी जीवन में सेकुलर आग्रहों का महत्त्व निर्णायक था। इन तीनों की मिसाल यह भी बताती है कि किसी एक समुदाय के दबदबे वाले राष्ट्र की स्थापना के लिए गैर-सेकुलर मुहिम चलाने के बाद उसे सेकुलर रूप देने की कोशिशें भी की जा सकती हैं। ज़ियनवादी आधार के बावजूद इजराइली समाज आज एक सेकुलर समाज बन चुका है। जिन्ना की बात उनके उत्तराधिकारियों ने नहीं मानी, हालाँकि उन्होंने अगस्त १९४७ को एक राष्ट्र के रूप में पाकिस्तान का उद्घाटन करते समय उसे आधुनिक सेकुलर राष्ट्र बनाने का आह्वान किया था। सावरकर के हिंदुत्व का एक महत्त्वपूर्ण तात्पर्य यह भी है कि वह अल्पसंख्यकों के लिए गैर-सेकुलर, लेकिन हिंदू समाज के लिए सेकुलर मंतव्यों वाला सिद्धांत है। जाहिर है कि सेकुलरवाद को अगर बहुलतावाद से आवेशित न किया जाये, और उसे केवल धर्मतंत्रीय राज्य की मुखालफत तक ही सीमित रखा जाए, तो कोरी आधुनिकता, निर्मम बुद्धिवाद और सामाजिक-सांस्कृतिक समरूपीकरण का बुलडोजर उसे अनुदार, बहुसंख्यकवादी और यहाँ तक कि फासीवादी हाथों का औजार भी बना सकता है। बहुलतावाद से रहित सेकुलरवाद किसी समुदाय के आंतरिक आधुनिकीकरण का वाहक तो हो सकता है, पर समुदाय की सीमाओं से बाहर वह 'अन्यीकरण' अर्थात चुने हुए समुदायों को पराया घोषित करने वाली राजनीति के खिलाफ कुछ नहीं कर पाता।

राष्ट्रवाद का अयोध्या कांड की विशेषता यह है कि इसके चारों लेखक अलग-अलग पृष्ठभूमियों से आते हैं। आशिस नंदी विख्यात समाजमनोविद् हैं और उन्हें आधुनिकता, सेकुलरवाद और राष्ट्रवाद की प्रखर आलोचना के लिए जाना जाता है। वे यूरोकेंद्रित विचार-दृष्टि के मुकाबले एशियायी

दृष्टिकोण के जोरदार पैरोकार हैं। शिखा त्रिवेदी पत्रकारों की उस नयी पीढ़ी की उल्लेखनीय प्रतिनिधि हैं जो हर जोखिम उठा कर भी घटनास्थल पर मौजूद रहना चाहते हैं ताकि उनकी रिपोर्टिंग को प्रामाणिकता मिल सके। शिखा ने रामजन्मभूमि आंदोलन के दौरान अयोध्या में हुई घटनाओं को नजदीक से देखा है। शैल मायाराम राजनीतिशास्त्र की विद्वान तो हैं ही, साथ उन्होंने आधुनिक भारत के इतिहासकार के रूप में भी ख्याति अर्जित की है। वे राजस्थान और खासतौर से जयपुर में हुई सांप्रदायिक घटनाओं पर निगाह रखती रही हैं। अच्युत याग्निक हिंदुत्व की प्रयोगशाला समझे जाने वाले गुजरात में सार्वजनिक दायरे के उन असरदार बुद्धिजीवियों में से एक हैं जिनका कार्यकर्ताभाव उन्हें कोरे विद्वानों के मुकाबले अधिक तीखी धार दे देता है। पत्रकार, कार्यकर्ता, मनोविद् और इतिहासकार का यह अनूठा संश्रय १९९० से १९९२ के बीच रामजन्मभूमि आंदोलन के आस-पास बुना हुआ एक ऐसा ब्योरा ले कर आया है जो अपनी घटनात्मकता के जरिये पाठकों को गंभीर और गहरे निष्कर्षों पर पहुँचाता है।

पुस्तक में कई जगहों पर जातीय हिंसा या जातीयतावादी हिंसा जैसी अभिव्यक्ति का इस्तेमाल भी किया गया है। पाठकों को उसका मतलब सांप्रदायिक हिंसा के तौर पर ही ग्रहण करना चाहिए। समूहीकरण या जनसमूहीकरण जैसी अभिव्यक्तियाँ भी हैं। इनका मतलब यह है कि जब किसी धर्म का आधुनिकीकरण होता है तो उसकी आंतरिक विविधता नष्ट हो जाती है और वह समरूपीकृत समुदाय में बदल जाता है। पाठकों को इस पुस्तक में हिंदू राष्ट्रवाद की बड़ी बारीक व्याख्या मिलेगी। संभवत: यह पहली पुस्तक है जो बंकिमचंद्र चट्टोपाध्याय और विवेकानंद के हिंदू राष्ट्रवाद और सावरकर के हिंदुत्व में अंतर को रेखांकित करती है। विश्लेषण की यह बारीकी यहीं नहीं रुकती, बल्कि यह सावरकर की हिंदू महासभा और राष्ट्रीय स्वयंसेवक संघ की राजनीति के फर्क को भी सामने लाती है।

एक और विशेषता है जो इस पुस्तक को सांप्रदायिकता के अभी तक किए गए सभी अध्ययनों से अलग कर देती है। शायद यह अकेला अध्ययन है जिसमें सांप्रदायिक हिंसा के मुकाबले घटनास्थल पर ही होने वाले सामुदायिक और व्यक्तिगत प्रतिरोध की घटनाओं को उभारा गया है। भारतीय समाज की जिस मंद गति की निंदा की जाती है, सांप्रदायिक हमले के खिलाफ उसी गतिहीनता की अंतर्निहित प्रभावकारिता को प्रमाणित किया गया है। अयोध्या, जयपुर और अहमदाबाद की जिन सांप्रदायिक वारदातों का विवरण इन पृष्ठों पर दर्ज है, उनमें राज्य और उसके कारकुन अधिकांशत: सांप्रदायिक

हिंसा को बढ़ावा देते नजर आते हैं। लेकिन, सामुदायिक तानेबाने के अंग के रूप में व्यक्ति सरकार और राजनीतिक दलों की मदद के बिना मानवीयता का रक्षक बनता दिखता है।

मुझे विश्वास है कि **राष्ट्रवाद का अयोध्या कांड** हिंदी के पाठकों को विचारों की एक अलग तरह की दुनिया में ले जाएगा जिसमें बने बनाए फार्मूलों को तिलांजलि दे कर सांप्रदायिकता को समझने के लिए एक नयी जमीन तोड़ने का प्रयास किया गया है।

—अभय कुमार दुबे
ग्रीष्म, २००५

प्राक्कथन

दक्षिण एशिया में जिसे सांप्रदायिकता कहा जाता है, यह किताब उसे धर्मों के बीच विवादों की राजनीतिक संस्कृति के रूप में पेश करती है। रामजन्मभूमि आंदोलन के आंशिक विवरण के जरिये हमने पाठकों को इसी राजनीति की एक झलक देने की कोशिश की है। आधुनिकता की फैक्ट्रियाँ दुनिया के पैमाने पर इसी राजनीतिक संस्कृति के तहत जिस जातीय हिंसा के विभिन्न रूप गढ़ती रहती हैं, उसे झेलने के लिए हम सब अभिशप्त हो चुके हैं। लेकिन, इस पुस्तक के पृष्ठ गवाह हैं कि दक्षिण एशिया के पारंपरिक समुदायों की सांस्कृतिक और नैतिक संरचना इस हिंसा के भयानक थपेड़े खाकर भी अपनी जगह टिकी हुई है। समुदायों का यह प्रतिरोध हमेशा कामयाब नहीं होता, न ही वे हमेशा एक-सी ताकत से हिंसा का मुकाबला कर पाते हैं। यह संघर्ष-गाथा किसी निजी या सामूहिक संकल्प का बयान भी नहीं करती। न ही यह नायकोचित पराक्रम से उत्प्रेरित है। समाज की अपेक्षाकृत गतिहीनता और राजनीति के स्थानीय रूप इस प्रतिरोध का हथियार बन जाते हैं। यह संघर्ष मामूली जिंदगी गुजारने वाले लोगों की सूझ-बूझ के खरेपन से अपनी ताकत हासिल करता है। लगातार जारी सांस्कृतिक आक्रमण के बावजूद ये लोग अपनी जीवन-शैली छोड़ने के लिए अभी तक तैयार नहीं हुए हैं।

रामजन्मभूमि एक ऐसा मुकाम है जहाँ समुदायों के इस प्रतिरोध की सबसे कड़ी परीक्षा हुई है। हमारी इस कहानी का अंत पहले कुछ सुखांत था, पर अब यह कुछ अनिश्चित-सा हो गया है। केवल इसलिए नहीं कि हमारे निकट अतीत की कुछ तल्खियाँ उस पर हावी हो गयी हैं, बल्कि इसका कारण यह भी है कि एक निर्वैयक्तिक किस्म की राजनीतिक प्रक्रिया पूरे उपमहाद्वीप के सार्वजनिक जीवन को अपनी गिरफ्त में ले चुकी है। यह सही है कि भारत के सामुदायिक जीवन का अंत अभी नहीं हुआ है, पर वह एक दैत्याकार परियोजना के आगोश में सिमट जरूर गया है। यही कारण है कि काफी-कुछ आशावादी दिखने के बावजूद यह कहानी पाठकों को एक दुखांत प्रारब्ध के संकेत देती है। लेकिन, यह कहानी एक बात तो साफ कर ही देती है कि रामजन्मभूमि आंदोलन का कोई भी विश्लेषण तब तक सार्थक नहीं

माना जा सकता जब तक उसे संगठित हिंसा की जिम्मेदार निर्वैयक्तिक शक्तियों के खिलाफ जमीनी प्रतिरोध की रोशनी में न देखा जाए।

सांप्रदायिक हिंसा का यह अध्ययन दरअसल जातीय संघर्षों पर चल रहे अध्ययनों के एक सिलसिले का अंग है। ऐसे विद्वानों की कमी नहीं है जो यह कहने में देर नहीं लगाते कि जातीय हिंसा और सांप्रदायिक हिंसा तो दो अलग-अलग बातें हैं। आजकल धार्मिक कट्टरपंथ का अध्ययन या तो परंपरानिष्ठता के संदर्भ में किया जाता है, या फिर उसे जातीयता और राष्ट्रीयता के चश्मों से देखे जाने का चलन है। हमारे खयाल से यह नजरिया पश्चिमी विद्वत्ता के प्रभाव की देन है। जिसे ये विद्वानगण विसंगित कहते हैं, हमारी पुस्तक उसमें संगति के चिह्न खोज निकालती है। पुस्तक का शीर्षक बताता है कि अयोध्या की घटनाएँ एक सदी से की जा रही कोशिशों का नतीजा हैं जिनके तहत हिंदुओं को ठोंकपीट कर बाकायदा एक आधुनिक राष्ट्र और प्रचलित अर्थों में जातीय बहुसंख्यक समाज बनाने की परियोजना चलायी जा रही है। इन प्रयासों का एक स्वाभाविक नतीजा भी निकल रहा है जिसके बारे में हमने चर्चा नहीं की है। दरअसल यह प्रक्रिया उपमहाद्वीप के अन्य धर्मों को प्रचलित किस्म के जातीय अल्पसंख्यक समुदाय बनाने की तरफ धकेल रही है ताकि वे आज्ञाकारी राष्ट्रीयताओं की तरह रहना सीख सकें। जाहिर है कि पारंपरिक समुदायों को जातीय बहुसंख्या और जातीय अल्पसंख्याओं के रूप में गढ़ना एक ऐसा लक्ष्य है जिसे श्रेयस्कर मानने वालों की आजकल कमी नहीं है। ये सभी लोग प्रगति, विकास, सेकुलरवाद, राष्ट्रीय सुरक्षा और राष्ट्र-राज्य की अवधारणाओं में यकीन रखते हैं। इनकी दिक्कत यह है कि ये एक ऐसे समाज पर अपना फारमूला आजमाना चाहते हैं जहाँ समुदायों और संस्कृतियों की सीमाएँ जनगणनाओं और वोटर लिस्टों के जरिये तय नहीं होती रही हैं, बल्कि जहाँ सामुदायिक जीवन और समुदायों के बीच के रिश्ते आज भी कायम है। ऐसे समाजों में बहुसंख्या और अल्पसंख्याओं के खेल की आंशिक कामयाबी भी एक छोटी-मोटी त्रासदी में बदल जाती है। आगे चलकर उसके नतीजे सिर्फ जाति-संहार की प्रक्रिया में ही निकलते हैं। हमें उम्मीद है कि इस पुस्तक के पृष्ठ इस त्रासद यथार्थ को उभारने में थोड़े-बहुत जरूर कामयाब होंगे।

संस्कृतियों के मामले में दक्षिण एशिया हमेशा से सलाद के प्याले की तरह रहा है। आधुनिक राष्ट्रवादियों और राज्यवादियों को इस बात से दिक्कत होती रही है कि इस इलाके में कुठाली वाला वह अमेरिकी मॉडल (मेल्टिंग पॉट) काम नहीं करता जिसमें व्यक्तिवादी आग्रहों और समुदाय-विरोधी

पूर्वग्रहों को प्रोत्साहन मिलता है। सलाद में पड़ी हर चीज अपना अलग वजूद कायम रखती है, पर साथ में एक-दूसरे से मिलकर अपनी-अपनी निजता से परे भी चली जाती है। दूसरी तरफ, मेल्टिंग पॉट में कोई अपना अस्तित्व कायम नहीं रख सकता। प्रत्येक प्राक्-आधुनिक अस्मिता को पिघलकर अपनी शख्सियत खोनी पड़ती है। इस मॉडल के तहत जो पिघलने के लिए तैयार नहीं होते, उनका वजूद जाम हो जाता है। उन्हें राष्ट्रीयताओं या अल्पसंख्याओं में बदल जाना पड़ता है। उनसे उम्मीद की जाती है कि अभी नहीं, तो आगे चलकर वे राष्ट्रीय मुख्यधारा में घुल-मिल जाएँगे। दक्षिण एशिया में पिछले कुछ वर्षों में हुई हिंसा का कारण अधिकांशतः यही है। वक्त के गर्दो-गुबार से सने हुए भारतीय यथार्थ पर नियोजित प्रयासों के जरिये मेल्टिंग पॉट वाला मॉडल थोपने की कोशिश की जा रही है।

आम लोगों को अगर तकलीफ हो रही है तो होती रहे, लेकिन कुछ लोगों को यह प्रक्रिया संतोषजनक ही लगती है। वे मानते हैं कि दक्षिण एशिया में अगर शैतान की यह खिचड़ी पकने लगी है तो इसमें गलत क्या है? उन्नीसवीं सदी के यूरोप से उधार ली गई राज्य और राष्ट्रवाद की अवधारणाओं का राग अलापने वाले लोगों को लगता है कि आखिरकार इस धरती पर भी राष्ट्रीयताओं का वह चिरप्रतीक्षित संघर्ष होने लगा है। अर्थात अब भारत माता के असभ्य पुत्रों को आधुनिक युग में प्रवेश करना ही पड़ेगा और यूरोपीय ज्ञानोदय ने खूब सोच समझकर सामाजिक विकासवाद की जो सीढ़ी उन्हें थमायी है उस पर चढ़ने की कवायद शुरू हो जाएगी। इन राज्यवादियों और राष्ट्रवादियों के लिहाज से तो दक्षिण एशिया में बढ़ती जा रही सांप्रदायिक और जातीय हिंसा राज्य और राष्ट्र-रचना का अनिवार्य नतीजा है, और अगर राजनीतिक इच्छा पर्याप्त हो तो राज्य का कानून-व्यवस्था का तंत्र आसानी के साथ इस हिंसा से निबट लेगा।

लेकिन, इसमें एक ऐसी बात भी है जो अभी पूरी तरह साफ नहीं हो पायी है। यह देखना अभी बाकी है कि आधुनिक राष्ट्र एक-दूसरे के खिलाफ खड़ी हुई राष्ट्रीयताओं को कैसे प्रोत्साहित करता है, और फिर किस तरह राज्य पर सामूहिक माँगों का दबाव डालने और प्रतिद्वंद्वितामूलक राजनीति में संख्याओं का खेल खेलने के अलावा उनके सामने और कोई चारा नहीं रहता। सीमित स्थान और सीमित क्षमताओं के कारण हमने इस पुस्तक में इतिहास के केवल एक ही हिस्से पर अपनी चर्चा केंद्रित की है। हमने दिखाया है कि हिंदुओं के भीतर राष्ट्र-निर्माण की प्रक्रिया किस तरह चल रही है। इस क्षेत्र के सर्वाधिक विशाल धार्मिक समुदाय यानी हिंदू समाज से आधुनिकतावादी

खासे नाराज रहते हैं, क्योंकि उसकी सीमाएँ स्पष्ट और सुपरिभाषित नहीं हैं। भारतीय मानवशास्त्रीय सर्वेक्षण के लिए किये गये अपने अनुसंधान में कुमार सुरेश सिंह ने दिखाया है कि भारत की धरती पर रहने वाले समुदायों का करीब छठाँ हिस्सा मिली-जुली धार्मिक पहचान रखता है यानी उसे किसी धार्मिक परिभाषा के खाँचे में फिट नहीं किया जा सकता। हमारी कहानी मुख्यत: इन्हीं हिंदुओं के बारे में है और इसका कारण केवल यह नहीं है कि इस धर्म के कारण भारतीय सभ्यता को एक नैरंतर्य मिला है, बल्कि यह भी है कि इस धर्म को अब आधुनिकतावादी शैली में एक मानक धर्म बनाकर एक मानक बहुसंख्या बनाने की तरफ धकेला जा रहा है। कोशिश यह है कि यह धर्म भी 'विकसित' समाजों के अन्य धर्मों की तरह हो जाए जो संख्या के खेल की राजनीति के हिसाब से बहुसंख्याओं और अल्पसंख्याओं की तरह देखे जाते हैं। आधुनिकतावादी मानते हैं कि इस तरह की सामाजिक प्रगति के बिना किसी का काम नहीं चलने वाला है। हमने इस पुस्तक में इसी की एक झलक देने का प्रयास किया है कि इस मानकीकरण के परिणाम कितने त्रासद हो सकते हैं।

संस्कृतियाँ इस तरह के नियोजित मानकीकरण के खिलाफ प्रतिरोध करती हैं, भले ही वह प्रतिरोध बेआवाज ही क्यों न हो। जिस समय हिंदू राष्ट्रवाद के पैरोकार हिंदुओं की सांस्कृतिक इंजीनियरिंग करने की धुआँधार कार्रवाई में लगे हुए होते हैं, उसी समय रीति-रिवाजों और परंपराओं में जीवित रहने वाला हिंदू संसार अपने त्रासद अनुभवों से एक अलग तरह का रिश्ता कायम कर रहा होता है। वह उनमें से नये अर्थ खोज निकालता है, रिसते हुए खून को रोकने और घावों को भरने की पुरानी परंपराओं का सहारा लेता है। यहाँ हिंदू मानस की दो निर्णायक खूबियाँ उसके काम आती हैं : पहली, यह समाज विस्मृति के उसूल पर चलता है और इस तरह वह आधुनिक ऐतिहासिक चेतना द्वारा बरपायी गयी बरबादियों का मुकाबला कर पाता है; दूसरे, उसकी इयत्ता दोनों सिरों पर खुली रहती है और उसके भीतर प्राक्-आधुनिक वजूदों की तहें तरा-ऊपर लगी रहती हैं। यह दूसरी खूबी उसे आधुनिक व्यक्तिवाद के दुष्परिणामों को दुरुस्त करने का मौका देती है। आधुनिक बाजार के आर्थिक-राजनीतिक पहलुओं से निकली निर्वैयक्तिकता और समाज के जन-समूहीकरण से होने वाली तबाही का उसके पास यही इलाज है। भारत में धार्मिक हिंसा का कोई भी आख्यान हिंदू समाज की इन दो खूबियों पर ध्यान दिये बिना पूरा नहीं हो सकता।

हम यह भी मानते हैं कि हिंदुओं और मुसलमानों के दैनंदिन धार्मिक

संसार द्वारा किये जाने वाले धार्मिक हिंसा के प्रतिरोध पर पूरी नजर डाले बिना भी यह विवरण पूरा नहीं हो सकता। इस प्रतिरोध को आमतौर पर नरअंदाज कर दिया जाता है, और इस उपेक्षा के पीछे एक दूसरे तरह की 'उसूली' विस्मृति अपना काम करती है। धार्मिक हिंसा का अध्ययन करने वाले आधुनिक और सेकुलर विद्वान इस विस्मृति को जानबूझकर इस्तेमाल करते हैं, क्योंकि साधारण धर्मावलंबियों द्वारा किये जाने वाले प्रतिरोध को मान्यता देने का मतलब होगा अपनी खुद की विचारश्रेणियों की अहमियत और धार्मिक-जातीय सहिष्णुता पर अपनी वर्गीय इजारेदारी को नकारना। जब राज्य की सत्ता और उसका प्रोपेगंडा इस असलियत को छिपाता है कि धार्मिक हिंसा के पैरोकार दक्षिण एशिया के आधुनिकीकृत मध्यवर्ग की इयत्ता के एक परित्यक्त चेहरे की ही नुमाइंदगी करते हैं, तो इन विद्वानों की यह विस्मृति इस प्रयास को मान्यता देती है। यही कारण है कि उपमहाद्वीप का पश्चिमीकृत पूँजीपति वर्ग उस समय बहुत बेचैन हो जाता है जब जातीय-धार्मिक हिंसा की कोई व्याख्या उसकी विचार-श्रेणियों को नकारती हुई लगती है। दरअसल, यह नकार उस वर्ग को अपनी इयत्ता का परित्यक्त चेहरा देखने के लिए मजबूर कर देता है।

यह पुस्तक मुख्यत: हिंदू धर्म के नजरिये से लिखी गयी है और इसमें हिंदू राष्ट्रवाद से इस्लामिक पुनरुत्थानवाद को प्रति-संतुलित करने की कोई कोशिश नहीं दिखेगी, हालाँकि मुसलमान नेताओं के मानवद्वेषी रवैये ने भी रामजन्मभूमि विवाद को भड़काने में उल्लेखनीय भूमिका अदा की है। न ही इस पुस्तक में दोनों पक्षों द्वारा पेश किये जाने वाले ऐतिहासिक और पुरातात्त्विक साक्ष्यों पर कोई चर्चा है। इन पहलुओं का भी महत्त्व अपनी जगह है, पर इस पुस्तक के लिए नहीं। हमारा मुख्य सरोकार तो भारतीय सभ्यता के जीवंत यथार्थ और उसकी नैतिक दृष्टि के हश्र से जुड़ा है। अपने इसी सरोकार की रोशनी में जरूरी हो जाता है कि हम पहले यह बतायें कि रामजन्मभूमि विवाद अधिकतर भारतवासियों के लिए क्या अहमियत रखता है।

सवाल यह है कि क्या हम वक्त के साथ दौड़ में पिछड़ते नहीं जा रहे हैं? क्या वर्तमान का हमारा रोजनामचा पूरी तरह लिखे जाने से पहले ही अतीत में नहीं बदलता जा रहा है? क्या हमारा भविष्य संविधान, लोकतांत्रिक चुनाव और मानवाधिकारों से जुड़े निर्वैयक्तिक विचारों और संस्थाओं का ही मोहताज नहीं रह गया है? इन सवालों का जवाब देने में फिलहाल हमारी

दिलचस्पी कोई खास नहीं है। हमारी बात तो हमारी कहानी ही बोलेगी। पर इस भूमिका में हम इतना जरूर कहना चाहेंगे कि रामजन्मभूमि विवाद में उलझे दोनों पक्षों में एक खास तरह की प्रवृत्ति देखी जा सकती है। जैसे ही वे आधुनिक राज्य और राष्ट्रवाद के सांस्कृतिक आगोश से थोड़ा-सा भी निकलते हैं, वैसे ही प्राक्-आधुनिक कही जाने वाली जिंदगी के दौर में उनकी वापसी हो जाती है। राष्ट्रीय राजनीति की शतरंज पर चली जाने वाली अगली चाल का इंतजार करते-करते अयोध्या की नगरी अक्सर रोजमर्रा के सुस्त और सहज जीवन में लौट आती है, उस जीवन में जो क्षुद्र और उदात्त के बीच खास तरह के घालमेल से बनता है। आज यह धार्मिक नगरी अपनी पुरानी लय में वापस आ चुकी है। दिसंबर १९९२ की त्रासदी के लगभग सभी उत्पीड़ित अपने-अपने मुकामों पर फिर से आ गये हैं। रामजन्मभूमि आंदोलन की लहर पर सवार होकर सत्ता में आने का ख्वाब देखने वाली राजनीतिक शक्तियों की पराजय का सिलसिला १९९३ के चुनाव से ही शुरू हो गया था। फैजाबाद के नौ निर्वाचन क्षेत्रों में से आठ में भाजपा को धूल चाटनी पड़ी थी। कहना न होगा कि साथ में वे ताकतें भी अपना काम कर रही हैं जो सामान्य जीवन की अयोध्या-शैली से सहमत नहीं हैं।

कहने का तात्पर्य यह है कि हमारी कहानी देखने में कितनी ही सीधी-साधी क्यों न लगे, असल में रामजन्मभूमि विवाद एक विराट सभ्यतामूलक मुठभेड़ का हिस्सा है, जिसे ढर्रे से हटकर पेश किया जाना जरूरी है। इस विवाद को एक ऐसी अनसुलझी समस्या के रूप में भी देखा जा सकता है जिसे पश्चिमी साम्राज्यवादी जाते-जाते भारतीय सभ्यता को थमा गये थे और इसी के साथ उन्होंने बेहतर समाज की अपनी अवधारणा हमारे गले उतार दी थी। यह विवाद उन्नीसवीं सदी के सामाजिक विकासवाद द्वारा हिंदू धर्म की आत्मा पर एक आखिरी प्रचंड आक्रमण के रूप में भी देखा जा सकता है। इसे आधुनिक पश्चिम के एक महान छाया युद्ध के रूप में भी समझा जा सकता है जिसे वह गरीब देशों में मौजूद अपने मानस पुत्रों के जरिये लड़ रहा है। दरअसल, यह नजरिया अपनाते ही हमारे सामने साफ हो जाता है कि यह विवाद हिंदुओं और मुसलमानों के बीच चल रहे जिहादी युद्धों का जोरदार क्लाइमेक्स न होकर दोनों समुदायों को उस भूमंडलीय व्यवस्था का सुपात्र नागरिक बनाने का निराशोन्मत्त प्रयास है जिसकी बुनियाद यूरोपीय ज्ञानोदय के मूल्यों के आधार पर रखी गयी है।

यही कारण है कि हमारी इस कहानी में कोई खलनायक नहीं है। हो सकता है कि हमने यहाँ-वहाँ धोखे से कुछ ऐसे लोगों की तरफ इशारा कर

दिया हो। शायद चौथे अध्याय में हमने कुछ व्यक्तियों और संगठनों को चिह्नित किया है, जिन्होंने नियोजित रूप से सांप्रदायिक हिंसा भड़काई थी। असल में हमारी कहानी के खलनायक लगने वाले लोग अंत में ऐसे संदेशों के वाहक निकलते हैं जिन्हें पढ़ना खुद उनके लिए मुमकिन नहीं रह गया है। उनके नारों में छिपे अर्थों की तह में जाते ही जियाउद्दीन सरदार और मेरिल लिंच डेविस के शब्दों में हम एक ऐसी दुनिया में पहुँच जाते हैं जो 'हाशिये पर पड़े हुए लोगों की दुनिया' है, एक ऐसी दुनिया जो 'आक्रांत, विशृंखलित, अस्थिर, पुनर्रचित' है और जिसकी जमीन बदल चुकी है। हिंदुत्व की झंडाबरदारी करने वाले इन दुखी, दुविधाग्रस्त और कॉमिक-बुक किस्म के चरित्रों को महान षड्यंत्रकारी और रक्तपिपासु उग्रवादी का दर्जा देने से पहले हमें सोचना चाहिए कि कहीं इस चक्कर में हम भारत के पश्चिमीकृत मध्यवर्ग के उस रवैये को नरअंदाज तो नहीं कर रहे हैं जिसके तहत वह खुद अपनी पीठ ठोंक कर अपनी तसल्ली करते हए रामजन्मभूमि विवाद में सह-अपराधी भी बना रहता है। बहरहाल, दोनों ही हालतों में हिंदुत्व का यह झंडाबरदार विलुप्त होने के लिए अभिशप्त प्रजाति ही है, क्योंकि वह अपनी हिंसा की विचारधारा में एक ऐसे परिवर्तनशील संसार के सुराग तलाशने की कोशिश कर रहा है जिसमें न तो राज्य की कोई मानक परिभाषा स्थिर रह पाती है, न ही राष्ट्रीयता और राष्ट्रवाद की।

हम संयुक्त राष्ट्र रिसर्च इंस्टीट्यूट ऑव सोशल डिवेलपमेंट और उसके कल्पनाशील निदेशक धरम घई के साथ-साथ इस कार्यक्रम के समन्वयक रुडॉल्फो स्टेवनहेगन के भी आभारी हैं। उन्होंने हमारे इस प्रयास को न केवल आर्थिक मदद दी, बल्कि एक इस अध्ययन को आकार देने वाली तुलनात्मक बौद्धिक पृष्ठभूमि भी मुहैया करायी। कहना न होगा कि ये दोनों महानुभाव इस पुस्तक में कही गयी बातों के लिये किसी भी तरह से जिम्मेदार नहीं हैं। हो सकता है कि वे हमारी कुछ व्याख्याओं से बेइंतिहा असहमत निकलें।

इस पुस्तक में और भी कई लोगों का योगदान है। इनमें संयुक्त राष्ट्र इंस्टीट्यूट द्वारा नियुक्त वे संस्तुतिदाता (रैफरी) भी शामिल हैं जो उतने अनाम नहीं थे, जितना उन्हें होना चाहिए था। इनमें किस्म-किस्म के तमाम राजनीतिक पदाधिकारी, कार्यकर्ता, धार्मिक नेता और साधारण नागरिक भी शामिल हैं जिनसे हमने अयोध्या में और उसके आसपास साक्षात्कार लिये। हम रामजन्मभूमि मंदिर के मुख्य पुजारी स्वामी लालदास द्वारा दी गयी मदद

के प्रति विशेषतौर से कृतज्ञता महसूस करते हैं। १९९३ में जब यह पुस्तक छपने गयी हुई थी, लालदास की हत्या कर दी गयी।

संयुक्त राष्ट्र इंस्टीट्यूट द्वारा दुब्रोव्निक में की गयी गोष्ठी में इस अध्ययन के कुछ अंश विचार-विमर्श के लिए पेश किये गये थे। वह १९९० का साल था जब अपनी खूबसूरती के लिए याद रह जाने वाला वह मध्ययुगीन शहर भूमंडलीय और आधुनिक की वेदी पर देशज को कुर्बान कर देने पर उतारू राज्य-रचना और राष्ट्र-निर्माण की एक और महायोजना का स्वाद चख रहा था। इस गोष्ठी में की गयी टिप्पणियों और सुझावों से हमने काफी लाभ उठाया। इस अध्ययन का एक और हिस्सा १९९३ के शिशिर में वेलफ्लीट कांफ्रेंस में पेश किया गया। इसमें भाग लेने वाले विद्वानों में रॉबर्ट जे. लिफ्टन भी सेंटर फॉर वॉयलेंस एंड ह्यमन सर्वाइवल के अपने सहयोगियों के साथ शामिल थे। उनकी कई अंतर्दृष्टियों ने हमारे काम को समृद्ध किया।

विद्वानों, कार्यकर्ताओं और चिंतकों के साझा उद्यम की तरह काम करने वाली कमेटी फॉर कल्चरल चॉयसेस एंड ग्लोबल फ्यूचर्स के दफ्तर में किया गया यह अध्ययन जी.पी. देशपांडे, असगर अली इंजीनियर, हर्ष सेठी और योगेंद्र यादव की आलोचनाओं से भी काफी लाभन्वित हुआ। इसके अलावा दिल्ली के विकासशील समाज अध्ययन केंद्र (सेंटर फॉर दि स्टडी ऑव डिवेलपिंग सोसाइटीज़), अहमदाबाद के सेतु, जयपुर के इंस्टीट्यूट ऑव डिवेलपमेंट स्टडीज़ और कर्नलगंज (उप्र) के इंडियन पीपुल्स फ्रंट से मिले सहयोग के भी हम आभारी हैं। अध्ययन के लिए किये गये फील्डवर्क के संदर्भ में पंकज चतुर्वेदी और जयपुर के दंगे के सिलसिले में इस्तेमाल किये गये मानचित्र के लिए हम डॉ. बिंदा के विशेष रूप से कृतज्ञ हैं। जयपुर के दंगों वाले हिस्से पर वक़ार उल अहद, शुभ माथुर और कविता श्रीवास्तव ने टिप्पणियाँ कीं। इसके लेखन में पीयूसीएल, इप्टा, हिंदुस्तानी मंच, विशाखा, कोआर्डीनेशन कमेटी ऑन रिलीफ एंड रिहेबिलिटेशन एंड कम्युनल हारमनी, आल इंडिया मुस्लिम वोमेंस वेलफेयर ऑर्गनाइजेशन, राजस्थान यूनिवर्सिटी वोमेंस एसोसियेशन, सांप्रदायिकता विरोधी समिति, प्रयास और मजदूर किसान शक्ति संगठन जैसे स्वयंसेवी संगठनों की मदद मिली। इनके अलावा हम रामकृपाल सिंह, बी.एन. दास, भूलाभाई देसाई और रमेश परमार के खासतौर पर शुक्रगुजार हैं। लेकिन, सबसे ज्यादा तो हम सी.वी. सुब्बाराव के ऋणी हैं। सुब्बाराव एक बेहद प्रतिभाशाली मानवाधिकार कार्यकर्ता थे। उन्होंने बड़ी लगन से लिये गये अपने नोट्स के आधार पर विस्तृत सुझाव दिये और आलोचनात्मक टिप्पणियाँ कीं, जिन्होंने इस पुस्तक को समृद्ध करने में

बेहतरीन योगदान किया। जब पुस्तक छप रही थी, तो सुब्बाराव हमें छोड़ कर चले गये। यह रचना उनकी और लालदास की स्मृति को ही समर्पित है।

अंत में खेद के दो शब्द। यह पुस्तक चार स्वतंत्रचेता और स्वायत्त व्यक्तियों का साझा प्रयास है जिनके बीच सांप्रदायिक हिंसा की समस्या को देखने के प्रश्न पर उल्लेखनीय मतभेद हैं। रचना में कई जगह ये मतभेद झलकते भी हैं, और हमने इन्हें छिपाने की कोशिश भी नहीं की है। दरअसल, इन मतभेदों के बावजूद कुछ ऐसे पहलू भी हैं जो हम चारों को एक ही राह का राही बना देते हैं। जैसे, दक्षिण एशिया को एक अधिक मानवोचित समाज के रूप में देखना हम सभी का सपना है, हम मानते हैं कि सांप्रदायिक और जातीय हिंसा की समस्या की तह तक जाने के लिए अकादमीय और व्यावसायिक सीमाओं से परे जाना होगा, और हमें यकीन है कि अगर उपमहाद्वीप की सामाजिक विकृतियों का इलाज ढूँढ़ना है तो यहाँ की सभ्यता की उस आंतरिक ताकत का आसरा लेना होगा जिसका स्रोत साधारण लोगों की रोजमर्रा की जिंदगियों में है। हमारी कोशिश अयोध्या की घटनाओं के रिपोर्ताज के इर्द-गिर्द एक ऐसा सीधा-सच्चा आख्यान पेश करने की रही है जो तीन निर्णायक क्षणों की रोशनी में मंदिरों की इस नगरी की झलक देता है। जातीय हिंसा पर अनुसंधान कर रहे शोधकर्ताओं के लिए तो नहीं, पर उन बुद्धिजीवियों और कार्यकर्ताओं के लिए यह विवरण निश्चित रूप से काम का होगा जो पश्चिमी दुनिया में प्रचलित विचारश्रेणियों से बेपरवाह होकर दक्षिणी समाजों को आक्रांत करने वाली जन-हिंसा का मुकाबला करने में लगे हुए हैं।

एक जानकारी के अनुसार दुनिया में कम से कम २,५००० राष्ट्रीयताएँ पूर्ण राष्ट्रत्व पर अपनी दावेदारी के मौकों का इंतजार कर रही हैं। समस्या को देखने का एक नजरिया यह भी हो सकता है। इन पृष्ठों में हमने दिखाने का प्रयास किया है कि राष्ट्रत्व हासिल करने की प्रक्रिया उसके दावेदारों के देश-काल के सापेक्ष नहीं चलती, बल्कि भारत की ही तरह उन्हें भी राष्ट्रत्व की इमारत अपनी सभ्यतामूलक इयत्ता के खँडहरों पर ही बनानी पड़ेगी। इसलिए फिलहाल यह नहीं कहा जा सकता कि इस कोशिश में वे कामयाब होंगे या नहीं।

—आशिस नंदी

रावण रथी विरथ रघुवीरा, देख विभीषण भयउ अधीरा।
अधिक प्रीति मनभा संदेहा, वंदि चरण कह सहित सनेहा।
नाथ न रथ नहिं पदत्राना, केहि विधि जितब वीर बलवाना।
सुनहु सखा कह कृपानिधाना, जेहि जय होय सो स्यंदन आना।
शौरज धीरज तेहि रथ चाका, सत्य शील दृढ़ ध्वजा पताका।
बल विवेक दम परहित घोरे, क्षमा कृपा समता रजु जोरे।
सखा धर्ममय अस रथ जाके, जीतन कहँ न कतहुँ रिपुता के।
महाअजय संसार रिपु, जीति सकै सो वीर।
जाके असरथ होय दृढ़, सखा सुनहु मतिधीर।

(रावण तो रथ में बैठा था, पर श्री रघुनाथजी पैदल थे। विभीषण यह देखकर अधीर हो गया। अधिक प्रीति से हृदय में संदेह हुआ और चरणों में दण्डवत करके वह प्रेम से बोला : हे नाथ! न तो आपके पास रथ है, न पादत्राण और न शरीर पर कवच। मुझे संदेह है कि यह बलवान शत्रु किस प्रकार जीता जाएगा। इस पर कृपानिधान रघुनाथजी बोले : हे सखा! जिससे जय प्राप्त होती है वह रथ तो दूसरा ही है। उसमें शूरता और धीरता के मजबूत पहिये लगे हैं। उस पर सत्य और शील की दृढ़ पताका फहरा रही है। उसमें क्षमा, दया और समता की रस्सी से बँधे चार घोड़े बल, विवेक, इंद्रियनिग्रह और परोपकार के रूप में जुते हैं। हे सखा! जिसके पास ऐसा धर्म का रथ है उसे जीतने को कहीं कोई शत्रु शेष नहीं होता। हे मतिधीर सखा! सुनो जिसके पास ऐसा मजबूत रथ हो वह योद्धा अजय संसार रूपी शत्रु को भी जीत सकता है।)

लंकाकाण्ड, तुलसीकृत रामायण

अध्याय एक

१. शुरुआत

पूर्वी उत्तर प्रदेश में फैजाबाद से कोई छः किलोमीटर के फासले पर सरयू नदी के किनारे मंदिरों की नगरी अयोध्या विराजमान है। अयोध्या यानी जिसे किसी भी तरह के युद्ध से सर्वदा मुक्त रहना है। इस तीर्थ नगरी के बारे में मान्यता है कि यहाँ विष्णु के अवतार भगवान राम का जन्म हुआ था। १९९१ की जनगणना में अयोध्या की आबादी ४१,००० और जिला फैजाबाद के जिस शहरी इलाके का यह हिस्सा है, उसकी आबादी करीब १,७७,००० आँकी गयी थी। जहाँ तक अयोध्या की अपनी आबादी का सवाल है, उसका ठीक-ठीक अनुमान नहीं लगाया जा सकता, क्योंकि तीर्थस्थल होने के कारण वहाँ लोगों का आवागमन बना रहता है जिससे उसकी जनसंख्या घटती-बढ़ती रहती है। इसी तरह यह अनुमान लगाना भी कठिन है कि शहर में मंदिर कितने हैं। अयोध्यावासियों का अंदाज है कि इनकी संख्या तीन से पाँच हजार के बीच होगी। कुछ के हिसाब से यह संख्या छः हजार है और कुछ दस हजार का आँकड़ा बताते हैं।

भारत की दूसरी मंदिर नगरियों की ही तरह अयोध्या के मंदिर उसके वासियों के घर भी रहे हैं। कहा जाता है कि कुछ दशक पहले तक तो अयोध्या का हर निवासी किसी न किसी मंदिर में ही रहता था। आज भी बहुत बड़ी संख्या में लोग मंदिरों में ही बसते हैं। शायद यही कारण है कि इस शहर की जीवन-शैली पर धार्मिक छाप साफ दिखायी देती है। अयोध्या वैष्णवों का नगर है।

हिंदू धर्म के प्रतिष्ठानमूलक आयामों का विश्लेषण करते हुए डेनियल गोल्ड इस शहर के बारे में कहते हैं :

> अयोध्या '...किसी तरह तीर्थ स्थलों में होने वाली निहायत भद्दी धंधेबाजी से बच निकला है। इसी कारण वहाँ अफरा-तफरी और मोल-तोल का माहौल नहीं दिखता। पारंपरिक हिंदू जीवन पर अनुसंधान के अभ्यस्त किसी भी शोधकर्ता को यह शहर असामान्य रूप से शांत लगेगा। उसे तीर्थ यात्री और नागरिक अपना रोजमर्रा का कामकाज बिना किसी उत्तेजना के निबटाते हुए दिखेंगे। १९८० और १९८१ में मैं कई बार अयोध्या गया। केवल एक बार

ऐसा हुआ कि मुझे धार्मिक टकराव की उत्तेजित परिस्थिति में फँसाने का प्रयास हुआ, पर इसमें वहाँ के किसी पंडे-पुजारी का हाथ तो नहीं ही था।[१]

अयोध्या के मंदिर अन्य भारतीय शहरों के मंदिरों जैसे नहीं हैं। उनके दरवाजे सभी के लिए खुले रहते हैं, चाहे हिंदू हो या गैर-हिंदू, ब्राह्मण हो या 'अछूत', नास्तिक हो या आस्तिक। दो मंदिरों को तो मुसलमानों ने ही बनवाया है।[२] इनमें से एक का इंतजाम आज भी मुसलमानों के हाथों में ही है। कई मंदिरों के पुजारी बताते हैं कि उन्हें अयोध्या के शिया नवाबों और अंग्रेज हुक्मरानों द्वारा दी गयी जमीन और टैक्स की रियायतों का लाभ मिला है। कुछ मशहूर मंदिरों का निर्माण मुसलमान सामंतों द्वारा इसी मकसद के लिए दी गयी जमीन पर ही हुआ है। इन मंदिरों को वे दस्तावेज दिखाने में भी कोई संकोच नहीं होता जिनके अनुसार नवाबी शासन के दौरान मंदिर के पुजारियों द्वारा की जाने वाली पूजा-अर्चना के एवज में मुसलमान ओहदेदारों ने उन्हें जमीनें दी होंगी। हनुमानगढ़ी का मंदिर इसका उदाहरण है जिसे बनवाने के लिए नवाब सफदर जंग (१७३९-५४) ने निर्वाणी अखाड़े के महंत अभयराम दास को जमीन दी थी। इसी तरह खाकी अखाड़ा नवाब शुजाउद्दौला द्वारा दी गयी जमीन पर बना है।[३] पीटर वान डर वीर तो यहाँ तक बताते हैं कि अट्ठारहवीं सदी में एक महत्त्वपूर्ण तीर्थनगरी के रूप में अयोध्या की प्रतिष्ठा नवाबों का हस्तक्षेप खत्म होने के कारण नहीं, बल्कि उनके दरबार के संरक्षण के कारण बढ़ी।[४] अयोध्या के कुछ हिंदू वासियों की मान्यता है कि यह शहर तो दर्शन सिंह नाम के व्यक्ति ने लखनऊ के मुस्लिम नवाब से भगवान शंकर की प्राण प्रतिष्ठा के उपलक्ष में तोहफे के तौर पर प्राप्त किया था। कुछ पुजारियों का दावा है कि शहंशाह बाबर ने यह शहर वैष्णव संप्रदाय के आचार्यों को उपहार स्वरूप दिया था। एक उदाहरण तो ऐसा भी मिलता है जिसके मुताबिक एक परोपकारी मुसलमान ने अपनी सारी संपत्ति एक मंदिर की स्थापना के लिए दान में दे दी थी। इसके बाद उस दानवीर ने अपना सारा जीवन मंदिर से मिलने वाले भोजन और वस्त्रों पर ही गुजारा।

अयोध्या एक ऐसा शहर है जहाँ धर्मनिष्ठाओं और समुदायों के बीच अंतर्गुंफन के इसके अलावा भी कुछ और रूप देखे जा सकते हैं। सांप्रदायिक राजनीति के कारण कई वर्ष से चल रही तल्खी के बावजूद आज भी लगभग सभी मंदिरों में चढ़ाये जाने वाले फूल मुसलमान ही उगाते हैं। वे ही मालाएँ बनाते हैं और पूजा से पहले मूर्तियों के शृंगार की सामग्री भी उन्हीं के हाथों बनती है। कुछ साल पहले तक देवी-देवताओं के मुकुट

बनाने पर तो रहमत सुनार और नन्नू सुनार जैसे माहिर दस्तकारों की तकरीबन इजारेदारी थी। देवताओं के सिंहासन बनाने का काम तो आज भी बालम मिस्त्री नामक मुसलमान बढ़ई द्वारा किया जाता है जिनकी समाज में बड़ी इज्जत है।

अयोध्या की सांस्कृतिक पृष्ठभूमि जानने वालों को इन बातों में कुछ भी अजीब नहीं लगेगा। अवध का यह सांस्कृतिक क्षेत्र आमतौर से सांप्रदायिक या धार्मिक तनावों और दंगों से मुक्त रहता आया है। अवध की अभिजन संस्कृति दरबारी नफासत, ग्रामीण जीवन की सोंधी महक और अर्धनारीश्वर सृजनशीलता का मिला-जुला नतीजा है। जिस जमाने में मुगल साम्राज्य का पतन हो रहा था, अवध के नवाबों का रंग-रुतबा शिखर पर था। उन्होंने इस संस्कृति के विकास में उल्लेखनीय योगदान किया। वे नैतिक ही नहीं, राजनीतिक नजरिये से भी मानते थे कि प्रजा के बहुसंख्यक हिस्से की धार्मिक निष्ठाओं का सम्मान किया जाना चाहिए। उनकी हुकूमत के दिनों में अवध का प्रशासन ज्यादातर खत्री और कायस्थ परिवारों के हाथ में रहा। उनकी फौज भी दशनामी नागाओं की टुकड़ियों पर निर्भर थी। कभी-कभी तो उनके सिपहसालारों में हिंदुओं की संख्या मुसलमानों से ज्यादा हो जाती थी। अवध के एक नवाब आसफुद्दौला के बारे में वान डर वीर जानकारी देते हैं, 'इस नतीजे पर पहुँचना कठिन नहीं है कि ...अवध की नवाबी हुकूमत जितनी मुसलमान थी उतनी ही हिंदू भी थी।'[५]

अयोध्या के ज्यादातर पुराने मंदिर नवाबों के शासन के तहत अट्ठारहवीं सदी के ही बने हुए हैं। अवध के आखिरी नवाब वाजिद अली शाह (१८४७-५६) का जिक्र अक्सर इसी सांस्कृतिक माहौल के संदर्भ में होता है। कहा जाता है कि उन जैसा राजा केवल अवध जैसे इलाके में ही पैदा हो सकता था। वाजिद अली शाह विद्वान, संगीतकार, कवि और नर्तक थे। उन पर वैष्णव जीवन-शैली और अनुश्रुतियों का बड़ा असर था। कभी-कभी तो वे स्वयं कृष्ण बनकर नृत्य करते थे। उन्नीसवीं सदी के मध्य में लॉर्ड डलहौजी ने उन्हें गद्दी से बेदखल करते हुए उनकी इन्हीं 'राजा के लायक न समझी जाने वाली' खूबियों की आड़ ली थी। आज भी आधुनिकता के हामी कई भारतीय वाजिद अली शाह के पराभव को उनके स्त्रैण स्वभाव, सामंती पतनशीलता और राजनीतिक दाँव-पेच में कमजोरी का वाजिब नतीजा मानते हैं। सत्यजित राय तक ने अपनी फिल्म 'शतरंज के खिलाड़ी' में यही निष्कर्ष निकाला है।[६]

पता नहीं अवध की संस्कृति में राम की मान्यता एक राष्ट्र-नायक के

रूप में थी या नहीं, पर निश्चित रूप से इस क्षेत्र के लिए वे सांस्कृतिक-नायक जरूर थे। इतिहासकार विपिन चंद्र के अनुसार बीस के दशक तक उत्तर प्रदेश के इस हिस्से में *जैरामजी* का संबोधन हिंदुओं ही नहीं, मुसलमानों के बीच भी प्रचलित था। अयोध्या में १९९१ तक मुसलमान *जैरामजी* और *जैसियाराम* करते देखे जा सकते थे।

लेकिन, यह मानना उचित नहीं होगा कि अयोध्या में मेल-मिलाप और भाईचारा कभी भंग नहीं हुआ। बीसवीं सदी से पहले भी वहाँ रामजन्मभूमि को केंद्र बनाकर हिंदू-मुस्लिम संघर्ष की घटनाएँ हुई थीं। हिंदुओं द्वारा रामजन्मभूमि पर किये गये दावे के मुकाबले मुसलमानों का दावा हनुमानगढ़ी पर था।[७] (खास बात यह थी कि इन विवादों के बीच आपसी समायोजन के लंबे दौर भी चलते थे। अयोध्या की यात्रा करने वाले पहले यूरोपीय सैलानी विलियम फिंच ने देखा था कि किस प्रकार १६०८ और १६११ के बीच बाबरी मस्जिद में हिंदुओं को पूजा करने की इजाजत थी। उन दिनों बाबरी मस्जिद नयी-नयी बनी थी।)[८] आज वक्त बदल चुका है और अयोध्या के पुजारियों और महंतों में भ्रष्टाचार और व्यभिचार के आयाम दिखने लगे हैं। कुछ के तो अपराधी तत्त्वों से भी संबंध हैं। किसी महंत की गद्दी का उत्तराधिकार अब पहले की तरह साधारण और शांतिपूर्ण तरीके से तय नहीं होता। उसमें राजनीति और रुपये का खेल चलता है।

चुनावी राजनीति का प्रभाव भी खूब दिखायी देता है। हालाँकि उन्नीसवीं सदी के उत्तरार्ध में यह शहर स्थानीय चुनावों के दौर से गुजर चुका था, पर १९५२ के बाद से फैजाबाद संसदीय और विधानसभा क्षेत्रों के हिस्से के रूप में इस क्षेत्र का खासा राजनीतिकरण हुआ जिसके तहत कई जातियाँ अपने संख्याबल के आधार पर राजनीतिक उपस्थिति दर्ज कराने की कोशिश में लगी हुई हैं। फैजाबाद संसदीय क्षेत्र और जिले में ब्राह्मणों, अहीरों और कभी अछूत रहे चमारों की सबसे ज्यादा संख्या है। फैजाबाद परगना आकार में छोटा है, पर इसकी वजह से इन तीन जातियों के साथ चुनावी होड़ करने के लिए एक चौथी जाति पासी भी सामने आ जाती है। अयोध्या विधानसभा क्षेत्र में चमारों का संख्याबल महत्त्वपूर्ण नहीं है। यह अलग बात है कि एक खुली होड़ वाली चुनाव प्रणाली में भी सिर्फ संख्या के दम पर किसी की जीत की गारंटी नहीं हो सकती। स्थानीय शक्ति संतुलन और गठजोड़ों पर काफी-कुछ निर्भर करता है। अयोध्या और उसके आस-पास के इलाके में ब्राह्मणों और अहीरों में राजनीतिक टक्कर लगातार चलती रहती है, लेकिन इसमें अन्य समुदायों, खासकर कुर्मियों और

मुसलमानों की अहम भूमिका से इनकार नहीं किया जा सकता।[९]

चुनावी राजनीति के लंबे असर के कारण हुआ यह है कि मंदिरों के पुजारियों के बीच संप्रदायगत और जातिगत विभेद अक्सर राजनीतिक रूप लेने लगे हैं। इसकी वजह से पार्टियों में गुटबाजी होने लगी है। राजनीति के साथ ही समाचार माध्यमों, नये किस्म के उद्यमियों और हाल के कुछ वर्षों में पुलिस और अर्धसैनिक बलों की भूमिका बढ़ गयी है। पहले सिर्फ विभिन्न संप्रदायों के बीच फाँकें और अदावत होती थी, पर अब उनके साथ दलगत निष्ठाओं, धड़ों के आपसी गठजोड़ों और आर्थिक हितों से जुड़े हुए विभेद और शत्रुताएँ भी शामिल हो गयी हैं।

३० अक्टूबर १९९० को अयोध्या में एक सभा हुई जिसमें कुछ हजार लोगों ने भाग लिया। ये लोग राष्ट्रीय स्वयंसेवक संघ से जुड़े विभिन्न उग्र-हिंदू संगठनों (विश्व हिंदू परिषद, अखिल भारतीय विद्यार्थी परिषद, बजरंग दल) के सदस्य या समर्थक थे। इनमें संघ परिवार की चुनावी शाखा भारतीय जनता पार्टी (भाजपा) के सदस्य भी शामिल थे। ये लोग अपने नेतृत्व के उग्रवादी धड़े की अपील पर जमा हुए थे। उनका मकसद था भगवान राम के 'वास्तविक' और 'एकमात्र' जन्मस्थल को मुक्त कराना। इन लोगों का दावा था कि मुगल शहंशाह बाबर के एक दरबारी सामंत मीर बाकी द्वारा १५२८ में रामजन्मस्थान पर महाराज विक्रमादित्य द्वारा बनवाये गये प्राचीन राममंदिर को अपवित्र करके नष्टकर दिया गया था और उसकी जगह बाबरी मस्जिद बनवा दी गयी थी।

इस पुस्तक की कहानी इसी घटना से शुरू होती है। स्थिति यह थी कि उस समय बाबरी मस्जिद के परिसर में एक छोटा-सा मंदिर अपने गर्भ गृह के साथ मौजूद था जिसे रामजन्मभूमि मंदिर कहा जाता था।[१०] लेकिन, इस परिसर के पास ही बने हुए और भी कई मंदिर थे जो रामजन्मभूमि होने का दावा करते थे। इनमें से दो मंदिरों की तो इस विवादास्पद मंदिर के साथ श्रद्धालुओं, चढ़ावे और मान्यता के मामले में काफी अरसे से होड़ भी चल रही थी।

रामजन्मभूमि 'मुक्त' कराने से मतलब था कि बाबरी मस्जिद के मौजूदा ढाँचे को गिराकर ठीक उसी जगह मंदिर बनाने के लिए कारसेवा करना, ताकि अतीत में हिंदुओं के साथ हुए अन्याय का बदला लिया जा सके। ३० अक्टूबर के ही दिन दोपहर बारह बजकर दो मिनट पर करीब तीन

सौ कारसेवकों के एक हरावल दस्ते ने हिंदुत्व (हिंदू धर्म नहीं, बल्कि हिंदू राष्ट्रवाद या राजनीतिक हिंदुत्व) के उग्र प्रतिनिधियों की भूमिका अदा करते हुए बाबरी मस्जिद को क्षति पहुँचाने की कोशिश की और उसे मामूली-सी कामयाबी भी मिली। जिस समय कारसेवक मस्जिद के साथ तोड़-फोड़कर रहे थे, हज़ारों अन्य हिंदुत्ववादी बदले की इस कार्रवाई पर हर्ष व्यक्त कर रहे थे।[११] उसी दिन अयोध्या में कई जगहों पर हुए कार्रवाई में सुरक्षा बलों की गोली से पाँच लोग मारे गये। दो दिन बाद २ नवंबर को एक बार फिर मस्जिद गिराने की नाकाम कोशिश की गयी जिसके कारण १९ लोगों की जान गयी। इससे पहले कि यह कहानी आगे बढ़े, आज के भारत में धर्मों के बीच संघर्ष की परिघटना पर एक सरसरी निगाह डालना जरूरी है।

२. अतीत

आजादी के बाद गुजरे चालीस सालों के दौरान भारत में सांप्रदायिक दंगों की घटनाओं में लगातार वृद्धि हुई है। उपलब्ध आँकड़ों के अनुसार १९५४ से १९८५ के बीच दंगों में छः गुनी वृद्धि हुई (तालिका-१)। दंगों में मारे जाने वाले लोगों की सालाना संख्या में भी दस गुनी बढ़ोतरी हुई। चूँकि सरकारी आँकड़ों का कोई ठिकाना नहीं होता, इसलिए हो सकता है कि ये आँकड़े दंगों की हकीकत कम करके आँकते हों। पर, हमें यह भी नहीं भूलना चाहिए कि देश की आबादी भी पिछले दिनों काफी बढ़ी है जिसके कारण भी सांप्रदायिक हिंसा की परिघटना ज्यादा बड़ी दिखायी देती है।

सांप्रदायिक हिंसा की ये घटनाएँ सभी प्रदेशों में बिखरी होने के बजाय ज्यादातर छः राज्यों में केंद्रित रही हैं। ये राज्य हैं आंध्र प्रदेश, बिहार, गुजरात, महाराष्ट्र, राजस्थान और उत्तर प्रदेश। चार राज्यों में इन घटनाओं की बारंबारता बहुत कम दिखायी देती है, और दस राज्यों में तो तकरीबन कोई दंगा नहीं हुआ है। इससे पता लगता है कि सांप्रदायिक हिंसा के बारे में पूरे देश के बारे में कोई एक सूत्रीकरण करना कितना कठिन है। इसी तरह इससे यह भी पता लगता है कि इन घटनाओं और धर्म के बीच कोई अनिवार्य संबंध स्थापित करना भी आसान नहीं है। आखिरकार सांप्रदायिकता से लगभग पूरी तरह मुक्त दसों राज्यों में वही धार्मिक समुदाय रहते हैं जो दंगे-फसाद वाले राज्यों में हैं। दंगा-मुक्त राज्यों में कम से कम दो राज्य तो ऐसे भी हैं जहाँ १९४७ में हुए सांप्रदायिकता के तांडव ने करीब दस लाख जानें ले ली थीं।

सर्वाधिक दंगाग्रस्त दस राज्यों में अधिकतर सांप्रदायिक घटनाएँ शहरों में हुई हैं। गोपाल कृष्ण द्वारा किये गये एक अध्ययन के अनुसार १९६१-७० के बीच हुई ७,९६४ सांप्रदायिक वारदातों में से केवल ३२.५५ फीसदी ग्रामीण भारत में हुई थीं, जबकि इस अवधि में मोटे तौर पर अस्सी फीसदी लोग गाँवों में ही रहते थे (तालिका-२)।[12] हालाँकि इसके बाद के आँकड़े उपलब्ध नहीं हैं, पर पी.आर. राजगोपाल के अनुसार १९८५ में करीब ४६ फीसदी सांप्रदायिक वारदातें देहाती इलाकों में हुई थीं।[13] १९८५ का यह साल सांप्रदायिकता के लिहाज से खास तौर से बुरा माना जा सकता है, क्योंकि पूर्वी भारत को छोड़कर इन अध्ययनों से कुल मिलाकर देहातों में दंगों की दर अपेक्षाकृत कम होने के संकेत ही मिलते हैं। यह सही है कि देहातों में दंगों की इस दर का रुझान वृद्धि की ओर है, खास तौर से उन गाँवों में जो शहरों के नजदीक हैं। लेकिन, अगर दंगों की शुरुआत का पता लगाया जाए तो नब्बे फीसदी मामलों में दंगे शहरों से ही शुरू होते मिलेंगे।

तालिका-१ और चित्र-१ से पाठकों को अंदाजा लग सकता है कि भारत में सांप्रदायिक हिंसा कितनी ज्यादा बढ़ रही है। लेकिन, इन आँकड़ों को एक दूसरे तरीके से भी देखा जा सकता है। पाठकों को एक दूसरे नजरिये से वाकिफ कराने और अंतर-धार्मिक हिंसा के विशिष्ट भारतीय अनुभव को ध्यान में रखते हुए निराशाजनक लगने वाले इन हालात से कुछ आशाजनक नतीजे भी निकाले जा सकते हैं। अगर दंगों में मरे सभी लोगों की संख्या आपस में जोड़ दी जाए, तो भी अमेरिका के किसी प्रतिष्ठित महानगर में हुई हत्याओं की संख्या से ज्यादा नहीं होगी।[14] हालाँकि पिछले कुछ वर्षों में सांप्रदायिक हिंसा में जबरदस्त बढ़ोतरी हुई और १९९० और १९९२ के बीच की अवधि तो विशेषतौर से दंगाग्रस्त रही, लेकिन फिर भी ९० करोड़ की विशाल आबादी के अनुपात में ये आँकड़े कोई ज्यादा नहीं लगते।[15] अमेरिका भी भारत की तरह एक विशाल बहुजातीय समाज है। आबादी में भारत का एक-तिहाई होने के बावजूद वहाँ १९९० में ३०,००० से ज्यादा लोगों की हत्या के मामले दर्ज हुए थे। (यह संख्या इसी वर्ष भारत में सांप्रदायिक हिंसा में मारे गये लोगों की संख्या से बीस गुनी ज्यादा थी)।

सवाल यह है कि क्या भारतवासी सांप्रदायिक हिंसा को लेकर कुछ ज्यादा ही चिंतित नहीं हैं? हाल ही में एक पत्रकार द्वारा की गयी जाँच-पड़ताल के नतीजों पर निगाह डालने से प्रतीत होता है कि सांप्रदायिक हिंसा के प्रति इस अति-सरोकार के पीछे राष्ट्रीय मीडिया, खासकर उत्तर भारत में खपने वाले पत्र-पत्रिकाओं, की संबंधित अतिसंवेदनशीलता भी हो सकती

तालिका-१
सांप्रदायिक वारदातों की बारंबारता और उनमें हुई मौतें
(१९५४-८५)

वर्ष	वारदातों की संख्या	मारे गये व्यक्ति	घायल व्यक्ति
१९५४	८४	३४	५१२
१९५५	७५	२४	४५७
१९५६	८२	३५	५७५
१९५७	५८	१२	३१६
१९५८	४०	७	३६९
१९५९	४२	४१	१३४४
१९६०	२६	१४	२६२
१९६१	९२	१०८	५९३
१९६२	६०	४३	३४८
१९६३	६१	२६	४८९
१९६४	१,०७०	१,९१९	२,०५३
१९६५	१७३	३४	७५८
१९६६	१४४	४५	४ ६७
१९६७	१९८	२५१	८८०
१९६८	३४६	१३३	१,३०९
१९६९	५१९	६७३	२,७०२
१९७०	५२८	२९८	१,६०७
१९७१	३२१	१०३	१,२६३
१९७२	२४०	६९	१,०५६
१९७३	२४२	७२	१,३१८
१९७४	२४८	८७	१,१२३
१९७५	२०५	३३	८९०
१९७६	१६९	३९	७९४
१९७७	१८८	३६	१,१२२
१९७८	२३०	११०	१,८५३
१९७९	३०४	२६१	२,३७९
१९८०	४२१	३७२	२,६९१
१९८१	३१९	१९६	२,६३१
१९८२	४७०	२३८	३,०२५
१९८३	५००	१,१४३	३,६५२
१९८४	४७६	४४५	४,८३६

स्रोत : पी.आर. राजगोपाल, कम्युनल वॉयलेंस इन इंडिया, उप्पल, नयी दिल्ली, १९८७, पृष्ठ १६-१७

चित्र-१

भारत में सांप्रदायिक हिंसा में दशकवार बढ़ोतरी की दर

(मरने वालों की दर प्रति दस लाख)

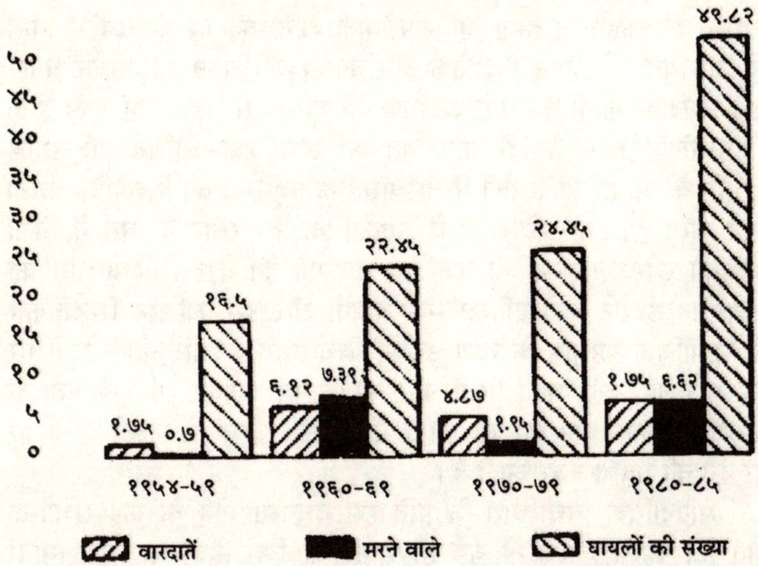

है।[१६] हो सकता है कि कुछ लोगों को नीचे दिया गया विवरण सायास आशावादी नजरिये का परिणाम लगे, पर हमें उम्मीद है कि आखिर में उन्हें भी सांप्रदायिकता संबंधी भारतीय परिस्थिति उतनी निराशावादी नहीं लगेगी।

सांप्रदायिक विचारधारा को भारत में सांप्रदायिक दंगों का कारण मानने का चलन काफी व्यापक है। राजगोपाल जैसे अध्येताओं का तो निश्चित मत है कि 'सभी सांप्रदायिक दंगों का मूल स्रोत संप्रदायवाद नामक विचारधारा ही है।'[१७] द्वितीय विश्व युद्ध के फौरन बाद उत्तर अमेरिका और यूरोप में नस्लवाद के कारणों की ऐसी ही समझ बन गयी थी। इस रवैये के पीछे टी.डब्ल्यू. एडोर्नो द्वारा प्रतिपादित सिद्धांत थे जिनमें अधिनायकवादी शख्सियत की रूपरेखा उकेरी गयी थी।[१८] इसी तर्ज पर भारत के ज्यादातर आधुनिक समाज चिंतक और कार्यकर्ता भी संप्रदायवादी विचारधारा को

अगर सबसे बड़ा नहीं तो कम से कम सांप्रदायिक दंगों पर असर डालने वाला एक स्वतंत्र कारक जरूर मानते हैं। देश में जातीय हिंसा की यही आधुनिकतावादी समझ सर्वाधिक प्रचलित है।[११]

लेकिन, विचारधारा की अहमियत के प्रति यह आकर्षण सीधा न होकर द्वैधग्रस्त है। कहना न होगा कि फासीवादी शख्सियत पर पश्चिम में किये गये अध्ययनों को अपने सैद्धांतिक और कामकाजी चिंतन का आधार बनाने वाले ज्यादातर लोगों का मनोविश्लेषण की दुनिया से बहुत कम नाता होता है। इसलिए वे फासीवादी शख्सियत की सामाजिक-आर्थिक या वर्गीय पृष्ठभूमि के आधार पर उसकी विचारधारात्मक प्रवृत्तियों को विश्लेषित करना पसंद करते हैं। इसी प्रक्रिया में वे सांप्रदायिक विचारधारा के मर्म में छिपी आत्मगत स्वैरकल्पनाओं को नजरंदाज कर देते हैं। वे इस विचारधारा को न्यायसंगत ठहराने वाले प्रतिरक्षात्मक बहानों और उस फासिस्ट सिद्धांतकार की सामाजिक पृष्ठभूमि के साथ उसकी विचारधारा के सांस्कृतिक सूत्रों पर भी ध्यान नहीं देते। यानी विचारधारा को आधार बनाकर सांप्रदायिकता के कारणों पर अनुसंधान कर रहे लोगों में भी उसे जल्दी से जल्दी दरकिनार कर देने की प्रवृत्ति नजर आती है।

सांप्रदायिक विचारधारा के प्रति इस द्वैधग्रस्त मोह के कई संभावित स्रोत हैं। पहला कारण तो यह हो सकता है कि 'हिंदू' या 'मुसलमान' मकसदों की पैरोकारी करने वाली सभी पार्टियाँ पूरी तरह से विचारधारा आधारित पार्टियाँ हैं, इसलिए वे अपनी बात विचारधारात्मक आधार पर ही कहना पसंद करती हैं। संगठित सांप्रदायिक हिंसा के लिए विचारधारा को दोषी ठहराने से संभवतः सरकारी तंत्र, न्यायपालिका और मीडिया पर प्रभुत्व जमाये बैठे तबकों को सांप्रदायिक हिंसा को पचाने में आसानी हो जाती है। नतीजतन सांप्रदायिक विचारधारा का विरोध करने वाले लोग विचारधारा को ही सांप्रदायिक हिंसा की मुख्य चालक शक्ति मानने पर जोर देने लगे हैं। सोच-विचार का यह रवैया इस कदर हावी हो चुका है कि हमारी इस किताब की दलीलें भी लीक से हटकर विश्लेषण करने की कोशिश के बावजूद कई जगह कहानी के मुख्य पात्रों के विचारधारात्मक सरोकारों के आधार पर खड़ी नजर आती हैं।

दूसरा कारण यह है कि सांप्रदायिक विचारधारा धर्म और परंपरा की शब्दावली का इस्तेमाल करने के बावजूद आमतौर पर फूहड़, आक्रामक और हिंसक होती है। वह हमेशा समाचार माध्यमों को मसालेदार खबर उपलब्ध कराती है। मीडिया उसे खूब जगह देता है। इसी जबर्दस्त प्रचार के बिना पर

तालिका-२
शहरी और ग्रामीण भारत में हुई सांप्रदायिक वारदातें
(१९६१-७० प्रतिशत में)

वर्ष	वारदातें	ग्रामीण (%)	शहरी (%)
१९६१	४३९	३४.९	६५.१
१९६२	२११	५२.१	४७.९
१९६३	१३८	४९.३	५०.७
१९६४	२,११५	४१.२	५८.८
१९६५	४८७	२९.०	७१.०
१९६६	५७३	१३.१	८६.९
१९६७	१,४१७	२६.९	७३.१
१९६८	४७५	२५.७	७४.३
१९६९	१,१२३	२२.५	७७.५
१९७०	९२९	४३.४	५६.६

स्रोत : गोपाल कृष्ण के आँकड़ों के आधार पर निर्मित, कम्युनल वॉयलेंस इन इंडिया, पृष्ठ ६४

ये विचारधाराएँ सांप्रदायिक हिंसा भड़काने का जरिया बन जाती हैं। नतीजे के तौर पर सांप्रदायिक हिंसा के दर्शक हों या उसे भड़काने वाले हों, दोनों में ही विचारधारा के प्रति एक तरह का अस्वस्थ आकर्षण पैदा हो जाता है। विशुद्ध राजनीतिक या आर्थिक आयामों वाली वारदातें कृत्रिम रूप से नैतिक दर्जा ही नहीं, नैतिक प्रभामंडल तक ग्रहण कर लेती हैं।

तीसरी संभावित वजह यह होती है कि विचारधारा पर जोर देने से वारदात को बाहर से देख रहे लोगों, खासतौर से आधुनिक विद्वानों को लगने लगता है कि उन्हें वारदात में शामिल दिमाग के भीतर झाँकने में कामयाबी ही नहीं मिल गयी है, बल्कि वे उस व्यक्ति द्वारा खड़ी की गयी समस्या पर भी महारत हासिल कर चुके हैं। आगे चलकर इस किताब में हम दिखायेंगे कि विचारधारा के दम पर सांप्रदायिकता की जड़ तक पहुँचने का यह दावा किस तरह आंशिक तौर पर उन पहलुओं की देन है जो सांप्रदायिकतावाद और आधुनिकतावाद के लिए मुश्तरका हैं। हम यह भी दिखायेंगे कि किस तरह यह समस्या आधुनिकता की आंतरिक आलोचना करने वाली मार्क्सवाद जैसी विचारधारा के साथ भी है। यही कारण है कि सांप्रदायिक विचारधाराओं की बहुत-सी व्याख्याएँ भारत में बड़ी आसानी से पाले के दोनों तरफ दिये जा सकने वाले तर्कों का खेल बन जाती हैं, और आधुनिकतावादी मानसिकता एक ऐसे सांप्रदायिक 'अन्य' की रचना करते

नजर आती है जो दरअसल उसकी अपनी ही इयत्ता का एक घटक होता है।

विरोधाभास यह है कि विचारधारा पर जोर देने के आग्रही बुद्धिजीवी जीवन के अन्य क्षेत्रों में मानवीय व्यक्तिनिष्ठता को सामाजिक व्यवहार की चालक शक्ति मानने के लिए तैयार नहीं होते। वे संप्रदायवाद को एक ऐतिहासिक प्रक्रिया का अंग करार देते हुए सामाजिक क्रम-विकास के विभिन्न चरणों वाली दलील पर यकीन करते हैं। नतीजतन सांप्रदायिकता के मामले में विचारधारा पर दिया गया उनका जोर सामाजिक विकास-क्रम की समझ के साथ बेमेल दिखायी देने लगता है। इस समझ के हिसाब से समाज को किसी जैविक प्रजाति की तरह एक चरण से दूसरे चरण की तरफ आगे बढ़ना चाहिए। यानी उसे परंपरा प्रदत्त आदिम अवस्था से आधुनिक सेकुलर मानववादी अवस्था में संक्रमण करना चाहिए जहाँ सभी समुदायों के जातीय आग्रह अनिवार्यतः खत्म हो जाएँगे।[२०] यह डार्विनवादी नजरिया संप्रदायवाद को या तो सामाजिक विकास की शुरुआती अवस्था मान कर चलता है या फिर वह उसे समाज की इस अवस्था की तरफ प्रतिगामिता के रूप में देखता है। इस धारणा के पीछे उम्मीद होती है कि सेकुलर व्यक्तिवाद की ताकतें जैसे-जैसे मजबूत होंगी, वैसे-वैसे संप्रदायवाद अपनी असमय लेकिन यथोचित मृत्यु के गर्त में गिरता चला जाएगा। और तब सांप्रदायिक विचारधारा इतिहास और राजनीति की पाठ्य पुस्तकों में दर्ज एक विषय की तरह रह जाएगी, तब उसे एक ऐसे क्षणिक ऐतिहासिक दौर की तरह देखा जाएगा जिसमें भारतीय समाज कभी फँस गया था।[२१]

यही है वह पृष्ठभूमि जिसकी रोशनी में आधुनिक भारत की सेकुलरवादी सहमति की जाँच की जानी चाहिए। यही है वह सहमति जिसके जरिये सांप्रदायिक प्रश्न का उत्तर खोजने की कोशिश की जाती है। इस सहमति का असर भारत की सीमाओं तक ही नहीं रह गया है। दक्षिण एशिया में संप्रदायवाद पर लिखी गयी अधिकांश रचनाओं का संदर्भ सेकुलरवाद की विचारधारा ही है।

पिछले कुछ वर्षों से जातीय हिंसा को देखने के इस नजरिये की बौद्धिक और सांस्कृतिक सीमाओं की आलोचना भी होने लगी है। यह दृष्टिकोण आँकड़ागत यथार्थ की कसौटियों पर भी खरा नहीं उतर पाया है।[२२] पाठकों ने तालिकाओं में दिये गये आँकड़ों को देखकर समझ लिया होगा कि किस तरह वे सेकुलरवादी दावेदारियों को झुठला देते हैं। बल्कि, आँकड़े तो यह

बताते हुए लगते हैं कि जैसे-जैसे भारत का आधुनिकीकरण और सेकुलरीकरण हुआ है, वैसे-वैसे सांप्रदायिक हिंसा की समस्या बढ़ती चली गयी है। किसी भी सेकुलर भारतीय को इस बात से काफी उलझन होती है कि धार्मिक और जातीय दंगों में रुपया, राजनीति और संगठित हितों की भूमिका अधिक होती है, न कि धार्मिक भावनाओं की। इस लिहाज से ये दंगे भारतीय जीवन की सर्वाधिक सेकुलरीकृत घटनाओं में तब्दील हो चुके हैं।[२३] भारत में सांप्रदायिक हिंसा की भौगोलिक घटनात्मकता शहरों में ही स्थित नहीं है, बल्कि शहरों में भी उसकी तीव्रता औद्योगिक शहरों में ज्यादा है जहाँ आधुनिक मूल्य अपेक्षाकृत साफ तौर से देखे जा सकते हैं। असगर अली इंजीनियर तक ने भूले-भटके मान लिया है कि संप्रदायवाद एक शहरी परिघटना है जिसकी जड़ों की शिनाख्त मध्य और निम्न वर्गों में की जा सकती है; किसान, मजदूर और उच्चवर्गीय अभिजन शायद ही इससे प्रभावित होते हों।[२४] यद्यपि कुछ घटनाओं ने मजदूरों की अ-सांप्रदायिकता के बारे में इंजीनियर के इस यकीन को थोड़ा हिला दिया होगा, पर कुल मिलाकर उनका यह सूत्रीकरण हकीकत की नुमाइंदगी करता है।

१९६१ और १९७० के बीच हुई सांप्रदायिक हिंसा के कारणों के बारे में गृह मंत्रालय की एक तालिका से भी यही पता चलता है कि इस दौरान हुए ज्यादातर दंगे धार्मिक नहीं बल्कि सेकुलर किस्म के टकरावों की देन थे (तालिका-३)। अगर बिहार में हुई सांप्रदायिक घटनाओं को इन आँकड़ों से निकाल दिया जाए तो यह रुझान और स्पष्ट हो जाता है (ग्रामीण हिंसा के लाइलाज मर्ज से ग्रस्त इस प्रदेश में धार्मिक मसलों पर हुए दंगों की ३३.१७ फीसदी घटनाएँ घटीं और इनमें से तकरीबन सभी दंगे गाँवों में हुए।)

विचारधारा को सांप्रदायिक हिंसा का स्रोत बताने वालों के विपरीत कुछ विद्वान और मानवाधिकार कार्यकर्ता हिंदू-मुसलमान आबादी की संरचना को इसका कारण बताते हैं। आमतौर से उनकी दलीलें ज्यादा मुस्लिम आबादी वाले इलाकों को सांप्रदायिक हिंसा से जोड़कर देखती हैं। (हाल ही में हिंदू उग्रवादियों ने भी यही तर्क अपनाना शुरू कर दिया है कि मुसलमानों की किसी एक जगह ज्यादा रिहाइश सांप्रदायिक दंगों का प्रमुख कारण होती है।)

भारत में सबसे बड़ी धार्मिक अल्पसंख्या मुसलमानों की ही है। वे आबादी के तकरीबन ११ फीसदी हैं और दुनिया के दूसरे सबसे बड़े मुसलमान समुदाय का निर्माण करते हैं। उपमहाद्वीप के सभी मुसलमानों का घर होने का दावा करने वाला पाकिस्तान भी इस मामले में पीछे है। केवल

इंडोनेशिया ही १५ करोड़ ३० लाख मुसलमानों की आबादी के साथ भारत से आगे है। लेकिन, भारत में मुसलमान आबादी का वितरण पूरे देश में बिखरा हुआ नहीं है।

राज्यों के स्तर पर मुस्लिम आबादी की इस भौगोलिक संरचना से कोई फर्क नहीं पड़ता। छः दंगा-बहुल राज्यों में मुसलमानों की आबादी का संकेंद्रण राष्ट्रीय औसत से ज्यादा नहीं है (तालिका-४)। लेकिन, राज्य से शहर के स्तर पर आते ही यह संबंध बदल जाता है। ध्यान रहे कि ९० फीसदी से ज्यादा दंगों की शुरुआत शहरों से ही होती है। तालिका-५ से पता चलता है कि ज्यादा सांप्रदायिक हिंसा वाले शहरों में मुसलमानों की आबादी अपेक्षाकृत अधिक है।

इसका एक कारण यह हो सकता है कि जहाँ मुसलमान लोकतांत्रिक राजनीतिक होड़ में संख्याबल का लाभ उठाकर अपने हकों की दावेदारी करने की स्थिति में होते हैं, वहाँ सांप्रदायिक हिंसा का अंदेशा बढ़ जाता है। ऐसे शहरों में संभवतः हमेशा बहुसंख्यक समुदाय को 'गुस्ताख' अल्पसंख्यकों के खिलाफ गोलबंद करने की गुंजाइश रहती है। इस सांप्रदायिक राजनीति के तहत अक्सर सामाजिक-आर्थिक माँगों का दावा करते रहने वाले जातीय समूहों की आक्रामक रूढ़ छवि का दोहन करते हुए बहुसंख्यकों के 'स्वाभाविक' वर्चस्व वाली समाज व्यवस्था के लिए इन समूहों की तरफ से खतरा बताया जाता है।[२६] मुरादाबाद, अलीगढ़, अहमदाबाद, एटा और बंबई में हुए दंगों पर छपी रपटों में इस तर्क को पुष्ट करने वाले तथ्य कुछ-कुछ मिलते हैं। ऐसे शहरों में होने वाले दंगों का अंत हिंसा की छिट-पुट घटनाओं तक सीमित न रहकर आमतौर पर मुसलमानों के जान-माल की भारी तबाही में होता है।[२७]

सांप्रदायिक हिंसा के संरचनागत कारकों में रूढ़ छवियों और 'जन-साधारण के अपने समाजशास्त्र' की भूमिका से इनकार नहीं किया जा सकता। समुदाय के स्तर पर हिंसा को न्यायसंगत ठहराने वाली मानसिकता की भूमिका भी होती है। मुसलमानों की अच्छी-खासी आबादी वाले किसी भी महानगर के उदाहरण पर गौर करने से यह बात और साफ हो जाएगी। अगर वहाँ के मुसलमान युवकों का एक बड़ा हिस्सा किसी न किसी प्रकार बेरोजगारी का शिकार है (आधुनिक कौशल तक उनकी पहुँच न हो पाने के कारण या फिर आधुनिक शिक्षा का प्रसार न होने की वजह से जिसके प्रमाण उपलब्ध आँकड़ों से मिलते हैं) या फिर उसके साथ सामाजिक पक्षपात किया जाता है (कम तनख्वाहों वाली नौकरियों और अपना धंधा खुद कर

रहे लोगों के संदर्भ में इस आरोप को साबित करना थोड़ा मुश्किल है), तो हो सकता है कि उस शहर के मुसलमान युवक अपराधी गिरोहों में भर्ती होने के लिए आसानी से तैयार हो जाएँ और तस्करी, गैर-कानूनी शराब बनाने, जबरिया रुपया ऐंठने और नशे की तिजारत जैसे धंधों की तरफ खिंचते चले जाएँ। इस तरह की सामाजिक परिस्थिति शहर के मुसलमानों की रूढ़ छवि को नकारात्मक बना देती है। ऐसे शहरों में अपराध जगत के प्रति डर और गुस्से का मिला-जुला भाव सांप्रदायिक शत्रुता को हवा देने लगता है। अपराधी जीवन की हिंसक और दुस्साहसी प्रवृत्तियाँ मुसलमान समाज के अपराधियों को सांप्रदायिक वारदातों में भाग लेने की तरफ ले जाती हैं। अपने समुदाय का बढ़-चढ़कर झंडा बुलंद करने से उन्हें लगता है कि वे अपने बिरादरों की निगाह में उठ गये हैं। गोपाल कृष्ण द्वारा जमा किये गये आँकड़ों से एक अप्रत्यक्ष इशारा मिलता है कि ५२.६८ फीसदी सांप्रदायिक दंगों के पीछे नाना प्रकार के निजी विवादों और टकरावों की भूमिका होती है (तालिका-३)।

मुश्किल यह है कि सेकुलर लोग सांप्रदायिक समस्या के इन पहलुओं को अपनी राजनीति के प्रतिकूल मानकर उन्हें स्वीकार करने से बचने की कोशिश करते हैं और उन्हें लगता है कि इनके कारण उनकी सेकुलर छवि दागी हो जाएगी। लेकिन, हिंदू राष्ट्रवादी दलों और संगठनों को इन तथ्यों का योजनाबद्ध इस्तेमाल फायदेमंद लगता है। इनके कारण सांप्रदायिक राजनीति को दो तरह से पानी मिलता है : एक तरफ दंगों से पहले होने वाली गोलबंदी के लिए मुस्लिम आक्रामकता की रूढ़ छवि को भुनाया जाता है, मुस्लिम समुदाय के कट्टरपंथी लंपट सर्वहारा तत्त्वों द्वारा दंगा शुरू करने की प्रवृत्ति का हवाला दिया जाता है और अपराधों की दुनिया में मुसलमानों की अपेक्षाकृत भारी उपस्थिति तर्क के रूप में पेश की जाती है। दूसरी तरफ दंगे हो जाने के बाद अखबार के पाठकों के लिए यही बातें मसालेदार खबरों की तरह परोसी जाती हैं कि जब हालात ही ऐसे थे तो दंगे होने पर अचरज क्योंकर होना चाहिए।

यहाँ सांप्रदायिक हिंसा से पहले होने वाली गोलबंदी की अहमियत समझना जरूरी है क्योंकि अब यह प्रक्रिया 'समान्य' राजनीति का हिस्सा बन चुकी है। एक सामाजिक प्रक्रिया के रूप में राजनीतिक होड़ ने सांप्रदायिक हिंसा में सबसे ज्यादा योगदान किया है। इसके कारण सांप्रदायिक हिंसा संगठित राजनीति के एक रूप में बदल गयी है। भारत राजनीतिक रूप से एक सुसंगठित समाज नहीं है और ऐसे समाज में सिर्फ सांप्रदायिक रुझान

का नतीजा हिंसा में नहीं निकलता। हिंसा के राजनीतिक फायदे उठाने के लिए उल्लुक दलबंदियाँ जब तक उसे भड़काने के सचेत और संगठित प्रयास नहीं करतीं, तब तक हिंसा नहीं भड़कती। जरूरी नहीं कि हिंसा संगठित करने वाले या उसका राजनीतिक फायदा उठाने वाले अनिवार्यत: सांप्रदायिक ही हों। वे अपने जोड़-बाकी-गुणा-भाग में पूरी तरह सेकुलर भी हो सकते हैं और अक्सर हिंसा के शिकार समुदायों के राजनेताओं से उनका साज-बाज होता है। यहाँ एक बार फिर मैं असगर अली इंजीनियर की टिप्पणी उद्धृत करना चाहूँगा : 'कमान राजनेताओं के हाथ में रहती है और उन्हीं की आवाज पर समाज विरोधी तत्त्व सांप्रदायिक हिंसा भड़काने और उसे बढ़ावा देने वाले सहायक एजेंटों की तरह काम करते हैं।'[२८] जैसा कि हमने इस पुस्तक में पहले ही नतीजा निकाला है कि सांप्रदायिक दंगे भारतीय सार्वजनिक जीवन के सर्वाधिक सेकुलरीकृत आयामों का रूप ले चुके हैं।

तथ्यगत रूप से यह बात सही होने के बावजूद इस व्याख्या का एक और पहलू द्रष्टव्य है। सांप्रदायिक हिंसा के कारणों को राजनेताओं और असामाजिक तत्त्वों के बीच सीमित करने से भारतीय राष्ट्रवाद की मुख्य धारा को खासा पानी मिलता रहा है। इस व्याख्या से वामपंथी राजनीतिक सिद्धांत को भी काफी बल मिला है। चाहे सरकारी राष्ट्रवाद हो या प्रचलित वामपंथी राजनीति, दोनों की लोकप्रियता शहरी मध्यवर्ग के बीच निर्विवाद है। यह वर्ग पिछले कुछ वर्षों से राजनीतिक सहभागिता के उन रूपों के प्रति उत्तरोत्तर दुविधाग्रस्त होता जा रहा है जिनके कारण उसे लगता है कि कहीं उसे ही हाशिये पर न धकेल दिया जाए। यही कारण है कि सांप्रदायिक हिंसा की ऐसी कोई भी व्याख्या भारतीय राष्ट्रवादियों और वामपंथियों द्वारा हाथों-हाथ ली जाती है जो उसमें मध्यवर्ग की भूमिका को थोड़ा भी छिपा लेती हो। इन लोगों को यह पुरानी व्याख्या भी काफी प्रिय है कि सांप्रदायिक प्रश्न सीधे या घुमा-फिराकर फूट डालो और राज करो की औपनिवेशिक नीति की उपज है। चूँकि मध्यवर्ग लोकतांत्रिक होड़ के आधार पर होने वाली जन-राजनीति को नापसंद करता था, इसलिए आजादी के बाद इस फारमूले को एक नये तरह की स्वीकृति और मिल गयी। आजादी से पहले जिन सांप्रदायिक विभेदों की जिम्मेदारी औपनिवेशिक नीति पर डाली जाती थी, आजादी के बाद उनका जिम्मेदार राजनीतिक होड़ में लगी राजनीतिक पार्टियों, धड़ों और स्थानीय नेताओं को ठहराया जाने लगा है क्योंकि वे सांप्रदायिक वोट बैंकों के आधार पर सांप्रदायिक भावनाओं का दोहन करते हुए और नतीजतन सांप्रदायिक हिंसा को बढ़ावा देते हुए देखे जाते हैं।[२९] ऐसे

विश्लेषक भी हैं जो कुछ सांप्रदायिक पार्टियों को ही हिंसा का मुख्य जिम्मेदार ठहराकर संतुष्ट हो जाते हैं। कुछ अन्य विश्लेषक सभी पार्टियों को कम या ज्यादा उत्तरदायी मानते हैं, क्योंकि उनकी निगाह में सभी पार्टियाँ अस्थिर वोट बैंकों का समर्थन हासिल करने या उन्हें अपने साथ बनाये रखने की राजनीतिक होड़ में लगी हुई हैं।[३०]

कहना न होगा कि भारत जैसे एक बहुलतापूर्ण समाज में जातीय हिंसा के मूल कारणों में से एक यह भी है कि आबादी के बड़े-बड़े हिस्सों को राजनीति में संख्याबल का महत्त्व पता लग गया है। राजनीतिक सिद्धांतवेत्ता सुदीप्त कविराज इसे भारतीय समाज पर आधुनिक जनगणना के प्रभाव के रूप में दिखाते हैं। इसके कारण सांप्रदायिक राजनीति की संभावनाएँ बहुत बढ़ गयी हैं। जनगणनाओं की शुरुआत से पहले भारतीय समाज में सभी लोग 'अल्पसंख्यक' थे, लेकिन उनका अल्पसंख्यक होना कोई स्थायी स्थिति नहीं थी, क्योंकि हर व्यक्ति हर हालत में एक से ज्यादा समुदायों का सदस्य होता था। चूँकि अब अधिकतर समुदायों की सीमाएँ कुछ कम धुँधली होती जा रही हैं, इसलिए 'अल्पसंख्यक' होने का तात्पर्य अधिक सुस्पष्ट और कठोर हो गया है। अपने इस निबंध में हम देखेंगे कि हमारी मौजूदा कहानी के लिए इस सूत्रीकरण की क्या प्रासंगिकता है।

सांप्रदायिक हिंसा के कारणों की इन प्रचलित समझों पर विचार करने के बाद जरूरी है कि हम इनकी वैकल्पिक समझ पर भी गौर करें। एक मान्यता यह भी उभरी है कि भारतीय राष्ट्रवाद की बदलती शक्ल-सूरत और राष्ट्र-राज्य की अवधारणा ने भी सांप्रदायिक हिंसा की समस्या में खासा योगदान किया है। इस मान्यता के पीछे वह फर्क है जो साफ तौर से आधुनिक राष्ट्रवाद और देशभक्ति की पारंपरिक समझ के बीच देखा जा सकता है। आधुनिक राष्ट्रवाद और राष्ट्र-राज्य की मानकीकृत समझ वही है जो उन्नीसवीं सदी के भारत ने यूरोप से उधार ली थी और जिसे १९४७ के बाद हमारे आधुनिकतावादी अभिजनों ने हर परिस्थिति पर बिना सोचे-समझे लागू किया। अपनी धरती और अपने देश के प्रति निष्ठा की पारंपरिक भारतीय समझ इसके विपरीत खड़ी है। यह पारंपरिक नजरिया राज्य को समाज व्यवस्था के एक ऐसे संरक्षक के रूप में देखता है जिसके तहत जनता के विभिन्न तबकों से एक जैसी नहीं बल्कि अलग-अलग किस्म की और विभिन्न स्तरों की निष्ठाओं की अपेक्षा की जाती है।

आधुनिक राष्ट्रवाद और राज्य की समस्या यह है कि वे 'राष्ट्रीय संस्कृति' की एक ऐसी 'मुख्य धारा' स्थापित करना चाहते हैं जो विविधताओं को शक की निगाह से देखती है, असहमति को उस समय तक बर्दाश्त नहीं करती जब तक वह खुद को मुख्य धारा की भाषा में ही व्यक्त करने के लिए तैयार न हो जाए, और जातीय समुदायों द्वारा स्वायत्तता या आत्मनिर्णय की किसी भी माँग से घबरा जाती है। यह मुख्य धारा एकात्मक संस्कृति पर आधारित एक ऐसे भारत की पैरोकार है जिसका आधुनिक राज्य तब तक नहीं टिक सकता जब तक राष्ट्रवाद के बुलडोजर के तले सभी तरह की विविधताओं को कुचल कर समतल नकर दिया जाए।[३१] कभी-कभी राजनीतिक वजहों से आधुनिक राष्ट्रवाद और आधुनिक राज्य को किसी जातीय समुदाय अथवा धर्म के साथ समझौता करना पड़ता है, पर उसकी प्रकृति अस्थायी ही होती है। आधुनिक राष्ट्र और राज्य दोनों ही विचारधारात्मक रूप से अनिवार्यतः सेकुलरवादी हैं। ज़ियाउद्दीन सरदार और मेरिल विन डेविस जैसे विद्वान इसीलिए रूढ़िवाद को सीधे-सीधे सेकुलरवाद की ही पैदाइश मानते हैं। वे मानते हैं कि सेकुलर मानस के दुरुपयोग और विद्रूप का अंतिम नतीजा रूढ़िवाद में निकला है। वे रूढ़िवाद को दुनिया के मंच पर सेकुलरवाद के भयानकतम दुःस्वप्नों के विरूप प्रक्षेपण के रूप में देखते हैं।[३२]

राज्य और राष्ट्रवाद के ये दोनों विचार प्रथम विश्वयुद्ध से पहले वाले यूरोपीय उपनिवेशवादी राज्य के मॉडल को आदर्श मानते हैं। भारतीय अभिजन के ज्यादातर हिस्से के ध्यान में दरअसल यही मॉडल रहता है। यह मॉडल अपने साम्राज्य के तहत एक ऐसे देशज राज्य की कल्पना करता है जो हमेशा आपस में लड़ते रहने वाले समुदायों के बीच सर्वोच्च पंच की भूमिका निभाता हुआ धार्मिक व जातीय अलगाववाद को सख्ती से कुचल देगा।[३३] दिलचस्प बात यह है कि साम्राज्यवादी खयाल पर आधारित इस तरह के राज्य की स्थापना अंग्रेजों ने भारत में स्थानीय परिस्थितियों के साथ कुछ-कुछ समझौता करते हुए की थी। सांप्रदायिक और जातीय मुद्दों पर व्यावहारिक रूप से ब्रिटिश शासन की शैली अपेक्षाकृत खुला रवैया अपनाती थी। अंग्रेजों को राजकाज की पारंपरिक भारतीय अवधारणाओं से उधार लेने में कोई दिक्कत नहीं थी। उन्होंने राजनीतिक निष्ठाओं का समीकरण बनाने की भारतीय शैली का भी इस्तेमाल किया। दरअसल, ब्रिटिश-भारतीय राज्य के लिए एक विजातीय माहौल में अपने यूरोपीय सिद्धांतों से कुछ समझौता करना जरूरी था। वह राज्य की संस्था से जुड़ी भारतवासियों की बची-खुची

तालिका-३
भारत में सांप्रदायिक हिंसा के कारण, १९६१-७० (एन=८४१)

हिंसा के कारण	प्रतिशत
धार्मिक कारण	
त्योहार / जुलूस	२६.७५
गो-वध	१४.३९
धार्मिक स्थलों को अपवित्र करना	४.०४
कब्रगाहों से जुड़े विवाद	
सेकुलर विवाद	
संपत्ति के निजी विवाद	१९.२६
महिलाओं से जुड़े विवाद	१६.८९
निजी लेन-देन, शत्रुताएँ, आदि	१६.५३
योग	५२.६८
कुल योग	१००.००

स्रोत : गोपाल कृष्ण के आँकड़ों के आधार पर निर्मित, कम्युनल वॉयलेंस इन इंडिया, पृष्ठ ६६

उम्मीदों और स्मृतियों के लिए कुछ गुंजाइश प्रदान करके ही टिक सकता था। लेकिन, आजाद भारत की हुकूमत ने ये मजबूरियाँ कभी महसूस नहीं कीं।

जो लोग राष्ट्रवाद और राष्ट्र-राज्य को सांप्रदायिक हिंसा में योगदान देने वाले प्रमुख कारक के रूप में देखते हैं, उनकी मान्यता है कि इन दोनों विचारों की वजह से भारतीय सार्वजनिक जीवन में विभिन्न जातीय समुदायों की शिकायतों, माँगों और बेचैनियों के साथ समायोजन करने के विकल्पों की कमी हो गयी है। ये विचार सभी तरह के जातीय आग्रहों को खतरनाक मानते हैं। इनके तहत सभी तरह की जातीय माँगों को राजनीति के यथोचित दायरे के बाहर माना जाता है। इस विचार के कारण राज्य के सामने उनका दमन करने के अलावा कोई चारा नहीं रह जाता। नतीजे के तौर पर सांप्रदायिक विभाजन और गहरा हो जाता है और राज्य की प्रवृत्तियाँ शिकायतकर्ता समुदायों के हितों के प्रति शत्रुभाव से आक्रांत होती चली जाती हैं। इसके अलावा राज्य सांप्रदायिक टकराव के हालात में अक्सर किसी एक पक्ष का समर्थक भी हो जाता है। उसके इस पक्षपात के पीछे जरूरी नहीं कि सांप्रदायिक कारण ही हों, यद्यपि कभी-कभी ऐसा भी होता है। ज्यादातर मामलों में राज्य की सांप्रदायिक पक्षधरता के पीछे चुनाव और

तालिका-४

दंगा-संवेदनशील राज्यों में मुसलमानों की आबादी का अनुपात

राज्य	मुसलमानों का अनुपात
आंध्र प्रदेश	८.५
बिहार	१४.१
गुजरात	८.५
महाराष्ट्र	९.२
राजस्थान	७.३
उत्तर प्रदेश	१५.९
भारत	**११.४**

स्रोत : सेंसस ऑव इंडिया : हाउसहोल्ड पापुलेशन बाई रिलीजन ऑव हेड ऑव हाउसहोल्ड, नयी दिल्ली : रजिस्ट्रार जनरल और सेंसस कमिश्नर, भारत, १९८४, पृष्ठ २-५

दूसरे सेकुलर कारण ही होते हैं। जो भी हो, राज्य दोनों ही परिस्थितियों में सांप्रदायिक हिंसा को रोकने में नाकाम रहता है।[३४] सांप्रदायिक तनाव को इस निगाह से देखने वाले प्रेक्षक राज्य के दायरे के भीतर और बाहर चलने वाली राजनीतिक प्रक्रिया पर अपना ध्यान केंद्रित करते हैं। वे देखते हैं कि प्रतिद्वंद्वी धार्मिक समुदायों के बीच कौन-कौन से उल्लेखनीय सूत्र काम कर रहे हैं, और उन समुदायों और राज्य के बीच क्या घटित हो रहा है। इन विद्वानों को यकीन होता कि सांप्रदायिक हिंसा को मुख्य तौर से राजनीति के जरिये रोका जा सकता है।[३५] ये लोग मानते हैं कि लोकतांत्रिक राजनीति समुदाय के स्तर पर ही सांप्रदायिक हिंसा का प्रतिरोध कर सकती है। चूँकि भारतीय सेकुलरवाद काफी-कुछ राज्य आधारित है, इसलिए वह ऐसी लोकतांत्रिक राजनीति को गुंजाइश नहीं देता और तदनुसार सांप्रदायिक रोग का इलाज करने के बजाय उसका हिस्सा बन जाता है।

आज की दुनिया में राज्य की विचारधारा और सरकारी राष्ट्रवाद को अलग-अलग करके नहीं देखा जा सकता। ये दोनों एक ऐसे विश्व-दृष्टिकोण को मानते हैं जो पारंपरिक सामुदायिक रिश्तों और समुदायों की सांस्कृतिक अंतर-निर्भरता के छिन्न-भिन्न होने की प्रक्रिया को बाकायदा प्रोत्साहित करता है। भारत जैसे समाजों में समुदायों के आपसी संबंधों पर लगातार दबाव पड़ रहा है। एक तरफ बेहद केंद्रीकृत और दूरस्थ किस्म की निर्वैयक्तिक राजनीतिक और प्रशासनिक संरचनाएँ उन्हें बदल रही हैं, दूसरी तरफ विकास प्रक्रिया द्वारा आरोपित नयी उपभोग-शैलियाँ और प्राथमिकताएँ

तालिका-५

बेहद दंगा प्रभावित शहरों में हिंदुओं और मुसलमानों का प्रतिशत[३५]

शहर	हिंद	मुसलमान
हैदराबाद	५१.९	३६.९
भिवंडी	४१.५	५२.४
मुरादाबाद	५१.२	४७.४
अलीगढ़	६३.८	३४.५
अहमदाबाद	७८.२	१५.३
नालंदा (बिहार शरीफ)	६१.१	३८.७
शहरी भारत	७६.५	१६.३

उन्हें प्रभावित कर रही हैं। लैंगिक संबंधों और विचारधाराओं के परंपरागत रूपों का विन्यास बदल रहा है। ये सभी परिवर्तन केंद्रीकृत बाजार व्यवस्था और आधुनिक राज्य की मर्दवादी संस्कृति की जरूरतों के मुताबिक हो रहे हैं। खास बात यह है कि भारत में जातीय हिंसा के कारणों पर गौर करने वाली रचनाओं में इन मुद्दों को स्पर्श नहीं किया गया है। बीच-बीच में वंदना शिवा और हेलेना नोरबर्ग-होज जैसी लेखिकाओं की कृतियों से इन मुद्दों पर थोड़ा-बहुत प्रकाश पड़ता रहता है और हमारे वक्त के लिए इनकी दुखांत प्रासंगिकता सामने आती रहती है।[३६]

हालाँकि विद्वानों द्वारा इन मुद्दों की तरफ से आँख बंद कर लेने के कारण पूरी तरह स्पष्ट नहीं हैं, पर तपन रायचौधुरी के आत्मकथात्मक निबंधों से शायद इन वजहों पर कुछ रोशनी पड़ सकती है।[३७] रायचौधुरी एक पेशेवर इतिहासकार हैं। वे प्रगति और सेकुलरीकरण के खयालों में पगी राज्य की विचारधारा के पूरी तरह हामी हैं। जाहिर है कि दक्षिण एशिया में धार्मिक टकराव और सामुदायिक जीवन से उसके जटिल संबंधों में गहरे झाँकने की उनकी कोशिश तब तक कामयाब नहीं हो सकती थी जब तक वे अपनी ही वैचारिक इयत्ता के विरोध में एक दुर्जेय प्रति-इयत्ता का सृजन न करते। कभी हास्यजनक और कभी गंभीर लगने वाली इस प्रति-इयत्ता के जरिये रायचौधुरी अर्धसंस्मरणात्मक शैली में अंतर-धार्मिक विभाजनों की तह में उतरने की कोशिश करते हैं। स्वाभाविक ही था कि आधुनिक राज्य समर्थक उनकी पेशेवर इतिहासकार इयत्ता उन्हीं की अंतर्दृष्टियों को नकारने का दबाव उन पर डालती, और वे खुद ही अपनी खोज के नतीजों को देशज विचार-श्रेणियों के साथ अपने गैर-बुद्धिवादी, गैर-सेकुलर और

अनैतिहासिक समझौते का परिणाम कहकर ठुकरा देते। शायद इसीलिए रायचौधुरी अपना बचाव करने के लिए इस बौद्धिक उद्यम का शीर्षक 'जराग्रस्त गपशप की यादें' रखना पड़ा होगा।[३८]

यही हैं वे मोटे-मोटे सूत्रीकरण जिनकी रोशनी में यह पुस्तक रामजन्मभूमि विवाद पर विचार करने की कोशिश करती है। अगले अध्याय में भारत के सबसे गंभीर सांप्रदायिक संघर्ष के उभार, तौर-तरीके, संगठन और विचारधारा पर इसी संदर्भ में गौर किया गया है। इस कहानी का विवरण पढ़ते हुए पाठकों को एक ऐसे विशिष्ट परिप्रेक्ष्य की झलक मिलेगी जो तीन ऐसी प्रक्रियाओं से मिलकर बना है जिन पर अभी तक पर्याप्त विचार नहीं हो पाया है। ये तीन प्रक्रियाएँ हैं : (१) आधुनिक विचार जैसे ही धार्मिक सीमाओं को सुपरिभाषित करना शुरू करता है, वैसे ही किस तरह इन सीमाओं को परस्परव्यापी बनाने वाले पारंपरिक सामाजिक और सांस्कृतिक सूत्र भंग होने लगते हैं; (२) जैसे ही धर्म का आधुनिक, समूहीकृत और विरोधाभासी अभिजन संस्करण तैयार होकर राजनीतिक विचारधारा की तरह काम करने लगता है वैसे ही उसके जरिये शहरी आबादी के विशाल हिस्सों में किस प्रकार सांस्कृतिक क्षरण, जड़ों से उखड़ने और आस्थाविहीनता की भरपाई होने लगती है; और (३) किस प्रकार एक राजनीतिकृत आधुनिक और अर्ध-आधुनिक मध्यवर्ग अपनी संख्या के अनुपात में कहीं ज्यादा राजनीतिक सत्ता हासिल करने का प्रयास करता है; एवं किस प्रकार इस प्रयास को वैध ठहराने के लिए उसे राज्य की एक खास तरह की विचारधारा की जरूरत पड़ती है।

संदर्भ और टिप्पणियाँ

१. डेनियल गोल्ड, 'ऑर्गनाइज्ड हिंदुत्व : फ्राम वैदिक टुथ टु हिंदू नेशन', मार्टिन ई. मार्ती और आर. स्कॉट एपलबाई (सं.), *फंडामेंटलिज्म ऑब्जर्व्ड*, यूनिवर्सिटी ऑव शिकागो प्रेस, १९९१, पृष्ठ ५३१-९३, देखें पृष्ठ ५३१

२. हिंदुओं की तरफ से भी ऐसी ही कार्रवाइयों के उदाहरण मिलते हैं। हिंदुओं की मिल्कियत में कई इमामबाड़े आज भी मिलते हैं।

३. पीटर वान डर वीर, *गॉड्स ऑन अर्थ : दि मेनेजमेंट ऑव रिलीजियस एक्सपीरियेंस एंड आइडेंटिटी इन ए नार्थ इंडियन पिलिग्रिमेज सेंटर*, ऑक्सफोर्ड यूनिवर्सिटी प्रेस, १९८९, पृष्ठ १४३-४४-९३

४. उपरोक्त, पृष्ठ ३७
५. उपरोक्त, पृष्ठ १४४
६. सत्यजित राय, *शतरंज के खिलाड़ी*, कलकत्ता : डी.के. फिल्म्स इंटरप्राइज, १९७७, निर्माता : सुरेश जिंदल, पटकथा : सत्यजित राय, कहानी : प्रेमचंद
७. वान डर वीर, *गॉड्स ऑन अर्थ*, पृष्ठ ३८-३९
८. उपरोक्त
९. फैजाबाद जिले की राजनीति के विस्तृत विवरण के लिए देखें : हैरल्ड गोल्ड, 'माडर्न पॉलिटिक्स इन एन इंडियन डिस्ट्रिक्ट : 'नेचुरल सिलेक्शन' एंड 'सिलेक्टिव कोआप्शन'', रिचर्ड सिसन और रामाश्रय राय (सं.), *डायवर्सिटी एंड डॉमिनेंस इन इंडियन पॉलिटिक्स*, नयी दिल्ली, सेज, १९९०, खंड १, *चेंजिंग बेसिज ऑव कांग्रेस सपोर्ट*, पृष्ठ २१७-४८
१०. मस्जिद के परिसर में एक छोटा-सा सुंदर मंदिर और भी था जिसे *सीता की रसोई* कहते थे। राममंदिर आंदोलन, बड़ा-सा भव्य मंदिर बनवाने और मस्जिद गिराने के शोरगुल में इस छोटे से मंदिर को भुला ही दिया गया। इस विस्मृति के बृहत्तर तात्पर्यों के लिए रामचंद्र गाँधी द्वारा भारतीय आध्यात्मिक परंपराओं के नजरिये से रचित वृत्तांत देखें : *सीताज़ किचन : ए टेस्टीमनी ऑव फेथ एंड इनक्वारी*, पेंगुइन, नयी दिल्ली, १९९२

    फिलहाल यहाँ कोनराड एल्स्ट (*रामजन्मभूमि वर्सेज़ बाबरी मस्जिद : ए केस स्टडी इन हिंदू-मुस्लिम कांफ्लिक्ट*, वॉयस ऑव इंडिया, नयी दिल्ली, १९९०) जैसे विद्वानों द्वारा इस मुद्दे पर बरती गयी बेईमानी और नैतिक खोखेलेपन को नरअंदाज किया जा रहा है। रामचंद्र गाँधी ने अपनी किताब में ऐसे लोगों की अच्छी खबर ली है, देखें पृष्ठ १०८-९
११. हिंदू धर्म में कारसेवा की कोई परंपरा नहीं है। कारसेवा के आधार पर कोई हिंदू मंदिर आज तक नहीं बनाया गया। पिछले कुछ वर्षों को छोड़कर इस शब्द का हिंदुओं के लिए कोई मतलब नहीं था। हिंदुत्ववादियों ने इसे सिखों से उधार लिया है। केवल उत्तर भारतीय ही इसका मतलब जानते हैं।
१२. गोपाल कृष्ण, 'कम्युनल वॉयलेंस इन इंडिया : ए केस स्टडी ऑव कम्युनल डिस्टरबेंस इन डेलही', *इकॉनॉमिक एंड पॉलिटिकल वीकली*, १२ जनवरी १९८५, २०, पृष्ठ ६२-७४, देखें पृष्ठ ६४
१३. राजगोपाल, *कम्युनल वॉयलेंस*, पृष्ठ २०
१४. जातीय संघर्षों पर दुब्रोविंक में हुई एक बैठक (६-१० जून १९९१) में ऑट्टो फीनस्टीन ने इस बात की तरफ हमारा ध्यान खींचा। इसके लिए हम उनके कृतज्ञ हैं।
१५. समकालीन भारत में हुए पृथकतावादी आंदोलनों से हमारे नेता और देश के हित चिंतक बहुत परेशान रहते हैं। लेकिन, अगर इन आंदोलनों में शामिल कुल आबादी को देखा जाए तो वह नब्बे करोड़ में से केवल ढाई करोड़ के आसपास ही बैठती है।

१६. सुकमार मुरलीधरन, 'मंडल, मंदिर और मस्जिद : 'हिंदू' कम्युनालज्म एंड क्राइसिस ऑव स्टेट', के.एन. पनिक्कर (सं.), *कम्युनलिज्म इन इंडिया : हिस्ट्री, पॉलिटिक्स एंड कल्चर,* मनोहर, नयी दिल्ली, १९९१, पृष्ठ १९६-२१८, विशेष तौर से देखें पृष्ठ २०६-१८, मुरलीधरन की व्याख्या एकदम अलग किस्म की है और उनकी विचारधारा पर आधारित होने के कारण यहाँ प्रासंगिक नहीं है।

१७. राजगोपाल, *कम्युनल वॉयलेंस,* पृष्ठ २०

१८. डी. डब्ल्यू. एडोर्नो, एल्ले फ्रेंकेल ब्रुंसविक, डेनियल जे. लेवेंसन और आर. नेवेट सेनफर्ड, *दि ऑथोरिटेरियन पर्सनालिटी,* न्यूयार्क, नॉर्टन, १९५०

१९. इसके कुछ उदाहरणों के लिये देखें : रोमिला थापर, हरबंस मुखिया, और बिपिन चंद्र, *कम्युनलिज्म एंड दि राइटिंग ऑफ इंडियन हिस्ट्री,* पीपुल्स पब्लिशिंग हाउस, नयी दिल्ली, १९९०; असगर अली इंजीनियर द्वारा संपादित पुस्तक में शामिल ज्यादातर लेख, *कम्युनल राइट्स इन पोस्ट इंडिपेंडेंट इंडिया,* संगम बुक्स, हैदराबाद, दूसरा संस्करण, १९९१; एस. गोपाल द्वारा संपादित पुस्तक, *दि एनॉटॉमी ऑव ए कंफ्रंटेशन : दि बाबरी मस्जिद रामजन्मभूमि इशू,* वाइकिंग, नयी दिल्ली, १९९१; और भी स्पष्ट उदाहरणों के लिए देखें : अखिलेश कुमार, *कम्युनल राइट्स इन इंडिया : स्टडी ऑव सोशल एंड इकॉनॉमिक आस्पेक्ट्स,* कॉमनवेल्थ, नयी दिल्ली, १९९१; और निर्मला श्रीनिवासन, *प्रिज़नर्स ऑव फेथ : ए व्यू फ्राम विदिन,* सेज, नयी दिल्ली, १९८९

२०. ताजे उदाहरण के लिए देखें : तपन बसु, प्रदीप दत्त, सुमित सरकार, तनिका सरकार और सम्बुद्ध सेन, *खाकी शॉर्ट्स सेफरॉन फ्लेग्ज़,* ओरियेंट लोंगमेन, नयी दिल्ली, १९९३

२१. यह सेकुलर विकासवादी नजरिये को आत्मसात करने का ही एक नमूना है। गैर-पश्चिम को पश्चिम इसी निगाह से देखता है।

> पश्चिम के स्त्री-पुरुषों को सेकुलरवाद ने कभी उनके अतीत के बारे में एक भरोसा थमाया था जिसके माध्यम से उन्हें सभी पारंपरिक संस्कृतियों और समाजों पर राजनीतिक और आर्थिक नियंत्रण करने की वैधता हासिल हो गयी थी। पश्चिम अपने इतिहास में मानवीय सामाजिक विकास के जिन चरणों से गुजरा था उन्हीं में फिट करके पारंपरिक समाजों की जीवन-शैलियों को देखा जाने लगा ...सेकुलर नजरिये ने सिर्फ प्रभुत्व के रूप में फर्क स्वीकार किया : दास प्रथा के जमाने में विशुद्ध ताकत के दम पर नियंत्रण किया जाता था, जबकि सेकुलरवाद मालिकों की हिदायतों पर गिरे हुए लोगों को उदारता से उठाने के पक्ष में था।
>
> —जियाउद्दीन सरदार और मेरिल विन डेविस, *डिस्टॉर्टिड इमेजिनेशंस : लैसंस फ्राम दि रश्दी एफेयर्स,* ग्रे सील एंड कुआलालम्पुर : बर्टिया, १९९०, पृष्ठ २४३

२२. टी.एन. मदन, 'सेकुलरिज्म इन इट्स प्लेस', *दि जरनल ऑव एशियन स्टडीज,* १९८७, ४६(४), पृष्ठ ७४७-५९; और 'विदर इंडियन सोशलिज्म?', *माडर्न एशियन*

स्टडीज, जुलाई १९९३, २७(३), पृष्ठ ६६७-९७; आशिस नंदी, 'एन एंटी सेकुलरिस्ट मेनीफेस्टो', *सेमिनार,* अक्टूबर १९८५, (३१४), पृष्ठ १४-२४; और 'दि पॉलिटिक्स ऑव सेकुलरिज्म एंड दि रिकवरी ऑव रिलीजियस टॉलरेंस', *आल्टरनेटिब्ज,* १९८८, १३(३), पृष्ठ १७७-९४; और डॉन मिलर, 'रिलीजन, पॉलिटिक्स एंड इट्स सेक्रेड स्टेट', *दि रीजन ऑव मेटाफर : ए स्टडी इन पॉलिटिक्स,* सेज, नयी दिल्ली, १९९२, पृष्ठ १५९-८०

सेकुलरवाद की कुछ कम प्रत्यक्ष आलोचना के लिए देखें : 'सेकुलरिज्म, कम्युनलिज्म एंड डेमोक्रेसी इन इंडिया : सम थियरीटिकल इशूज', विद्युत चक्रवर्ती (सं.), *सेकुलरिज्म एंड इंडियन पॉलिटी,* सेगमेंट बुक्स, नयी दिल्ली, १९९०, पृष्ठ ४०-७; ज्ञानेंद्र पांडेय, *दि कंस्ट्रक्शन ऑव कम्युनलिज्म इन कॉलोनियल नार्थ इंडिया,* ऑक्सफोर्ड यूनिवर्सिटी प्रेस, नयी दिल्ली, १९९०; और रुस्तम भरूचा, *ए क्वेश्चन ऑव फेथ,* ओरियेंट लांगमेन, नयी दिल्ली, १९९२

इस दृष्टि की आलोचना के लिए देखें : प्रकाश चंद्र उपाध्याय, 'दि पॉलिटिक्स ऑव इंडियन सेकुलरिज्म : इट्स प्रेक्टिशनर्स, डिफेंडर्स एंड क्रिटिक्स', *ऑकेजनल पेपर्स ऑन पर्सपेक्टिव्ज ऑन इंडियन डिवेलपमेंट II,* नेहरू मेमोरियल म्यूजियम एंड लाइब्रेरी, नयी दिल्ली, १९९०, अप्रकाशित; और 'दि पॉलिटिक्स ऑव इंडियन सेकुलरिज्म', *माडर्न एशियन स्टडीज,* १९९२, २६(४); उपेंद्र बख्शी ने सेकुलरवाद की आलोचनाओं का एक संविधानपरक जवाब दिया है जो जोशीला तो है पर बात ढर्रे की ही करता है, 'दि स्ट्रगल फार दि रिडेफिनेशन ऑव सेकुलरिज्म इन इंडिया : सम प्रिलिमिनरी रिफ्लेक्शंस', *सोशल एक्शन,* जनवरी-मार्च, १९९४, ४४(१), पृष्ठ १३-३०

२३. नंदी, 'दि पॉलिटिक्स ऑव सेकुलरिज्म एंड रिकवरी ऑल रिलीजियस टॉलरेंस'।

२४. असगर अली इंजीनियर, 'दि आइडियोलॉजीकल बैकग्राउंड ऑव कम्युनल राइट्स', हुसैन शाहीन द्वारा उद्धृत, 'सॉफ्टवेयर एंड हार्डवेयर ऑव कम्युनलिज्म', असगर अली इंजीनियर और मोइन शाकिर (सं.), *कम्युनलिज्म इन इंडिया,* अजंता, दिल्ली, १९८५, पृष्ठ ८२-७, देखें पृष्ठ ८५

२५. राजगोपाल की रचना *कम्युनल वॉयलेंस,* पृष्ठ १९ के आधार पर बनायी गयी। तीसरी और चौथी तालिका से जाहिर है कि मुसलमान भारत की आबादी के लगभग ११.४ फीसदी हैं। शहरी इलाकों में उनका प्रतिशत १६.३ है।

२६. इस तरह की समझ के उदाहरण के लिए देखें दूसरे अध्याय में उद्धृत *पायनियर* का संपादकीय।

२७. उदाहरण के लिए देखें : अजय सिंह, 'माफिया पॉलिटिक्स लेड टु एटा वॉयलेंस', *दि टाइम्स ऑव इंडिया,* ९ दिसंबर, १९९०; और असगर अली इंजीनियर की रचना *दिल्ली-मेरठ राइट्स;* इसके अलावा राधिका रामशेषन, 'ए डेट विद डेस्टिनी', *दि पायनियर,* २३ मार्च १९९२ भी देखा जा सकता है। १९८६ में पहली बार अखिल हिंद सनातन समाज ने मुसलमान दूकानों के बहिष्कार का आह्वान किया; कुछ पर्चों

में साफ तौर पर कहा गया था कि मुसलमानों को आर्थिक रूप से 'कत्ल' कर दिया जाना चाहिए। देखें अध्याय ४

२८. असगर अली इंजीनियर, 'बांबे-भिवंडी राइट्स : ए नेशनल पर्सपेक्टिव', इंजीनियर और शाकिर, *कम्युनलिज्म इन इंडिया,* पृष्ठ २०५-१४, देखें पृष्ठ २०५; इसके अलावा देखें दिलीप सीमियन की रचना, 'पावर एट एनी प्राइस इज कम्युनलिज्म वर्स्ट लीगेसी', *दि टाइम्स ऑव इंडिया,* २६ मार्च १९९०; और ए.डी. भोगले, 'कम्युनल वॉयलेंस एज ए पॉलिटिकल वेपन', *दि इंडिपेंडेंट,* १४ दिसंबर १९९०

२९. कहा जाता है कि १९४६-४७ के बीच हुए विभाजन के दंगों पर भारतीय कम्युनिस्ट पार्टी की आंतरिक रपट में इसी तरह की दलील दी गयी है। दिलचस्प बात यह है कि सांप्रदायिक हिंसा पर भाजपा भी इसी तरह सोचती है। भाकपा से वह अलग केवल इस मायने में है कि वह हिंदुओं को राजनीतिक पार्टियों के शिकार के रूप में चित्रित करती है और आरोप लगाती है कि ये पार्टियाँ भी एकतरफा मकसदों से धर्म का दोहन करती हैं। भाजपा इसे 'अल्पसंख्यकवाद' का नाम देती है।

३०. कहानी के इस हिस्से के सबसे ताजे विश्लेषण के लिए देखें : रजनी कोठारी, 'चेलैंज बिफोर नेशन : डीलिंग विद दि रैबिड पॉपुलिज्म', *दि टाइम्स ऑव इंडिया,* २२ जनवरी १९९३

३१. कहानी के इस हिस्से की सुस्पष्ट चर्चा के लिए देखें : तारिक बनूरी, 'ऑफीशियल नेशनलिज्म, एथनिक कांफ्लिक्ट एंड कलेक्टिव वॉयलेंस', सिम्पोजियम ऑन नेशनलिज्म रिविजिटिड, गोएथे इंस्टीट्यूट, कोलंबो, १९९४, अप्रकाशित

इस दृष्टि को प्रोत्साहित करने वाली राज्य की संस्कृति पर चर्चा के लिए देखें : आशिस नंदी, 'कल्चर, स्टेट एंड रिडिस्कवरी ऑव इंडियन पॉलिटिक्स', इकबाल खान (सं.), *फ्रेश पर्सपेक्टिव्ज ऑन इंडिया एंड पाकिस्तान : एसेज ऑन इकॉनॉमिक्स, पॉलिटिक्स एंड कल्चर,* ऑक्सफोर्ड, बोगेनविलाइया बुक्स, १९८५, और बुक ट्रेडर्स, लाहौर, १९८७, पृष्ठ ३०४-१८; और 'दि स्टेट', बुल्फगैंग साक्स (सं.), *दि डिवेलपमेंट डिक्शनरी : ए गाइड ऑन नॉलिज ऑन पॉवर,* जेड, लंदन, १९९२, पृष्ठ २६४-७४

३२. सरदार और डेविस, *डिस्टॉर्टिड इमेजिनेशंस,* पृष्ठ २४२

३३. भारतीय और बांग्लादेशी आत्म-चेतना के महान निर्माताओं में से एक रवींद्रनाथ ठाकुर पहले बुद्धिजीवी थे जिन्होंने विचार-श्रेणियों के बिना सोचे समझे आयात से पैदा हो सकने वाली दिक्कतों की तरफ ध्यान खींचा था। उनका उपन्यास *घरे बायरे* दिखाता है कि राज्य और राष्ट्रीयता के यूरोपियन विचारों को अपनाने का परिणाम किस प्रकार सांप्रदायिक हिंसा में निकलता है। देखें आशिस नंदी, *दि इल्लिजिटमेसी ऑव नेशनलिज्म : रवींद्रनाथ टैगोर एंड पॉलिटिक्स ऑव दि सेल्फ,* ऑक्सफोर्ड यूनिवर्सिटी प्रेस, नयी दिल्ली, १९९४

३४. इसके कुछ उदाहरणों के लिए देखें : पीपुल्स यूनियन ऑव डेमोक्रेटिक राइट्स और पीपुल्स यूनियन ऑव सिविल लिबर्टी, *हू आर दि गिल्टी? : रिपोर्ट ऑव ए ज्वाइंट*

इनक्वारी इनटु दि कासेज एंड दि इम्पेक्ट ऑव दि राइट्स इन डेलही फ्राम ३१ अक्टूबर टु १० नवंबर, पीयूडीआर और पीयूसीएल, दिल्ली, १९८४; *विकल्प*, सांप्रदायिकता विरोधी आंदोलन द्वारा प्रकाशित, जनवरी-मार्च १९८५; असगर अली इंजीनियर, *डेलही-मेरठ राइट्स : एनालैसिस, कम्पाइलेशन एंड डॉक्यूमेंटेशन*, अजंता, दिल्ली, १९८८; हेमलता प्रभू, *पीयूसीएल इनवेस्टीगेशन रिपोर्ट : जयपुर कम्युनल राइट्स*, राजस्थान पीयूसीएल, जयपुर; घनश्याम शाह, 'दि १९६९ कम्युनल राइट्स इन अहमदाबाद : ए केस स्टडी', इंजीनियर, *कम्युनल राइट्स*, पृष्ठ १७५-२०८

३५. रजनी कोठारी, 'कल्चर, एथनीसिटी एंड दि स्टेट', *दि थैच्ड पेशियो*, अप्रैल १९८९, २(२), पृष्ठ २२-६; और, 'कम्युनलिज्म : दि न्यू फेस ऑव इंडियन डेमोक्रेसी', *दि स्टेट अगेंस्ट डेमोक्रेसी : इन सर्च ऑव ह्यूमन गवर्नेंस*, अजंता, दिल्ली, १९८८, पृष्ठ २४०-५३; आशिस नंदी, 'दि डिस्क्रीट चार्म्स ऑव इंडियन टेररिज्म', *जरनल ऑल कामनवेल्थ एंड कंपरेटिव पॉलिटिक्स*, मार्च १९९०, २८(१), पृष्ठ २५-४३; और, 'टेररिज्म—इंडियन स्टाइल : दि बर्थ ऑव ए पॉलिटिकल इशू इन ए पॉपुलिस्ट डेमोक्रेसी', *हल पेपर्स इन पॉलिटिक्स*, यूनिवर्सिटी ऑव हल, हल, १९९१

३६. वंदना शिवा, *दि वॉयलेंस ऑव ग्रीन रिवोल्यूशन*, कंज्यूमर्स एसोसियेशन ऑव पेनांग, पेनांग, १९९०; हेलेना नोरबर्ग-होज, *एंशियेंट फ्यूचर्स : लर्निंग फ्राम लद्दाख*, सिएरा क्लब बुक्स, सैन फ्रांसिस्को, १९९१, पृष्ठ १२२-३०

३७. तपन रायचौधुरी, *रोमनाथन अठाबा भीमरातिप्राप्तार परचरित्र-चर्चा*, आनंद पब्लिशर्स, कलकत्ता, १९९३, खासतौर से देखें पृष्ठ ५६-९९

३८. अपने ही विचारों और अंतर्दृष्टियों के प्रति रक्षात्मक मुद्रा का यह भाव केवल समाज विज्ञान के क्षेत्र तक ही सीमित नहीं है। ऐसी ही रक्षात्मक मुद्रा फिल्मकार रित्विक घटक में भी दिखायी पड़ती है। यहाँ उसकी संरचना उनके पेशे से जुड़ी न होकर रेडिकल और आधुनिकतावादी शब्दाडम्बर की देन प्रतीत होती है। इसी शब्दाडम्बर के दबाव में घटक अपनी फिल्मों में चित्रित उस 'भाष्यात्मक इयत्ता' को नकार देते हैं जो सांप्रदायिक टकराव के मुद्दे पर समुदायों के टूटने और संस्कृति के अपवंचन की शिनाख्त करती है। उर्दू साहित्यकार सादत हसन मंटो जैसे लोग बिरले ही हैं जो अपनी जबरदस्त इच्छा शक्ति के दम पर आधुनिक भारत की इस रक्षात्मक मुद्रा से बच निकले।

सांप्रदायिक वैमनस्य को बढ़ाने में इतिहास जैसे बौद्धिक अनुशासन की भूमिका पर देखें विनय लाल की रचना, 'दि डिस्कोर्स ऑव हिस्ट्री एंड क्राइसिस एट अयोध्या : रिफ्लेक्शंस ऑन दि प्रोडक्शन ऑव नॉलिज, फ्रीडम, एंड दि फ्यूचर ऑल इंडिया', १९९४, अप्रकाशित पांडुलिपि; आशिस नंदी, 'हिस्ट्रीज़ फॉरगॉटिन डबल्स', हिस्ट्री एंड थियरी, *स्टडीज इन दि फिलॉसफी ऑव हिस्ट्री*, ३४(२), १९९५, पृष्ठ ४४-६६

अध्याय दो

३. जन्मभूमि के लिए युद्ध

आइए, फिर से अपनी कहानी की तरफ लौटें। पहले अध्याय में केवल तथ्यों का ब़यान था। लेकिन, उनके पीछे चेतना की विभिन्न सतरों का तर्क-वितर्क भी झलक रहा था। कल और आज के बारे में गढ़ी हुई हकीकतों की बहस भी थी। ३० अक्टूबर १९९० को अयोध्या में जो कुछ घटा उसका विवरण इनमें से कुछ की शक्ल-सूरत साफ कर सकता है। इस ब्योरे को हमने अपने एक साथी की नजर से देखा है जो उस वक्त वहाँ मौजूद थी। साथ ही घटनाक्रम पर इधर-उधर से ली गयी प्रतिक्रियाओं का इस्तेमाल भी किया गया है।

सरयू नदी पर एक दो किमी. लंबा पुल है जो अयोध्या को पड़ोस के गोंडा जिले से जोड़ता है। उस दिन तड़के कारसेवकों और पुलिस के बीच पहली झड़प इसी पुल पर हुई। करीब दो हजार लोगों की एक भीड़ इस पुल से होकर अयोध्या में घुसने की कोशिश कर रही थी, जिसे पुलिस की एक छोटी-सी टुकड़ी ने संयम से काम लेते हुए धीरे-धीरे पीछे धकेल दिया। पुलिस की कमान एक लंबे कद और गठे बदन के सिख पुलिस अधिकारी के हाथ में थी। उसकी नामपट्टिका उसके सीने से हटा दी गयी थी, लेकिन फिर भी यह जानना कठिन नहीं था कि वह केंद्रीय रिजर्व पुलिस बल का अफसर था। बिना किसी पर प्रहार किये पुलिस वालों ने हवा में डंडे भाँज कर ही कारसेवकों द्वारा पुल पार करने की पहली कोशिश नाकाम कर दी। कुछ कारसेवक घायल भी हुए, पर किसी की मौत नहीं हुई।

इस भीड़ में दो तरह के लोग शामिल थे : कारसेवा करने अयोध्या आये हिंदुत्ववादी और हर साल सर्दी के मौसम में कार्तिक पूर्णिमा के समय होने वाली *पंच कोसी परिक्रमा* में भाग लेने आये लोग। परिक्रमा करने आये लोगों में ज्यादातर श्रद्धालु पकी उम्र के थे जिन्हें पहले से नहीं पता था कि उस दिन अयोध्या में कुछ और भी होने वाला है। उनकी समझ में कुछ नहीं आ रहा था। पुल पर असहाय खड़े ये लोग पुलिस से मिन्नतें कर रहे थे कि उन्हें घर जाने दिया जाए।

बहरहाल, पहली झड़प में पीछे हट जाने के बावजूद कारसेवक अयोध्या में घुसने के अपने संकल्प पर कायम रहे। गिरफ्तारी से बच निकलने वाले ज्यादातर छात्र थे। पीछे हटने के बाद वे सरयू के बायें तट पर फैल गये और नारेबाजी शुरू कर दी। पिछले कुछ हफ्तों से कारसेवकों का मुख्यं नारा *रामलला हम आएँगे, मंदिर यहीं बनायेंगे* गूँजने लगा। युवा कारसेवक पुलिस का प्रतिरोध नरम करने के लिए *हिंदू-हिंदू भाई-भाई, बीच में वर्दी कहाँ से आयी* जैसा नारा भी लगा रहे थे।

पुलिसवाले कारसेवकों की इस अपील से तो प्रभावित नहीं थे, पर उनमें से कई अपनी ड्यूटी से नाखुश भी लग रहे थे। पुल पर जिस तरह उन्होंने आधे मन से भीड़ को पीछे धकेला था, उसी से यह जाहिर था। एक पुलिसवाला तो इस कार्रवाई के दौरान यह कहते हुए फूट-फूटकर रोने भी लगा कि वह यह सब नहीं कर सकता। उसके साथियों और वरिष्ठों ने चिंतत होकर उसे फौरन घेर लिया, पर डाँटा-डपटा नहीं। उन्होंने उसे जज़्बात काबू में रखने और ड्यूटी पूरी करने के लिए समझाया। इसी बीच कारसेवकों की संख्या तेजी से बढ़ने लगी। सैकड़ों कारसेवकों ने नदी के किनारे उगी लंबी घास में या नजदीक के गाँवों में छिपकर रात गुजारी थी। वे भी बाहर आकर भीड़ में शामिल होने लगे।

उधर अयोध्या शहर के भीतर हालात काबू में लग रहे थे। विवादित स्थल की तरफ जाने वाली गलियों में कारसेवकों के छोटे-छोटे झुंड धरने पर जमे थे। लेकिन *जयसियाराम* और *बच्चा-बच्चा राम का, जन्मभूमि के काम का* जैसी नारेबाजी से कोई खतरा प्रतीत नहीं हो रहा था। हालात सुबह और दोपहर के बीच बिगड़ने शुरू हुए। हजारों कारसेवक अचानक कर्फ्यूग्रस्त अयोध्या की सड़कों पर प्रगट हो गये, हालाँकि जिला प्रशासन का दावा था कि अयोध्या में चिड़िया भी पर नहीं मार सकती। कई हफ्तों से कारसेवकों को अयोध्या में घुसने से रोकने का बंदोबस्त किया जा रहा था। पर, उसके नाकाम होने से एक बार फिर जाहिर हो गया कि सुरक्षा बलों और प्रशासन के एक हिस्से की हमदर्दी किस के साथ थी। प्रशासन और बलों की मिलीभगत के बिना वे अयोध्या में नहीं घुस सकते थे और यह बात स्वीकार करने में कारसेवकों को कोई संकोच भी नहीं था।

देखते ही देखते बाबरी मस्जिद की तरफ जाने वाली सड़कें भगवे, सफेद और लाल वस्त्रधारी साधुओं से भर गयीं। उनके माथों और सीनों पर भभूत और चंदन लगा हुआ था। उनके साथ चल रहे कारसेवकों में हर उम्र के लोग थे। देश के विभिन्न हिस्सों से आये ये लोग नाना प्रकार के काम-

धंधों से जुड़े थे। (हालाँकि जिन कारसेवकों से हमने इंटरव्यू लिया उनमें ज्यादातर ऊँची जातियों के थे, पर उनमें अन्य जातियों के लोग भी थे)।[१] भाजपा के कार्यकर्ताओं की तो पूरी फौज ही मौजूद थी। बजरंग दल के मुखिया विनय कटियार और आंध्र भाजपा के उपाध्यक्ष के. नरेंद्र इनका नेतृत्व कर रहे थे। बाद में उनके साथ विश्व हिंदू परिषद (विहिप) के महामंत्री अशोक सिंघल और विहिप के तत्कालीन उपाध्यक्ष व उप्र पुलिस के पूर्व उपमहानिरीक्षक श्रीश चंद दीक्षित भी वहाँ पहुँच गये।

हालाँकि ज्यादातर कारसेवक निहत्थे ही थे, पर उनमें से कुछ के पास त्रिशूल, डंडे और कुदालियाँ थीं। सबसे बड़ी बात यह थी कि वे एक खौफनाक संकल्प से लैस थे कि हर हालत में 'राष्ट्रीय शर्म के इस प्रतीक' को ध्वस्त करना ही है। लखनऊ से आये व्यापारियों के एक दल का कहना था, 'आज भगवान राम का आशीर्वाद हमारे साथ है। इसलिए इन पापी मुसलमानों की मस्जिद का नामोनिशान धरती से मिटाने से हमें दुनिया की कोई ताकत नहीं रोक सकती। हम मारेंगे या मर जाएँगे पर काम पूरा करके जाएँगे।' इस भीड़ में बेरोजगारों, कम पढ़े-लिखों और शहरों में चली झुंडीकरण की प्रक्रिया के शिकार युवकों की संख्या काफी थी। ये लोग ऐसे किसी भी उद्देश्य के लिए गोलबंद होने के लिए तैयार रहते हैं जिससे उन्हें एकजुटता, लक्ष्य और हिंसा से गंधाते रोमांच का एहसास हो सके। ऐसे लोगों को लंपट सर्वहारा भी कहा जाता है।[२]

कारसेवकों के मस्जिद की तरफ उमड़ने से इलाके का पूरा ट्रैफिक जाम हो गया। गिरफ्तार कारसेवकों से भरी सरकारी बसें रुक गयीं। इसी समय हनुमानगढ़ी मंदिर के पास उसके एक पुजारी ने ऐसी ही एक बस को हाईजैक कर लिया जिसमें उन्मत्त कारसेवक भरे हुए थे। इस वारदात ने आगे के घटनाक्रम का रास्ता साफकर दिया। वहाँ ड्यूटी पर तैनात सुरक्षावाले उस समय भौचक्के रह गये जब उन्होंने एक बस को नाटकीय ढंग से घूमकर उस सड़क पर बेतहाशा तेजी से आते देखा जो केवल एक-डेढ़ किमी. के बाद मस्जिद तक पहुँच जाती थी। बस के रास्ते में पड़ने वाले लोहे के कई बैरियरों (चौकियों) को बाद में देखकर पता लगाया जा सकता था कि उनमें से केवल एक ही कुछ टेढ़ा हुआ था। टूटा तो उनमें से कोई नहीं था। जाहिर था कि या तो तेजी से आती हुई बस की टक्कर से लोहे के वे बैरियर ढीले होने के कारण अपने-आप खुल गये होंगे या उन्हें किसी ने जानबूझकर खोल दिया होगा। जानबूझकर खोलने वाली बात ही ज्यादा ठीक लग रही थी, क्योंकि किसी बैरियर को कोई नुकसान नहीं पहुँचा था। बैरियर

दरअसल मजबूती से लगाये ही नहीं गये थे। आखिर में विवादित स्थल से कुछ फुट पहले बस रोक ली गयी और उसके अपहरणकर्ता गिरफ्तार कर लिये गये।

कारसेवकों के नेताओं ने इस घटना से भाँप लिया कि सुरक्षा बंदोबस्त अभेद्य नहीं हैं। लगता था कि प्रशासन को कारसेवकों की इतनी बड़ी संख्या का अंदेशा नहीं था, इसलिए उसके पास उनसे निबटने की तैयारी नहीं थी। या फिर कुछ सुरक्षा कर्मचारी अपने बीच से भीतर सरकते जा रहे कारसेवकों को नरअंदाज करने के लिए तैयार थे। जैसे ही कारसेवकों को यह एहसास हुआ, वे और आक्रामक हो गये। उन्होंने पुलिस बल के संयम की परीक्षा लेनी शुरू कर दी। बाद में एक नेता ने बताया कि उनकी योजना बलों को थका देने और फिर अंतिम आक्रमण के लिए दोबारा जमा होने की थी। पुलिस केवल लाठियों के दम पर उमड़ती भीड़ को रोकने में नाकाम होती जा रही थी। आँसू गैस के गोलों का भी कोई खास असर नहीं हो रहा था। इसका एक कारण यह भी था कि कुछ कारसेवकों ने उसे बेअसर करने के लिए चेहरे पर चूना पोत रखा था। लेकिन, इसका मुख्य कारण यह था कि गोले बहुत कम फेंके जा रहे थे, ज्यादा से ज्यादा एक बार में दो या तीन।

आइये, अब इस घटनाक्रम पर अयोध्यावासियों की प्रतिक्रिया पर गौर करें। ३० दिसंबर की इस वारदात के पहले रामजन्मभूमि मुद्दे का अयोध्यावासियों पर कोई खास असर दिखायी नहीं दे रहा था। मंदिर आंदोलन के नेताओं के लिए यह बहुत चिंता की बात थी। वे देश के कई हिस्सों और विदेशों में तो इस सवाल पर भावनाएँ भड़का पा रहे थे, पर अयोध्या अभी भी शांति का द्वीप बना हुआ था।[3] इस मुकाम पर उन्हें लगा कि आंदोलन में अयोध्यावासियों को शामिल करने का यही सही मौका है।

सुबह के घटनाक्रम में अयोध्यावालों ने कोई सीधी भागीदारी नहीं की, बावजूद इसके कि कारसेवकों के साथ जुड़ चुके कुछ अयोध्यावासी उन्हें इसके लिए लगातार ललकारते रहे। मसलन, एक स्थानीय दवा विक्रेता का किशोर वय का बेटा अपने घर वाली गली में इधर से उधर दौड़ता हुआ बंद दरवाजों को खटखटा कर चिल्ला रहा था, 'मुहल्ले के लोगो बाहर आओ। चूड़ियाँ पहनकर क्यों बैठे हो? अगर मर्द हो तो मैदान में क्यों नहीं आते?' स्थानीय लोगों का कहना था कि उन्होंने कारसेवकों को अपने घर में पनाह दी है और खाना खिलाया है। लेकिन जब उन्होंने देखा कि कारसेवक हावी

होते जा रहे हैं तो उन्हें भी धार्मिक जोश आ गया और वे सड़कों पर निकल पड़े। उनके साथ कुछ महिलाएँ भी थीं। लेकिन, पलड़े को भगवा ब्रिगेड की तरफ झुकाने में मुख्य भूमिका उन लोगों की रही जो घर में बैठकर कारसेवकों का साथ दे रहे थे।

उन्होंने पहला काम तो यह किया कि घरों की छत से कारसेवकों के लिए भोजन के पैकेट फेंके। बाद में उन्हीं छतों से पुलिस पर ईंट-पत्थरों की बारिश होने लगी जिससे कई पुलिसवाले घायल हो गये। हनुमानगढ़ी के पास वाली एक गली में तो हालात उस समय काफी बिगड़ गये जब एक ईंट ने बलों का नेतृत्व कर रहे वरिष्ठ सिख अफसर का सिर फाड़ दिया। उसे वहाँ से बुरी तरह खून बहाते हुए उठाकर ले जाया गया। सुबह सरयू पुल पर कारसेवकों का मुकाबला करने वाला सीआरपीएफ का लंबा-तगड़ा सिख अफसर इस घटना से नाराज हो गया। वह भागकर फैज़ाबाद के जिलाधिकारी रामशरण श्रीवास्तव के पास पहुँचा और गोली चलाने की माँग की। पुलिस कारसेवकों पर नहीं, बल्कि छतों से हमला करने वालों पर गोली चलाकर आत्मरक्षा की कार्रवाई करना चाहती थी। जिलाधिकारी ने इजाजत नहीं दी और घटनास्थल खिसकने की कोशिश करने लगे। लेकिन, पुलिस वालों ने उनके पीछे भागकर उन्हें पकड़ लिया और धमकी दी कि अगर उन्होंने उनका साथ छोड़ने की कोशिश की तो उन्हें गोली मार दी जाएगी।

जिलाधिकारी को वापस आना पड़ा। लेकिन, लगातार हमले का सामना कर रही पुलिस की इच्छाशक्ति अब तक जवाब देने लगी थी। एक पुलिसवाले ने कड़वाहट के साथ कहा, 'देखो डीएम को, सुबह से उसने हेलमेट उतारा तक नहीं है। और हमें देखो, हमें तो हेलमेट दिया ही नहीं गया है। हमारे सिर फटते रहें, उन्हें चिंता क्यों होने लगी!' इसके बाद वहाँ तैनात पुलिस की टुकड़ी सिर्फ अपनी जगह पर बैठ गई। उसने किसी भी तरह की कार्रवाई करना बंद कर दिया। पुलिस वालों का साफ कहना था, 'जब हम गोली नहीं चला सकते, तो कर ही क्या सकते हैं।'

इसी बीच अफवाह फैल गयी कि पास की ही एक गली में हुए लाठीचार्ज में अशोक सिंघल घायल हो गये हैं। वे कुछ वरिष्ठ पुलिस और जिला अधिकारियों की खुफिया मदद से शहर में घुस आये थे। इसी के साथ यह अफवाह भी फैली कि सरयू पुल पर शहर में दोबारा घुसने की कोशिश कर रहे कारसेवकों पर गोली चली है जिसमें 'सैकड़ों' लोग मारे गये हैं। असलियत यह थी कि अशोक सिंघल को मामूली चोटें आयी थीं, और पुल

पर सिर्फ दो लोगों की जान गयी थी। बहरहाल, इस अफवाह ने भीड़ को और भड़का दिया।

पुलिस अब तक तमाशबीन की स्थिति में आ चुकी थी, लग रहा था कि भयानक उत्पात मचने वाला है। तभी जिलाधिकारी ने श्रीश चंद दीक्षित को सामने खड़ा कर दिया और माइक्रोफोन देकर अपील की कि वे भीड़ से हटने के लिए कहें। बाद में साबित हुआ कि यह हिंदुत्ववादियों की एक चाल थी। दीक्षित ने कारसेवकों से कहा कि वे लौट जाएँ, 'अयोध्या पहुँच कर आपने कारसेवा पूरी कर दी है। मैं कहता हूँ कि आप लौट जाएँ।'

दीक्षित ने यह अपील बार-बार की और जिलाधिकारी और अन्य अधिकारियों के साथ बातचीत करना जारी रखा। वे सिर्फ समय काट रहे थे। उनका मकसद अधिकारियों का ध्यान नजदीक की गलियों से विवादित स्थल की तरफ बढ़ रहे कारसेवकों की तरफ से हटाने का था। जब उस भीड़ के लोगों ने देखा कि गली के दूसरे सिरे पर कारसेवकों के झुंड विवादित स्थल की तरफ जा रहे हैं तो वे भी उनके साथ हो लिए।

अब तक ११ बज चुके थे। पहला बैरिकेड तोड़ने में कारसेवकों को सिर्फ १५ मिनट लगे। उत्तेजित भीड़ के मुकाबले खड़े सुरक्षाकर्मियों को अपनी हिफाजत की चिंता थी, ऊपर से कारसेवकों के साथ उन्हें हमदर्दी भी थी। कुल मिलाकर सुरक्षा बंदोबस्त पूरी तरह बेअसर हो चुका था। इसी बीच एक खास बात यह हुई कि सुबह से अपनी ड्यूटी ठीक से कर रहे सीआरपीएफ के उस सिख अफसर को मौके से हटा दिया गया। उसका सिर्फ इतना कहना था, 'मुझे दूसरी ड्यूटी दे दी गयी है।' लेकिन, इसके बावजूद एक घंटे तक उसे घटनास्थल के पास ही मँडराते हुए देखा जा सकता था। (बाद में शिलान्यास स्थल के पास बने विहिप के शोरूम के पास एक लंबे कद के हेलमेट लगाये हुए सिख पुलिस अफसर का पोस्टर लगा दिया गया जिसके ऊपर उसका नाम भी लिखा था। विहिप के प्रोपेगंडा तंत्र ने उसके खिलाफ नफरत की मुहिम चलायी और बेकसूर कारसेवकों का हत्यारा बता कर उसके सिर पर इनाम तक रख दिया। सच्चाई यह थी कि ३० अक्टूबर को वह एक ऐसा पुलिसवाला था जिसने बिना हेमलेट पहने संयम के साथ अपनी ड्यूटी निभायी थी।)

अब हालत यह थी कि कुछ दूर तक कारसेवकों को रोकने वाला कोई नहीं दिख रहा था। उन्होंने रास्ते में खड़ी उप्र रोडवेज की एक बस और एक जीप में आग लगा दी थी। उनकी कार्रवाइयाँ और नारे दोनों ही हिंसक हो चुके थे : *कटुए जब काटे जाएँगे तो राम-राम चिल्लाएँगे*। पिछले कुछ

महीनों से लोकप्रिय हो चुका एक गीत इस प्रकार था :

आओ सब मिल चलें,
राम का मंदिर भइया बनाने को,
खून खराबा होता है,
तो एक बार हो जाने दो ...
समझ न पाये बातों से
अब लातों से समझाने दो ...

नारों और गीतों से साफ पता लग रहा था कि कारसेवकों का रवैया पुलिस के प्रति नरम हो चुका था। उन्हें लग रहा था कि पुलिस भी उनकी मुहिम में पार्टनर है। उनका नया नारा था : *पुलिस हमारा भाई है, उससे नहीं लड़ाई है।* इस नारे की सच्चाई से इनकार नहीं किया जा सकता था। पुलिस ने उन अयोध्यावासियों की तरफ कोई ध्यान नहीं दिया जो अपनी गलियों से गुजर रहे कारसेवकों को ठीक उसी तरह उत्साहित कर रहे थे जिस तरह दर्शक फुटबाल के मैच में अपनी टीम का मनोबल बढ़ाते हैं। जब पूछा गया कि लोगों को यह करने से रोकने की कोई कोशिश क्यों नहीं की गयी तो एक पुलिस अफसर का जवाब था कि 'किसी का जोश बढ़ाना तो कोई जुर्म नहीं है।'

जब भीड़ आखिरी बैरीकेड पर पहुँची तो पुलिस ने उस पर प्लास्टिक की गोलियाँ चलायीं जिससे दो लोग घायल हो गये। लेकिन, तब तक देर हो चुकी थी। पुलिस वाले भीड़ के मुकाबले काफी कम थे और मस्जिद में घुसने के लिए उतावले हो चुके हजारों लोगों को रोकना उनके बस की बात नहीं रह गयी थी। मस्जिद और कारसेवकों के बीच केवल लोहे का एक दरवाजा रह गया था। बाद में पुलिस वालों का कहना था कि निहत्थी भीड़ पर गोली चलाने की उस समय कोई तुक नहीं थी। यह बात गलत भी नहीं थी। आस-पास की सारी सड़कें भीड़ की वजह से पूरी तरह जाम थीं और गोली चलाने जैसा कोई भी कदम भयानक हत्याकांड में बदल सकता था।

अचानक बारह बज कर आठ मिनट पर लोहे का वह एकमात्र दरवाजा भी कम से कम इतना खुल गया कि उसमें से ३०० लोग भीतर जा सकें। इन लोगों ने मस्जिद से रामचबूतरे को अलग करने वाली बाड़ तोड़ कर गिरा दी जिससे विवादित ढाँचे की दीवारों में बड़े-बड़े सूराख हो गये। वे लोग मस्जिद के तीनों गुम्बदों पर चढ़ गये और कुदालियाँ मार-मार कर कुछ पत्थरों को ढीला कर दिया। कारसेवकों द्वारा तीनों गुम्बदों पर भगवा ध्वज भी लहरा दिया गया।

पुलिस सिर्फ तमाशा देखती रही। हाँ, उसने कुछ कारसेवकों को हाथ

का सहारा देकर कगार के पार मस्जिद के परिसर में कुदवा जरूर दिया। इनमें विहिप के नेता श्रीश चंद दीक्षित भी थे जो चढ़ती उम्र और सख्त हो चुके जोड़ों के कारण दो बार कोशिश करने के बाद भी अंदर नहीं कूद पा रहे थे। पुलिस ने ही उन्हें सहारा देकर अंदर पहुँचाया। आखिरकार बारह बज कर बीस मिनट पर वरिष्ठ पुलिस अधिकारी हरकत में आये और उन्होंने भीड़ को विवादित स्थल से हटा कर कुछ व्यवस्था कायम की।

मस्जिद पर हमले के बाद अयोध्या में मेले जैसा नजारा दिखने लगा। हवा में शंख फूँकने और मंदिरों की घंटियों की आवाज गूँजने लगी। अयोध्यावासियों ने सड़कों पर नाचते हुए कारसेवकों में मिठाई बाँटी। वे नारे लगा रहे थे : *अयोध्या तो बस एक झाँकी है, मथुरा काशी बाकी है।* थोड़ी देर पहले तनावग्रस्त लग रहे पुलिसवालों को भी कारसेवकों के साथ खुशी मनाते देखा जा सकता था। वे हाथ जोड़कर प्रसाद ग्रहण कर रहे थे। उनके होठों पर भी *जयश्रीराम* था। अपनी ड्यूटी न निभा पाने का कोई अफसोस उनके चेहरों पर नहीं दिखायी दे रहा था।

राष्ट्रीय स्वयंसेवक संघ ने ३० अक्टूबर आने से पहले ही कहना शुरू कर दिया था कि पुलिसवाले बगावत पर उतर आयेंगे और अपने अफसरों का आदेश मानने से इनकार कर देंगे। घटनाक्रम से स्पष्ट था कि संघ का यह दावा भले ही सौ फीसदी सही न बैठा हो, पर प्रशासन के मुकाबले उसे जमीनी स्तर पर पुलिसवालों की प्रतिक्रिया का अंदाजा बेहतर था।[४]

४. तर्क-वितर्क करती प्रतिक्रियाएँ

हमने अयोध्या की घटनाओं में भागीदारी करने वाले कुछ शिक्षित युवकों का औचक चयन किया ताकि उनकी प्रतिक्रिया जानी जा सके। उनका दावा था कि देश के विभाजन का बदला लेने की दिशा में पहला कदम आखिरकार उठा ही लिया गया है। उनका यह भी कहना था कि मोहनदास कर्मचंद गाँधी मुसलमानों का पूरी तरह तरफदार था, 'वह कोई महात्मा-वहात्मा नहीं था, वह तो गद्दार था।' लेकिन, यह कहने के बावजूद वे गाँधी के हत्यारे नाथूराम गोडसे को अपना नेता मानने की संभावना से विचलित लग रहे थे। उनकी निगाहों में गोडसे एक कातिल था, भले ही वह गाँधी का कातिल क्यों न हो। लेकिन, उनका खयाल यह भी था कि गाँधी ने मर कर भी राष्ट्र को

धोखा दिया है, अगर वह किसी मुसलमान के हाथों मरा होता तो भारत की धरती से मुसलमानों का नामोनिशान कभी का मिट गया होता।

हमने उन नौजवानों से पूछा, 'वे किन लोगों को अपने राष्ट्रीय हीरो मानते हैं?' उन्होंने चार नाम लिये : शिवाजी, महाराणा प्रताप, भगत सिंह और चंद्रशेखर आजाद। पहली दो हस्तियों के प्रशंसक वे इसलिए थे कि उन्होंने मुसलमान आक्रांताओं के खिलाफ लगातार संघर्ष किया था; और बाकी दोनों ने ब्रिटिश उत्पीड़न के खिलाफ बहादुरी दिखायी थी। संभवत: भगत सिंह और आजाद को नायक का दर्जा उनकी हथियारबंद राजनीति के कारण दिया गया होगा, क्योंकि वैसे तो उनका हिंदुत्ववादी मकसदों से कोई वास्ता नहीं था।[१] वे युवक तो यह भी नहीं जानते थे कि भगत सिंह हिंदू न होकर सिख थे। न ही उन्हें यह जानकारी थी कि भगत सिंह और आजाद विचारों से नास्तिक और समाजवादी थे।

उस रात अयोध्या में पूरे ठाठ-बाट के साथ दीवाली मनायी गयी। कई अयोध्यावासियों ने अपने घरों में मिट्टी के दीये जलाए, सजधज कर मंदिर गये और जहाँ देर रात तक चले भजन-कीर्तन का छतों पर लगे माइक्रोफोनों से प्रसारण किया गया। उस रात जिला प्रशासन के कुछ वरिष्ठ अफसरों और पत्रकारों को भी दीवाली मनाते देखा गया। बिहार में अपने कॉलेज के दिनों में माओवादी रह चुका एक अफसर अयोध्या के लोगों को उस दिन के आचरण के लिए बधाई दे रहा था। उसका कहना था कि अगर लोग चाहते तो उस दिन शहर में कुछ भी कर सकते थे। लूटमार, आगजनी और यहाँ तक कि लोगों की हत्या भी की जा सकती थी। उन्हें रोकने वाला कोई न था क्योंकि कुछ घंटों के लिए कानून और व्यवस्था लागू करने वाला तंत्र पूरी तरह बेकार हो गया था। लेकिन, लोगों ने ऐसा कुछ नहीं किया, 'उन्होंने आज अयोध्या की लाज बचा ली।' उस अफसर ने डॉयलाग बोलने के अंदाज में कहा, 'जब कोई जन-भावनाओं के उमड़ते हुए ज्वार के खिलाफ खड़ा होगा, उनकी अवहेलना करेगा, उन्हें कुचलने की कोशिश करेगा, तो इसके अलावा और हो भी क्या सकता है।'

उस वक्त ऐसे बयान शेखीखोरी की बू दे रहे थे, पर जहाँ तक घटनाओं में भाग लेने वालों का सवाल था, उन बातों में सच्चाई का पुट भी था। यह सही है कि शहरवासियों ने शुरू में विहिप के आंदोलन को हिचक के साथ थोड़ा-बहुत समर्थन ही दिया था, पर प्रशासन के भौंडे राजनीतिक

तौर-तरीकों और हिंदुत्ववादियों के धुँआधार प्रचार ने मिलकर उस दिन की घटनाओं को सविनय अवज्ञा आंदोलन यानी सत्याग्रह की शक्ल दे दी थी। इसीलिए जन्मभूमि आंदोलन का कड़ा विरोधी होने के बावजूद प्रदीप के. दत्त ने जमीनी स्तर पर आंदोलन का वर्णन करते हुए उसे गाँधीवादी अर्थों में सत्याग्रह करार दिया था।[६]

फरवरी १९९२ को यानी उन घटनाओं के लगभग सोलह महीने बाद रामजन्मभूमि मंदिर के मुख्य पुजारी स्वामी लालदास को गर्व के साथ कहना पड़ा कि अगर अयोध्या के लोगों में धरती और परंपरा से जुड़ी हुई शालीनता, सहिष्णुता और मर्यादा न होती तो कारसेवकों के चले जाने के बाद वहाँ के मुसलमान (जो संख्या में हिंदुओं के चौदहवें हिस्से के बराबर हैं) गरिमा और सुरक्षा के साथ न रह पाते। खास बात यह है कि विहिप की अगुआई वाले आंदोलन का घोषित शत्रु होने के बावजूद लालदास ने यह बात कही।

स्थानीय पत्रकारों ने ३० अक्टूबर का दिन 'महान विजय' के दिन के रूप में मनाया। वे सड़कों पर प्रसाद बाँटते देखे गये। बाद में आंदोलन के नेताओं द्वारा महान विजय के दिन की तुलना विजयदशमी से की जाने लगी। लेकिन, कारसेवा की भावना में पत्रकारों की यह भागीदारी पहली बार नहीं थी। दरअसल, आंदोलन की असली विजय तो स्थानीय अखबारों के कॉलमों में ही हुई थी। ३० अक्टूबर से पहले ही हिंदी के दो प्रमुख अखबार *दैनिक जागरण* (कानपुर, लखनऊ, झाँसी, गोरखपुर, वाराणसी, मेरठ, आगरा, बरेली और दिल्ली से प्रकाशित) एवं *आज* अपनी कारसेवा शुरू कर चुके थे। समाचारों, संपादकीयों और हर तरह के हिंदू नेताओं के बयानों को प्रकाशित करने के जरिये इन अखबारों ने अपने पाठकों से लगातार अपील की थी कि वे ३० अक्टूबर के दिन अपना पक्ष खुल कर स्पष्ट कर दें। ३० अक्टूबर को *आज* ने पहले पन्ने पर एक सवालिया सुर्खी छापी थी कि 'क्या इमरजेंसी लगा दी गयी है?' यह खबर सरकार द्वारा सावधानीवश कर्फ्यू लगाने और अयोध्या जाने वाली ट्रेनों के रद्द किये जाने का हवाला देकर इंदिरा गाँधी द्वारा १९७५ में लगायी गयी उस इमरजेंसी का डर दिखा रही थी जिसके तहत सारे देश में नागरिक अधिकार मुल्तवी कर दिये गये थे। उसी दिन *आज* ने अपने पाठकों को एक अंतिम बार फैसला करने का निमंत्रण दिया कि भारत को सेकुलर रहना चाहिए या धर्मतंत्रीय राज्य बन जाना चाहिए।[७]

३० अक्टूबर से पहले यही अखबार या तो सुरक्षा बलों पर कारसेवकों को सताने का इल्जाम लगा रहे थे, या उनके आत्मविश्वास को कमजोर करने के लिए उन्हें कानून और व्यवस्था का एजेंट बताने में लगे हुए थे। मसलन, यह प्रचार किया जा रहा था कि जो भी व्यक्ति आते-जाते राम का नाम भी लेता है यानी *राम-राम* या *जैसियाराम* कहता है. और यहाँ तक कि अर्थी ले जाते समय *राम नाम सत्य है कहता है* तो पुलिस उसे तंग करती है। *आज* ने पुलिस पर इल्जाम लगाया कि वह कारसेवकों को राम के बजाय 'मुलायम' का नाम लेने के लिए मजबूर कर रही है।[८] इसी अखबार ने एक और खबर छापी कि मिर्जापुर जेल में बंद कारसेवकों को पुलिस घोड़े की लीद खिला रही है।[९]

शायद परिवार समर्थक अपना यह भौंडा प्रोपेगंडा उन लोगों को गलत साबित करने के लिए ही कर रहे थे जो संघ परिवार को तीस के दशक में पनपे यूरोपीय फासीवाद का एकमात्र भारतीय संस्करण मानते हैं! खास बात यह है कि इसी के साथ-साथ मंदिर बनाने की मुहिम को एक गैर-संकीर्ण राष्ट्रवादी आंदोलन साबित करने का दयनीय प्रयास भी चल रहा था। एक के बाद एक खबरें छापी जा रही थीं कि आंदोलन को मुसलमानों का कितना समर्थन मिल रहा है। लखनऊ के *दि पायनियर* ने पहले पन्ने पर प्रकाशित किया था कि लालकृष्ण आडवाणी का रथ ड्राइव करने वाला मुसलमान ड्राइवर किस प्रकार अन्य मुसलमानों को कारसेवा करने के लिए प्रोत्साहित कर रहा है।[१०] इसी अखबार में मुख्तार अब्बास नकवी के हवाले से एक खबर यह भी छपी कि पाँच हजार मुसलमान अयोध्या जाकर मस्जिद को ढहायेंगे और उन्होंने २९ अक्टूबर को वहाँ पहुँचने की खुफिया योजना भी बना ली है।[११] जाहिर है कि ये खबरें गढ़ी हुई थीं, पर इनसे यह भी लगता था कि संघ परिवार के प्रयासों का समर्थक बन चुके प्रेस को भी भाजपा के कुछ नेताओं की तरह नंगे बहुसंख्यकवाद की सीमाओं का भान था। अखबार वाले और भाजपा वाले राजनीतिक वजहों से एक साथ दो डगरों पर चलने के लिए मजबूर थे : एक तरफ तो वे बहुसंख्यक समुदाय की भावनाओं को भड़काकर उसका राजनीतिक लाभ उठाना चाहते थे, और दूसरी तरफ यह भी दिखाना चाहते थे कि उनके दायरे में उस अल्पसंख्यक समुदाय के लिए भी गुंजाइश है जिसे वे अपना निशाना बना रहे हैं।

पहले पन्ने पर छपी एक खबर का शीर्षक था 'क्या एक और ऑपरेशन ब्ल्यू स्टार होने वाला है?' यह उत्तर प्रदेश के पूर्व फौजियों के एक संगठन के अध्यक्ष ब्रिगेडियर डाल सिंह की चेतावनी थी। उनका कहना था कि

अयोध्या में फौज नहीं लगायी जानी चाहिए, क्योंकि देश की सुरक्षा के लिए अपने प्राणों की बलि देने के लिए प्रशिक्षित सैनिक बेहद धर्मप्राण भी होते हैं।[१२] डाल सिंह का कहना था कि फौजियों को ऐसी किसी ड्यूटी पर नहीं लगाया जाना चाहिए जिससे उनकी धार्मिक भावनाएँ उनकी कर्तव्य भावनाओं के अंतर्विरोध में खड़ी हो जाएँ।

एक लिहाज से डाल सिंह की यह चेतावनी पूरी तरह अनुचित भी नहीं थी। बहरहाल, मामूली किस्म की घटनाओं को भी धार्मिक रंग देने वाले अखबारी प्रचार की मदद से ३० अक्टूबर आते-आते आंदोलनकारी जन-उभार का माहौल खड़ा हो गया। मसलन, *दि पायनियर* ने पहले पन्ने पर 'ए लंकादहन' शीर्षक से खबर छापी जो आजमगढ़ के डीएवी कॉलेज पर एक बंदर द्वारा फेंकी गयी जलती हुई लकड़ी के प्रसंग के आधार पर गढ़ी गयी थी। इस कॉलेज में करीब ५०० कारसेवक गिरफ्तार करके रखे गये थे। बंदर खेत में खाना पका रहे एक सिपाही के चूल्हे से जलती लकड़ी उठा लाया था जिससे कॉलेज में थोड़ी-सी आग लग गयी। अखबार ने इस घटना की तुलना रामायण में हनुमान द्वारा किये गये लंकादहन प्रसंग से कर डाली थी।

३० अक्टूबर की घटनाओं के बारे में अपने अनुभव का वर्णन पत्रकारों ने जिस शैली में किया वह किसी भी तरह से सामान्य नहीं कहा जा सकता था। हनुमानगढ़ी मंदिर पर हाइजैक की गयी बस और उसके विवादित स्थल में प्रवेश के प्रकरण की खबर दैनिक जागरण ने इस प्रकार प्रकाशित की :

> यह तो चमत्कार था। इस बस में भरे हुए रामभक्त इस बात से खिन्न थे कि गिरफ्तारी के कारण वे कारसेवा नहीं कर पाएँगे, कि तभी न जाने कहाँ से हनुमानगढ़ी मंदिर का एक पुजारी छलाँग मार कर ड्राइवर की सीट पर चढ़ गया और उसे दीवानों की तरह मंदिर की तरफ भगाने लगा। लग रहा था कि जैसे हनुमान खुद प्रकट होकर बस को ड्राइव कर रहे हों। जैसे-जैसे बस आगे बढ़ी, देवी माँ की ताकत से रास्ते के सभी बैरियर एक-एक करके खुलते चले गये। आखिर में जब बस राममंदिर के दरवाजे पर रुकी तो भक्तों के चेहरों से लग रहा था कि जैसे खुद रामलला ने स्वर्ग से उतरकर उनके पराक्रम की सराहना की हो। इस घटना के काफी बाद जब भक्तों को कारसेवा करने देने के लिए दरवाजे खुले तो कई लोगों को लगा कि रामलला ने खुद ही बेचैनी के साथ दरवाजे खोले और उन्हें कारसेवा के लिए निमंत्रण दिया।[१३]

एक अन्य खबर में विस्तार से बताया गया था कि किस तरह सड़क पर गिरे हुए एक घायल कारसेवक ने अपने खून से *जय श्री राम लिखा* और लिखते ही उसका देहांत हो गया।

तकरीबन सभी अखबारों ने खबर दी कि कारसेवा जन्मभूमि मंदिर पर ही हुई और मंदिर का निर्माण शुरू हो गया। जाहिर है कि वे मस्जिद के ढाँचे के साथ की गयी तोड़-फोड़ और गुम्बदों पर फहराये गये भगवा ध्वज को ही मंदिर निर्माण की संज्ञा दे रहे थे। भारत की दो अधिकारिक समाचार एजेंसियों में से एक प्रेस ट्रस्ट ऑव इंडिया (पीटीआई) ने भी अयोध्या से खबर दी कि विवादित स्थल पर दोपहर एक बजे के बाद कारसेवा शुरू हो गयी। बाद में पता चला कि यह खबर दिल्ली से ही लिखी गयी थी, न कि अयोध्या से।

फायरिंग में मारे गये लोगों की संख्या को जल्दी ही बहुत बढ़ा-चढ़ा कर पेश किया जाने लगा। २ नवंबर की फायरिंग के बारे में *आज* ने छापा कि निहत्थे रामसेवकों को घेर कर घंटों गोलियाँ बरसाई गयीं जिसमें दो सौ लोग मारे गये। कार्तिक स्नान के दिन अयोध्या खून में नहा उठी। जलियाँवाला बाग की घटना भी शर्मा गयी।[१४]

२ नवंबर की दोपहर के बाद दैनिक जागरण ने अपना विशेष बुलेटिन प्रकाशित किया। सरकार द्वारा मारे गये लोगों की संख्या कम बताने के रवैये का फायदा उठाते हुए उसने छापा कि रामसेवकों पर हुई अंधाधुंध पुलिस फायरिंग में सैकड़ों कारसेवक मौके पर ही मारे गये। लेकिन, अगली सुबह इसी अखबार ने जाने क्यों मरने वालों की संख्या घटाकर ३२ कर दी।[१५] आज के लखनऊ संस्करण ने बताया कि सरयू नदी से कारसेवकों की लाशें निकाली जा रही हैं। उसका शीर्षक था कि करीब सौ लाशें सरयू नदी में फेंक दी गयीं।[१६] स्वाभाविक ही था कि प्रशासन इन सभी खबरों का खंडन करता।

इनमें से किसी भी अखबार ने कभी नहीं छापा कि इस पूरी अवधि में लगभग प्रत्येक दिन अयोध्या में मनीराम छावनी मंदिर के बाहर बड़ी-बड़ी सभाएँ होती रहीं जिनमें मुसलमानों के खिलाफ अपशब्दों से लबालब भरे भाषण दिये गये। न ही अयोध्या-फैजाबाद क्षेत्र, खासकर चुन्नीगंज इलाके में मुसलमानों के घरों और संपत्ति पर हो रहे हमलों की खबरें दी गयीं।

खबरें ही नहीं, संपादकीय भी एकतरफा थे। एक अखबार के संपादकीय ने तो सीधे लिखा 'उन्होंने कर दिखाया!' *दि पायनियर* के संपादकीय का तो जवाब नहीं था :

> यह तो होना ही था। लोक-शक्ति अपने चरम पर थी। ठस दिमाग सरकार को छोड़ कर हर कोई जानता था कि क्या होने वाला है। अगले एक हजार साल तक इस दिन को याद किया जाएगा कि भक्ति और आस्था से भरी हुई

ईमानदार और साधारण धार्मिक जनता क्या करना चाहती थी, और उसके अयोध्या मार्च को रोकने के लिए सरकारी तंत्र ने उसके रास्ते में कितने रोड़े अटकाये। मुलायम सिंह को जनता और इतिहास की अदालत में जवाब देना पड़ेगा। दूरगामी नजरिये के अभाव और सिर्फ कुछ वोटों के लालच में वे यह भूल गये कि लोकतंत्र का बुनियादी आधार क्या होता है—वह होता है बहुमत का शासन—अल्पमत की बात सुनी जाती है, उसका आदर किया जाता है और उसे भी समान समय दिया जाता है, पर सरकार तो बहुमत ही बनाता है।[१७]

कई दिनों तक विचित्र किस्म की खबरें क्षेत्रीय अखबारों की सुर्खियों में आती रहीं। यह कोई अचरज की बात नहीं थी, क्योंकि इन अखबारों ने अयोध्या के मंदिरों के पुजारियों को अपना अस्थायी संवाददाता बना रखा था, और उनके संपादक विहिप के प्रति हमदर्दी रखते थे। इसकी एक मिसाल *दैनिक जागरण* की एक खबर से मिल सकती है जिसमें एक अनाम पत्र के हवाले से दावा किया गया था कि कम से कम एक हजार रामभक्त पुलिसवाले और फौज़ी अपनी नौकरी छोड़ कर नवगठित श्रीराम क्रांति ब्रिगेड में शमिल होने के लिए तैयार हैं। इस ब्रिगेड का पहला काम मुलायम सिंह यादव के हाथ-पैर काट डालना होगा।[१८]

आंदोलन कैसे परवान चढ़ा

रामजन्मभूमि-बाबरी मस्जिद विवाद के अलावा शायद किसी और मुद्दे ने आजादी के बाद भावनाओं को इतनी शिद्दत से कभी प्रभावित नहीं किया होगा। इस मसले पर जनभावनाएँ दो हिस्सों में बँट गयीं, नतीजतन कई सांप्रदायिक दंगे हुए। इनमें से दो का ब्योरा पाँचवें अध्याय में दिया गया है।

इस आंदोलन की कमान आज भी विहिप के हाथ में है और उसके पीछे संघ और भाजपा अपनी युवा शाखाओं बजरंग दल और दुर्गा वाहिनी समेत है। (इस किताब में आगे चलकर हमने आंदोलन में शामिल चार संगठनों की संक्षिप्त रूपरेखा भी दी है)। पचास के दशक की शुरुआत में विहिप ने अयोध्या में राममंदिर बनवाने की मुहिम छेड़ी थी और उसका नारा था : *आ के बोलो, जोर से बोलो, जन्मभूमि का ताला खोलो*। तीस साल बाद १९८६ में कांग्रेस सरकार द्वारा विवादित पूजास्थल का ताला खुलवाये जाने से विहिप को लगा कि शायद अब उसका सपना सच हो सकता है। कांग्रेस सरकार शाह बानो वाले मामले में मुसलमानों के धार्मिक और राजनीतिक नेतृत्व के दबाव में आने के कारण अयोध्या में ताला खुलवा कर प्रकट रूप से निष्पक्ष दिखना चाहती थी। यहाँ 'प्रकट रूप से' हमारा तात्पर्य यह है कि असल में कांग्रेस का मकसद संघ परिवार से अलग नहीं था। वह

में उनकी मान्यता केवल वैष्णवों के बीच है। जरा मुझे बताइये कि इस आंदोलन में क्या किसी प्रमुख वैष्णव की भागीदारी है? एक भी नहीं। इसमें अघोरपंथी हैं, तांत्रिक हैं जो हमेशा राम के खिलाफ लड़ते आये हैं; आर्यसमाजी हैं जो मूर्ति पूजा में यकीन ही नहीं करते और अवतारों को नहीं मानते। इसमें जैन हैं। लेकिन कोई वैष्णव नहीं है। वैष्णवों के लिए तो अयोध्या में पहले से ही एक पूजास्थल है जिसे पिछले तीन-चार सौ साल से वे राम का पवित्र जन्मस्थान मानते हैं और वहीं राममंदिर ख़ड़ा है। अब कोई भला कैसे कह सकता है कि वह मंदिर फर्जी है और असली मंदिर तो मस्जिद का गर्भगृह है। यह राजनीतिक दावेदारी नहीं तो और क्या है।

२३ अक्टूबर को बिहार में अपनी गिरफ्तारी से पहले आडवाणी की रथयात्रा बड़े पैमाने पर सांप्रदायिक तनाव फैला चुकी थी, जिसमें विहिप और बजरंग दल द्वारा सारे देश में निकाली गयी रामज्योति यात्राओं का भी योगदान था (देखें तालिका-६ और तालिका-७)। पहले ऐसा नहीं होता था, पर इस बार सांप्रदायिक हिंसा में देहाती इलाकों को भी लपेटने की प्रवृत्ति भी दिखायी दे रही थी (तालिका-८)।

दूसरी तरफ उप्र के मुख्यमंत्री मुलायम सिंह यादव द्वारा आयोजित सद्भावना रैलियाँ थीं। वे अपने अशांत राज्य में सरकारी कार्रवाई के पक्ष में माहौल बनाने के लिए इन रैलियों के जरिये जनता का समर्थन जुटाने में लगे हुए थे। मुलायम सिंह का मुख्य आधार प्रदेश की राजनीतिक रूप से सबसे ताकतवर पिछड़ी जाति यादवों में था। उप्र में हिंदी के अखबारों पर ऊँची जातियों का दबदबा था। यादवों के राजनीतिक उदय से नाराज ये अखबार वाले बता रहे थे कि रामज्योति यात्राओं के बाद हुए दंगों का उनसे कोई संबंध नहीं है, क्योंकि वे तो शांतिपूर्ण थीं। बाद में प्रेस काउंसिल ऑव इंडिया ने इनमें से कई अखबारों को सांप्रदायिक हिंसा भड़काने का जिम्मेदार ठहराया।[२१]

मुलायम सिंह के खिलाफ अखबारवालों ने कई तरह की मुहिम चलायी। भाजपा ने खूब सोच समझकर कारसेवा शुरू करने के लिए ३० अक्टूबर की तारीख रखी थी, क्योंकि इसी दिन अयोध्या में पंचकोसी परिक्रमा होती है। भाजपा का दाँव यह था कि अगर कुछ अनिष्ट होता है तो पूरा दोष सरकार पर मढ़ दिया जाएगा। अख़बारवालों ने इस हथकंडे में भाजपा का पूरा साथ दिया और राज्य में हुई हिंसा को तोहमत मुलायम सिंह पर मढ़ दी। अपने पक्ष में माहौल बनाने के प्रयासों के कारण मुलायम सिंह को अपने विरोधियों और कुछ अखबारवालों की तरफ से 'मौलाना मुलायम'

के लकब का सामना करना पड़ा। ये लोग मुलायम सिंह की धरती से जुड़ी हुई जुझारू छवि से प्रभावित होने के लिए तो तैयार नहीं थे, पर आडवाणी की सफेदपोश शख्सियत को उन्होंने हाथों-हाथ लिया। अखबारों का कहना था कि 'जनता आडवाणी के आस-पास धार्मिकता का एक प्रभामंडल देख रही है और उनके द्वारा बोले गए एक-एक शब्द को ध्यान से सुना जा रहा है।'

अखबारों के अनुसार रथारूढ़ भाजपा अध्यक्ष को सुनने और अभिवादन करने के लिए लोग स्वत:स्फूर्त ढंग से आ रहे हैं, पर मुलायम सिंह की रैलियों में आयी भारी भीड़ सरकरी इंतजाम का परिणाम है। जब उत्तर प्रदेश में दंगे फूट पड़े, खासकर गाज़ीपुर, बिजनौर, प्रतापगढ़, मेरठ और कर्नलगंज में, तो स्थानीय प्रेस ने मुलायम सिंह को ही दोषी ठहराया। उन पर आरोप लगाया गया कि उन्होंने अपनी रैलियों में हिंदुओं पर उल्टे-

तालिका-६

एक सितंबर से बीस नवंबर के बीच हुए सांप्रदायिक दंगे

राज्य	स्थान	मृतकों की संख्या
आंध्र प्रदेश	४	२७
असम	१	७
बिहार	८	१९
दिल्ली	–	८
गुजरात	२६	९९
कर्नाटक	२२	८८
केरल	२	३
मध्य प्रदेश	५	२१
महाराष्ट्र	३	४
राजस्थान	१३	५२
तमिलनाडु	१	–
त्रिपुरा	१	–
उत्तर प्रदेश	२८	२२४
पश्चिम बंगाल	२	६
योग	११६	५५८

स्रोत : पीपुल्स यूनियन फॉर डेमोक्रेटिक राइट्स ने ये आँकड़े अपने पोस्टरों के लिए अखबारों से जमा किये। इनमें सांप्रदायिक हिंसा में मारे गये लोगों की संख्या और उस दौरान हुई पुलिस फायरिंग के कारण मारे गये लोगों की संख्या अलग-अलग नहीं दिखायी गयी है।

सीधे आरोप लगाये जिससे मुसलमानों को हिंसा करने का बढ़ावा मिला। अखबारों ने सांप्रदायिक हिंसा के स्रोत दलीय होड़ में खोजने की कोशिश नहीं की; बल्कि उन्होंने इसे सरकार और जनता के बीच टकराव का रंग देना पसंद किया। राजनीतिक दूरंदेशी की कमी और हेकड़ी के कारण मुलायम सिंह खुद-ब-खुद इस जाल में फँस गये। अपने कई भाषणों में उन्होंने लोगों से इस बार परिक्रमा अपने ही गाँवों में करने की अपील कर डाली, क्योंकि उस बार वह ३० तारीख को पड़ रही थी। अगले ही दिन प्रमुख अंग्रेजी दैनिकों समेत अधिकतर अखबारों ने खबर छापी कि सैकड़ों वर्षों में पहली बार परिक्रमा नहीं होगी, क्योंकि मुलायम सिंह ने उस पर पाबंदी लगा दी है। धर्मप्राण हिंदुओं को इस खबर से बहुत ठेस लगी। ऊपर से जब सरकार ने

तालिका-७

मंदिर आंदोलन के कारण हुई हिंसा

राज्य	मृतकों की संख्या	प्रभावित स्थान	कर्फ्यूग्रस्त आबादी (दस लाख में)
जम्मू-काश्मीर	–	४	उपलब्ध नहीं
पंजाब	–	१	०.०४
हरयाणा	१	७	०.२२
दिल्ली	१५	१५ थाने	१.१०
राजस्थान	४९	१०	२.५०
गुजरात	२५८	३५	५.७०
उत्तर प्रदेश	१७०	३५ जिले	५८.७०
मध्य प्रदेश	१३३	१७	३.३०
बिहार	४०	११	२.२०
पश्चिम बंगाल	२७	६	५.५०
असम	९८	१२	०.७०
महाराष्ट्र	४३४	३२	७.००
उड़ीसा	२	१	०.४०
आंध्र प्रदेश	२३	२०	३.७०
कर्नाटक	७८	१३	४.५०
तमिलनाडु	३	११	उपलब्ध नहीं
केरल	११	७	२.००

स्रोत : पीपुल्स यूनियन फॉर डेमोक्रेटिक राइट्स

तालिका-८
ग्रामीण इलाकों में हिंसा का फैलाव

राज्य	ग्राम	जिले	दिनांक
आंध्र प्रदेश	६	१	२४ अक्टूबर
बिहार	१२	१२	१२-२८ अक्टूबर
गुजरात	९	९	१८ सित.-२२अक्टू.
कर्नाटक	२	२	१३ सित.-९ अक्टू.
मध्य प्रदेश	१८	१८	२८ सित.-२२अक्टू.
महाराष्ट्र	२	२	१०-१३ अक्टूबर
राजस्थान	११	११	१३ सित.-१९ अक्टू.
तमिलनाडु	१	१	६ अक्टूबर
उत्तर प्रदेश	१	१	२८ सितंबर

स्रोत : फरवरी १९९३ को विकासशील समाज अध्ययन केंद्र में पीयूसीएल द्वारा सांप्रदायिक हिंसा पर आयोजित सेमिनार में सी.वी. सुब्बाराव द्वारा दिये गये आँकड़े

इस खबर का अगले दिन खंडन किया तो उन्हीं अखबारों ने उसे केवल एक पैराग्राफ में छाप कर छुट्टी पा ली। इसी तरह कानपुर में हुई एक और रैली में मुलायम सिंह ने एक जानी-मानी हकीकत का हवाला देते हुए कहा कि मुसलमान सुरक्षा बलों पर भरोसा नहीं करते इसलिए आत्मरक्षा के लिए हथियारबंद रहते हैं। (कहा जाता है कि उप्र के मुसलमान दंगाइयों से ज्यादा प्रोवेंशियल आर्म्स कांस्टेबुलरी यानी पीएसी से डरते हैं)।[२२] इस पर प्रेस ने दावा किया कि मुलायम मुसलमानों को हिंदुओं के खिलाफ हथियार उठाने के लिए उकसा रहे हैं। इन लगातार छपती खबरों के कारण अखबारों के पाठक थोड़े समय के लिए ही सही, पर मुलायम विरोधी अखबारी मुहिम के फेर में आ गये।

एक और घटना हुई जिसने अयोध्या-फैजाबाद इलाके में हिंदुओं को विहिप और भाजपा के पक्ष में मोड़ दिया। नवंबर १९८९ में जिस जगह शिलान्यास हुआ था, २३ अक्टूबर की रात को जिला प्रशासन ने वहाँ लगी टीन की छतरी हटवा दी। कुछ दिन पहले ही मुलायम सिंह उस जगह का दौरा करके गये थे। कहा जाता है कि मुख्यमंत्री यह देखकर चिंतित हो गये थे कि साल भर पहले जहाँ केवल एक गड्ढा-सा था, वह एक छोटे-से मंदिर का रूप ले चुकी थी जिसमें राम और कुछ अन्य देवताओं की मूर्तियाँ प्रतिष्ठित कर दी गयी थीं और उनके सामने चढ़ावा भी चढ़ता था। इसीलिए उन्होंने छतरी हटा देने का आदेश दिया था।

तत्कालीन हालात के नाजुक पहलुओं के लिहाज से यह एक खतरनाक राजनीतिक गलती थी। २६ अक्टूबर को *आज* ने मोटे-मोटे हरूफों में पहले पन्ने पर खबर छापी। उसके राँची संस्करण में छपा था, 'अयोध्या में राममंदिर तोड़ दिया गया'। पटना संस्करण ने खबर दी कि विहिप के महामंत्री अशोक सिंघल इस घटना में घायल हो गये और शिलान्यास की जगह से राम की मूर्ति हटा दी गयी। बाद में विहिप ने सफाई दी कि मूर्ति तो छतरी हटाये जाने से पहले उसी के लोगों ने हटा दी थी। लेकिन, उस समय के माहौल में शायद ही कोई इस सफाई पर कान देने के लिए तैयार था। जो होना था वह नुकसान हो चुका था।

आंदोलन की विभिन्न छवियाँ

अयोध्या-फैजाबाद के आसपास की यात्रा करते हुए हमारे सामने मंदिर मुद्दे पर तरह-तरह की राय आयी। अयोध्या के बहुत से पुजारी, पंडे, साधू और भिक्षुक तो ज्यादातर विहिप के समर्थन में लगते थे। उनका कहना था कि मंदिर को किसी भी कीमत पर बनाया जाना चाहिए और मस्जिद को या तो वहाँ से हटाकर कहीं और ले जाना चाहिए या फिर नष्ट कर देना चाहिए। उनकी बातों से लगता था कि शायद आंदोलन के बारे में सभी की राय एक ही है।

मनीराम छावनी के महंत और रामजन्मभूमि मुक्ति यज्ञ समिति के उपाध्यक्ष नृत्यगोपाल दास आंदोलन के सर्वाधिक मुखर और सक्रिय समर्थकों में से एक निकले। गहरे रंग और स्थूल शरीर के इस महंत के होठों पर हमेशा एक बालसुलभ मुसकान देखने को मिली। हालाँकि वे धार्मिक उग्रवादियों जैसे नहीं थे, पर लगता था कि उन्होंने विहिप के बँधे-बँधाये तर्क अच्छी तरह पचा लिये हैं। हमसे बात करते समय उनके आसपास उनकी ठकुरसुहाती करने वाले शिष्यगण और राजनीतिक लगुए-भगुए बैठे थे। अपने साथी रामचंद्र परमहंस की ही तरह नृत्यगोपाल दास हमसे बात करते समय भी इस कदर नाटकीय थे कि जैसे किसी जनसभा को संबोधित कर रहे हों। विडंबना यह थी कि उन्होंने अयोध्या विवाद को तूल देने के लिए राजनेताओं और उनकी राजनीति को दोषी ठहराया और अपनी बात पर जोर देने के लिए मुहम्मद इकबाल के गीत 'सारे जहाँ से अच्छा हिंदोस्ताँ हमारा' की पंक्तियाँ भी इस्तेमाल कीं। बातचीत में उन्होंने इकबाल को दोबारा उद्धृत किया, 'मजहब नहीं सिखाता आपस में बैर रखना, हिंदी हैं

हम वतन है हिंदोस्ताँ हमारा' और व्याख्या की कि धर्म नहीं, बल्कि कुर्सी के प्रेम के कारण लोगों के बीच तनाव डाला जाता है।

बाद में नृत्यगोपाल दास ने हमें खुद बताया कि रामजन्मभूमि विवाद दो बार हल होते-होते बचा है। एक बार तब जब स्थानीय शिया नेताओं ने उदारता के साथ पेशकश की कि क्यों न बाबरी मस्जिद को सहनावा गाँव में स्थानांतरित कर दिया जाए। इसी गाँव में बाबरी मस्जिद बनवाने वाले मीर बाकी के वंशज रहते हैं। नृत्यगोपाल दास ने बताया कि इस पेशकश पर दोनों तरफ के नेताओं को आपत्ति थी। उनका कहना था कि जिस चीज पर सारे समुदाय का हक है उसके बारे में स्थानीय लोग कोई सौदा नहीं कर सकते। इसी के बाद नृत्यगोपाल दास ने रामचंद्र परमहंस के शब्द दोहराते हुए यह भी जोड़ दिया कि शहर की आबादी के २५ फीसदी मुसलमानों की तरफ से कभी कोई समस्या थी ही नहीं। उनकी दावेदारियाँ केवल तभी शुरू हुईं जब उनकी आबादी इस अनुपात से आगे बढ़ी। विहिप के अपने साथी परमहंस की भाषा बोलते हुए उन्होंने मुसलमानों द्वारा समान नागरिक संहिता न मानने, एक साथ चार बीवियाँ रखने की जिद करने और अपनी निष्ठाएँ भारत की सीमा में ही न रखने की चर्चा भी की। बातें करने के दौरान हमें यह भी लगा कि नृत्यगोपाल दास में परमहंस जैसी राजनीतिक चतुराई नहीं है।

ऐसी बात नहीं कि मंदिर आंदोलन से मतभेद रखने वाले लोगों में महंतों, पुजारियों और साधुओं की मौजूदगी थी ही नहीं, पर उस समय के हालात में वे अल्पमत में लग रहे थे। अयोध्या के सबसे बड़े मंदिरों में से एक कनक भवन के प्रमुख पुजारी बलदेव प्रसाद चतुर्वेदी ने मंदिर-मस्जिद विवाद पर बात करने से ही इनकार कर दिया। उनका कहना था कि वे एक धार्मिक व्यक्ति हैं, और अपना दैनंदिन कर्तव्य निभाने के अलावा किसी और बात में उनकी कोई दिलचस्पी नहीं है। चतुर्वेदी की भारतीय शास्त्रीय संगीत में गहरी दिलचस्पी थी, और उन्होंने सात साल तक उसे सीखा भी था। उन्होंने कहा कि धर्म की राजनीति में वे दिलचस्पी तभी ले सकते थे, जब धार्मिक व्यक्ति न होते। लेकिन, चूँकि ऐसा नहीं है इसलिए उनका धार्मिक राजनीति से कोई वास्ता नहीं हो सकता।

चतुर्वेदी का दावा था कि अगर हिंदू और मुसलमान सच्ची आस्था से अपना-अपना धर्माचरण करें तो कोई समस्या नहीं हो सकती। अतीत की धार्मिक परंपराओं पर न चलने से और उन्हें पुराने किस्म की कहकर नकार देने में ही सभी समस्याओं की जड़ है। उन्होंने दूरदर्शन के हिट सीरियल **महाभारत** के प्रसारण का उदाहरण दिया :

> पुराने वक्तों में केवल कुछ बड़े संत ही महाभारत का पाठ करते थे, और वह भी खास तरह के कर्मकांड करने के बाद। घरों में तो यह महाकाव्य कभी पढ़ा ही नहीं जाता था, क्योंकि इसके प्रभाव से वहाँ महाभारत शुरू हो जाता था। अगर पढ़ना ही पड़े, तो उसे घर के बाहर खुले में पढ़ना होता था। आजकल तो महाभारत प्रत्येक घर में आ गया है। इसलिए इस तमाम अशांति पर किसी को क्यों अचरज होना चाहिए? अगर महाभारत टीवी पर दिखाया जाएगा तो अशांति फैलना लाजमी है। अभी तो और भी गड़बड़ी होगी।

३० अक्टूबर और २ नवंबर की घटनाओं को देखकर चतुर्वेदी का यह विश्वास और भी पक्का हो गया होगा।

चुतर्वेदी के विपरीत रामजन्मभूमि मंदिर के प्रमुख पुजारी स्वामी लालदास खुल कर बोले। उन्हें अदालत द्वारा नियुक्त रिसीवर ने मंदिर का पुजारी बनाया था। लालदास उस समय विजय सुंदर विहार कुंज नामक मंदिर में रहते थे जो कुर्मी मंदिर के नाम से जाना जाता था। कनक मंदिर के प्रमुख पुजारी अगर अयोध्या की घटनाओं से दुखी थे और उस विवाद के बारे में कुछ नहीं बोलना चाहते थे, तो लालदास ने जोरदारी और कुशलता से अपनी बात रखी।

ठिगने, गोरे और गोल-मटोल लालदास थे तो ४५ के, पर देखने में ६० साल के पले-पुसे लगते थे। बातचीत के दौरान वे राजनीतिक रूप से सतर्क और चतुर साबित हुए, पर उनकी शख्सियत में एक तरह का सामाजिक आकर्षण और बौद्धिक दमखम लग रहा था। हमने उनसे कई बार बात की और धीरे-धीरे साफ हो गया कि विहिप का आंदोलन उनकी और उनके जैसे ही कई लोगों की निगाह में वैष्णवों के ऊपर अगर हमला नहीं तो अयोध्या की गहन वैष्णव संस्कृति में शैवों का अतिक्रमण जरूर था। उन्होंने आखिरी फैसला सुनाने जैसी मुद्रा में कहा, 'शैव राम को एक मनुष्य और राजा के रूप में देखते हैं। वैष्णवों के लिए वे ब्रह्म हैं।'

लालदास का जन्म अयोध्या के पास श्रिंग्रिशि नामक गाँव में एक क्षत्रिय परिवार में हुआ था। जाहिर है कि संन्यास ग्रहण करते ही उन्होंने

अपनी जाति छोड़ दी। जम्मू-काश्मीर के रघुनाथपुर में धार्मिक शिक्षा ग्रहण करने के बाद गुजरात के मेहसाणा में एक मंदिर के पुजारी बन गये। मार्क्सवादी कम्युनिस्ट पार्टी के पूर्व सदस्य लालदास कुछ दिन तक अयोध्या में माकपा के सचिव भी रह चुके थे। लालदास का कहना था कि वे समता के पारंपरिक आदर्श के प्रति कम्युनिस्ट पार्टी की प्रतिबद्धता से प्रभावित थे, न कि उसके धर्मद्रोह और खासकर मूर्तिपूजा विरोध से। लालदास के आलोचकों को उनकी यह विचित्रता बहुत अखरती थी कि वे पुरोहित होने के बावजूद कम्युनिस्ट भी थे। लेकिन, वे लालदास द्वारा धर्म के दायरे के भीतर चलायी जाने वाली आक्रामक आलोचना से डरते भी थे। विहिप के नजरिये से पूरी तरह सहमत न होने वाले व्यक्तियों को यह आलोचना अपना कायल बना लेती थी। इसकी एक वजह यह भी थी कि लालदास को शास्त्रों का ज्ञान था और उनमें तर्क-वितर्क करने की क्षमता भी थी। जिस समय हम लालदास से मिले, वे छिपे हुए थे। उन्हें विहिप और पुलिस की तरफ से शारीरिक हमले का डर था।

लालदास के अनुसार विहिप राजनीतिक लाभ के लिए आंदोलन चला रही थी। उन्होंने तर्क दिया कि जब साठ के दशक में उसके नेता उप्र, बिहार, मध्य प्रदेश और अन्य राज्यों में सत्तारूढ़ थे, तो उन्होंने विवादित स्थल पर मंदिर बनाने की माँग क्यों नहीं की थी? १९७७-७९ के बीच जब लालकृष्ण आडवाणी और अटल बिहारी वाजपेयी केंद्र सरकार में मंत्री थे, तो उन्होंने यह मुद्दा क्यों नहीं उठाया? चूँकि पिछले आम चुनाव में उन्हें ८६ सीटें मिल गयी हैं, इसलिए अब उन्हें दिल्ली जीतने का सपना दिखने लगा है और इसीलिए वे इस आंदोलन में कूद पड़े हैं। 'भाजपा तो चाहती ही नहीं कि मंदिर बने। जिस दिन मंदिर बन गया, उसका राजनीतिक खात्मा हो जाएगा क्योंकि फिर उसके पास कोई मुद्दा ही नहीं रह जाएगा।'[२३]

लालदास का खयाल था कि राष्ट्रीय स्वयंसेवक संघ का इतिहास उनके तर्कों को सही साबित करता है। उनके मुताबिक संघ ने न कभी कोई मंदिर बनवाया और न ही उसके रखरखाव में मदद की। दरअसल, आंदोलन को नेता सप्लाई करने वाला संघ लगातार मूर्तिपूजा के खिलाफ रहा है। लालदास को मंदिरों के प्रति संघ की कतारों में पैदा हुए नये उत्साह पर गहरा शक था।[२४] लालदास से हमारे साक्षात्कार के समय तक भाजपा की उपाध्यक्ष विजयराजे सिंधिया को छोड़ कर संघ परिवार के किसी भी महत्त्वपूर्ण नेता ने रामजन्मभूमि मंदिर में पूजा नहीं की थी। विहिप का तो एक भी पदाधिकारी माला लेकर मंदिर में झाँकने तक नहीं आया था। लालदास ने कहा, 'आप

मंदिरों को बनवाकर भूखे पेटों को रोटी नहीं दे सकते।' बातचीत में विहिप को उन्होंने खासतौर से आड़े हाथों लिया :

> फैजाबाद और अयोध्या में उनकी कोई परवाह नहीं करता। १० फीसदी जनता भी उनके साथ नहीं है। जब ये लोग यहाँ सभाएँ करते हैं तो श्रोताओं के रूप में अपने कार्यकर्ताओं को बाहर से लाते हैं। जव दफ्तर खोलने के लिए उन्हें किराये पर घर की जरूरत पड़ी तो कोई उन्हें अपना घर देने के लिए तैयार नहीं हुआ। उनसे दुगना किराया माँगा गया। विहिप तो एक ऐसा संगठन है जो कुल मिलाकर ब्राह्मणों का और ब्राह्मणों के लिए ही है।

लालदास को यकीन था कि विहिप का प्रोपेगंडा उसके संगठन से भी ज्यादा खतरनाक है। वह तो बन्नार की बेल की तरह है जो जड़विहीन होने के बावजूद जिंदा रहती है और दूसरे पेड़ों को नष्ट करती है, पर इस प्रक्रिया में खुद भी मर जाती है। अयोध्या के पुजारियों के बारे में भी लालदास की राय बेहतर नहीं थी :

> अगर आप जानना चाहते हैं कि शिलान्यास के लिए सारे देश से जमा की गयी ईंटों का क्या हुआ, तो उन मंदिरों में हुए नये निर्माण और विस्तार को देख लीजिए जिनके प्रमुख पुजारी नृत्यगोपाल दास और रामचंद्र परमहंस हैं। आपको जवाब मिल जाएगा। इसी तरह के लोग आंदोलन के स्थानीय नेता हैं।

लालदास को अफसोस था कि गुजरे हुए जमाने में मठों और मंदिरों के प्रमुख अच्छे परिवारों से आने वाले विद्वान लोग हुआ करते थे। आज हालत यह है कि कोई भी अपराधी पुलिस को २०,००० रुपए की रिश्वत खिला कर अपने चार चेलों की मदद से किसी मंदिर पर कब्जा करके उसका महंत बन जाता है। अयोध्या तो 'एक और चंबल घाटी की तरह हो गयी है।' लालदास का कहना था कि 'अगर मंदिरों में जो हो रहा है उसकी सच्चाई पता लग जाए तो आप नास्तिक हो जाएँगे।' यही हैं वे लोग जिन्हें विहिप ने धार्मिक नेता की मान्यता दे रखी है। लालदास का इशारा इस तरफ था कि अपराधी प्रवृत्ति के लोगों से संबंध बनाने के प्रयासों के पीछे अयोध्या विवाद में उलझी पार्टियों के नेताओं के अपराधी या अर्धअपराधी तत्त्वों से संपर्कों की भूमिका ही है। उन्होंने आरोप लगाया कि विहिप के एक महत्त्वपूर्ण पदाधिकारी की फैक्ट्री में २७ टन लार्ड (चर्बी) का जखीरा मौजूद है जिससे वनस्पति तेल में मिलावट की जाएगी। लालदास ने विहिप द्वारा जमा किये गये लाखों-लाख रुपयों और उसके पदाधिकारियों के बीच मारवाड़ी व्यापारियों की मौजूदगी को खासतौर से आड़े हाथों लिया।

लालदास के मुताबिक स्थानीय पुलिस और प्रशासन के कारण हालात

और भी खराब हुए हैं। पुलिस निष्पक्ष नहीं है। स्थानीय अफसरों में अच्छे प्रशासक होते रहे हैं, पर मौजूदा अधिकारी भाजपा के साथ खड़े हैं। जिलाधिकारी रामशरण श्रीवास्तव तो सबसे घटिया अफसर हैं। उनकी तैनाती मेरठ में हुई थी, पर बाद में उनका तबादला फैजाबाद कर दिया गया। उनके कार्यकाल में दोनों शहरों में सांप्रदायिक हिंसा हुई।'[२५]

लालदास ने माना कि फैजाबाद-अयोध्या की जनता समझदार और सहनशील है। अगर वह सांप्रदायिक होती तो पिछले आम चुनावों में एक कम्युनिस्ट को क्यों जिताती? आडवाणी की रथयात्रा के समय जब सारे राज्य में सांप्रदायिक हिंसा हो रही थी, इस इलाके में अपेक्षाकृत शांति थी। लालदास का दावा था कि अगर अयोध्या के लोगों पर छोड़ दिया जाए तो यह मसला शांति के साथ सुलझ जाएगा।

लेकिन, लालदास को तत्कालीन माहौल में मसले के हल की कोई उम्मीद नहीं लग रही थी। उनका कहना था कि हिंदुओं और मुसलमानों को स्वीकार्य हल तब तक नहीं हो सकता जब तक या तो विहिप आंदोलन वापस न ले, या फिर मुलायम सिंह यादव सरकार की आक्रामक मुद्रा थोड़ी नरम न हो जाए। हालाँकि लालदास सरकार की सेकुलर रैलियों के समर्थक थे, पर इसके बावजूद यह सुझाव देकर उन्होंने अपनी राजनीतिक समझ का परिचय ही दिया।

अयोध्या-फैजाबाद के मुसलमानों का धार्मिक नेतृत्व काफी आहत लगा। फैजाबाद की तत्शाह मस्जिद के प्रमुख हाजी मुहम्मद कलीम शम्सी का कहना था, 'अब तो हम यह भी नहीं कह सकते कि यह मस्जिद ले लो और हमें बख्श दो, क्योंकि उन्होंने तो ३,००० मस्जिदों पर दावा ठोक दिया है। आज उनकी नजर मस्जिदों पर है, कल हमसे हमारे घर छीन लिये जाएँगे। इस सिलसिले का कोई अंत नहीं होगा।' शम्सी का खयाल था कि केवल अदालत का फैसला ही स्वीकार किया जा सकता है। लेकिन, अगर अदालती फैसला भी मुसलमानों की भावनाओं के खिलाफ चला गया तो वे क्या करेंगे? इस सवाल के जवाब में वे पल भर के लिए चुप रहे और फिर बुदबुदाये, 'मैं चला जाऊँगा।' उन्होंने यह नहीं बताया कि कहाँ चले जाएँगे।

दूसरी तरफ इतनी आहत भावनाओं के बावजूद हाजी शम्सी ३० अक्टूबर की रात टीवी पर दिखायी दिये और उन्होंने कहा कि मस्जिद के ढाँचे को कोई नुकसान नहीं पहुँचा है। वे खुद वहाँ गये थे, और देखकर बता

रहे हैं। जाहिर था कि धार्मिक नेता होने के साथ-साथ वे दुनियादार भी साबित हुए। उस समय अयोध्या-फैजाबाद के साथ-साथ देश भर के मुसलमानों को आश्वस्त करना जरूरी था ताकि उनके बीच के आक्रामक तत्त्वों की प्रतिक्रिया रोकी जा सके, वरना मुसलमानों को बहुसंख्यक समुदाय के गुस्से का सामना ही करना पड़ता।

आहत होने के बावजूद स्थानीय मुसलमान अपने जज़्बात काबू में किये हुए थे। हालात को सँभालने के आखिरी प्रयास के बारे में चर्चा करते हुए उनके लहजे में गुस्से के बजाय डर नजर आ रहा था। अयोध्या के एक युवा नेता खालिद अहमद का कहना था, 'अगर मुसलमानों ने कल हथियार उठा लिये और आतंकवादी बन गये तो क्या होगा? तब वे हमें कैसे नियंत्रित करेंगे?' फैजाबाद के एक वरिष्ठ मुसलमान नेता नासिर साहब ने बताया कि किस तरह २६ फरवरी १९८६ से ही जिंदगी नर्क बनी हुई है। इस दिन जन्मस्थान का ताला खुलने की खुशियाँ अयोध्या में आतिशबाजी करके और मिठाई बाँट कर मनायी गयी थीं। उन्होंने गुस्से से कहा :

> ३७ साल से किसी को इसकी याद नहीं थी। अचानक ये बाहरी लोग आये और इसे जिंदगी और मौत का सवाल बना दिया। काश हमें इसका फैसला करने के लिए अकेला छोड़ दिया गया होता! लेकिन, जिन्होंने कभी अयोध्या में कदम नहीं रखा, वे लालकृष्ण आडवाणी और शाही इमाम उसके निवासियों की किस्मत का फैसला करने जा रहे हैं।

इंटरव्यू के दिन दिये गये एक सुझाव से नासिर साहब सहमत लग रहे थे कि अयोध्या और फैजाबाद के नागिरकों को फौज के फ्लैग मार्च से भी बड़ा एक मिला-जुला मार्च निकालना चाहिए जिससे उनकी एकजुटता और सांप्रदायिक भाईचारा प्रदर्शित हो सके। दूसरी तरफ जिस समय अन्य मुसलमान नेता अपने डरों को छिपाने की कोशिश कर रहे थे, हाजी अब्दुल गफ्फार ने साफ कहा कि 'मैंने तो अपना कफन खरीद कर रख लिया है।' नब्बे की उम्र में चल रहे अब्दुल गफ्फार रातों-रात मंदिर में बदल दिये जाने से पहले बाबरी मस्जिद में नमाज पढ़ाया करते थे।

अयोध्या के निवासी हमेशा से पूरे शहर को ही जन्मभूमि का दर्जा देते रहे हैं। न तो वे, और न ही अनगिनत मंदिरों के पुजारी किसी एक जगह के बारे में यकीन के साथ कह सकते थे कि उसी जगह भगवान राम का जन्म हुआ था। हम पहले भी बता चुके हैं कि बाबरी मस्जिद के विवादित स्थल के अलावा भी अयोध्या में कम से कम दो जगहें और थीं जिन्हें राम का जन्मस्थल माना जाता था। एक थी मस्जिद के परिसर के भीतर लेकिन

उसके ढाँचे से बाहर बना हुआ रामचबूतरा। उन्नीसवीं सदी के मध्य से ही इस जगह की रामजन्मस्थान के रूप में पूजा हो रही थी। दूसरी जगह थी मस्जिद के पास बना हुआ रामजन्मस्थान मंदिर जिसके भक्त और पुजारी रामजन्मभूमि को मुक्त कराने के आंदोलन में कोई दिलचस्पी लेने के लिए तैयार नहीं थे। लेकिन, विहिप के प्रोपेगंडे के कारण उनके नजरिये पर भी फर्क पड़ा था। अक्टूबर के आखिर में हुई घटनाएँ इसका प्रमाण थीं।

प्रोपेगंडा तंत्र

हम कह चुके हैं कि भारत के हिंदू और मुसलमान किसी भी चलन के हिसाब से अलग-अलग जातीय समूह नहीं माने जा सकते। उनकी सामाजिक-आर्थिक और शैक्षिक पृष्ठभूमि में अंतर जरूर है, पर उनके राजनीतिक हित अलग-अलग नहीं हैं। यह पुस्तक लिखते समय तक भारत में ६५ करोड़ हिंदू और ११ करोड़ मुसलमान थे। भारत जैसे विविधतापूर्ण समाज में किसी भी इतने बड़े समुदाय के भीतर अनगिनत आंतरिक विभेद होने लाजमी हैं। यह विभाजन धार्मिक विभेदों के मुकाबले कहीं तो कम है, कहीं ज्यादा। यहाँ तक कि दोनों समुदायों के बीच पाए जाने वाले धार्मिक विभेद का भी एक-दूसरे के भीतर मौजूद विभेदों से एक खास तरह का संबंध दिखता है। यही कारण है कि गुजरात का प्रणामी संप्रदाय (जिसमें गाँधी का जन्म हुआ था) कई तरह से इस्लाम के ज्यादा नजदीक है, न कि अन्य किसी हिंदू संप्रदाय के। इसी तरह सिंधियों का हिंदू धर्म दक्षिण भारतीय हिंदुओं को काफी हद तक इस्लामी किस्म का लगता है। राजस्थान, गुजरात और बंगाल के कई मुसलमान समुदाय देश के अन्य भागों के मुसलमानों को इसलिए परेशान कर देते हैं क्योंकि वे हिंदुओं जैसे प्रतीत होते हैं।

जाहिर है कि भारत के हर क्षेत्र में न हिंदू एक जैसे हैं, और न मुसलमान एक जैसे। साथ ही उनमें अलग-अलग तरह की आपसी समानताएँ भी हैं। यही कारण है कि हिंदुओं को हिंदुओं की तरह और मुसलमानों को मुसलमानों की तरह गोलबंद तब तक नहीं किया जा सकता जब तक खास तौर से राजनीतिक मकसद के लिए गढ़े गये मोटे-मोटे विचारधारात्मक मुद्दों और शिकायतों, अतीत की स्मृतियों और सांस्कृतिक विभेदों के मनोगत समीकरणों के आधार पर उनसे अपील न की जाए। विहिप अपने प्रचार के जरिये इस तरह का समीकरण मुहैया कराती है। अयोध्या में, खासकर आंदोलन के दौरान विवादित स्थल के नजदीक बने उसके शो-रूम से उसका प्रोपेगंडा कर्णभेदी आवाज और जहर बुझे लहजे

में हो रहा था। विवादित स्थल तक पहुँचने के लिए एक लोहे के दरवाजे से गुजरना होता था जिस पर भारी पहरा था। दरवाजे के दूसरी तरफ मंदिर और उसका गर्भगृह था जिसके आगे से मस्जिद शुरू हो जाती थी। इस मंदिर के भीतर तीन छोटे-छोटे स्टूलों पर वे मूर्तियाँ रखी हुई थीं जिनके बारे में दावा किया जाता था कि वे २३ दिसंबर १९४९ को चमत्कारिक रूप से 'प्रगट' हो गयी थीं। मंदिर में कुछ अन्य देवी-देवताओं की तस्वीरें भी लगी हुई थीं।[२६] इनके अलावा मंदिर में चार तस्वीरें और थीं। इनमें एक तस्वीर थी के.के. नैयर की जो मूर्तियों के प्रगटीकरण के समय फैजाबाद के जिलाधिकारी थे, दूसरी तस्वीर उस समय के सिटी मजिस्ट्रेट ठाकुर गुरुदत्त सिंह की और बाकी दो तस्वीरें स्वतंत्रता सेनानी भगत सिंह और चंद्रशेखर आजाद की थीं।

इस मंदिर से तीस गज से भी कम की दूरी पर शिलान्यास की जगह थी, जिसे एक बाड़ के जरिये मंदिर से अलग किया गया था। शिलान्यास की जगह के पास ही विहिप की प्रदर्शनी थी जिसे देखना वहाँ तैनात पुलिसवालों के अनुसार आने वाले हर व्यक्ति के लिए अनिवार्य था। विहिप के इस शो-रूम के प्रवेश द्वार पर प्रस्तावित राममंदिर का मॉडल प्रदर्शित किया गया था जिसे मस्जिद की जगह पचास करोड़ रुपये की लागत से बनवाया जाना था। रामलला की मूर्ति इसी मॉडल के भीतर रखी हुई थी और विहिप के कार्यकर्ता वहाँ आने वालों से झुककर इस मूर्ति को देखने के लिए कहते थे। आने वालों में कुछ ऐसे लोग भी होते थे जिन पर शो-रूम का गहरा मनोवैज्ञानिक असर पड़ता था। प्रदीप के. दत्त के एक अवलोकन से इसका अंदाजा लगाया जा सकता है :

> शिलान्यास स्थल के साथ मॉडल (प्रस्तावित मंदिर) को इस तरह जोड़ा गया है कि उनके संयोग से पूरे शो-रूम का अनायास रूपांतरण जैसा हो जाता है। वह केवल विहिप की चीजें प्रदर्शित करने वाली जगह नहीं रह जाती। ...शो-रूम दर्शक को विहिप के साथ उसके सपने की रचना में अपना सहभागी बना लेता है, मानो उस सपने की शक्ल पूरी बन गयी हो। भविष्य अपरिहार्य लगने लगता है; जैसे कि खुद प्रारब्ध इस तरफ इशारा कर रहा हो।[२७]

प्रदर्शनी में विवादित ढाँचे का संक्षिप्त इतिहास बड़े-बड़े पोस्टरों के जरिये दिखाने की कोशिश की गयी थी। एक पोस्टर में उस चमत्कार को चित्रित किया गया था जिसके कारण कि विक्रमादित्य को रामजन्मभूमि का पता चला बताया जाता था। दूसरे पोस्टर में मंदिर की कहानी विस्तार से कही गयी थी और तीसरे में बाबर द्वारा उसका विध्वंस दिखाया गया था। दीवार पर लिखा हुआ था : 'गोवध करने वालों का वध करना हर हिंदू का

धार्मिक कर्तव्य है।' वहाँ के.के. नैयर और गुरुदत्त सिंह की दो बड़ी-बड़ी तस्वीरें भी थीं। तस्वीरों के नीचे लिखी इबारतों में इन महान हस्तियों की उनके महान त्याग के लिए विरुदावलि गायी गयी थी।[२८]प्रदर्शनी से बाहर कुछ पुलिसवाले सार्वजनिक प्रसारण प्रणाली पर एक ऑडियो केसेट बजा रहे थे। इसमें भाजपा नेता उमा भारती के भीषण भाषणों की एक रिकार्डिंग थी :

> जो हमारी रोती मातृभूमि को सुकून दे और देशद्रोहियों को गोलियों से भून दे, ऐसे सरफरोश का हमें प्रकाश चाहिए, देश के लिए हमें पटेल या सुभाष चाहिए ...
>
> जब एक-एक अली की छाती पर दस-दस बजरंगबली चढ़े होंगे, तब पता चल जाएगा कि ये स्थान रामजन्मभूमि है या बाबरी मस्जिद, तब पता चल जाएगा कि यह देश प्रभु राम का है।

हमने पुलिसवालों से जानना चाहा कि वे इसी केसेट को क्यों बजा रहे हैं? उनका कहना था, 'हम तो केवल बजाकर देख रहे हैं।' करीब एक घंटे तक पुलिसवाले इसी तरह उस केसेट को बजा-बजा कर देखते रहे।

विहिप के शो-रूम में बिकने वाला साहित्य भी इसी तरह का था। मुख्यत: अयोध्या के इतिहास का वर्णन करने वाला यह पूरा साहित्य एक ही विषयवस्तु के आस-पास घूमता था : किस तरह चमत्कारों के जरिये स्थापित कई तरह के मिथकों से प्रमाणित अयोध्या स्थित जन्मस्थान की पवित्रता मुसलमानों द्वारा भंग की जाती रही है। इसमें एक किताब थी अयोध्या गाइड और एक पर्चा था 'एंग्री हिंदू! यस, व्हाई नॉट'। दोनों में मुसलमानों द्वारा किये गये अत्याचारों का बदला लेने के लिए हिंदू-शक्ति की आक्रामक दावेदारी की अपील की गयी थी।

> हाँ, निश्चित रूप से मैं क्रोधित हूँ। और मेरे पास क्रोध करने के पूरे-पूरे कारण हैं। मेरा आक्रोश बिलकुल सही है। वरना मैं पुरुष नहीं रह जाऊँगा। न जाने कब से मैं चुपचाप अपमान के घूँट पीता रहा हूँ। आज तक मैं सिर्फ प्रहारों को झेलता ही तो आ रहा हूँ ...मेरे भाइयों का शत्रुओं द्वारा अपहरण किया गया। हमारी संख्या कम हो गयी ...देवी समान मातृभूमि के दो टुकड़े कर दिये गये ...मेरे पारंपरिक अधिकार मुझसे छीन लिये गये।
>
> फिर भी आप मुझसे कहते हैं कि मैं क्रोध न करूँ? मैं विरोध में खड़ा होकर यह न कहूँ कि बहुत हो गया?
>
> मेरे मंदिरों को अपवित्र किया गया, नष्ट किया गया। उसके पवित्र पत्थर आतताइयों के पैरों तले रौंदे गये। मेरे देवता आँसू बहा रहे हैं। वे मेरी तरफ अपने प्राचीन गौरव की पुन:स्थापना के लिए देख रहे हैं। जब मैं अपनी पीड़ा कहता हूँ तो सेकुलरवादियों को लगता है कि हमारी 'सेकुलर शांति' खतरे में पड़ गयी है। आप हमारे घायल मन को अपमानित करते हैं। आप हमारे घायल हृदय पर नमक छिड़कते हैं और उम्मीद करते हैं कि मैं अपना मुँह बंद

रखूँगा।

मुझे गर्व है कि आपने मुझे 'क्रोधित हिंदू' कहा। आज तक मैं क्रोधित जमींदार, क्रोधित किसान ...या क्रोधित मराठा, क्रोधित बंगाली ...या क्रोधित जैन, क्रोधित आर्यसमाजी था ...लेकिन अब आपने मुझे नया नाम दे दिया है जिसमें ये सब समा जाएँगे ...

अब मुझे लग रहा है कि दुनिया की ठोस हकीकतों के लिहाज से मैं कुछ ज्यादा ही सीधा था। मैं मानता था कि मैं दूसरों के मंदिरों और देवताओं का आदर करता हूँ तो दूसरे मेरे मंदिरों और देवताओं का आदर करेंगे ...मुझे लगता था कि उदारता के बदले उदारता मिलेगी ...लेकिन अफसोस मुझे बार-बार छला गया, मुझे धोखा दिया गया, मेरी पीठ में छुरा भोंका गया। अब मुझे दुनिया के तौर-तरीकों की कुछ-कुछ जानकारी हुई है। और मैंने तय किया है कि मैं वही भाषा बोलूँगा जो वे समझते हैं ...और अब मुझे अपने आक्रोश के महत्त्व का भान हुआ है।[२९]

इसी पर्चे में इस नये उग्र हिंदू को परिभाषित करने वाली एक कविता भी थी, जिसके बारे में बताया गया था कि वह अटल बिहारी वाजपेयी ने तब लिखी थी जब वे हाई स्कूल में पढ़ते थे :

हिंदू तन-मन, हिंदू जीवन, रग-रग हिंदू मेरा परिचय
मैं शंकर का वह क्रोधानल, कर सकता जगती छार-छार
मैं डमरू की प्रलय ध्वनि हूँ, जिसमें नाचता भीषण संहार
रणचण्डी की अतृप्त प्यास, मैं दुर्गा का उन्मत्त हास,
मैं यम की प्रलयंकर पुकार, जलते मरघट का धुआँधार
फिर अंतरतम की ज्वाला से जगती में आग लगा दूँ मैं
यदि धड़क उठे जल-थल-अंबर-जड़-चेतन फिर कैसा विस्मय?
हिंदू तन-मन, हिंदू जीवन, रग-रग हिंदू मेरा परिचय।[३०]

कविता के अंत में हिंदुओं के साथ किये गये ऐतिहासिक अन्याय की चर्चा थी और मुसलमानों के ऊपर उनकी सैनिक और नैतिक श्रेष्ठता का वर्णन किया गया था :

मैं वीर-पुत्र, मेरी जननी के जगती में जौहर अपार
अकबर के पुत्रों से पूछो— क्या याद उन्हें मीना बाजार?
क्या याद उन्हें चित्तौड़ दुर्ग में जलने वाली आग प्रखर?
जब हाय सहस्त्रों माताएँ तिल-तिल जल कर हो गयीं अमर
वह बुझने वाली आग नहीं, रग-रग में उसे सँजोये हूँ,
यदि कभी अचानक फूट पड़े,
विप्लव लेकर तो क्या विस्मय?

ये दोनों, पुस्तकें और पर्चे वहाँ खूब बिक रहे थे।[३१]

संदर्भ और टिप्पणियाँ

१. आंदोलन के एक अन्य प्रेक्षक नीलंजन मुखोपाध्याय के अनुसार वैसे तो कारसेवक जम्मू-कश्मीर और उत्तर-पूर्व को छोड़कर सभी राज्यों से आये थे, पर उनमें हिंदी प्रदेशों से आये लोगों की संख्या सबसे ज्यादा थी। उनमें लगभग तीन-चौथाई शहरों के, मुख्यतः छोटे शहरों के वासी थे। देखें १९९० की घटनाओं के फौरन बाद उनके अवलोकन के आधार पर लिखा गया एक उपयोगी निबंध : प्रदीप के. दत्त, 'वीएचपीज राम एट अयोध्या : रिइनकार्नेशन थ्रू आइडियॉलजी एंड ऑर्गनाइजेशन', *इकॉनॉमिक एंड पॉलिटिकल वीकली*, २ नवंबर १९९१, ३६(४४), पृष्ठ २५१७-२६

२. उत्तर भारत में हिंदू युवकों का जनसमूहीकरण और अपराधीकरण अपेक्षाकृत एक नयी परिघटना ही है। कहा जाता है कि संघ परिवार के कुछ तत्त्व इस प्रक्रिया से लाभ उठाने की एक अरसे से कोशिश कर रहे थे, पर उन्हें तब तक नाकामी मिलती रही जब तक उन्होंने शिव सेना प्रमुख बाल ठाकरे की सफलता से सबक नहीं सीख लिया। संघ परिवार के कुछ सदस्य, खासकर विहिप ने बंबई में शिव सेना की तर्ज पर व्यवस्था के प्रति ऊँची जाति के शहरी बेरोजगार युवकों को उनके गुस्से और कुंठा का लाभ उठाकर संगठित करना शुरू किया। उत्तर भारत में बजरंग दल शिव सेना जैसा संगठन ही है।

३. उदाहरण के लिए देखें डी.आर. गोयल, 'एट पीस विद देमसेल्व्ज़', दि *इंडियन पोस्ट*, १२ अक्टूबर १९८९

४. १९९१ के संसदीय चुनावों में भाजपा ने श्रीश चंद दीक्षित और एक अन्य वरिष्ठ पुलिस अफसर बी.पी. सिंघल को उम्मीदवार बनाया। वे क्रमशः वाराणसी और मुरादाबाद से लड़े। उल्लेखनीय है कि १९८० के मुरादाबाद दंगों के दौरान जब ईद के दिन ईदगाह में नमाज पढ़ते मुसलमानों पर गोली चलायी थी, तो उस समय दीक्षित उप्र के डीआईजी (इंटेलिजेंस) और सिंघल मुरादाबाद संभाग के डीआईजी थे।

५. विरोधाभास यह है कि भाजपा के प्रोपेगंडे में हिंदुत्व में राजनीतिक सार का समावेश करने वाले सर्वप्रमुख सिद्धांतकार विनायक दामोदर सावरकर को आदर्श के रूप में प्रचारित करने से अक्सर परहेज दिखायी देता है कि कहीं हिंदू महासभा जैसी पार्टियों को राजनीतिक फायदा न मिल जाए।

६. दत्त, 'वीएचपीज़ राम'।

७. पाठकों ने शायद समझ लिया होगा कि संघ परिवार की राजनीतिक संस्कृति जिस मुहावरे का इस्तेमाल करती है वह अक्सर स्पष्ट रूप से सेकुलर, धर्मतंत्र विरोधी और यहाँ तक कि धर्मशास्त्र विरोधी तक होता है। परिवार का मुसलमान विरोधी प्रचार भी अब सेकुलर दलीलों का सहारा लेने लगा है। वह मुसलमानों को राष्ट्रीय सुरक्षा के लिए खतरा बताता है, उनकी आबादी को नियंत्रित करने का प्रश्न उठाता है और शहरी कानून-व्यवस्था की स्थिति खराब करने में मुसलमान अपराधियों का योगदान उभारता है। इस विषय पर देखें आशिस नंदी का लेख, 'एन एंटी-

सेकुलरिस्ट मेनीफेस्टो', *सेमिनार*, अक्टूबर १९८५, (३१४), पृष्ठ १४-२४

इस सिलसिले में यह भी कहा जा सकता है कि छद्म सेकुलरवाद के मुकाबले सच्चे सेकुलरवाद की दावेदारी के अलावा भाजपा द्वारा मुसलमानों को अपनी कतारों में भर्ती करने की कोशिश कोई आकस्मिक ही नहीं है। यह सही है कि मुसलमानों को भाजपा में लाने की कार्रवाई अक्सर प्रतीकात्मक ही रह जाती है, पर इससे यह भी पता चलता है कि भाजपा जातीय शुद्धता को प्रतीकात्मक रूप से भी बरकरार करने के फेर में नहीं है। मंदिर आंदोलन के उफान के दिनों में भी आडवाणी समेत भाजपा के दो राष्ट्रीय नेता अपने नजदीकी रिश्तेदारों द्वारा मुसलमानों में शादी करने से न तो परेशान थे और न ही उन्होंने इस बात को गोपनीय रखने की कोशिश की। भाजपा की सरकारों में उस समय भी मुसलमान मंत्री थे।

पश्चिमी फासीवाद और भाजपा में कितनी भी समानताएँ क्यों न खोज निकाली जाएँ, जातीय शुद्धता में दिलचस्पी न रखना दोनों के बीच एक बड़ा अंतर बना रहेगा। अगर लोकतांत्रिक अधिकारों के प्रति कभी-कभी प्रदर्शित होने वाली भाजपा की प्रतिबद्धता को भी इसमें जोड़ लिया जाए (जिसे वह सिर्फ अपने बहुसंख्यकवाद को जायज ठहराने के लिये ही इस्तेमाल करती है) तो एक अनुमान लग सकता है कि वह मुसलमान समुदाय के कुछ सदस्यों को अपने राजनीतिक शो-केस में रख पाने में क्यों कामयाब हुई। लोकतांत्रिक अधिकारों के प्रति भाजपा की इस प्रतिबद्धता के कारण ही १९७५-७७ के दौरान लगे आपात्काल में भाजपा विरोधी राजनीतिक दल भी पूर्व जन संघ के साथ संयुक्त कार्रवाई करने के लिए तैयार हो गयी थीं। कांग्रेस नेता और भारत के राष्ट्रपति फखरुद्दीन अली अहमद के सचिव द्वारा लिखे गये संस्मरणों से पता लगता है कि कांग्रेस की सरकार और कांग्रेस के मुसलमान नेता जेल में भाजपा और जमात-ए-इस्लामी कार्यकर्ताओं के बीच बढ़ती हुई नजदीकियों से कितने परेशान थे। देखें : एफ.ए.ए. रहमानी, *माई इलेविन इयर्स विद फखरुद्दीन अली अहमद*, एस. चांद, नयी दिल्ली, १९८९

८. *आज*, १९ अक्टूबर १९९०

९. *आज*, २५ अक्टूबर १९९०

१०. भाजपा ने इस तथ्य को खूब उछाला कि आडवाणी के रथ का ड्राइवर मुसलमान था। यह बात सही भी थी। दूसरी तरफ, यह भी एक हकीकत थी कि वह कुछ दिन पहले ही एक मुसलमान लड़की से शादी करने के लिए मुसलमान बना था। बाद में उसका यह संबंध टूट भी गया।

११. *दि पायनियर* (लखनऊ), २५ अक्टूबर १९९०

१२. *दि संडे पायनियर* (लखनऊ), २८ अक्टूबर १९९०

१३. *दैनिक जागरण*, ३० अक्टूबर १९९०

१४. *आज*, ३ नवंबर १९९०

१५. *दैनिक जागरण*, ३ नवंबर १९९०

१६. *आज*, २ नवंबर १९९०

१७. *दि पायनियर* (लखनऊ), ३१ अक्टूबर १९९०

१८. *दैनिक जागरण*, १८ नवंबर १९९०

१९. यह कुछ ऐसे मुद्दों में से एक है जिन पर वाजपेयी और जनता दल सांसद और बाबरी मस्जिद एक्शन कमेटी के नेता सैयद शहाबुद्दीन की राय एक थी। शहाबुद्दीन भी वाजपेयी की ही तरह राष्ट्रीयताओं की राजनीति पर नजदीकी निगाह रखते हैं। अक्टूबर १९९० में उन्होंने हमसे बातचीत करते हुए कहा था, 'राजीव गाँधी ने अपने पत्ते बहुत खराब तरीके से खेले। १९७९ के बाद से श्रीमती गाँधी हिंदू साम्प्रदायिक और उग्रपंथी ताकतों को अप्रत्यक्ष ढंग से मदद करती रहीं। मैं रणनीतिक लिहाज से उन्हें सांप्रदायिक नहीं कहूँगा। सत्ता हासिल करने के हथकंडे के रूप में वे साम्प्रदायिक ताकतों से मदद लेने के लिए तैयार थीं। उन्होंने ही बाबरी मस्जिद विवाद में फिर से जान डाली। ...निश्चित रूप से उनके बेटे को इसका फायदा मिला। उसने इसे विरासत में हासिल किया। १९८६ में एक फरवरी को ताले खोले जाते समय मुझे पक्का यकीन था कि फैजाबाद के जिला जज का फैसला राजनीतिक प्रबंधन का नतीजा था। यह पूरी पटकथा सरकार द्वारा लिखी गयी थी। यह कदम सरकार की नीति के तौर पर उठाया गया था। इस तरह इस विवाद के रूप में एक राक्षस को पाला-पोसा गया जो बढ़ते हुए मौजूदा हालत तक पहुँच गया है।'

२०. रथ के प्रतीक के बारे में चर्चा करते हुए प्रदीप के. दत्त अपने लेख 'वीएचपीज़ राम' में कहते हैं कि रथ राम के बजाय कृष्ण की छवि के साथ ज्यादा जुड़ा हुआ है। दत्त अपने इस अवलोकन में यह भी जोड़ सकते थे कि रथ का ताल्लुक महाभारत के कृष्ण से है, न कि भागवत पुराण के कृष्ण से। इस लिहाज से विहिप का यह प्रयास उन्नीसवीं सदी से की जा रही उन कोशिशों की निरंतरता में ही दिखता है जो महाभारत के कृष्ण की प्रमुखता स्थापित करना चाहती थीं, खासकर गीता के कृष्ण की, ताकि भागवत के कृष्ण की श्रृंगारिक, अर्धनारीश्वर और प्रमुदित छवि दब जाए।

विहिप द्वारा प्रस्तुत राम की छवि में भी यही तनाव देखा जा सकता है। वहाँ भी वह पुंसत्व की खोज में लगी हुई है और अर्धनारीश्वर और पशुचारी संस्कृति से जुड़े हुए राम के ऐसे पुरुषत्व को नकारती है जो प्रौद्योगिकी से कम जुड़ा हुआ था। रथारूढ़ राम का प्रतीक रामायण के मूल राम की छवि बदलना चाहता था जहाँ राम धरती पर रथविहीन खड़े हुए अपनी पिछड़ी प्रौद्योगिकी और अपने शत्रु के आधुनिक युद्ध तंत्र को झुठलाते हुए राक्षसों के रथारूढ़ राजा रावण के साथ अंतिम युद्ध करते हैं। वाल्मीकि और तुलसीदास दोनों की रामकथाओं में ईश्वर के प्रतिनिधि राम नहीं, बल्कि राक्षस रावण ही रथ का प्रयोग करता है।

२१. ८ नवंबर १९९० को प्रेस काउंसिल ऑव इंडिया ने एक उपसमिति गठित की थी जिसे रामजन्मभूमि-बाबरी मस्जिद मुद्दे के साथ जुड़ी हुई घटनाओं की खबरें छापने के मामले में अखबारों की भूमिका और अधिकारियों के रवैये की जाँच करनी थी। इसकी रपट तिरुवनंतपुरम, केरल में २१ जनवरी १९९१ को पेश की गयी। इसके अलावा देखें मणिमाला की *सिटीजंस ट्रिब्युनल ऑन अयोध्या* के सामने गवाही, १२

जुलाई १९९३, नयी दिल्ली।

२२. इस तरह का डर मुसलमानों में मेरठ में हुई मलियाना की घटना के बाद पैदा हुआ जिसमें पीएसी ने उनके खिलाफ हत्या और लूटमार की मुहिम चलायी। देखें : पीपुल्स यूनियन ऑव डेमोक्रेटिक राइट्स, *फॉरगाटिन मेसाकर्स*, पीयूडीआर दिल्ली, १९८९; और इंडियन पीपुल्स ह्यूमन राइट्स कमीशन, *रिपोर्ट ऑन मेरठ*, आईपीएचआरसी, दिल्ली, १९८९

२३. फरवरी १९९२ में स्वामी लालदास ने दावा किया था कि अगर आज चुनाव हो जाए तो भाजपा हार जाएगी। नवंबर १९९० में हुए लोकसभा चुनावों में भाजपा राजस्थान और मप्र में हार गयी, जहाँ उसकी अपनी सरकारें थीं। लालदास का कहना था कि अगर मुलायम सिंह ने मूर्खता न दिखायी होती तो भाजपा उप्र में भी नहीं जीत सकती थी।

२४. इस विरोधाभास पर संक्षिप्त चर्चा के लिए अध्याय तीन देखें। हिंदू राष्ट्रवाद के ज्यादातर सिद्धांत और वैचारिक अंतर्विरोध उन्नीसवीं सदी के धर्मसुधार आंदोलन की देन हैं। यही कारण है कि मूर्तिपूजा का जम कर विरोध करने के बावजूद आर्यसमाज ने इस आंदोलन को अपना समर्थन दिया।

२५. ६ दिसंबर १९९२ को बाबरी मस्जिद के ध्वंस के बाद हुए सांप्रदायिक दंगों के सबसे प्रभावित इलाकों में से कानपुर एक था। श्रीवास्तव उस समय कानपुर के जिलाधिकारी थे। जब हिंसा कई दिनों तक नहीं थमी तो उन्हें हड़बड़ी में स्थानांतरित किया गया।

२६. अब तक कम से कम छः लोग यह दावा कर चुके हैं कि उन्होंने ही २३ दिसंबर १९४९ को चुपचाप वे मूर्तियाँ वहाँ रखी थीं। ऐसे ही एक दावेदार महंत रामसोहनदास शास्त्री के साथ इंटरव्यू के लिए देखें १९९२ में बना आनंद पटवर्धन का वृत्त चित्र *राम के नाम*। रामचंद्र परमहंस भी यह दावा करने वालों में से एक हैं।

२७. दत्त, 'वीएचपीज़ राम', पृष्ठ २५२५

२८. नैयर की महानता का कारण १७ दिसंबर १९४९ को उप्र के तत्कालीन मुख्य सचिव भगवान सहाय को लिखे गये उनके पत्र में मिल सकता है :

> ...अगर सरकार किसी भी कीमत पर मूर्तियों को हटाने का निर्णय करती है तो मैं निवेदन करूँगा कि मुझे जिम्मेदारी से मुक्त करके एक ऐसे अफसर को लाया जाए जो इस मसले के इस प्रकृति के हल में वह सकारात्मकता देख सके जो मैं नहीं देख पा रहा हूँ। (सत्यपाल डाँग द्वारा *न्यू एज*, १५ अक्टूबर १९८९ में उद्धृत)

बाद में के.के. नैयर की सरकारी सेवा से छुट्टी कर ही दी गयी जिसके पश्चात वे एक बार जन संघ के सांसद भी रहे।

२९. लेखक अनाम, *एंग्री हिंदू! यस, व्हाई नॉट?*, सुरुचि, नयी दिल्ली, १९८८, पर्चा।

३०. लेखक अनाम, *क्रुद्ध हिंदू? हाँ मैं क्रुद्ध हूँ*, सुरुचि, नयी दिल्ली, १९८८, दूसरा संस्करण, पर्चा।

३१. उपरोक्त।

अध्याय तीन

५. इस तरह गढ़ी जाती है एक राष्ट्रीयता

अगर रामजन्मभूमि आंदोलन के प्रोपेगंडे की सारवस्तु पर गौर किया जाए तो उसके पीछे काम कर रही सामाजिक गुंजाइशें और राजनीतिक उद्देश्य साफ हो जाते हैं। दूसरी तरफ, इस आंदोलन को हाथों-हाथ लेने वाले लोग सभी सामाजिक तबकों की देन नहीं थे, बल्कि उनका संबंध एक खास तरह की सामाजिक पृष्ठभूमि से था।

इस देश में हिंदू राष्ट्रवाद की राजनीतिक संस्कृति सौ साल से भी ज्यादा पुरानी है। ये सभी सामाजिक गुंजाइशें और राजनीतिक उद्देश्य इसी संस्कृति की उपलब्धियाँ हैं जिनका विकास धीरे-धीरे हुआ है। हिंदू राष्ट्रवाद के समांतर ही दक्षिण एशिया में इस्लामी, सिख और बौद्ध राष्ट्रीयताओं के आंदोलन विकसित हुए हैं। आधुनिकीकरण की प्रक्रिया में लगे हुए शहरी भारत के बहुसंख्यक समुदाय ने हिंदुत्व को अपने धर्म के रूप में स्वीकार कर लिया है। दूसरी तरफ इस्लाम अल्पसंख्यकों के धर्म के रूप में मौजूद है, जिसके आईने में हिंदुत्व अपना चेहरा देखता है। दोनों का विचारधारात्मक और कार्यक्रमगत सार लगभग एक जैसा ही है। खास बात यह है बहुसंख्यकवादी हिंदुत्व और अल्पसंख्यकवादी इस्लाम में मोटे तौर पर बौद्ध सिंहली बहुसंख्यकवाद और सिख अल्पसंख्यकवाद जैसे आयाम ही दिखते हैं।

हिंदुत्व : एक विचार के पीछे की राजनीति

भारत में हिंदू राष्ट्रवाद का इतिहास कोई बहुत लंबा नहीं है। इसी तरह नये संदर्भों में बनी हिंदू धर्म की बदली हुई समझ भी कोई पुरानी नहीं है। हिंदुओं को एक राजनीतिक समुदाय समझना और उसके आधार पर उन्हें एक राष्ट्र मानने का आग्रह नया ही है।[१] उन्नीसवीं सदी के मध्य से इसकी शुरुआत हुई। इस जमाने में उपयोगितावाद, सामाजिक डार्विनवाद और ईसाई धर्मप्रचारवाद अपना-अपना आधुनिकतावादी वैचारिक आक्रमण चला रहे थे। इन्हीं की प्रतिक्रिया में यूरोपीय राष्ट्रवाद की विचारधाराओं से प्रेरणा लेकर हिंदुत्व का जन्म हुआ। धीरे-धीरे भारतीय सार्वजनिक जीवन के

विभिन्न क्षेत्रों में विभिन्न विषयों पर नाना प्रकार की 'हिंदू' अनुक्रियाएँ सूत्रबद्ध होने लगीं।

इन अनुक्रियाओं को औपनिवेशिक राज्य के रवैये से ताकत मिली। भारत में मुख्यत: उपनिवेशवाद के जरिये आयी आधुनिक और सेकुलर विचारधाराओं को अंग्रेजी सरकार प्रोत्साहित कर रही थी ताकि उपनिवेशवाद और आधुनिकतावाद के बीच नजदीकी रिश्ता कायम करके ब्रिटिश राज द्वारा भारत को 'सभ्य' बनाने के प्रयास जायज ठहराए जा सकें। नतीजा यह हुआ कि आयातित पश्चिमी विचारश्रेणियों ने भारतवासियों के मानस में सांस्कृतिक और मनोवैज्ञानिक अशांति पैदा कर दी। उन्हें हीनता की अनुभूति, भविष्य के बारे में असुरक्षा और नैतिक आत्मविस्मृति सताने लगी जिसकी अभिव्यकि शास्त्रीय, लोक और पश्चिमी विचारश्रेणियों के विचित्र घालमेल के रूप में सामने आयी।

इन्हीं में से एक प्रतिक्रिया हिंदू धर्म की पुन:परिभाषा के रक्षात्मक प्रयास के रूप में थी। इसी के मुताबिक हिंदू को स्यामी तर्ज पर संगठित धर्म बनाने का अभियान चलाया गया। यह नया हिंदू धर्म भारतीय मानस और समाज के आधुनिकीकरण के एक अलग तरह के देशी मॉडल का आधारस्तंभ था। आधुनिकीकरण का पहला और उदारतावादी-सेकुलर मॉडल अभिजनों के अंग्रेजीदाँ हिस्से के बीच लोकप्रिय हुआ। दूसरे मॉडल ने आधुनिकतावाद के कुछ बुनियादी सरोकारों को तो स्वीकार किया पर साथ ही उसे एक नया मोड़ भी दे दिया। उसने राष्ट्र-राज्य और आधुनिक प्रौद्योगिकी की अहमियत मानी, लेकिन उन्हें हासिल करने के लिए एक ऐसी भाषा अपनाने का फैसला किया जो नये पुन:परिभाषित अर्थों में हिंदू थी। इसी के साथ राष्ट्रवाद की विचारधारा का देशीकरण किया गया, ताकि हिंदुओं को प्रचलित यूरोपीय शैली के राष्ट्र में बदलने की कोशिशों को सही ठहराया जा सके।

इस नये हिंदू धर्म की विचारधारा को बाद में हिंदुत्व का नाम दिया गया। इसके कुछ आलोचक इसे 'आज का हिंदू धर्म' कहना भी पसंद करते हैं। यहाँ हिंदुत्व के कुछ खास पहलुओं का जिक्र करना जरूरी है। इसका पहला आयाम यही है कि इसने रक्षात्मक मुद्रा अपनाते हुए भारत की तमाम छोटी-छोटी संस्कृतियों की अहमियत मानने से इनकार किया। उन्हें देश के पिछड़ेपन का सूचक बताया और आग्रह किया कि उन्हें हिंदू / राष्ट्रीय मुख्यधारा में समा जाना चाहिए। छोटी-छोटी संस्कृतियों में बँटे रहने के बजाय नये हिंदुओं ने एक ऐसा अखिल भारतीय धर्म गढ़ना शुरू किया जिसे

मुख्यत: शास्त्रीय, ब्राह्मणवादी और वेदांती होना था। इस नये धर्म को अपनाने से 'सभ्य' दुनिया के संपर्क में रहने वाले आधुनिक या अर्ध-आधुनिक भारतीयों को कोई शर्मिंदगी नहीं हो सकती थी। इस प्रयास से एक उच्च-भ्रू संस्कृति ने जन्म लिया जो आधुनिक और पश्चिमीकृत भारतीय के लिए ज्यादा स्वीकार्य थी। ज्ञानोदय के बाद का यूरोप भी उसे पसंद करता था। इसी उच्च-भ्रू संस्कृति को नये हिंदू राष्ट्र का आधार बनना था। इन नये हिंदुओं ने राष्ट्रत्व के स्रोत की शिनाख्त अतीत में की और हिंदू संस्कृति की विलक्षणता की पुनर्व्याख्या करके उसे आधुनिक राष्ट्रीय विचारधारा के सूचक में सीमित कर दिया।

ब्राह्मणीकरण की इस कोशिश को उस जमाने के लिहाज से आर्यीकरण भी कहा जा सकता था। दक्षिण एशिया में हिंदू धर्म की खास बात थी जीवन-शैलियों की विविधता जिससे हिंदुत्व के शुरुआती दिग्गजों में से कई न केवल कम वाकिफ थे, बल्कि उसे नीची निगाह से भी देखते थे। ब्राह्मणीकरण के विचार को इस बात से भी बल मिला।[२] हिंदुत्व के ज्यादातर पैरोकार अपनी जड़ों से उखड़े हुए, शहरी और आधुनिक या अर्धआधुनिक क्षेत्रों से आये थे। वे हिंदू धर्म की जनसाधारण में रची-बसी परंपराओं से दूर थे, इसलिए उनका हिंदुत्व या तो इन परंपराओं की प्रतिक्रिया था या उनके अभाव की भरपायी। चूँकि उन दिनों कई हमदर्द यूरोपीय विद्वानों द्वारा हिंदू धर्म के शास्त्रीय रूप की पुन: खोज किये जाने से एक खास तरह का माहौल बन गया था, इसलिए हिंदुत्व के इन पैरोकारों का यह रवैया अपने-आप में आपत्तिजनक नहीं लगता था।[३] इसी माहौल में ब्रह्म समाज और आर्य समाज जैसे हिंदू सुधार आंदोलन भी अपना योगदान कर रहे थे। दूसरी तरफ आधुनिकतावाद के आक्रामक तेवर और ईसाइयत का धर्मप्रचारवादी उत्साह भी हिंदू धर्म की लघु परंपराओं का अवमूल्यन करने में लगा हुआ था।[४]

पौर्वात्यवादियों और धर्म सुधारकों ने मिलकर यह छवि बनायी कि स्थानीय परंपराओं की 'क्षुद्रताओं' से परे जाने वाले 'सच्चे' हिंदू धर्म का प्रतिनिधित्व तो वही कर रहे हैं। आधुनिकतावादियों और मिशनरियों ने साधारण जन-जीवन में प्रचलित हिंदू धर्म को अवैध घोषित करके उत्तरोत्तर असुरक्षाग्रस्त होते जा रहे बौद्धिकों के लिए केवल एक ही विकल्प छोड़ा : दार्शनिक हिंदू धर्म को ही सच्चे हिंदू धर्म के रूप में पेश करना।

हिंदू धर्म के इस पुनर्परिभाषित संस्करण का एक दूसरा पहलू भी था। उसने कुछ लोगों को यह मौका दे दिया कि वे उसे एक धर्म के रूप में न देखकर विचारधारा के रूप में देखें और यूरोपीय राष्ट्रवादी विचारधारा की

तरह उसका इस्तेमाल राजनीतिक गोलबंदी के लिए करें। इस प्रयास को बल मिलने का कारण यह था कि भारतीय संस्कृति मुख्यत: धर्म के इर्द-गिर्द संगठित थी। राष्ट्र-राज्य के नये मिथक के फेर में फँस चुके कुछ भारतीयों को लगता था कि हिंदू धर्म ही स्वाभाविक रूप से उनकी राष्ट्रीय विचारधारा है। वे हिंदू धर्म को राजनीति के दायरे में धार्मिक, सांस्कृतिक और नैतिक श्रेणियों का समावेश करने वाले स्रोत के रूप में नहीं देखते थे।[५] अपने इसी नजरिये के कारण हिंदू राष्ट्रवाद को हिंदू धर्म की सांस्कृतिक-नैतिक परिभाषा खारिज करनी पड़ी। यह वही परिभाषा थी जिसकी राजनीतिक संभावनाओं का संधान बाद में मोहनदास कर्मचंद गाँधी ने किया।

यद्यपि कई व्यक्तियों और दलों ने कोशिश की, पर गाँधी की चेतना और हिंदू राष्ट्रवादियों की चेतना धारा में कभी एकता नहीं हो सकी। गाँधी की बीच-बीच में तारीफ करते रहने के बावजूद हिंदू राष्ट्रवादी उन्हें अपना नैतिक शत्रु ही मानते रहे। कम लोग ही जानते हैं कि गाँधी की हत्या करने के तीनों प्रयास हिंदू राष्ट्रवादियों द्वारा किये गये थे। गाँधी जब तक जीवित रहे, हिंदू राष्ट्रवादियों ने गाँधी की सनातनी प्रतिबद्धताओं को उन पर लगे एक दाग की तरह ही देखा। आज गाँधी की मृत्यु के बाद पचास से भी ज्यादा साल गुजर चुके हैं, फिर भी हिंदू राष्ट्रवादी उन्हें राज्य-विरोधी, ब्राह्मण-विरोधी, समाज को खंडित और शक्तिहीन करने वाला और आधुनिक विज्ञान व प्रौद्योगिकी का विरोधी कहने में नहीं हिचकते। उन्हें तो यह बात और भी खतरनाक लगती है कि गाँधी का हिंदू धर्म राजनीति को हिंदुत्व की सांस्कृतिक-नैतिक आलोचना से आवेशित कर देता है। गाँधी की तरफ से आने वाली यह आलोचना जन-जीवन में रचे-बसे हिंदू धर्म से ही प्रवाहित होती है। एक खुली प्रतिद्वंद्वतामूलक राजनीति के दायरे में इस आलोचना की राजनीतिक संभावनाओं को हिंदू राष्ट्रवादी बखूबी समझते हैं। (सुरेश शर्मा ने इस विरोधाभास की ओर ध्यान खींचा है कि हिंदू राष्ट्रवाद के सर्वोच्च पैरोकार विनायक दामोदर सावरकर हिंदू धार्मिक परंपराओं के बारे में कुछ नहीं कहते, पर जिन गाँधी को सावरकर हिंदू धर्म के लिए खतरा बताते हैं उनका पूरा जीवन राजनीति में परंपराओं के संधान और प्रयोग में गुजर जाता है।[६])

दिक्कत यह थी कि हिंदू धर्म को राष्ट्रवादी विचारधारा के रूप में पेश करने वाली कई हस्तियाँ या तो नास्तिक थीं या फिर अज्ञेयवादी। उनमें से कुछ का तो हिंदू जीवन-शैली से नाममात्र का वास्ता भी नहीं था।[७] इसके बावजूद ये लोग इस बात पर दृढ़ थे कि भारतवासियों को हिंदुत्व की

विचारधारा के दम पर एकल राष्ट्र के मातहत लाना ही होगा। कम से कम इस मामले में हिंदू राष्ट्रवाद और राज्यवादी सेकुलरवाद एक राय था। दोनों का आग्रह एकल राष्ट्र पर टिका था। असलियत यह है कि हिंदुत्व की कसम खाने वाले संगठनों की कट्टरता अपने आप में राजनीतिक है, न कि धार्मिक। उसके मर्म में राज्य की सेकुलर विचारधारा और आधुनिक बुद्धिवाद का ही एक रूप है। हिंदुत्व और राज्यवादी सेकुलरवाद, दोनों ही धर्म से जुड़ी श्रद्धाभावना और जन-साधारण की आस्थाओं का अपने फायदे के लिए दोहन करने के नजरिये से देखते हैं। इसी जनता से इन दोनों को अपने कार्यकर्ता मिलते हैं और जिन्हें यदाकदा तोप के चारे की तरह इस्तेमाल भी किया जाता है।

नये हिंदू धर्म का तीसरा पहलू यह था कि वह हिंदू की आत्मपहचान को मर्दवादी बनाना और परिणामस्वरूप हिंदू समुदाय का फौजीकरण करना चाहता था। औपनिवेशिक राजनीतिक अर्थशास्त्र के गर्भ से सांस्कृतिक और व्यक्तिगत स्तर पर जितनी नपुंसकता पैदा होती थी, मर्दानगी की कामनाएँ सार्वजनिक रूप से उतनी ही मुखर होती जाती थीं। जो समुदाय अपने फौजीकरण के लिए तैयार नहीं लगता था, उसके फौजीकरण का उतना ही प्रयास होने लगता था।[८] इस रूपांतरण को अंजाम देने के लिए हिंदू राष्ट्रवादियों ने एक नये बौद्धिक अनुशासन की खोज की और इतिहास को नियोजित रूप से इस्तेमाल करना शुरू किया।[९] इसके पीछे ऑरवेल प्रदत्त वह दृष्टि नहीं थी जिसके मुताबिक समझा जाता है कि अतीत को नियंत्रित करने वाला भविष्य को भी काबू में कर सकता है। इसके पीछे तो एक खास तरह का उत्साह था जिसने भारतवासियों को अनैतिहासिक और विवेकहीन करार देने वाले औपनिवेशिक आकलन को अपने भीतर जज़्ब कर लिया था।

भारत के लोग परंपरागत रूप से अतीत-रचना के लिए मिथकों की सामग्री का प्रयोग करते रहे थे, पर नये हिंदुओं को यह रवैया कमतर लगता था। इसलिए उन्होंने कुछ भारतीय समुदायों के औपनिवेशिक इतिहास को हाथों-हाथ लिया। इस इतिहास में अंग्रेजों ने इन समुदायों को सिपह-पेशा समुदाय करार दे दिया था। जेम्स टॉड ने राजपूतों को और जदुनाथ सरकार ने मराठों को अपनी कृतियों में वीर-जाति के रूप में चित्रित किया। इसके बाद इन सामुदायिक इतिहासों को प्रभावशाली किस्म के राष्ट्रवादी और अक्सर हिंदू राष्ट्रवादी आख्यानों में बदल दिया गया और उनके आधार पर अतीत की व्याख्या की गयी। इन नये संस्करणों में इतिहास के उन पहलुओं और तत्त्वों को चुन-चुन कर अचर और परम की तरह पेश किया गया जिनसे

मिथकीय भावनाओं और पवित्रता की अनुभूति को स्पर्श मिलता है। राष्ट्रवादी इतिहास के ये पहलू महाकाव्यात्मक संस्कृति में मिथकों के लिए उपलब्ध खुलेपन और आख्यानों और व्याख्याओं की अंतर्निहित विविधता से वंचित थे।

अगले चरण में हिंदू राष्ट्रवादियों के लिए अतीत-रचना के सभी वैकल्पिक तौर-तरीकों के प्रति भारतीय खुलेपन को खारिज करना जरूरी था। ज्ञानोदय के जमाने में यूरोप ने इतिहास की एक अवधारणा बनायी थी जिसके प्रति भारतीय मानस में हमेशा नापसंदगी झलकती रहती थी। हिंदू राष्ट्रवादियों ने भारतीयता के इस पहलू को या तो नरअंदाज किया या कमजोर किया। इतिहास की इस अवधारणा के प्रति हिंदू राष्ट्रवादियों में जैसी प्रतिबद्धता देखी जाती है, वैसी भारतीय वामपंथियों में ही मिल सकती है जिन्होंने इतिहास की लेनिनवादी-प्रत्यक्षवादी अवधारणा को पूरी तरह जज्ब कर लिया है।

हिंदू राष्ट्रवादी हर बात का औचित्य इतिहास के जरिये साबित करने की कोशिश करने लगे। जब इतिहास उनके काम नहीं आया तो उन्होंने मिथकों का दोहन करने की ठानी। उन्होंने इतिहास को इस तरह परम और अचर बनाने का प्रयास किया जिससे भारतीय सभ्यता के मिथक, जनश्रुतियाँ और महाकाव्य अपनी खुली आंतरिक बहस से वंचित होकर संक्षिप्तीकरण के शिकार हो गये। हिंदू राष्ट्रवादियों ने उनकी वैधता उनसे छीन ली।[१०] विज्ञानीकृत इतिहास के प्रति आस्था के मामले में हिंदू राष्ट्रवादी सेकुलर उदारतावादियों और समाजवादियों जैसे ही साबित हुए। ये सभी औपनिवेशिक इतिहास की आलोचना करते थे, लेकिन उनमें से कोई यह नहीं देख पाता था कि इतिहास का खुद ही उपनिवेशवाद के साथ एक रिश्ता है। हम पहले ही जिक्र कर चुके हैं कि किस तरह इतिहास की यह चेतना आज के भारत में सांप्रदायिक तनाव बढ़ाने वाले प्रमुख स्रोत की तरह उभरी।[११]

हिंदू राष्ट्रवाद का चौथा आयाम था आधुनिक विज्ञान और प्रौद्योगिकी की संपूर्ण स्वीकृति। वह फ्रांसिस बेकन द्वारा प्रवर्तित आधुनिक विज्ञान के समाजशास्त्र का भी समर्थक था। उसने किसी भी ऐसी पश्चिमी ज्ञान पद्धति के प्रति गैर-आलोचनात्मक रवैया अख्तियार किया जो राज्य की ताकत के विकास और पोषण में योगदान करती हो और भारतीय जनता के समरूपीकरण का आश्वासन देती हो। हिंदुत्व आधुनिक विज्ञान और प्रौद्योगिकी की कोई आलोचना पेश नहीं करता। ज्यादा से ज्यादा वह कुछ चुनिंदा देशी प्रणालियों के प्रति अस्पष्ट प्रतिबद्धता ही व्यक्त करता है। ये

देशी प्रणालियाँ अपेक्षाकृत ब्राह्मणवादी किस्म की हैं और उनसे राज्य सत्ता के हिंदुत्ववादी लक्ष्यों पर कोई खास असर नहीं पड़ता। इसीलिए इलाज की आयुर्वेद और सिद्ध पद्धतियाँ हिंदू राष्ट्रवादियों को पसंद आती हैं, पर परंपरागत जनजातीय आयुर्विज्ञान पद्धतियाँ नहीं। इसी तरह हिंदू राष्ट्रवाद ने राजकाज की पुरानी भारतीय समझ, ग्रामीण प्रौद्योगिकी या दस्तकारी कौशल के प्रति थोड़ी-सी भी संवेदनशीलता प्रदर्शित नहीं की है। हिंदुत्व में किसी भी ऐसी पारंपरिक प्रौद्योगिकी या कौशल के प्रति कोई स्वाकारोक्ति नहीं हो सकती जो राज्य की शक्ति को कमजोर करती हो या उसे भीतर से पलटती हो या फिर राज्य सत्ता की केंद्रीकरणवादी प्राथमिकताओं को गड़बड़ाती हो। हिंदुत्व ऐसे किसी विचार या संरचना को पसंद नहीं कर सकता जो राज्य सत्ता की शिश्नवादी प्रतीक योजनाओं को चुनौती दे सकता हो। इसीलिए हिंदुत्ववादियों के बीच एटमी हथियारों और एटमी ताकत के प्रति कट्टर समर्थन देखा जाता है। यहाँ तक कि ऐसे हिंदुत्ववादी भी उसके विचारधारात्मक समर्थक होते हैं जो जीवन के अन्य क्षेत्रों में देशी प्रणालियों का समर्थन करते दिखते हैं।

इन रुझानों का नतीजा यह निकलता है कि हिंदुत्ववादी अंग्रेजों से पहले के इस्लामी राज्य को पूरी तरह हिंदुओं के खिलाफ घोषित करके उसकी अवधारणा को पूरी तरह खारिज कर देते हैं। यही नहीं, उनके लिए बड़े-बड़े हिंदू राज्य चलाने का अनुभव भी कोई मायने नहीं रखता। औपनिवेशिक संपर्क और उन्नीसवीं सदी के चौथे दशक में प्रगति के उपयोगितावादी सिद्धांतों से प्रभावित होकर अंग्रेजों से पहले की राजनीतिक संस्कृति को नियोजित ढंग से झुठलाने के कारण हिंदुत्ववादियों के लिए भारतीय अतीत का मूल्यांकन एक ही तरीके से करना मुमकिन रह गया। वे भारतीय अतीत को समकालीन पश्चिम के आईने में देखने के लिए अभिशप्त हो गये। चंद्रगुप्त मौर्य, राणा प्रताप, शिवाजी और गुरु गोविंद सिंह जैसे गैर-मुसलमान राजाओं और योद्धाओं की तारीफें जरूर की गयीं, पर हिंदू राष्ट्रवादियों ने हिंदू समाज के पारंपरिक क्षेत्रों में हिंदू राज्य व्यवस्था के बचे हुए सूत्रों को हमेशा नीची निगाह से देखा।

हिंदू राष्ट्रवाद की परंपरा के भीतर से आज तक ऐसा कोई उल्लेखनीय अध्ययन नहीं निकला जिसने अंग्रेजों से पहले के हिंदू राजनीतिक सिद्धांतों को राज्य और राष्ट्र के पश्चिमी सिद्धांतों की रोशनी में न देखा हो। हालाँकि हिंदू राष्ट्र का विचार उन्नीसवीं सदी के मध्य में पेश किया गया और उसके बाद सावरकर जैसे पैरोकारों द्वारा उसे व्यवस्थित रूप मिला, लेकिन

सांस्कृतिक दृष्टि से यह हमेशा एक खोखला सिद्धांत ही रहा। सत्रहवीं सदी के बाद यूरोप में विकसित हुए राष्ट्रीयता और राष्ट्र-राज्य के विचारों के प्रभाव में भारतीय अतीत को फिर से गढ़ने के अलावा उसने कुछ नहीं किया। आज के जमाने में ऐसे राष्ट्र-राज्य को आधुनिकीकृत हिंदुओं द्वारा संचालित होना है और उन्हीं जैसे लोगों को उसका नागरिक बनना है। हिंदुत्व का यही आधुनिक सार उसके प्रति शहरी और मध्यवर्गीय भारतवासियों को उत्साहित कर देता है। अमीर देशों में रहने वाले अनिवासी भारतीय उसमें दिलचस्पी दिखाने लगते हैं। वे सब हिंदुत्व में निहित आधुनिकता के भीतर अपने सेकुलर हितों, निजी आशाओं, बेचैनियों और भयों को झलकते हुए देखते हैं।

इसी बात को इस तरह भी कहा जा सकता है कि हिंदू राष्ट्र में जो हिंदू रहेंगे, उनसे भी पारंपरिक अर्थों में हिंदू होना अपेक्षित नहीं होगा। यह विचार तो पारंपरिक हिंदुओं को कुछ ज्यादा ही विविध, स्त्रैण, अविवेकी, आधुनिक दुनिया की बारीकियों से अपरिचित, सर्वेश्वरवाद से कुछ ज्यादा ही प्रभावित और पागान तौर-तरीकों में हद से ज्यादा रचा-बसा मानता है। उसकी निगाह में ऐसा, मासूम और अराजक हिंदू किसी उपयुक्त राज्य का संचालन नहीं कर सकता। इसलिए हिंदू राष्ट्र का जोर हिंदुओं के नये संस्करण पर होता है जो महानगरीय भारत की देन हैं और जो एक साथ दो घोड़ों की सवारी कर रहे हैं।

एक तरफ वे पश्चिमी शिक्षा और मूल्यों का पीछा करते हैं, दूसरी तरफ शास्त्रीय हिंदू दर्शन के सरलीकृत संस्करणों को अपनाते हैं जिन्हें महानगरीय बाजारों ने जिंस की तरह बेचने की महारत हासिल कर ली है। पारंपरिक सामाजिक संबंधों और जीवन-शैलियों से कम वास्ता रह जाने के कारण इन नये हिंदुओं को उनकी भरपायी के लिए ऐसे ही सरलीकृत संस्करणों की जरूरत है जो आधुनिक भारत के फैलते हुए शहरी जंगलों और प्रथम विश्व की सांस्कृतिक कुठालियों में उनके काम आ सकें। (ऐसा लगता है कि विवेकानंद का वह अंदाजा अपनी तार्किक परिणति तक पहुँच रहा है जिसके तहत उन्होंने कहा था कि वेदांत की पुनर्व्याख्या के जरिये भारत में यूरोप जैसा समाज बनाया जा सकता है।)

जाहिर है कि वैचारिक इंजीनियरिंग के जरिये बनाया गया यह नया हिंदू एक द्विपदीय सांस्कृतिक जीव की तरह है। उसके कदम आधुनिक पश्चिम की प्रमुख सार्वजनिक विचारधारा के पास्चुरीकृत ब्राह्मणवादी संस्करण की जमीन पर खड़े हुए हैं। यह एक ऐसी विचारधारा है जो कई

तरह के वैचारिक द्विभाजनों की मदद से पनपती है, जैसे : सच्चा सेकुलरवाद बनाम छद्म सेकुलरवाद, सच्चा इतिहास बनाम झूठा इतिहास, सच्चा राष्ट्रवाद बनाम झूठी अथवा अशक्त देशभक्ति, आदि।

यही कारण है कि शुरुआत से ही हिंदुत्व के सिद्धांतकारों को अपने ज्यादातर समर्थक शहरी भारत से, खासकर उन आधुनिक भारतीयों के बीच से मिले जो पूरी तरह पश्चिम के रंग में रँग चुके अभिजनों के भीतरी हलकों की सदस्यता लेने में नाकाम हो गये थे।

हिंदुत्ववादियों की पार्टी

हिंदुत्व के सिद्धांतकारों को भारतीय सार्वजनिक जीवन के दायरे में शुरू-शुरू में बहुत कम समर्थन मिलता था, पर भारतीय राजनीतिक संस्कृति में उनकी महत्त्वपूर्ण जगह थी। आधुनिक संस्थाओं की पैठ बढ़ने के साथ-साथ हिंदुत्ववादियों का प्रभाव भी बढ़ा। उन्हें सबसे बड़ा उछाल तब मिला जब भारतीय मध्यवर्ग के बढ़ते हुए राजनीतिकरण के दबाव में अंग्रेज हुकूमत गलतियाँ करने लगी। १९०५ में बंग-भंग के खिलाफ आंदोलन शुरू हुआ तो हिंदू राष्ट्रवादियों को पहली बार अपने राजनीतिक रुतबे का एहसास हुआ। हालाँकि तत्कालीन सार्वजनिक जीवन में राजनीतिक चेतना पर उदारतावादी-सामासिक छाप काफी ज्यादा थी, पर रवींद्रनाथ ठाकुर जैसे लोगों ने भाँप लिया था कि हिंदू राष्ट्रवाद के प्रति आकर्षण बढ़ रहा है। इसीलिए रवींद्रनाथ ने बंग-भंग आंदोलन के चरम लोकप्रियता के दिनों में भी इस रुझान के खिलाफ अपना असंतोष दर्ज कराया था।[१२]

धीरे-धीरे हिंदू राष्ट्रवादियों की उपस्थिति दिखने लगी और इसका कारण समझना कठिन नहीं था। जो सामासिकता कभी भारतीय राजनीतिक जीवन की खूबी थी, वह विदेशी शासकों के हाथों लगातार अपमानित होते रहने के कारण कई राजनीतिकृत भारतीयों को समझौतापरस्त और जीहुजूरिया किस्म की लगने लगी थी। इन भारतीयों का मानना था कि यह सामासिकता आधुनिक पश्चिम की पर्याप्त आलोचना पेश कर पाने में नाकाम रही है।

एक समय वह भी था जब यंग बंगाल ग्रुप के लोगों ने इस सामासिकता की पैरोकारी बड़े आक्रामक और कट्टर तेवरों से की थी। इनमें

हेनरी डेरोज़ियो (१८०९-३१) और कृष्ण मोहन बनर्जी (१८१३-८५) जैसी हस्तियाँ शामिल थीं। ये सभी प्रखर राष्ट्रवादी और आधुनिकतावादी थे। उनकी सामासिकता दरअसल हिंदू धर्म के खिलाफ खुली लड़ाई छेड़ कर संपूर्ण पश्चिमीकरण की वकालत करती थी। बीसवीं सदी के पहले दशक में इसी सामासिकता की दावेदारी अपेक्षाकृत मध्यमार्गी आंदोलनों ने सँभाल ली। पर, तब तक वह उपनिवेशवाद के शिकारों के ख़िलाफ गठजोड़ जैसी लगने लगी थी। परिणामस्वरूप अंग्रेजों से संघर्ष करने के लिए 'आतंकवादी' संगठनों की सक्रियता बढ़ने लगी। इनमें से कई हिंदू राष्ट्रवादी विचारों से प्रभावित थे। औपनिवेशिक शासन की हेकड़ी और मनमानेपन के मुकाबले आजादी का आंदोलन चला रहे भारतीय उदारतावादियों की शक्तिहीनता का यह सीधा परिणाम था। हिंदू राष्ट्रवाद की विचारधारा को इस बात से और भी बल मिला। अंग्रेजों की हेकड़ी और मनमानेपन का आधार भारत की प्रजातियों को योद्धा और गैर-योद्धा श्रेणियों के बीच बाँटने की किपलिंगीय योजना थी। लॉर्ड कर्जन जैसे नौकरशाह यह बात खुल कर कहते थे कि भारत पर हुकूमत करने का अधिकार केवल योद्धा जातियों को है। इस लिहाज से हिंदू राष्ट्रवादियों को एक ऐसे उदाहरण बतौर देखा जाना चाहिए जो अपनी पहचान अपने आक्रांता सरीखी बना लेता है। जाहिर है कि हिंदू राष्ट्रवादियों ने औपनिवेशिक विमर्श के मुख्य पहलुओं को पूरी तरह आत्मसात कर लिया था।

हिंदू राष्ट्रवाद और आधुनिक उदारतावाद में चल रही यह मुठभेड़ मध्यवर्गीय जमीन पर हो रही थी। राजनीतिक चेतना की इन दोनों धाराओं का प्रभावक्षेत्र शहरी भारत और उन लोगों तक ही सीमित था जो किसी न किसी प्रकार आधुनिकीकरण के संपर्क में आ चुके थे। इस छोटे से हलके में बीसवीं सदी के दूसरे दशक तक और खासकर १९१९ के जलियाँवाला बाग हत्याकांड के बाद संकेत मिलने लगे थे कि हिंदू राष्ट्रवादियों का समर्थन बढ़ रहा है और उदारतावादी पिछड़ते जा रहे हैं।

इस होड़ को राजनीति में मोहनदास कर्मचंद गाँधी के प्रवेश ने गड़बड़ा दिया। बीस के दशक के मध्य तक गाँधी 'नरमपंथियों' और 'गरमपंथियों' को शह और मात देकर राष्ट्रीय आंदोलन पर अपना रुतबा क़ायम कर चुके थे। इस कामयाबी के लिए गाँधी अपनी साम्राज्यवाद विरोधी राजनीति शहरी मध्यवर्ग के दायरों से परे ले गये। उन्होंने भारत के सोये हुए गाँवों पर दस्तक दी। इस प्रक्रिया का सांस्कृतिक परिणाम यह निकला कि हिंदू राष्ट्रवादियों का बढ़ता प्रभाव रुक गया और वे गाँधी के उदय को अपनी पराजय के रूप

में देखने लगे। हिंदू राष्ट्रवाद, पश्चिमी उदारतावाद और उस समय तक स्वतंत्रता आंदोलन के नेताओं से उम्मीद रखने वाले आधुनिकीकृत भारतीय समुदायों के भीतर गाँधी के प्रति लगातार खदबदाती रहने वाली शत्रुता का यही कारण था। ये लोग खासतौर से गाँधी के राजनीतिक दर्शन और भारतीय सभ्यता के भविष्य के बारे में उनकी समझ से नाराज रहते हैं। अपनी जमीन से उखड़े हुए इन समुदायों में महाराष्ट्र और दक्षिण भारत के ब्राह्मण, बंगाल के भद्रलोक और आर्य समाज से प्रभावित उत्तर भारतीय ऊँची जातियों का एक उल्लेखनीय हिस्सा शामिल था। गाँधी की हत्या करने के तीनों प्रयासों में महाराष्ट्रीय ब्राह्मणों का ही हाथ था।

गाँधी की जन-राजनीति में लोक-जीवन के हिंदू धर्म को बड़ी कुशलता से इस्तेमाल किया गया था। इसके बढ़ते प्रभाव के सामने पराजित होने के परिणामस्वरूप हिंदू राष्ट्रवादी धीरे-धीरे साम्राज्यवाद विरोधी संघर्ष की मुख्यधारा से हटते चले गये। हिंदू राष्ट्रवाद के कई दिग्गज पश्चिमी उपनिवेशवाद को हिंदुओं के लिए हितकर परिघटना के रूप में देखने लगे। ध्यान रहे कि सावरकर ने कभी आजादी के लक्ष्य के लिए निजी तौर पर बेइंतिहा कुर्बानियाँ दी थीं, और हेडगेवार ने भी अपने राजनीतिक जीवन की शुरुआत स्वतंत्रता सेनानी के तौर पर की थी। ऐसे लोग सोचने लगे कि क्यों न भारत में ब्रिटिश उपस्थिति का लाभ उठाकर भारतवासियों को उनके उस रोग से छुटकारा दिला दिया जाए जिसके कारण वे इतिहास, राष्ट्र-राज्य और आधुनिक विज्ञान जैसी बातों में दिलचस्पी नहीं ले पाते। वे यह भी सोचते थे कि भारत को मुसलमान नामक महाविपत्ति से भी अंग्रेजों के माध्यम से मुक्ति दिलायी जा सकती है। उन्होंने साम्राज्यवाद विरोध को पूरी तरह छोड़ा नहीं, लेकिन अपनी राजनीतिक प्राथमिकताओं में उसे बहुत नीचे धकेल दिया।

बीसवीं सदी में साठ के दशक तक हिंदू राष्ट्रवादी इसी पराजित मानसिकता के नीचे दबे रहे। उस समय तक देश विभाजन के बाद शुरू हुए सार्विक मताधिकार पर आधारित आम चुनावों में भाग लेते-लेते मतदाताओं का एक ऐसा प्रतिबद्ध तबका तैयार हो चुका था जो हर हालत में उनका साथ देता था। इस समर्थन आधार से सावरकर की हिंदू महासभा को उतना लाभ नहीं मिला, जितना नवगठित भारतीय जन संघ नामक पार्टी को।

जन संघ की स्थापना १९५० में श्यामा प्रसाद मुखर्जी (१९०१-५३) ने की।

वे अपनी आस्थाओं और पारिवारिक परंपरा के लिहाज से हिंदू राष्ट्रवाद के प्रति हमदर्दी रखते थे। मुखर्जी जवाहरलाल नेहरू की मंत्रिपरिषद के एक सम्मानित सदस्य थे, पर कांग्रेस से उनका राजनीतिक अलगाव होना लाजमी था। लेकिन, जब यह नौबत आयी तो उसे गंभीर नीतिगत मतभेदों का रंग मिल गया। उन्होंने जम्मू और कश्मीर के सवाल पर कैबिनेट छोड़ी, हालाँकि पूर्वी पाकिस्तान में अल्पसंख्यकों के साथ हो रहे सुलूक का भी इसमें योगदान था। दरअसल, कानपुर में हुए जन संघ के पहले अधिवेशन में यही दो मुद्दे छाये रहे : पहला, पूर्वी भारत में भारत में लगातार आ रहे हिंदू शरणार्थी; और दूसरा, भारत-पाक संघर्ष और कश्मीर को दिये गये विशेष दर्जे का प्रश्न। जन संघ ने दोनों ही मुद्दों पर भारत सरकार की निंदा की कि उसने नरम रवैया अपना रखा है। उसने माँग की कि सरकार को युद्ध से बचते हुए कड़े कदम उठाने चाहिए।

शरणार्थियों के सवाल पर मुखर्जी को ज्यादातर विपक्षी दलों का समर्थन मिला जिसमें वामपंथियों के कुछ हिस्से भी शामिल थे। कश्मीर पर भी भारतीय सार्वजनिक जीवन की आम राय प्रच्छन्न रूप से मुखर्जी के ही साथ थी। बाद में जब कश्मीर का मुद्दा खुल कर सर्वदलीय हो गया, तो एक टिप्पणीकार ने यहाँ तक कहा कि कश्मीर पर मुखर्जी के बाद 'जन संघ के पास अपनी नीतियों की पैरोकारी करने के लिए मेनन (वी.के. कृष्ण मेनन) से अधिक योग्य प्रवक्ता कोई नहीं है ...।'[१२]

हिंदुत्व की जन-राजनीति

आमतौर पर कहा जाता है कि रामजन्मभूमि आंदोलन वोट बटोरने के लिए ही छेड़ा गया था, इसलिए भाजपा के चुनावी प्रदर्शन पर गौर करना जरूरी हो जाता है। लेकिन, इससे पहले भाजपा के पहले सक्रिय रह चुकी हिंदुत्ववादी पार्टियों का एक जायजा भी लेना होगा।

हिंदू राष्ट्रवादी कार्यक्रम के आधार पर चुनाव लड़ने वाली पहली पार्टी हिंदू महासभा थी। इसका विकास सदी के पहले दशक में स्थापित हिंदू संगठनों के बीच से हुआ था। महासभा के गठन के पीछे इंडियन मुस्लिम लीग की स्थापना के खिलाफ प्रतिक्रिया का भी योगदान रहा।

महासभा का कार्यक्रम कांग्रेस के कार्यक्रम से कतई मेल नहीं खाता था। कांग्रेस के कुछ सदस्य महासभा के सदस्य भी थे। लेकिन, अपनी अलग तरह की शैली और मुहावरे के बावजूद यह नयी पार्टी राजनीतिक समीकरणों के मामले में कुछ खुलापन अपनाती थी। एक बार तो उसने

पंजाब में मुस्लिम लीग के साथ गठजोड़ सरकार भी बनायी थी। आजादी के बाद कुछ वर्षों तक महासभा का यह राजनीतिक खुलापन जारी रहा। महासभा के एक आंतरिक इतिहासकार ने पार्टी के मध्यमार्गी नेताओं पर आरोप भी लगाया है कि उनके नरम रवैये के कारण ही महासभा हिंदुओं और मुसलमानों के बीच तनाव का लाभ नहीं उठा पायी।[१४] १९३७ से १९४८ के बीच भी महासभा इसी खुली राजनीतिक शैली के हिसाब से चलती रही, हालाँकि इस दौरान उसकी कमान सावरकर के हाथों में थी।

लेकिन, महासभा विचारधारात्मक रूप से लचीली नहीं थी, खासकर सावरकर के जमाने में। इसके दो कारण थे : पहला, सावरकर का प्रभाव; और दूसरा अखिल भारतीय स्तर पर चुनावी राजनीति का प्रभाव। सावरकर मुख्यतः बुद्धिजीवी थे और उन्होंने बड़ी मेहनत से हिंदुत्व का वैचारिक ताना-बाना खड़ा किया था, जबकि उनसे पहले के महासभाई नेताओं में हिंदुत्व सुस्थापित वैचारिक सूत्रों के बजाय सिर्फ समझ के स्तर पर अंतर्निहित था। चुनावी राजनीति के कारण हिंदुओं की ऐसी परिभाषा के लिए राजनीतिक गुंजाइश निकल आयी थी जिसके मुताबिक उन्हें विशिष्ट और अलग साबित किया जा सकता था। हिंदुत्व का वह पैरोकार, जो निजी जिंदगी में नास्तिक था, बार-बार कहता था, 'हिंदू का अर्थ है वह व्यक्ति जो सिंधु से लेकर सागरों तक फैले भारतवर्ष को अपनी पितृभूमि और अपनी पुण्यभू दोनों मानता हो।'[१५]

सावरकर द्वारा दी गयी इस परिभाषा में हिंदू होने के साथ पहली बार भू-क्षेत्रीयता का आयाम जुड़ा। पुण्यभू के विचार ने तो खासतौर से एक फैशन को जन्म दिया जिसके मुताबिक कल्पना की जाने लगी कि भारत पर हिंदू यानी 'भारतवासी' नामक एक समरूप तबके की हुकूमत होगी।[१६] धरती को माता समझकर पूजने वाली संस्कृति पर पितृभूमि की कल्पना यूरोपीय राष्ट्रवाद से उधार लेकर एक आरोपित की गयी।[१७] ये बातें भले ही छोटी-मोटी लगें, पर इनसे यह पता चलता है कि सावरकर से पहले के हिंदू राष्ट्रवाद के पैरोकारों और उनके बीच क्या फर्क था। बंकिम चंद्र चट्टोपाध्याय और स्वामी विवेकानंद भी हिंदू राष्ट्रवादी थे, पर सांस्कृतिक राजनीति के प्रति उनका दृष्टिकोण अधिक परिष्कृत था, और उन्हें भारत की विविध सांस्कृतिक परंपराओं पर अपेक्षाकृत अधिक नाज था।[१८]

सावरकर द्वारा दी गयी परिभापा माँग करती थी कि हिंदुओं को कुछ कसौटियों पर खरा उतरना ही पड़ेगा। बाद में तकरीबन हर महत्त्वपूर्ण राष्ट्रवादी नेता ने हिंदुओं से ये माँगें करना जारी रखा। इनके मुताबिक हिंदुओं

को हिंदू धर्म के बजाय खुद को हिंदुत्व का समर्थक कहना होगा; उन्हें खुद को एक धार्मिक के साथ-साथ राजनीतिक समुदाय के रूप में भी संगठित करना होगा; उन्हें अपने जाति सरीखे सभी आंतरिक विभेदों को अस्वीकार करना होगा; अपने धार्मिक दर्शन के रूप में उन्हें उसके अखिल-भारतीय शास्त्रीय संस्करण को अपनाना होगा; उन्हें अपनी आस्थाओं में अंतर्निहित पागानवादी प्रवृत्तियों को नियोजित ढंग से निकाल फेंकना होगा और सभी तरह की मूर्तिपूजा को त्याग देना होगा; और इन सबसे ऊपर उन्हें स्वयं का आधुनिकीकरण और क्षत्रियकरण करना होगा यानी उन्हें खुद को मर्द बनाना होगा।[१९]

ये तमाम आग्रह स्यामी धर्मों से लिए गये थे जिनका अंतिम मकसद था कि अश्वेत चमड़ी वाले हिंदुओं को दुनिया की सबसे ज्यदा कामयाब नस्ल जैसा यानी यूरोपीय बनाना। शायद मुसलमानों के प्रति हिंदुत्ववादी शत्रुता की एक वजह यह भी हो सकती है कि उनके जरिये कभी भारतीय परिदृश्य में अपेक्षाकृत अधिक लड़ाकू रुझान रखने वाले एकेश्वरवाद का आगमन हुआ था। उनके धर्म की यूरोपीय धर्मों से समानता को सात सौ वर्षों तक भारत पर उनकी हुकूमत और सार्वजनिक जीवन में उसके कारण मिलने वाले 'नाजायज लाभ' का एक कारण समझना आसान था।[२०] राममोहन राय के इस उद्धरण को उन्नीसवीं सदी के सभी हिंदू समाज सुधारकों के विचारों के प्रतिनिधि के रूप में पढ़ा जा सकता है :

> अपने दूर के रिश्तेदारों में मैंने देखा है कि एकही परिवार और एक ही जिले से आने पर भी जब परिवार की एक शाखा इस्लाम कबूल कर लेती है तो वह साधारण हिंदू रहन-सहन अपनाने वाली परिवार की अन्य शाखाओं के मुकाबले ज्यादा खुले ढंग से रहते हुए दिखती है, और उसकी अधिक शारीरिक गतिविधियों एवं अधिक उद्यम की अलग से शिनाख्त की जा सकती है।[२१]

समझा जा सकता है कि राय ने इस अंतर का कारण हिंदुओं के शाकाहार के प्रति आग्रह में खोजा, और शाकाहार की जिम्मेदारी हिंदुओं के 'धार्मिक पूर्वग्रहों' पर डाली। राय का खयाल था कि हिंदुओं में 'शारीरिक प्रयास और उद्यम की कमी' की वजह उनके देश की गरम जलवायु और उपजाऊ जमीन है।[२२]

भारतीय जनता पार्टी

यही था वह वैचारिक और सांस्कृतिक बोझ जिसे ढोते हुए भारतीय जन संघ ने आजादी के बाद १९५२ में पहली बार चुनावी होड़ में कदम रखा। १९७७

तालिका-९
लोकसभा में जन संघ / भाजपा का कुल प्रदर्शन

वर्ष	कुल सीटें	सीटें लड़ीं (%)	सीटें जीतीं (%)	वोट मिले (%)
१९५२	४८९	१९.२	३.२	३.१
१९५७	४९४	२६.२	३.१	५.९
१९६२	४९४	३९.७	७.१	६.४
१९६७	५२०	४८.३	१३.५	९.४
१९७१	५१८	३०.९	१३.८	७.४
१९७७	५४२	–	१७.०	१४.०
१९८०	५४२	–	–	८.६
१९८४	५४२	४२.३	०.९	७.४
१९८९	५२९	४२.७	३७.६	११.५
१९९१	५०८	८७.२	२५.३	–

स्रोत : शंकर बोस और वी.बी. सिंह की पुस्तक *इलेक्शंस इन इंडिया : डेटा हैंड बुक ऑन लोकसभा इलेक्शंस—१९५२-८५* (सेज पब्लिकेशंस, नयी दिल्ली, १९८६), तालिका-१.३; और चुनाव आयोग द्वारा १९९० में प्रकाशित *रिपोर्ट ऑन दि नाइंथ जनरल इलेक्शंस दु दि हाउस ऑव पीपुल्स इन इंडिया १९८९ (स्टेटिस्टिकल)* में दिये गये आँकड़ों के आधार पर निर्मित।

स्रोत : १९७७ और १९८० में भारतीय जनता पार्टी का चुनावी प्रदर्शन अनुमानित दिखाया गया है क्योंकि इन दोनों चुनावों में वह एक बड़ी पार्टी या मोर्चे के घटक के रूप में लड़ी थी। इसी कारण से पार्टी के वोट प्रतिशत की गणना भी जनता पार्टी के हिस्से के रूप में जीती गयी सीटों के आधार पर की गयी है। १९८० में भी भाजपा का एक प्रमुख विपक्षी पार्टी जनता दल के साथ सीटों का तालमेल था।

तक उसके चुनावी नतीजे कभी दर्शनीय नहीं रहे (देखें तालिका-९), लेकिन शुरू से ही यह पार्टी एक छोटे से, विश्वसनीय और टिकाऊ समर्थन आधार बनाने में लगी रही। यह समर्थन आधार शहरी मध्यवर्ग और द्विज जातियों के कुछ हिस्सों, खासकर बनियों से मिलकर बना था।

१९७७ में जन संघ पहली बार चुनावी हाशिये से बाहर निकल पाया। इसका श्रेय १९७५-७७ में तत्कालीन प्रधानमंत्री इंदिरा गाँधी द्वारा लगायी गयी इमरजेंसी को दिया जाना चाहिए। जन संघ उन राजनीतिक दलों में एक था जिन्होंने नागरिक अधिकारों के निलंबन का विरोध किया जिसके कारण उसके कार्यकर्ताओं को जेल और सरकारी उत्पीड़न का सामना करना पड़ा। जन संघ के ज्यादातर कार्यकर्ता राष्ट्रीय स्वयंसेवक संघ की पृष्ठभूमि से आये थे। इसके कारण अन्य विपक्षी दल और वामपंथी उनसे बिदकते थे।

आपात्काल की घटनाओं ने इस छवि को बदला। इमरजेंसी में संघ पर प्रतिबंध भी लगा दिया गया। २७ साल पहले गाँधी की हत्या के सिलसिले में पहली बार उस पर प्रतिबंध लगा था। इस बार देश के राजनीतिक हालात बदले हुए थे, और इस प्रतिबंध को १९४८ जैसी वैधता प्राप्त नहीं थी।

इसी दौरान कुछ अपवादों को छोड़ कर वामपंथियों के बौद्धिक प्रभाव और राजनीतिक वैधता में कमी आयी। संघ के साथ १६ अन्य संगठन भी इमरजेंसी में प्रतिबंधित किये गये थे जिनमें १४ छोटे-छोटे नाना प्रकार के माओवादी गुट थे। लेकिन, जनता को जो याद रहा वह था कम्युनिस्ट आंदोलन की मुख्य धारा के कुछ हिस्सों द्वारा आपातकाल का शुरुआती समर्थन और बाद में किया गया उसका कमजोर विरोध। दूसरे, कई वामपंथियों के कांग्रेस, उसके जरिये नेहरू-गाँधी परिवार और उनके आस-पास रहने वाले लोगों के साथ रिश्ते भी थे। इन सभी बातों का असर यह हुआ कि पहली बार बहुत से भारतीयों के लिए जन संघ गंभीर और प्रामाणिक विपक्ष की तरह उभरा। १९७७ में जब जनता पार्टी बनी तो जाहिर है कि उसे अपनी कतारों में जन संघ को शामिल करने में कोई झिझक नहीं हुई। जनता पार्टी के संस्थापक जयप्रकाश नारायण (१९०२-८०) ने खुद इस संयुक्त मोर्चे पर जोर दिया। संभवत: उन्हें लग रहा था कि इससे हिंदू राष्ट्रवाद की धार और कुंठित होगी।

जनता पार्टी के चुनाव में जीतने और केंद्र में सरकार बनाने के परिणामस्वरूप उसके जन संघ घटक की राजनीतिक उपस्थिति खासी प्रभावशाली हो गयी। उसे दो महत्त्वपूर्ण कैबिनेट मंत्रिपद मिले और सार्वजनिक जीवन में एक नया सम्मान प्राप्त हुआ। जन संघ की वैधता में उस समय और बढ़ोतरी हुई जब उसके कोटे के अटल बिहारी वाजपेयी अच्छे विदेश मंत्री साबित हुए। उन्होंने दक्षिण एशिया से जुड़े प्रश्नों की बेहतर समझ प्रदर्शित की और पाकिस्तान व अन्य पड़ोसी देशों के संदर्भ में कामयाबी ने उन्हें उन देशों में आदर का पात्र बना दिया। जन संघ के दूसरे दिग्गज लालकृष्ण आडवाणी ने भी सूचना और प्रसारण मंत्री के रूप में बेहतर प्रदर्शन किया।

इस हिंदुत्ववादी पार्टी ने जनता पार्टी के प्रयोग में अपनी भागीदारी से न केवल सीखा, बल्कि उस सबक को काफी दिनों तक याद भी रखा। १९८० में जनता पार्टी की टूट के बाद भी पुराने जन संघ को पुनर्जीवित नहीं किया

गया। भारतीय जनता पार्टी नामक एक नयी पार्टी बनायी गयी जिसकी विचारधारा गाँधीवादी समाजवाद घोषित की गयी। स्पष्ट है कि पार्टी का नाम और विचारधारा का चुनाव जनता पार्टी और उसके संस्थापक जयप्रकाश नारायण के साथ जुड़ी राजनीतिक परंपरा की निरंतरता से ही था।

१९८९ और १९९१ में जब भाजपा ने क्रमश: ८८ और ११७ संसदीय सीटें जीतीं तो बड़े पैमाने पर लोगों को लगा कि वह अपनी सफलता के शिखर पर पहुँच गयी है। दरअसल, १९७७ में भी उसने नरम हिंदू राष्ट्रवादी रुझान के साथ ९२ सीटें जीत कर खासी सफलता हासिल की थी। लेकिन १९८० और १९८४ में पार्टी के चुनावी नतीजे खराब निकले, जिसके कारण उसने अपनी राजनीति फिर बदली। १९८० में उसे केवल १६ और १९८४ में केवल दो सीटें मिली थीं।

१९८४ के बाद ही भाजपा उग्र हिंदू मुद्रा अपनाने लगी। उसे साफ दिख रहा था कि कांग्रेस उसका द्विज समर्थन आधार उससे छीने ले रही है। आपात्काल के बाद से ही कांग्रेस के हाथ से मुसलमान, सिख और अनुसूचित जातियों के वोट निकले जा रहे थे। उनकी भरपाई वह शहरी वोट बैंक से कर रही थी। १९८४ में कांग्रेस की जबरदस्त जीत का श्रेय ऊँची

तालिका-१०

जनसंघ / भाजपा का उप्र में चुनावी प्रदर्शन (१९७० के बाद)

वर्ष	कुल सीटें	सीटें लड़ीं (%)	सीटें जीतीं (%)	सीटें जीतीं (%)
विधानसभा				
१९७४	४२४	९४.६	१५.२	१७.१
१९८०	४२५	९४.१	२.८	१०.८
१९८५	४२५	८१.६	४.६	९.९
१९८९	४२१	५५.०	२०.५	११.७
१९९१	४२०	१००.०	५३.३	–*
लोकसभा				
१९७१	८५	४७.१	१०.०	१२.३
१९८४	८५	५८.८	००.०	६.४
१९८९	८५	३६.५	२५.८	७.६
१९९१	८२	१००.०	६०.९	३२.७

* आँकड़े उपलब्ध नहीं।

तालिका-११

१९८५ और १९९० के बीच चुनिंदा राज्यों के विधानसभा चुनावों में भाजपा को मिले वोट और सीटें (%)

राज्य	कुल सीटें	१९८५		१९९०	
		सीटें जीतीं	वोट पड़े	सीटें जीतीं	वोट पड़े
मप्र	३२०	१८.२	३२.४	६८.४	३९.२
हिमाचल प्रदेश	६८	१०.३	३०.६	६७.६	४२.७
राजस्थान	२००	१९.५	२१.२	४६.३	२५.२
गुजरात	१८२	६.०	१५.०	१३.४	२६.४
उप्र	४२५	३.८	९.९	१३.४	११.६
हरयाणा	९०	१६.७	उपलब्ध नहीं	६.७	१०.१
बिहार	३२४	४.९	७.५	१२.८	११.०
महाराष्ट्र	२८८	५.६	७.३	१४.६	१४.६
कर्नाटक	२२४	०.९	३.७	०.०	४.१
उड़ीसा	१४७	०.७	२.६	१.४	३.९
आंध्र प्रदेश	२९४	२.७	१.६	१.२	१.७

स्रोत : १-३ खानों में दिये गये आँकड़ों के लिए देखें इलेक्शन कमीशन ऑव इंडिया : *रिपोर्ट ऑन दि जनरल इलेक्शंस ऑव स्टेट लेजिस्लेटिव एसेम्बलीज़ १९८५-८६*; ४-५ खानों के आँकड़े चुनाव आयोग की अस्थायी रिजल्ट शीट के आधार पर।

जाति के वोटरों द्वारा राजीव गाँधी के प्रति आकर्षण को दिया जा रहा था, जबकि इससे पहले के चुनाव में यही वोट भाजपा को गये थे।

१९८९ के आम चुनावों में किसी पार्टी को लोकसभा में पूर्ण बहुमत नहीं मिला। नतीजे आने के बाद भाजपा ने कम्युनिस्ट पार्टियों के नेतृत्व वाले वाम मोर्चे के साथ राष्ट्रीय मोर्चे को अल्पसंख्यक सरकार बनाने के लिए समर्थन देना तय किया। इस मोर्चे का नेतृत्व जनता दल के हाथ में था। जाहिर था कि भाजपा और वामपंथी दोनों मिलकर कांग्रेस को सत्ता से बाहर रखना चाहते थे। दोनों का अंदाजा था कि यह सरकार ज्यादा नहीं चलेगी और जल्दी ही मध्यावधि चुनाव होंगे।

इसका एक मतलब यह भी था कि सभी प्रमुख राजनीतिक दलों को अपना समर्थन आधार बढ़ाते रहने की कवायद में लगे रहना होगा, क्योंकि चुनाव कभी भी आ सकते थे। प्रधानमंत्री विश्वनाथ प्रताप सिंह ने जैसे ही कई साल से ठंडे बस्ते में पड़ी मंडल आयोग की सिफारिशों को मंजूर करके पिछड़े वर्गों के लिए सरकारी नौकरियों में २७ फीसदी आरक्षण तय किया,

तालिका-१२

१९८९ और १९९१ के चुनावों में भाजपा को मिले वोटों और सीटों का राज्यवार वितरण (%)

राज्य	कुल	१९९८		१९९१	
	सीटें	सीटें जीतीं	वोट पड़े	सीटें जीतीं	वोट पड़े
आंध्र	४२	०.०	२.०	२.४	८.६
असम	१४	०.०	०.०	१४.३	८.६
बिहार	५४	१६.७	१३.०	९.३	१७.०
गुजरात	२६	३८.५	३०.४	७६.९	५१.४
हरयाणा	१०	०.०	८.३	२०.०	१०.३
कर्नाटक	२८	०.०	२.६	१४.३	२८.८
केरल	२०	०.०	४.५	०.०	४.७
मप्र	३९	६९.२	३९.७	३०.८	४२.०
महाराष्ट्र	४८	२०.८	२३.७	१०.४	२०.६
उड़ीसा	२१	०.०	१.३	०.०	९.७
राजस्थान	२५	५२.०	२९.६	४८.०	४१.०
उप्र	८५	११.८	७.६	५८.५	३३.०
पश्चिम बंगाल	४२	०.०	१.७	०.०	९.५
दिल्ली	७	५७.१	२६.९	७१.४	४०.१
हिमाचल	४	७५.०	४५.३	५०.०	४२.८
अखिल-भारतीय	४६५	१८.५	११.४	२५.८	१९.९

स्रोत : इलेक्शन कमीशन ऑव इंडिया : रिपोर्ट ऑव दि नाइंथ जनरल इलेक्शंस; इंडिया टुडे भी देखें, १५ जुलाई १९९१, पृष्ठ ४०-४८; चुनाव आयोग की अस्थायी रिजल्ट शीट भी देखें।

तालिका-१३

१९९१ में अयोध्या विधानसभा क्षेत्र में मुख्य दलों का प्रदर्शन (%)

वर्ष	कांग्रेस-इ	भाजपा	बसपा	जनता दल / पार्टी	निर्दलीय / अन्य
१९८५	३२.९	९.९	–	२१.६	३५.६
१९८९	२०.३	२४.९	१३.७	३४.८	६.३
१९९१	१०.६	५१.३	११.७	१९.६	६.८

वैसे ही राजनीति गरमा गयी। उनके इस कदम ने जनता दल को फौरन अधिसंख्यक पिछड़े वर्गों की पार्टी का चेहरा प्रदान कर दिया। साथ ही इसी के कारण यह पार्टी ऊँची जातियों, शहरी मध्यवर्ग और सम्मानित पेशों से जुड़े लोगों के बीच घृणा का पात्र बन गयी। जनता दल ने मीडिया और बुद्धिजीवी वर्ग को नाराज करने की तत्परता भी दिखायी। यह वर्ग वैसे ही ऊँची जातियों से भरा हुआ था और उसे डर था कि आरक्षण के कारण वह सत्ता उसके हाथ से छिन जाएगी जिस पर शिक्षित होने और आधुनिक संस्थाओं के साथ जुड़े होने के कारण उसका कब्जा था।

इससे भी अहम बात यह थी कि मंडल आयोग की सिफारिशों से भाजपा के राजनीतिक आधार में टूट का अंदेशा पैदा हो गया था। भाजपा हिंदू राष्ट्रवाद की विचारधारा का इस्तेमाल करके ऊँची जातियों में अपने समर्थन आधार का विस्तार करने का प्रयास कर रही थी। वह संख्यात्मक ताकत के धनी और राजनीतिक गोलबंदी के लिए तैयार पिछड़े वर्ग की जातियों को अपनी ओर खींचना चाहती थी। भाजपा को लगा कि वी.पी. सिंह की रणनीति उसके हिंदू चुनावी आधार की जड़ पर प्रहार करने की है ताकि वह अपना सुदृढ़ीकरण न कर पाये। इसी की प्रतिक्रिया में पार्टी ने गुजरात में सोमनाथ से उप्र में अयोध्या तक अपनी रथयात्रा आयोजित की।

बाकी की कहानी सभी को पता है, खास कर उसकी रूपरेखा। इसके बावजूद हम दो राज्यों में भाजपा के उभार की कहानी अध्याय पाँच में खास तौर से बयान करेंगे। यहाँ हम सिर्फ यह दिखाने की कोशिश करेंगे कि भाजपा ने अपनी सांस्कृतिक राजनीति से क्या-क्या चुनावी लाभ प्राप्त किये (तालिका १०,११ और १२)। आँकड़े बताते हैं कि भाजपा को अपने मंदिर आंदोलन और रथयात्रा से निश्चित रूप से फायदा हुआ। पिछले कुछ दशकों में पार्टी के वोट आधार में थोड़ी-सी बढ़ोतरी हो ही चुकी थी, लेकिन तब लगता था कि ज्यादा संख्या में उम्मीदवार खड़े करने के कारण यह वृद्धि दर्ज की गयी है, क्योंकि पार्टी द्वारा हासिल किये गये वोट प्राप्त सीटों के अनुकूल नहीं थे। लेकिन, १९९१ में पार्टी ने न केवल काफी वोट प्राप्त किये, बल्कि उन्हें सीटों में बदलने में भी कामयाबी हासिल की। मोटे तौर पर उसके राष्ट्रीय वोट दुगुने हो गये और उसकी चुनावी सफलता कई राज्यों में फैली हुई दिखी (तालिका-११)। यह सही है कि कुछ राज्यों में उसे संख्या में कम सीटों का लाभ हुआ, पर अन्य पार्टियों के समर्थन आधार में उसने

खासी घुसपैठ कर दिखायी। मसलन, कर्नाटक में ऐसा लगा कि भाजपा विपक्ष में रहते हुए जनता पार्टी को तकरीबन खत्म कर देगी।

आबादी के लिहाज से देश के सबसे बड़े राज्य उत्तर प्रदेश में उसे जबरदस्त फायदा हुआ और उसने अपनी सरकार तक बना डाली (तालिका-१०)। अयोध्या विधानसभा क्षेत्र में भाजपा को शानदार जीत हासिल हुई। चूँकि पार्टी पहले वहाँ हार गयी थी इसलिए उसकी इस जीत का महत्त्व और भी ज्यादा था (तालिका-१३)।

इस जीत से उप्र जैसे विशाल और सबसे गरीब राज्यों में से एक प्रांत की हालत पर तो कोई खास असर नहीं पड़ा, पर अयोध्या की राजनीति जरूर प्रभावित हुई। नयी सरकार ने आते ही फैजाबाद संभाग के डीआईजी और पुलिस अधीक्षक को हटा दिया। फैजाबाद के जिलाधिकारी नेतराम का भी स्थानांतरण भी कर दिया गया।

नयी सरकार की मदद से विहिप ने अपना काँटा भी निकाल फेंका। स्वामी लालदास को रामजन्मभूमि मंदिर की महंती से हटा दिया गया। उनकी जगह एक ऐसे पुजारी को बैठाया गया जिसकी पीठ पर विहिप का हाथ था। यह मानते हुए कि लालदास के खिलाफ कोई विशेष आरोप नहीं हैं, विहिप के एक प्रवक्ता ने अस्पष्ट-सा इलजाम लगाया कि महंत की वजह से अयोध्या आने वाले तीर्थयात्रियों के लिए समस्याएँ पैदा हो रही थीं। पीएसी के लोगों से उनकी तकरार के कारण कानून और व्यवस्था की गंभीर समस्या पैदा हो गयी थी।[२३] इसके विपरीत लालदास के समर्थकों का कहना था कि विहिप तो अपने रास्ते में बाधा बने हुए महंत को हटाने का बहाना तलाश रही थी और पीएसी के लोगों से हुआ विवाद तो इसीलिए रचा गया था ताकि लालदास के खिलाफ मामला बनाया जा सके।[२४]

बहरहाल, नजदीक से देखने पर भाजपा के चुनावी लाभ उतने प्रभावशाली नहीं लगते थे। कर्नाटक में भाजपा को हुए फायदे के पीछे रामजन्मभूमि आंदोलन का असर उतना नहीं था, जितनी प्रमुख विपक्षी पार्टी जनता दल की 'भीतरी समस्याओं की निरंतरता और उसके प्रभाव में गिरावट' की भूमिका थी। इसके अलावा वोटर राज्य की कांग्रेस-इ सरकार के खराब प्रदर्शन से असंतुष्ट थे। साथ ही राज्य की दोनों प्रमुख जातियों लिंगायत और वोक्कलिगा को यह एहसास हो रहा था कि कांग्रेस और जनता दल ने उनकी परवाह करना बंद कर दी है। नतीजे के तौर पर कांग्रेसी सरकार से नाराज वोटों का बहुत बड़ा हिस्सा भाजपा की तरफ चला गया।[२५] उत्तर प्रदेश में भी भाजपा को हुआ चुनावी लाभ उतना दर्शनीय नहीं था

जितना वह पहली नजर में देखने से लगता था। उसे मुलायम सिंह यादव की तरफ से दिये गये तोहफे के तौर पर भी समझा जा सकता था। भाजपा के बड़े नेताओं और उसके नये अध्यक्ष मुरली मनोहर जोशी ने उप्र चुनाव के परिणामों के बाद राष्ट्रीय मीडिया में एक इंटरव्यू के दौरान कमोबेश यह माना भी। वाजपेयी ने तो हमसे बिना किसी लाग-लपेट के कहा कि भाजपा की सफलता का श्रेय दूसरी पार्टियों को मिलना चाहिए, खासकर मुलायम सिंह और वी.पी. सिंह को।

भाजपा के चुनावी प्रदर्शन को रामजन्मभूमि आंदोलन का परिणाम मानना केवल एक सतही निष्कर्ष ही हो सकता था। उसके पीछे कहीं ज्यादा अहम दीर्घकालीन सांस्कृतिक शक्तियों की थी। ऐसा पहली बार हुआ था कि उन्हें अपने पसंदीदा संदर्भ में आंदोलन और सांस्कृतिक राजनीति के जरिये बाकायदा अभिव्यक्ति मिली थी। अध्याय के अगले हिस्से की तरफ बढ़ने से पहले आइये उन शक्तियों का एक संक्षिप्त जायजा ले लें।

बुनियादी तौर पर रामजन्मभूमि आंदोलन इस हकीकत का सबूत था कि बृहत्तर हिंदू राष्ट्रवादी दायरों और उनमें पनपी भाजपा को अपने अनुकूल वक्त का एहसास हो गया है। आंदोलन फौरी राजनीतिक लाभ प्राप्त करने का माध्यम जरूर था, लेकिन उसके पीछे यह समझ भी छिपी हुई थी कि भाजपा और उसके सहयोगी पहले की तरह भारतीय राजनीति के हाशिये पर नहीं हैं। उन्माद की राजनीति करने वाले कई गुटों की तरह हिंदू राष्ट्रवादी भी कोई सौ साल से राज्य व्यवस्था द्वारा कोने में सीमित रखे गये थे। अब जाकर संघ परिवार को यकीन हुआ था कि राजनीति में उनके दिन बहुर गये हैं और उन्होंने मुख्यधारा में स्थान बना लिया है।

हिंदुत्ववादियों की हैसियत में आए इस तब्दीली के आधार में एक ऐसा सामाजिक परिवर्तन है जिसे पलटा नहीं जा सकता। शहरी भारतवासियों का अनुपात पिछले पचास सालों में मोटे तौर पर बीस से पच्चीस फीसदी ही हुआ है, पर कुल संख्या के लिहाज से शहरियों की संख्या बीस करोड़ से ज्यादा हो चुकी है। इसी तरह भारत एक कम उद्योगीकृत देश जरूर है, पर कुल मिलाकर वह उतना ही उद्योगीकृत है जितना कि यूरोप का फ्रांस जैसा देश। यह सही है कि केवल दो फीसदी भारतीय ही अंग्रेजी जानते हैं, पर ये दो फीसदी भी मिलकर बहुत बड़ी संख्या हैं। अंग्रेजी भाषा बोलने वाले ऑस्ट्रेलिया और न्यूजीलैंड की आबादी अगर मिला दी जाए तो भी इतनी

नहीं हो पाती। भारतवासियों के इस आधुनिकीकृत तबके के पीछे बहुत बड़ी संख्या में साक्षर और अर्धसाक्षर भारतीय मौजूद हैं जिन तक मीडिया, प्रोपेगंडा और राजनीतिक संचार की केंद्रीकृत धाराओं की पहुँच है। इस बहुसंख्या पर लगातार राजनीति के आधुनिक मुहावरे की बौछार हो रही है (जिसमें राष्ट्रवाद और राष्ट्र-राज्य की विचारधारा भी शामिल है)। कहना न होगा कि राजनीति के आधुनिक मुहावरे जैसी अभिव्यक्ति का इस्तेमाल यहाँ मजबूरन किया जा रहा है, क्योंकि इससे बेहतर अभिव्यक्ति अभी उपलब्ध नहीं है। राजनीति से जुड़े भारतवासियों पर भारतीय राज्य की विचारधारा हावी हो चुकी है, और वे लगातार राष्ट्रीय सुरक्षा, सेकुलरवाद, विकास और वैज्ञानिक बुद्धिवाद के वर्चस्व को स्वीकार करते जा रहे हैं। संचार के आधुनिक साधनों, खासकर मीडिया ने इसे बल प्रदान किया है।

इसी बात को इस तरह भी कहा जा सकता है कि भारतीय राजनीतिक संस्कृति के लिए आधुनिक भारत का वजूद अब एक मिथकीय यथार्थ या आंकड़ों के जरिये साबित की जा सकने वाली सच्चाई नहीं रह गया है। न ही वह एक संस्थागत हकीकत भर है जिसकी कुछ आधुनिकतावादियों द्वारा बड़े राजनीतिक पदों पर बैठकर रचना की जा रही हो। इतिहास में पहली बार आधुनिक भारत एक वास्तविक राजनीतिक यथार्थ बनकर उभरा है, और बहुत बड़ी संख्या में भारतवासी देशी संस्कृतियों और पारंपरिक सामाजिक रिश्तों और जिंदगी से उखड़कर उस यथार्थ के साथ रह रहे हैं। इन भारतीयों को अपने माहौल, अपने उखड़े हुए वजूद, अपने अ-संस्कृतिकरण और जन-समूहीकरण का तात्पर्य समझना ही होगा। हिंदू राष्ट्रवाद की राजनीति की विशेषता यह है कि वह आधुनिक भारत के विमर्श के तहत उखड़े हुए भारतीयों को इस नवोदित यथार्थ के साथ जोड़ने की गुंजाइशें प्रदान करता है।

भारत की राजनीतिक संस्कृति अब पहले की तरह आधुनिक और पारंपरिक के बीच होड़ की जगह नहीं रह गयी है, क्योंकि राज्य पूरी तरह आधुनिक के पक्ष में झुक चुका है। अब तो यहाँ दो तरह के आधुनिकों के बीच होड़ है। एक आधुनिक ऐसा है जो या तो परंपरा से कतराकर निकल जाता है या फिर उस पर हमला करता है; और दूसरा आधुनिक परंपरा का उपयोगितावादी दोहन करता हुआ नजर आता है। इसीलिए हिंदू राष्ट्रवाद के लिए वे संभावनाएँ खुल गयी हैं जो उस समय नहीं थीं जब राजनीतिक संस्कृति में पारंपरिक राजनीतिक मुहावरे का बोलबाला था। उस समय हिंदुओं का एक बड़ा हिस्सा अपने धर्म को लेकर असुरक्षाग्रस्त नहीं था। हम पहले ही कह चुके हैं कि हिंदू राष्ट्रवाद हिंदू परंपरा की नहीं, बल्कि हमेशा से

आधुनिक भारत की अवैध संतान है। यह राष्ट्रवाद उस समय खुद को सहज महसूस करता है जब होड़ आधुनिकता के दो रूपों में सिमट जाती है, और परंपरा का उपयोगितावादी दोहन (धर्म को आस्था का मामला न मान कर विचारधारा के रूप में ग्रहण करना) अधिकतर राजनीतिक लोगों के लिए वर्जित नहीं रह जाता।

सांस्कृतिक शक्तियों के इस समीकरण की छाया में संघ परिवार ने भारत के राजनीतिक आधुनिकतावाद की प्रमुख शब्दावली का पूरा-पूरा लाभ उठाया है। वह राष्ट्रवाद, सेकुलरवाद, राष्ट्रीय सुरक्षा, इतिहास और वैज्ञानिक मानस जैसे आग्रहों पर लगातार दिये जा रहे जोर को उनकी अंतिम निष्पत्ति तक ले गया है। इस निष्कर्ष से सहमत न होने का कोई कारण नहीं है कि भारतीय राजनीतिक संस्कृति की मुख्यधारा के प्रति अलग तरह की प्रतिक्रिया करने वाली और राजनीति के आधुनिक मुहावरे का जम कर प्रतिरोध करने वाली जातीय और धार्मिक संस्कृतियों के ऊपर इस तरह के मुहावरे के कारण व्यवस्थित राजनीतिक हमले करना आसान होता जा रहा है।

आम तौर से एक खुली राज्य व्यवस्था में बहुसंख्यकों की संस्कृति को कुछ न कुछ प्राथमिकता मिल ही जाती है। जैसे ही भारतीय राष्ट्रवाद ने एकल-सांस्कृतिक तात्पर्य ग्रहण किया और जैसे ही भारतीयता की परिभाषा एक आँकड़ागत यथार्थ के बजाय जमीनी हकीकत में तब्दील हुई, वैसे ही अल्पसंख्यक संस्कृतियों पर आक्रमण करना आसान हो गया। वे आलोचना और सोशल इंजीनियरिंग का निशाना बनने लगीं, और यह सब करना राष्ट्रवाद के नाम पर वैध लगने लगा। जन संघ के एक नेता ने इसी प्रक्रिया को 'भारतीयकरण' का नाम दिया था। अल्पसंख्यकों को निशाना बनाने का नतीजा यह निकलता है कि भारतीयता की समझ वह नहीं रह जाती जो असल में भारतवासी हैं और जो उनकी जीवन-शैली है, बल्कि उसे कुछ रूढ़ किस्म की आदर्श परिभाषाओं की रोशनी में देखा जाने लगता है। फिर यही तथाकथित आदर्श भारतीयता आगे चलकर बहुसंख्यकों की संरचनाओं में भी खामियाँ निकालने लगती है। उन्हें भी बहुत बड़े पैमाने पर सोशल इंजीनियरिंग का शिकार बनाया जाने लगता है। यही कारण है कि सभी तरह के समाज सुधार आंदोलनों और हिंदू राष्ट्रवाद के बीच एक लंबा और स्थायी संबंध देखा जा सकता है।

जिन सांस्कृतिक शक्तियों के तले बहुसंख्यक भी सोशल इंजीनियरिंग से न बच पा रहे हों, उनके नेतृत्व में अल्पसंख्यकों की दुर्दशा का अंदाजा लगाया जा सकता है। अल्पसंख्यकों में पाये जाने वाले किसी भी किस्म के

विभेद को उनके राजनीतिक पिछड़ेपन और यहाँ तक कि उनकी राष्ट्रीय गद्दारी का सूचक मान लिया जाता है, भले ही वह विभेद बहुत मामूली किस्म का ही क्यों न हो। इसलिए जब मुसलमान मर्द चार शादियाँ करने के रिवाज पर पुनर्विचार करने से इनकार करते हैं, या फिर तलाकशुदा महिलाओं को गुजारा भत्ता देने से जुड़े शाह बानो वाले मामले पर सुप्रीम कोर्ट के फैसले का मुसलमानों की ओर से विरोध होता है, तो ऐसे विभेदों को भी राष्ट्रवाद के निर्मम बुलडोजर के तले समतल करने लायक मान लिया जाता है।

जाहिर है कि इस तरह की प्रतिक्रियाओं के पीछे मुसलमानों में व्याप्त सांस्कृतिक असुरक्षा की भावनाएँ ही होती हैं।[२६] वह जमाना कोई और था जब द्रविड़ कझगम और द्रविड़ मुनेत्र कझगम जैसी पार्टियाँ मद्रास की सड़कों पर तिरंगे और भारत के संविधान की प्रति जलाने या राम की तस्वीरें को आर्य प्रभुत्व या ऊँची जातियों के वर्चस्व का प्रतीक बताकर अपमानित करने के बावजूद राष्ट्रीय नेताओं के साथ राजनीतिक संवाद कायम करके सरकार में आने की अपेक्षा कर सकती थीं। आज राष्ट्रीय गौरव के साथ इस तरह का 'समझौता' करना एक अक्षम्य अपराध की श्रेणी में माना जाएगा और ऐसे राष्ट्र विरोधी कृत्य को सहन करने वाली कोई सरकार सत्ता में बने रहने की कल्पना भी नहीं कर सकती।

इतिहासकार विपिन चंद्र जैसे कुछ विद्वानों को लगता है कि आजकल भारत में आजादी के आंदोलन की नुमाइंदगी करने वाले राष्ट्रवाद और संघ परिवार की अंग्रेजों से साँठगाँठ वाले 'छद्म राष्ट्रवाद' के बीच राजनीतिक होड़ चल रही है।[२७]

लेकिन, इस तर्क के मुकाबले यह दलील भी तो दी जा सकती है कि संघ परिवार ने साम्राज्यवाद विरोधी आंदोलन में अंतर्निहित एक महत्त्वपूर्ण आयाम को ही उसकी तार्किक परिणति तक पहुँचाया है। जिजेपी मेज़िनी (१८०५-७२) और जोहान गोटफ्रीड वॉन हर्डर (१७४४-१८३०) की नकल में इस राष्ट्रवाद को गढ़ा गया था। यूरोपीय राष्ट्रवाद के जिन पहलुओं पर यह विचार जोर दे रहा था, उनमें हमेशा से अल्पसंख्यकों का बहिष्कार करने वाले हिंदू राष्ट्रवाद का विकास होने के अंदेशे थे।

दूसरी तरफ, यह समझना भी जरूरी है कि आजादी के आंदोलन से निकले 'राष्ट्रवाद' की जिस प्रधान किस्म की विपिन चंद्र ने चर्चा की है, उसका बोलबाला मोहनदास कर्मचंद गाँधी जैसे नेताओं के कारण आंदोलन के कुछ चरणों तक ही सीमित था। फिर इस 'राष्ट्रवाद' का पश्चिमी

राष्ट्रवादी विचार से कोई वास्ता नहीं था। इसकी जड़ें तो भारत के सभ्यतामूलक विचार और भू-क्षेत्रीय अस्तित्व के साथ देशवासियों की पारंपरिक निष्ठा में थीं। खास बात यह थी कि यह विचार और यह भू-क्षेत्रीयता अपनी सीमाओं के मामले में साफ तौर पर रेखांकित नहीं थी। एक सीमा तक सभ्यता, राज्य और भू-क्षेत्र परस्परव्यापी लगते थे। गाँधीवादी और उस नमूने के राष्ट्रवादी विचार ने लगातार इस दावे से इनकार किया कि उसकी आधारभूत परिभाषा किसी राष्ट्रीय सांस्कृतिक मुख्यधारा और उसकी किसी परिधि के होने पर निर्भर है। उसने तो भारत में ब्रिटिश उपस्थिति तक को पूरी तरह से विजातीय मानने से इनकार कर दिया था।

भूमंडलीय जन-संस्कृति, राष्ट्रवाद की यूरोपीय अवधारणा और भारतीय राष्ट्र-राज्य का त्रिकोण बन जाने के कारण समाज के मुखर तबकों के लिए परंपरा प्रदत्त देशभक्ति की अहमियत कम होती चली गयी।[२८] भारतीय राजनीति में भारतीय जनता पार्टी के बोलबाले में हुई बढ़ोतरी चाहे स्थायी हो या अस्थायी, इसी परिवर्तन की अभिव्यक्ति है।

९

पाठकों के साथ अन्याय होगा अगर हम उन्हें यह न बतायें कि भारतीय राजनीतिक संस्कृति में आम तौर पर एक राजनीतिक थर्मोस्टेट काम करता रहता है। खास बात यह है कि जब भी राजनीतिक संस्कृति का कोई प्रमुख आयाम हाशिये पर पड़े हुए किन्हीं आयामों को उभारने और सबल करके अपना पूरा वर्चस्व स्थापित करने की कोशिश करता है तो उसी थर्मोस्टेट से उसकी जानकारी मिल जाती है।[२९] हो सकता है कि हिंदू राष्ट्रवाद की मौजूदा प्रासंगिकता आगे चलकर भारतीय राजनीतिक संस्कृति की गतिशीलता में फँस कर अपना महत्त्व खो बैठे। रामजन्मभूमि आंदोलन के विकास में ऐसे संकेत दिखने लगे हैं। शुरू में समाज का नायकत्व ग्रहण करने का दावा करने वाला आंदोलन शायद इसीलिए थोड़े समय बाद ही रोजमर्रा की प्रचलित राजनीति के गड़बड़झाला में फँसा नजर आने लगा, और खुद भाजपा राजनीति के इस रोजमर्रापन के साथ 'साँठगाँठ' करते हुए दिखने लगी। अपने विश्लेषण में हम दिखायेंगे कि आंदोलन की सफलता ही उसके परिवर्तन का कारण बन गयी। लेकिन, साथ में हमारी कहानी यह भी बताती है कि वह परिवर्तन भी स्थायी नहीं था।

६. परिवार का धंधा

भारतीय जनता पार्टी की पीठ पर कुछ अर्ध-राजनीतिक संगठनों का हाथ है। पिछले बीस-पच्चीस सालों में ये संगठन धीरे-धीरे महत्त्वपूर्ण होते चले गये हैं। इनमें राष्ट्रीय स्वयंसेवक संघ (संघ), विश्व हिंदू परिषद (विहिप) और बजरंग दल की अहमियत सबसे ज्यादा है। जहाँ तक रामजन्मभूमि आंदोलन का सवाल है, इन तीनों में विहिप की भूमिका निर्णायक महत्त्व की है। बजरंग दल की एक महिला शाखा भी है दुर्गा वाहिनी। बताया जाता है कि इसकी सांगठनिक हालत अच्छी नहीं है। भाजपा की छात्र शाखा अखिल भारतीय विद्यार्थी परिषद पिछले कुछ वर्षों से बजरंग दल के प्रताप के सामने कुछ बुझी-बुझी-सी लगने लगी है।[३०]

इन सभी संगठनों को आपस में जोड़ने का काम संघ करता है। इसलिए इन सबको संघ परिवार के नाम से भी जाना जाता है।

राष्ट्रीय स्वयंसेवक संघ

संघ के इतिहास, राजनीति और सांगठनिक संरचना पर कई अनुसंधान किये जा चुके हैं। उस पर कई किताबें लिखी गई हैं।[३१] संघ के बारे में संस्थागत और ऐतिहासिक विस्तार में जाने के बजाय हम यहाँ सावरकर द्वारा विकसित हिंदुत्व के वाहक के रूप में उसके संगठन का एक सांस्कृतिक परिचय देने की कोशिश करेंगे। (अपने जीवनकाल में सावरकर का संघ से ज्यादा वास्ता नहीं रहा और न ही संघ ने उन्हें कभी पूरी तरह से अपना नेता माना। शायद इसकी एक वजह यह भी थी कि सावरकर कभी संघ के सदस्य बनने के लिए तैयार नहीं हुए और न ही कभी संघ से अपनी राजनीतिक पार्टी हिंदू महासभा का पूर्ण समर्थन करवा पाये।) हम यहाँ संघ और एक अन्य धार्मिक संगठन आर्य समाज के बीच एक तरह के जटिल और अक्सर पूरक रिश्ते की चर्चा भी नहीं करेंगे। इस वजह से संघ का हमारा परिचय कुछ अधूरा लगेगा।[३२]

संघ की स्थापना १९२५ में केशवराव बलिराम हेडगेवार (१८८९-१९४०) ने की थी। नागपुर निवासी हेडगेवार राष्ट्रवादी और कांग्रेस के कार्यकर्ता थे। उन पर सावरकर का प्रभाव था, और दूसरी तरफ वे अपने वरिष्ठ दोस्त डॉ. बालकृष्ण श्रीराम मुंजे से भी प्रभावित थे। लेकिन, संघ को उसकी विशिष्ट सांस्कृतिक शैली प्रदान करने का श्रेय हेडगेवार को ही जाता है। सावरकर, मुंजे और हेडगेवार तीनों ही महाराष्ट्रियायी ब्राह्मण और आधुनिक व्यावसायिक कौशलों के धनी थे। इस लिहाज से तीनों में अपने

सामुदायिक दायरों और स्थानीय निष्ठाओं से परे जाने की प्रवृत्ति थी। तीनों ही अपनी देशी इयत्ताओं का उल्लंघन करने की कोशिश में लगे थे। संघ की शुरुआत पर टिप्पणी करते हुए एंडरसन और दामले ने लिखा है, 'संघ की जड़ें महाराष्ट्र की मिट्टी में थीं। उसकी सदस्यता और प्रतीक योजना साफ तौर से महाराष्ट्रीय थी।'[33] लेकिन दिक्कत यह थी कि महाराष्ट्र और संघ के बीच सावरकर, मुंजे और हेडगेवार जैसे व्यक्ति खड़े थे, जिन्हें महाराष्ट्र की सार्वजनिक संस्कृति की मुख्यधारा ने हाशिये पर डाला हुआ था। बीसवीं सदी के तीसरे दशक के बाद तो महाराष्ट्र में संख्याबल की धनी गैर-ब्राह्मण जातियों के उभार ने इन तीनों को और भी अलगाव में डाल दिया। इसलिए यह कहना ज्यादा उचित होगा कि संघ की जड़ें मुख्यत: महाराष्ट्र के उस तीसरे क्षेत्र की देन थीं जो ब्राह्मणवादी और पश्चिमीकृत था।

एक आधुनिक चिकित्सक के रूप में हेडगेवार की प्रेक्टिस खूब चलती थी, पर अपने नये संगठन की खातिर उन्होंने इस पेशे को त्याग दिया। डॉक्टरी का अध्ययन करने के लिए छ: साल तक अपने कलकत्ता प्रवास के दौरान वे अनुशीलन समिति के संपर्क में आये। बंग-भंग विरोधी आंदोलन के बाद १९०५ में इस क्रांतिकारी संगठन की स्थापना हुई थी। समिति उन दो विशिष्ट संगठनों में से एक थी जो ब्रिटिश राज का हिंसक तौर-तरीकों से तख्ता पलट देना चाहते थे। दूसरा संगठन था युगांतर समिति। हेडगेवार को कलकत्ता भेजने के पीछे डॉ. मुंजे का हाथ था। ब्रिटिश इंडियन आर्मी में डॉक्टर रह चुके मुंजे ने बोअर युद्ध में भी भाग लिया था।

हालाँकि अपने गुरु सावरकर की भाँति हेडगेवार का नाम भी हिंदू रूढ़िवाद और कट्टरपंथ का पर्याय बन चुका है, पर हकीकत यह है कि हिंदू धर्म और संस्कृति में उनकी लेश मात्र भी दिलचस्पी नहीं थी। चूँकि युवा केशव की कर्मकांडों में कोई दिलचस्पी नहीं थी और वह उन्हें मूर्खतापूर्ण भी समझता था, इसलिए उसके पिता ने उसे पौरोहित्य के पारंपरिक पेशे में नहीं डाला।[34] केशव की मुख्य दिलचस्पी इतिहास और राजनीति में थी।

अपने संस्थापक की राजनीतिक दिलचस्पियों के बावजूद संघ को शुरू से ही राजनीति से अलग रहने वाले सांस्कृतिक संगठन के रूप में ही खड़ा किया गया। जब तक अंग्रेजों की हुकूमत रही, संघ अपने सांस्कृतिक चेहरे के प्रति वफादार रहा। इसका उसने कई तरह से फायदा उठाया। वह औपनिवेशिक हुकूमत के दमन से बच सका, अपनी विचारधारा में औपनिवेशिक सोहबत

से हासिल हुई श्रेणियों के लिए गुंजाइश बना सका और मुसलमान विरोधी मुद्रा पर केंद्रित रह सका। विचारधारा के इस पहलू का खाका सावरकर पहले ही अच्छी तरह बना चुके थे। किसी जमाने के निर्भीक स्वतंत्रता सेनानी सावरकर बाद में अंग्रेजी हुकूमत से फायदा उठाने की अपील करने लगे थे। वे चाहते थे कि अंग्रेजों की प्रेरणा से हिंदुओं को अपने चरित्र और संस्कृति में सुधार लाना चाहिए, और मुसलमानों की समस्या को हमेशा-हमेशा के लिए निबटा देना चाहिए।

संघ के कुछ महत्त्वपूर्ण नेताओं के शुरुआती लेखन से पता चलता है कि इस संगठन का जोर दो बातों पर रहता था : पहली बात तो यह थी कि वह हिंदुओं को स्त्रैण, रीढ़हीन और गैर-योद्धा जाति के रूप में देखता था। एक ऐसी जाति जो इस्लाम और ईसाइयत जैसे कहीं अधिक आक्रामक धर्मों के मुकाबले कमजोर पड़ जाती है। (यही कारण है कि संघ में इन दोनों धर्मों के मर्दानगी वाले पहलुओं, खासकर यूरोपीय ईसाइयत के प्रति एक छिपा हुआ आदरभाव रहता है।) दूसरे, संघ के संस्थापकों की निगाह में हिंदू असंगठित और नाना प्रकार के अंधविश्वासों के चंगुल में होने के कारण अधिक संगठित और बुद्धिवादी धर्मों का प्रतिरोध करने में अक्षम थे। एंडरसन और दामले ने संघ की स्थापना के समय हेडगेवार के गुरु मुंजे का यह कथन उद्धृत किया है:

> नागपुर की डेढ़ लाख आबादी में मुसलमान केवल बीस हजार हैं। लेकिन असुरक्षा हम महसूस करते हैं। मुसलमान एक लाख तीस हजार हिंदुओं से कभी नहीं डरते। इसलिए आज के बाद से इस समस्या को हिंदुओं की समस्या समझा जाना चाहिए। मुसलमानों ने ही हमें यह सिखाया है कि कांग्रेस में रहते समय या उसके बाहर हम हिंदुओं की ही तरह आचरण करें।[३५]

अंग्रेजों के जमाने में चले अधिकतर विख्यात समाज सुधारक आंदोलनों की ही तरह संघ हमेशा युद्धक, संगठित और बुद्धिवादी हिंदू धर्म का प्रतीक बनने की कोशिश करता रहा है। उसकी कोशिश रही है कि वह हिंदू धर्म को उसके गैर-स्यामी पागान अंधविश्वासों से छुटकारा दिला दे। उसने जातिप्रथा, मूर्ति पूजा और हिंदू धर्म के सभी लोक-रूपों का लगातार विरोध किया है। इस लिहाज से संघ उत्तर भारत में आर्य समाज के सेकुलर प्रतिरूप की तरह काम करता रहा है। हाल के कुछ वर्षों में हिंदू राष्ट्रवाद के कई उत्तर भारतीय नेता आर्य समाज की कतारों से आये हैं।

संघ किसी को अपनी सदस्यता औपचारिक रूप से नहीं देता, लेकिन अंदर की खबर यह है कि उसके साथ नजदीकी रिश्ता रखने वालों की

संख्या बीस लाख से ज्यादा हो चुकी है। आजादी के बाद से इस संख्या में करीब दस गुनी बढ़ोतरी हुई है। संघ के ये 'सदस्य' देश भर में फैली हुई उसकी शाखाओं के नेटवर्क के जरिये आपस में जुड़े रहते हैं। पारंपरिक अखाड़ों या व्यायामशालाओं की तर्ज पर गठित की गयी इन शाखाओं को इस समय देश में राजनीति के सर्वाधिक संगठित क्षेत्र के रूप में देखा जा सकता है। उनके अनुशासन और एकजुटता की तुलना केवल कार्यकर्ता आधारित लेनिनवादी पार्टियों से ही की जा सकती है।

संघ के बहुत से सांगठनिक कर्मकांड औपनिवेशिक जमाने के हैं। इसमें शाखा में पहनी जाने वाली उनकी वर्दी भी शामिल है जिसे वे गणवेष कहते हैं। वे खाकी निक्कर पहनते हैं और लाठियाँ (दण्ड) रखते हैं। अंग्रेजों की पुलिस भी यही पोशाक पहनती थी। संघ के मुख्य नायकों और नारों के बारे में आसानी से अंदाजा लगाया जा सकता है। आज कल उसने गाँधी और पटेल का नाम भी इनकी सूची में जोड़ना शुरू कर दिया है, पर बीस-पच्चीस साल पहले गाँधी से उसे सख्त चिढ़ थी।

हिंदू राष्ट्रवाद के अनिवार्य जड़सूत्रों के प्रति वफादार रहते हुए भी उसके विचारधारात्मक दायरे को बढ़ाने का श्रेय मुख्यत: माधवराव सदाशिवराव गोलवलकर (१९०६-७३) और कुछ-कुछ दीनदयाल उपाध्याय को जाता है। गोलवलकर की विश्व-दृष्टि के बारे में चतुर्वेदी बद्रीनाथ ने एक छोटा-सा लेकिन बेहतरीन लेख लिखा है।[३६]

हिंदुत्व के अन्य दिग्गजों की ही तरह गोलवलकर भी किसी सतयुग वगैरह के फेर में नहीं थे। वैज्ञानिक और वकील की ट्रेनिंग लेने के बाद उन्होंने १९३० से १९३३ के बीच बनारस हिंदू विश्वविद्यालय में विज्ञान का अध्यापन किया। उनके लिए विज्ञान का महत्त्व बहुत अधिक था, इसीलिए वे अपनी पहली किताब *वी ऑर अवर नेशनहुड डिफाइंड* फिर से छपाने के लिए तैयार नहीं हुए। उन्होंने इस रचना को अपना मानने से भी इनकार कर दिया, क्योंकि वह उनकी निगाह में विज्ञानसम्मत नहीं थी।[३७] गोलवलकर ने वकालत का पेशा भी नहीं अपनाया। वे तो संन्यासी बनना चाहते थे। रामकृष्ण मिशन, कलकत्ता के स्वामी अखंडानंद ने उन्हें संन्यास में दीक्षित किया। १९४० में उन्होंने संघ के सरसंघचालक (प्रमुख) के रूप में हेडगेवार का स्थान लिया, पर साधुवेष कभी नहीं त्यागा। सावरकर की आधुनिकता को गोलवलकर का यह साधुपन विचित्र लगता था, और अपनी

इस नापसंद को उन्होंने कभी छिपाया भी नहीं। लेकिन यह बात सावरकर की समझ से बाहर थी कि गोलवलकर का साधुपन किसी गहरे अर्थ में परंपरा की देन नहीं था। वह तो एक तरफ विज्ञान और वकालत के आधुनिक पेशों के जरिये परवान चढ़ा था, और दूसरी तरफ उसकी परवरिश रामकृष्ण मिशन के आधुनिकतावादी हिंदू धर्म के तहत हुई थी।

गोलवलकर की ज्यादातर बातें उन लोगों को दिलचस्प नहीं लगेंगी जो जानते हैं कि उपनिवेशवाद भारतीय परंपरा को किस निगाह से देखता था, और किस तरह रक्षात्मक मानस वाले शहरी और पश्चिमीकृत भारतीयों ने इस औपनिवेशिक समझ को मान लिया था। जो भी हो, एक मामले में गोलवलकर के विचार मुंजे, सावरकर और हेडगेवार के विचारों की पूरी तरह अनुकृति थे। इस मामले में उनका विकास अपने इन तीन पूर्ववर्तियों की विरासत के आधार पर ही हुआ था। मुंजे की तरह गोलवलकर को भी पूरा यकीन था कि हिंदुओं के दुश्मन मुसलमान या अंग्रेज नहीं हैं, बल्कि हिंदुओं के दुश्मन तो खुद हिंदू ही हैं। मुसलमानों और अंग्रेजों को तो वे प्रकृति से ही परभक्षी मानते थे कि उनका तो काम ही 'कमजोर देशों को कुचलना, लूटना और नष्ट करना' रहा है।[३८] गोलवलकर की असली चिंता तो यह थी कि हिंदू राष्ट्रीय चेतना से संपन्न नहीं हैं और एक हजार साल से आपस में लड़ते रहे हैं।[३९]

ब्रिटिश औपनिवेशिक मिजाज से अत्यंत प्रभावित बुद्धिजीवियों की ही तरह गोलवलकर मानते थे कि राष्ट्रवाद और राज्यवाद की विकसित अनुभूति का अभाव ही हिंदू चरित्र की बुनियादी कमी है। वे अपनी समझ के अनुसार राष्ट्र के पश्चिमी विचार में निहित तीन प्रमुख मानकों के आधार पर दावा करते थे कि इस महाद्वीप में केवल हिंदू ही राष्ट्रत्व प्राप्त करने लायक हैं। लेकिन, गोलवलकर की परेशानी यह थी कि हिंदुओं को ही अपनी इन खूबियों का एहसास नहीं था। इसीलिए उन्होंने सुझाव दिया था, 'भारतीय व्याधियों का इलाज पुनरुत्थानशील हिंदू राष्ट्रवाद में निहित है; क्योंकि हिंदू चरित्र में आयी गिरावट से ही सारी व्याधियों का जन्म हुआ है।'[४०]

गोलवलकर के इस रवैये से अंदाजा लगाया जा सकता था कि उनकी निगाह में हिंदुओं से भी बुरी संस्कृति इस्लाम या ईसाइयत न होकर कोई गैर-स्यामी पौर्वात्य संस्कृति ही होगी। ज्ञानेंद्र पांडेय ने चीन के बारे में गोलवलकर की उस टिप्पणी की ओर ध्यान खींचा है जिसमें संघ प्रमुख ने चीनियों को 'नशे में चूर बंदरों' की संज्ञा दी थी। इसके जरिये ज्ञानेंद्र पांडेय ने तुलनात्मक रूप से दिखाया है कि संघ के इस सिद्धांतकार का भारत के

पूर्व शासकों के बारे में क्या आकलन था। गोलवलकर कहते थे, 'अंग्रेज सभ्य लोग हैं जो आमतौर पर विधिसम्मत शासन को मानते हैं। जबकि चीनी दूसरी ही चीज हैं।'[४१] संघ की विचारधारा हिंदू समाज के 'निचले हिस्से' के प्रति ऐसे वैमनस्य से भरी दिखती है जो चीनियों के प्रति उसकी शत्रुता से थोड़ी ही कम मानी जा सकती है। संघ अपने आर्यवाद का कुछ हिस्सा उन्नीसवीं सदी के बंगाल से और कुछ युद्ध-पूर्व यूरोप से लेता है और उसे अपनी ब्राह्मण विश्व-दृष्टि से जोड़कर घोषणा करता है कि अधिकारवंचित हिंदुओं को भारतीय सभ्यता में केवल दोयम दर्जे की सांस्कृतिक हैसियत ही मिलेगी। संघ का खयाल था कि वक्त के साथ सामाजिक क्रम-विकास और पुनर्शिक्षा के जरिये ये निम्नतर हिंदू खुद को ब्राह्मण मुख्यधारा में विलीन कर लेंगे जो सामाजिक प्रगति का सूचक होगा।[४२]

संघ का सांगठनिक फैलाव पूरे देश में समान रूप से नहीं है, हालाँकि उसकी शाखाएँ लगभग प्रत्येक राज्य में हैं। भाजपा, विहिप, विद्यार्थी परिषद, बजरंग दल और दुर्गा वाहिनी के बड़े पदाधिकारी उसी की कतारों से आते हैं। संघ इन संगठनों की बौद्धिक और सांगठनिक चूल की तरह काम करता है। इन सभी संगठनों को संघ के नागपुर स्थित मुख्यालय से निर्देश प्राप्त करने में कोई हिचक नहीं रहती। लेकिन, समय और संगठन की प्रकृति के हिसाब से निर्देशों के मामले में परिवर्तन आता रहा है। मसलन, जन संघ अपने सांगठनिक प्रभाव के लिए संघ पर बेहद निर्भर रहता था, पर उसकी स्थापना एक ऐसे व्यक्ति ने की थी जिसका अपने जीवन के शुरुआती दौर में संघ से कोई वास्ता नहीं रहा था। इसी तरह भाजपा राजनीतिक रूप से ताकतवर होने के बाद संघ के प्रभाव से स्वतंत्र होती जा रही थी, पर रामजन्मभूमि आंदोलन में उसकी भागीदारी ने उसे संघ पर एक बार फिर से निर्भर बना दिया। इसी तरह शिव सेना सभी स्तरों पर और बजरंग दल निचले स्तर पर हमेशा संघ के प्रभाव से अपेक्षाकृत स्वतंत्र रहे हैं, हालाँकि उनके लिए इसके सकारात्मक नतीजे हमेशा ही नहीं निकले हैं।

विश्व हिंदू परिषद

पुराने हिंदू राष्ट्रवादी संगठनों के मुकाबले विहिप की उपस्थिति भारतीय सार्वजनिक जीवन के लिए अपेक्षाकृत नयी है। इसके बावजूद सांस्कृतिक रूप से विहिप एक अलग तरह का संगठन है जो अपनी ताकत आर्य समाज

और सनातन धर्म आंदोलनों से ग्रहण करता है। इसकी वजह से खासकर हिंदी भाषी इलाके में विहिप को एक ऐसा भौगोलिक विस्तार और ऐसा लचीलापन मिल गया जो विहिप से पहले संघ के लिए हमेशा एक सपना ही था।[४३] लेकिन, विहिप ने जो मुख्य विरासत ग्रहण की, वह उन्नीसवीं सदी में किये गये हिंदू धर्म को एक संगठित धर्म में बदलने के प्रयास की विरासत ही है। उस जमाने में आधुनिक दायरा विस्तृत हो रहा था, और उन्हीं प्रयासों के कारण इस दायरे में सभी तरह की धार्मिक गतिविधियाँ सुधारवादी रंग में रँगी लगने लगी थीं, भले ही वे रूढ़िवाद पर आधारित क्यों न रही हों।

विहिप का नेतृत्व संघ के रूढ़िवादी रवैये पर पूरी तरह नहीं चलता। इस वजह से उसे भारत माता के प्रतीक को ईश्वरवादी दायरे में कल्पित करने की गुंजाइश मिल जाती है। विहिप नेता ज्यादातर उत्तर भारतीय हिंदू हैं। वे मानते हैं कि ईश्वरवादी हिंदू धर्म नव-वेदांतिक आर्य समाज के मुकाबले ज्यादा प्रभावशाली है। विहिप को हिंदू धर्म के पागान चरित्र को लेकर बड़ा संकोच रहता है कि वह स्यामी धर्मों की तरह किसी इलहाम पर आधारित नहीं है। इस शर्मिंदगी के इलाज के लिए वह हिंदू धर्म के ईश्वरवाद को एकेश्वरवादी रुझान देकर इस्तेमाल करना चाहती है। इसीलिए विहिप के दफ्तरों में बने मंदिरों में राम-सीता-लक्ष्मण-हनुमान की मूर्तियों के साथ प्लास्टर ऑव पेरिस की बनी हुई भारत माता भी होती है जिसे भारत के मानचित्र की पृष्ठभूमि पर पसरा हुआ दिखाया जाता है। हिंदू राष्ट्रवादी परंपराओं के अनुसार इन मंदिरों में भारत माता के मुकाबले देव-मूर्तियाँ भी बौनी लगती हैं। *जय श्रीराम* जैसे नए अभिवादन के साथ *भारत माता की जय* का नारा भी लगाना पड़ता है।

एक संगठन के रूप में विहिप का औपचारिक पंजीकरण १९६६ में हुआ। स्वामी चिन्मयानंद और एस.एस. आप्टे उसके पहले कार्यकारी अध्यक्ष और महासचिव बने। मैसूर के पूर्व महाराजा और मद्रास के तत्कालीन गवर्नर जय चामराज वाडयार ने उसका पहला चैयरमेन बनना स्वीकार कर लिया।

विहिप के गठन का फैसला १९६४ में संघ के सरसंघचालक गोलवलकर के कहने पर बंबई में हुई एक बैठक में लिया गया था।[४४] गोलवलकर के शब्दों में उस बैठक का मकसद था, 'अश्वथ (बरगद) के वृक्ष से अंकुरित उन सभी धर्मों और विश्वासों को एक मंच पर एकजुट करना और उनके समान हितों की सुरक्षा करना।'[४५] इस बैठक में प्रमुख हिंदू

नेताओं के रूप में पाँच शंकराचार्य और संत तुकोजी महाराज, दलाई लामा, जैन मुनि सुशील कुमार और सिख नेता मास्टर तारा सिंह भी शामिल हुए थे।[४६]

विहिप को एक संगठन के रूप में गोलवलकर ने ही कल्पित किया था। इसके पीछे उनका खयाल था कि यह संगठन 'पूरी तरह गैर-राजनीतिक रहेगा ताकि सभी ज़ातियों, धर्मों और पार्टियों के लोग इसमें शामिल हो सकें।' शायद इसके जरिये संघ खुद को राजनीति से और दूर करना चाहता था। जन संघ से वह खासकर असंतुष्ट था, क्योंकि वह संघ की विचारधारा मतदाताओं के गले उतारने में नाकाम रहा था। हो सकता है कि संघ ने यह भी सोचा हो कि राजनीति से इस तरह की दूरी उसके आधार का विस्तार करने में मदद करेगी।

एक अन्य मकसद यह भी हो सकता था कि विहिप के जरिये विभिन्न राजनीतिक दलों के नेताओं को अलग-अलग राजनीतिक विचारधाराओं के बावजूद हिंदू एकता के प्रश्न पर नजदीक लाया जा सकता था। मसलन, उत्तर प्रदेश के मुख्यमंत्री संपूर्णानंद ने गठन के समय विहिप से हमदर्दी दिखायी थी। इसलिए जब विहिप का पहला अधिवेशन हुआ तो उसमें जन संघ या संघ के किसी वरिष्ठ नेता ने भाग नहीं लिया। सिर्फ गोलवलकर ही उसमें शामिल हुए।[४७]

विहिप के गठन के बाद उसकी गतिविधियों के संचालन के लिए एक मार्गदर्शक मंडल बनाया गया। मोटे तौर पर ये गतिविधियाँ इस प्रकार थीं : हिंदू समाज को सुदृढ़, संगठित और ऊर्जस्वित करना; हिंदुओं के नैतिक और आध्यात्मिक मूल्यों की संरक्षा करना; उन पुरानी पड़ चुकी सामाजिक रीतियों, प्रथाओं और सामान्य पिछड़ेपन के चंगुल से हिंदुओं को मुक्त कराना जिनमें सदियों के विदेशी शासन के कारण हिंदू समाज फँस गया है; भारत के बाहर रह रहे हिंदुओं से निकट संबंध कायम करके हिंदू धर्म की रक्षा करना।[४८]

संघ के साहित्य के बारे में थोड़ी-बहुत जानकारी रखने वालों को भी विहिप के ये लक्ष्य उन्नीसवीं सदी के हिंदू धर्म सुधारकों और बीसवीं सदी की शुरुआत के हिंदू राष्ट्रवादियों की मुख्य बेचैनियों की नुमाइंदगी करते हुए दिख जाएँगे। अगर जनता के बीच काम करने वाले कार्यकर्ताओं को प्रशिक्षित करने के लिए तैयार किये गये विहिप के मैनुअलों पर नजर डाली जाए तो इन लक्ष्यों का व्यावहारिक चेहरा सामने आ जाता है। लक्ष्यों को

धरती पर उतारने की जो कार्यकारी परिभाषाएँ सामने आती हैं वे उस अल्पसंख्यक विरोध का नमूना हैं जिनके लिए विहिप खास तौर से जानी जाती है।[४९]

इन लक्ष्यों को पाने के लिए विहिप देश को पाँच परिक्षेत्रों, दस क्षेत्रों, २५ प्रांतों, २१० संभागों, ७०६ जिलों और ७,१८० प्रखंडों में बाँट देती है। विहिप अपना काफी विस्तार करने में कामयाब हुई है। उसके १८ विभाग राष्ट्रीय स्तर पर काम कर रहे हैं। गोरक्षा से लेकर संस्कृत भाषा की रक्षा तक एक विभाग को एक काम दिया गया है। (विहिप देवनागरी में लिखी जाने वाली संस्कृत को मुख्य भाषा और अन्य सभी भाषाओं को उससे निकला हुआ मानती है। जाहिर है कि उर्दू उसकी सूची में शामिल नहीं है।)[५०] हर राज्य में विहिप की इकाई है। जिलों, परगनाओं और ब्लाक स्तर पर शाखाएँ हैं। वह आदिवासी क्षेत्रों के साथ-साथ पिछड़ी और दलित आबादी की बहुतायत वाले इलाकों में पैठ बनाने पर विशेष रूप से जोर देती है 'ताकि उन लोगों को हिंदू जीवन और हिंदू देवी-देवताओं के बारे में शिक्षित किया जा सके, और अंततः वे हिंदू समाज की मुख्य धारा में समाहित किये जा सकें।'[५१]

यह समझना मुश्किल नहीं है कि संस्कृत आधारित हिंदू धर्म पर जोर और लघु संस्कृतियों के उन्मूलन के इस प्रयास का सीधा संबंध उन पश्चिमीकृत मध्यवर्गीय हिंदुओं तक पहुँचने से है जो विहिप के 'स्वाभाविक अनुयायी' हैं। विहिप ने प्रवासी भारतीयों को अपने साथ जोड़ने की कोशिश बड़े पैमाने पर की है। प्रवासियों तक आसानी से पहुँचने के लिए भारत और उसके पड़ोसियों को छोड़ कर विहिप ने इस काम के लिए दुनिया को चार भागों में बाँटा है : अमेरिका, यूरोप, अफ्रीका और मध्य-पूर्व एवं दक्षिण एशिया। अमेरिका में उसका काम १९७० में शुरू हुआ और इस समय वहाँ के ४० राज्यों में उसकी शाखाएँ हैं। विहिप ने अमेरिकी विश्वविद्यालयों में अध्ययन कर रहे और वहीं पैदा हुए सभी भारतीय छात्रों की एक सूची बनायी है जिसके आधार पर उनसे संपर्क करने की कोशिश की जा रही है। वह गर्मियों में शिविर चलाती है और उसने 'एक बच्चे को गोद लेने की योजना' भी चालू की है जिसके तहत भारत में गरीब बच्चों की शिक्षा के लिए वह नब्बे के दशक के मध्य तक वह दस लाख डॉलर जमा कर चुकी थी। इस योजना की शुरुआत हाँगकांग में भी की गई है।

ब्रिटेन में उसका काम १९७२ में शुरू हुआ। वहाँ विहिप की १४ शाखाएँ हैं और उसे स्थानीय हिंदू संगठनों का समर्थन भी मिलता है।

पश्चिम जर्मनी में विहिप की पाँच और स्पेन में एक शाखा है। हालैंड में उसकी कोई शाखा तो नहीं है, पर १९८८ में वहाँ सफलतापूर्वक किये गए एक हिंदू सम्मेलन से शाखा खुलने की संभावनाओं को बल मिला है। इस सम्मेलन में हेग के मेयर, डच गृहमंत्री, भारत और नेपाल के राजदूत और अंतर्राष्ट्रीय न्यायालय के मुख्य न्यायाधीश ने हिस्सा लिया था। (विहिप हालैंड को काफी अहमियत देती है क्योंकि सूरीनाम से आये हुए पशु-व्यापार से संबंधित भारतीय मूल के बहुत से लोग वहाँ रह रहे हैं।)

जाम्बिया में एक शाखा को छोड़ कर अफ्रीका में विहिप की औपचारिक उपस्थिति नहीं है। लेकिन, उसने पूरे महाद्वीप में बहुत से हिंदू संगठनों के साथ संपर्क बना लिये हैं और उनके जरिये अपना काम करती है। मसलन, १९८८ में उसने नैरोबी में 'हिंदू काउंसिल ऑव केन्या' के तत्त्वावधान में अफ्रीकी हिंदू सम्मेलन आयोजित किया था। मारीशस, बर्मा, गुयाना, मलेशिया, तंजानिया, इंडोनेशिया और फिजी में भी वह स्थानीय हिंदू संगठनों से संपर्क बनाने की कोशिश में है।

अपनी लगातार बढ़ती हुई गतिविधियों की देखभाल के लिए विहिप ने कई संगठन और ट्रस्ट बनाये हैं। इनमें से एक है धर्म संसद। इसमें 'हिंदू समाज में प्रचलित सभी संप्रदायों' से जुड़े साधु-संत तो हैं ही, विभिन्न जनजातियों के विहिप द्वारा चुने गये धार्मिक प्रमुख भी बैठते हैं।[५२] धर्म संसद की कुछ महत्त्वपूर्ण गतिविधियाँ इस प्रकार हैं : मौजूदा युग में हिंदू समाज की अखंडता बनाये रखने में सक्षम एक धार्मिक व्यवस्था उपलब्ध कराना; पूजा-स्थलों और तीर्थ स्थलों को प्रभावशाली सांस्कृतिक केंद्र की तरह विकसित करना; स्वेच्छा से हिंदू बनने के लिए तैयार लोगों की मदद करना; संघ परिवार के विरोधियों और आलोचकों की साजिशों का मुकाबला करने के लिए प्रभावी उपाय करना (आखिरकार हिंदू राष्ट्रवादियों को परिवार की कथित हिंदू संभ्रांतियों से अछूते रह गये 'खल-पात्रों' का इलाज भी तो करना है)।[५३]

जाहिर है कि ये सभी लक्ष्य हिंदू राष्ट्रवाद के केंद्रीय सरोकारों के आधार पर ही बनाये गये हैं। खास तौर से अगर प्रशिक्षण और संगठन के मकसद से इन्हें कार्यकारी रूप देने के तरीकों पर नजर डाली जाए।[५४]

हिंदू समाज को 'दिशानिर्देश' देने के लिए गठित हुई धर्म संसद के उसकी स्थापना के बाद हुए तीन सत्रों में किये गये विचार-विमर्श का जायजा इस प्रकार लिया जा सकता है : १९८४ में दिल्ली में हुई धर्म संसद ने बांग्लादेश में हिंदुओं की संपत्ति को फिर से हासिल करने की समस्या के

साथ-साथ रामजन्मभूमि और काशी विश्वनाथ मंदिर की मुक्ति पर गौर किया। उसने हिंदू संस्कृति और मूल्यों की सुरक्षा के लिए एक १२ सूत्री संहिता भी तैयार की। दूसरी धर्म संसद उडुपि में हुई जिसके मुख्य सरोकारों में धर्म के नाम पर होने वाले दंगों और सरकार द्वारा मंदिरों और मठों के अधिग्रहण से जुड़ी समस्यएँ प्रमुख थीं। तीसरा सत्र १९८९ में प्रयाग में हुआ जिसने 'हिंदुओं के खिलाफ हो रहे अन्यायों' को खत्म करने का रास्ता खोजने पर गौर किया।

विहिप ने दो ट्रस्ट भी बनाये हैं : गरीबों और जरूरतमंदों को इलाज और शिक्षा उपलब्ध कराने के लिए भारत कल्याण ट्रस्ट; और देहाती गरीबों और पिछड़ी जातियों के उत्थान के लिए विश्व हिंदू परिषद फाउंडेशन।

न तो अपने गठन के समय और न ही उसके बाद कई साल तक विहिप ने कभी किसी ठोस कार्यक्रम की घोषणा की। उसने हिंदुओं को बेहतर ढंग से संगठित करने और उनके हिंदूकरण के जरिये हिंदू एकता हासिल करने के सामान्य और अस्पष्ट कार्यक्रम की चर्चा के अलावा कुछ नहीं किया। यह लक्ष्य उन्नीसवीं सदी के हिंदू राष्ट्रवादियों के उसी यकीन के मुताबिक निर्धारित किया गया था जो यह मान कर चलता था कि हिंदू आपस में बँटे होने और सच्चे हिंदू धर्म से भटक जाने के कारण ही मुसलमानों और अंग्रेजों के हाथों पराजय का अपमान झेलने के लिए मजबूर हुए। यह कहानी हम इस पुस्तक में पहले ही बता चुके हैं।

यह अकेला सरोकार अस्सी के दशक की शुरुआत तक जारी रहा। १९८३ के आसपास विहिप ने कुछ अलग-अलग तरह के सरोकारों को ग्रहण करना शुरू किया जिनसे उसे अपनी पहचान हासिल हुई।[५५] इसी वर्ष उसने एकात्मता यज्ञ आयोजित किया जिसमें विभिन्न पवित्र नदियों का पानी आपस में मिलाया जाता था। इसके तहत बर्मा की इरावती नदी का पानी एक कलश में लेकर रथ पर सवार होकर गंगासागर ले जाकर प्रवाहित किया गया। इसी तरह नेपाल के पशुपतिनाथ मंदिर से पानी लेकर रामेश्वरम पर समुद्र में डाला गया। विभिन्न जलों की एकता दिखाने के बाद श्रीराम-जानकी रथयात्रा निकाली गयी। सितंबर १९८४ में सीतामढ़ी, बिहार से शुरू हुई यह यात्रा श्रीमती गाँधी की हत्या के कारण बीच में ही रोक देनी पड़ी।

अप्रैल १९८४ में विहिप ने पहली बार घोषित किया कि उसका इरादा रामजन्मभूमि को मुक्त कराना है। १९८६ में विवादित ढाँचे पर लगा ताला

खोलने का आदेश अदालत ने दिया, और नतीजे के तौर पर विहिप के आंदोलन ने गति पकड़ ली। इस घटनाक्रम में विहिप की कोई भूमिका नहीं थी, पर उसने उनका पूरा फायदा उठाया और १९८७ के अंत तक पूरे देश में श्रीरामजन्मभूमि मुक्ति समितियों का गठन कर डाला। अनिवासी भारतीयों के वित्तीय समर्थन की अहमियत समझते हुए विहिप ने केवल १९८८ में ही दुनिया भर में हिंदुओं के छः सम्मेलन कर डाले। नैरोबी, काठमांडू, सिंगापुर, कुआलालम्पुर, बैंकाक और हेग में सम्मेलन करने के बाद १९८९ में इंग्लैंड में हिंदू सम्मेलन किया गया।

फरबरी १९८९ में प्रयाग के कुंभ के दौरान राममंदिर का शिलान्यास समारोह करने का निर्णय लेने के बाद संघ परिवार ने अपने संगठनों का एक मिला-जुला कार्यक्रम शुरू किया जिसके तहत घर-घर जाकर राम के नाम पर अभिषिक्त ईंटें जमा करना था जिन्हें रामशिला का नाम दिया गया।[५६] इस कार्यक्रम को जबरदस्त सफलता मिली। साफ था कि संघ परिवार ने एक राजनीतिक कर्मकांड का आविष्कार करके उसे कामयाबी से लोगों के गले भी उतार दिया था। लाल कपड़े में लिपटी, पवित्र लाल-पीले धागे बँधी हर ईंट पर स्वस्तिक का शुभ चिह्न उभरा हुआ था। ये रामशिलाएँ लोगों के लिए पूजा की वस्तु बन गईं। उसी वर्ष १० नवंबर को इनकी पूजा हुई और शिलान्यास में पहली ईंट बिहार के एक दलित कामेश्वर चोपाल के हाथों रखवायी गयी।[५७]

शिलान्यास के बाद विहिप ने इस मुद्दे पर जन-समर्थन पाने और जन-भावनाएँ भड़काने के लिए काफी समय और शक्ति खर्च करना शुरू कर दी। इसी की परिणति करीब एक साल बाद अक्टूबर १९९० में बाबरी मस्जिद पर हमले और २ नवंबर की त्रासदी में हुई। अयोध्या की घटनाओं के बाद सारे देश में फूट पड़े सांप्रदायिक दंगों के बावजूद विहिप को अस्थि कलश यात्रा निकालने में कोई हिचक नहीं हुई। इन कलशों में उन कारसेवकों की अस्थियाँ रखी हुई थीं जो पुलिस की गोली से मारे गये थे। इस यात्रा के कारण देश को और दंगे झेलने पड़े।

अयोध्या में अपनी कामयाबी और केंद्र में विश्वनाथ प्रताप सिंह सरकार के गिरने से जोश में आकर विहिप अपने फौरी इरादों को लेकर और मुखर हो गयी। उसने दावा किया कि वह न केवल हर कीमत पर राममंदिर बनाएगी, बल्कि वाराणसी के काशी विश्वनाथ मंदिर और मथुरा के

कृष्णजन्मभूमि मंदिर को भी मुक्त कराएगी। विहिप को संसदीय कामयाबी का स्वाद भी चखने को मिला। उसके बीस से ज्यादा सदस्य १९९१ के चुनाव में उप्र और मप्र से संसद के लिए चुन लिये गये थे। कई अन्य सदस्य उप्र विधानसभा का चुनाव जीत गए थे।

इन जनप्रतिनिधियों के बारे में जानना भी दिलचस्प होगा। उनमें से कई धार्मिक नेता और पुजारी थे जिनमें रामजन्मभूमि मुक्ति समिति के अध्यक्ष और गोरखपुर के गोरखनाथ मठ के महंत अवैद्यनाथ शामिल थे। इनके अलावा इन सांसदों में मथुरा के साक्षी महाराज, बदायूँ के स्वामी चिन्मयानंद, भिंड के स्वामी योगेश्वरानंद भी थे। संसद में कदम रखने के पीछे उनका सीधा मकसद था अपनी माँगों के सामने सरकार को झुकाना। विहिप के सांसदों में सरकार के पूर्व उच्चाधिकारी श्रीश चंद्र दीक्षित जैसे लोग भी थे। दीक्षित एक जमाने में उप्र के डीआईजी, पुलिस रह चुके थे। पाठकों को ध्यान होगा कि ३० अक्टूबर को इन्हीं दीक्षित के नेतृत्व में कारसेवकों ने बाबरी मस्जिद पर धावा बोला था। मुरादाबाद से चुनाव हारने वाले विहिप के एक और उम्मीदवार भारतेंदु प्रकाश सिंघल भी पुलिस अधिकारी रह चुके थे। वी.पी. सिंह सरकार ने उन्हें फिल्म सेंसर बोर्ड का चेयरमेन भी नियुक्त किया था। विहिप के एक अन्य अहम सांसद इलाहाबाद उच्च न्यायालय के पूर्व मुख्य न्यायाधीश न्यायमूर्ति देवकी नंदन अग्रवाल थे।

विहिप भाजपा की राय की परवाह न करके अक्सर रामजन्मभूमि मंदिर बनवाने की धमकी देती रहती है।

बजरंग दल

विहिप की युवा शाखा के तौर पर जुलाई १९८४ में बजरंग दल का गठन किया गया। इसके पहले अध्यक्ष फैजाबाद से सांसद रह चुके विनय कटियार के मुताबिक उसका मकसद 'विहिप की नीतियों को लागू करना' था। दल के नाम से ही जाहिर है कि वह राम भक्त हनुमान के नेतृत्व में वानर-योद्धाओं की सेना के रूप में अपनी प्रतीकात्मक छवि बनाना चाहता था।

चूँकि बजरंग दल एक दूसरे दल के औजार के रूप में ही उभरा था, शायद इसीलिए न तो उसका कोई पंजीकरण कराया गया और न ही उसकी कोई आचरण संहिता तैयार की गयी। लगता है कि उसके सदस्यों का कोई औपचारिक रिकॉर्ड भी नहीं रखा जाता। दल के आकार का कोई अनुमान लगाना भी कठिन है। लेकिन, इसका मतलब यह नहीं है कि दल की कोई संरचना ही नहीं है और उसमें सांगठनिक अराजकता छायी हुई है।

दरअसल, बजरंग दल कोई छोटा-मोटा संगठन नहीं है। मंदिर आंदोलन में उसने निश्चित रूप से विद्यार्थी परिषद को पीछे छोड़ दिया था। एक टिप्पणीकार का कहना था :

> इस राजनीतिक ताकत की खास बात यही है कि उसका चरित्र ठीक से परिभाषित न होकर अव्यवस्थित और बेहद ढीले-ढाले किस्म का है। इस लिहाज से वह संघ परिवार के संगठनों के बीच अजीब-सा लगता है और लगता रहेगा। आखिरकार परिवार अपने कड़े अनुशासन पर गर्व करता है ....'[५८]

इसी टिप्पणीकार की राय यह भी है कि बजरंग दल का यह सांगठनिक चरित्र सायास नहीं है, बल्कि, 'असल में विहिप जानती है कि इस कूड़े-कचरे को अनुशासित करना तकरीबन नामुमकिन ही है, इसलिए उसने बजरंग दल को उसकी हालत पर ही छोड़ दिया है।'[५९]

दल के अध्यक्ष कटियार खुद कुर्मियों की निचली जाति से थे। ऊँची जातियों के वर्चस्व वाले संघ परिवार में उनकी मौजूदगी सामान्य नहीं थी। पश्चिमी उप्र के एक छोटे से कस्बे के निवासी कटियार का दावा था कि उनका परिवार मूलतः कांग्रेसी था और अंग्रेजों के खिलाफ लड़ा भी था। हालाँकि उनके इस दावे पर शक किया जाता है।

कटियार के पास बजरंग दल द्वारा अपने गठन के बाद किये गये कामों की एक सूची भी थी : दल ने गोरक्षा के लिए काम किया, हिंदू माँ-बहनों के अपहरण के खिलाफ संघर्ष किया, मुसलमान बनाने के लिए भोले-भाले हिंदुओं को पेट्रोडालर के जाल में फँसने से बचाया, शिक्षा का प्रसार किया, भारत में आने वाले घुसपैठियों (मुख्यतः पाकिस्तान से) को रोका और देश के भीतर से विदेशियों की शिनाख्त करके (खासतौर से बांग्लादेशियों को) निकालने में मदद की। इन तमाम मुद्दों से बजरंग दल का सरोकार अस्पष्ट और अप्रत्यक्ष ही लगता है, और इसका मुख्य कारण संभवतः यही है कि उसका ज्यादातर समय विहिप द्वारा चलाये गये रामजन्मभूमि आंदोलन में ही खर्च होता रहा। आखिरकार उसकी स्थापना भी तो इसी मकसद से हुई थी।

विहिप जैसा जबर्दस्त आंदोलन चलाना चाहती थी, उसके लिए उसके पास सभी संसाधन थे। उसके पास एक सुनियोजित रणनीति थी, वित्तीय और राजनीतिक समर्थन था। केवल एक बात की कमी लगती थी कि आंदोलन के मुद्दे को सड़कों पर कौन ले जाएगा। यानी आंदोलनकारी राजनीति करने के लिए विहिप को एक तरह की भुजदंडों की ताकत की आवश्यकता थी जिसे बजरंग दल में भर्ती युवकों के दम पर हासिल किया गया। हालाँकि दल के कुछ पदाधिकारी संघ की कतारों से आये थे, पर एक

संगठन के रूप में बजरंग दल को उस अनुशासन, राजनीतिक निष्ठा, विचारधारात्मक एकजुटता और साधना में विशेष दिलचस्पी नहीं थी जिसके लिए संघ परिवार जाना जाता है। वह तो विहिप का मकसद पूरा करने के लिए सड़क की ताकत को उसके अधीन करने के काम में लगा हुआ था।

बजरंग दल को यह ताकत छोटे शहरों और अर्ध-शहरी क्षेत्रों के गरीब और ऊँची जाति के युवकों से मिली। ये नौजवान अर्धशिक्षित और अक्सर बेरोजगार थे। देश के फैलते हुए आधुनिक क्षेत्र से दोर-चार हो चुके इन युवकों को विहिप की मदद से अपनी बेचैनियों को निकालने का रास्ता मिला। विहिप ने उन्हें बताया कि उनके युवा कंधों पर हिंदुओं के खोये हुए गौरव को वापस लाने की जिम्मेदारी है। आंदोलन के दौरान हुई हिंसक वारदातों को अंजाम देने के जरिये इन बजरंग दलियों ने अपनी बेचैनी और कुंठा निकाली, और साथ में अपनी निगाहों और समाज के सामने अपनी उपयोगिता साबित करने की कोशिश की। हिंसा की इन घटनाओं के बाद दल विहिप की लड़ाकू शाखा के रूप में देखा जाने लगा।

विनय कटियार दल की गतिविधियों के पक्ष में हनुमान द्वारा लंका दहन की मिसाल देते रहे हैं। वे कहते हैं कि हनुमान कर भी क्या सकते थे, राक्षसों ने उनकी पूँछ में आग जो लगा दी थी। इसी तरह आज नये तरह के राक्षसों ने युवकों के दिलों में आग लगा दी है, इसलिए अगर वे आग उगलें तो किसी को अचरज नहीं होना चाहिए। वे तो हनुमान के नक्शे-कदम पर ही चल रहे हैं। कटियार का दावा था कि 'युवजन पूरी तरह अनुशासित और पूरी तरह आक्रामक हैं' और केवल 'अनुशासित आक्रमण' ही अंजाम देते हैं।

बजरंग दल और महाराष्ट्र की शिव सेना में इस लिहाज से कुछ समानताएँ देखी जा सकती हैं। दोनों के सदस्यों की सामाजिक पृष्ठभूमि भी एक-सी है और दोनों ही हिंसा की संस्कृति में विश्वास रखते हैं। फर्क यह है शिव सेना शुरू से ही संघ परिवार से पूरी तरह स्वतंत्र होने के साथ-साथ अब एक राजनीतिक पार्टी का रूप भी ले चुकी है, पर बजरंग दल एक बड़े संगठन का उपांग भर है।

बजरंग दल की गतिविधियाँ पहली बार दिसंबर १९८५ में सामने आयीं। उस समय उसने बाबरा मस्जिद के एक दरवाजे पर लगे तालों को खोलने की माँग करते हुए उप्र में आम हड़ताल का आह्वान किया था। इसके बाद वह

विहिप के कई आंदोलनकारी कार्यक्रमों में अगाऊ भूमिका निभाता नजर आया। अक्टूबर १९८८ में दल ने उप्र में दिन भर के लिए सारे शिक्षा संस्थान जबरन बंद करा दिये ताकि बाबरी मस्जिद एक्शन कमेटी के अयोध्या मार्च और मस्जिद में घुस कर नमाज पढ़ने की योजना का विरोध किया जा सके।

उसी महीने बजरंग दल ने घोषणा की कि उसके सदस्य दिल्ली की जामा मस्जिद में जाकर हनुमान चालीसा पढ़ेंगे। उसने कार्यक्रम बनाया कि उसके सदस्य राजस्थान, मध्य प्रदेश और महाराष्ट्र में मस्जिदों में जाकर भजन करेंगे।

बजरंग दल के लिए १९९० की उलटी गिनती जुलाई १९८९ में ही शुरू हो गयी थी। जुलाई में उसने अयोध्या में एक शक्ति दीक्षा समारोह आयोजित किया था जिसमें उसके दावे के अनुसार ६,००० स्वयंसेवकों को दीक्षा दी गयी थी ताकि 'वे आने वाले संघर्ष के लिए तैयार हो सकें'।

उप्र में भाजपा की सरकार बनने से पहले बजरंग दल की हर गतिविधि को विहिप के नेता उसके सदस्यों के अतिउत्साह का नतीजा बताकर दरकिनार कर देते थे। फिर चाहे वह मुसलमान विरोधी या सरकार विरोधी नारेबाजी हो या फिर बाबरी मस्जिद में की जाने वाली तोड़-फोड़ हो। लेकिन, सरकार बनने के बाद दल की हरकतों से भाजपा को उलझन होने लगी। वरिष्ठ भाजपा नेताओं और विहिप के कारकुनों ने माना कि बजरंग दली युवक हाथ से बाहर निकलते जा रहे हैं।

नवंबर १९९१ आते-आते आंदोलन की राजनीतिक शाखा और उसकी लड़ाकू शाखा के बीच तनाव सामने आ गया। इस महीने कारसेवक भारी संख्या में बाबरी मस्जिद पर हुए हमले की वर्षगाँठ मनाने और पुलिस की गोली से मारे गये कारसेवकों का अभिनंदन करने के लिए जमा हुए। इन कारसेवकों में ज्यादातर बजरंग दली ही थे। एक नवंबर को बाबरी मस्जिद के ऊपर कोई हमला करने के खिलाफ विहिप के नेताओं की चेतावनियों और हिदायतों के बावजूद कारसेवकों ने ढाँचे में फिर से तोड़-फोड़ कर दी। दूसरी तरफ दूर-दूर से आये (जैसे कि गुजरात में सूरत से) कारसेवकों को लगा कि उन्हें नीचा देखना पड़ा। कई कारसेवक तो इस नतीजे पर भी पहुँच गये कि उन्हें इस्तेमाल किया गया है। एक ने तो कहा भी, 'हमारे नेताओं की प्राथमिकताएँ बदल गयी हैं। राजनीति ने मंदिर को हरा दिया है।' लेकिन, इसका मतलब यह नहीं था कि विहिप बजरंग दल से दूरी बढ़ाकर अलग हो जाना चाहती थी। दरअसल, विहिप अच्छी तरह जानती थी कि अगर उसे अपना लक्ष्य प्राप्त करना है तो बजरंग दल की भुज-बल

की जरूरत पड़ेगी ही।

इस पुस्तक में हमने बाबरी विवाद की वास्तविक प्रकृति और कानूनी स्थिति का जिक्र नहीं किया है। हमारी कहानी के लिए ये पहलू प्रासंगिक नहीं हैं। लेकिन, यह जोर देना जरूरी है कि हिंदू राष्ट्रवाद से प्रेरणा लेने के बावजूद रामजन्मभूमि मंदिर आंदोलन से जुड़े ऊपर वर्णित संगठन किसी भी तरीके की पारंपरिक मर्यादा से दूर थे। संघ परिवार जिन लोगों को अपना आदर्श बताता है, उन्होंने कभी बाबरी मस्जिद के विध्वंस की बात नहीं की थी। चाहे वे शिवाजी रहे हों, या स्वामी विवेकानंद। बाल गंगाधर तिलक से लेकर विनायक दामोदर सावरकर और दीनदयाल उपाध्याय तक किसी ने यह माँग कभी नहीं की। न ही संघ ने कभी किसी मंदिर के निर्माण में कभी दिलचस्पी दिखायी, राम के मंदिर की बात तो छोड़ ही दीजिए। राम के प्रति हिंदू राष्ट्रवाद का रवैया तो उन्नीसवीं सदी के धर्म सुधार आंदोलन से साफ हो जाता है जो मुख्यत: मूर्तिपूजा विरोधियों का आंदोलन था। नब्बे के दशक में राम का प्रतीक तो नफे-नुकसान का हिसाब लगाकर राजनीतिक रणनीति के तहत चुना गया था। इसके पीछे किसी भी तरह का धार्मिक उत्साह या धर्मशास्त्रीय विचार नहीं था, न ही यह धर्म के बुनियादी तत्त्वों की तरफ वापसी का प्रयास था। राम के प्रतीक का चुनाव तो एक भावनारहित, व्यावहारिक और सेकुलर निर्णय के आधार पर किया गया था। आज के वक्त की राजनीति का भी उसमें योगदान था जिसके तहत दूसरों की धार्मिक आस्थाओं का राजनीतिक दोहन करने की राजनीति वैध मानी जाती है।

इसी जगह हमें वह घटना याद आती है जब मोहनदास कर्मचंद गाँधी संघ का दफ्तर देखने गये थे। यह कहानी बहुत कम लोगों को पता है, पर उस दिन संघ के दफ्तर की दीवारों पर हिंदू योद्धाओं की तस्वीरें देखकर उस आजीवन राम-भक्त ने पूछा था कि वहाँ उनके इष्टदेव का चित्र क्यों नहीं है। तब संघ के नेताओं ने यह कहकर गाँधी का ज्ञानवर्धन करने की कोशिश की थी कि राम तो स्त्रैण लगते हैं इसलिए उनकी तस्वीर से संघ का मकसद हल नहीं हो सकता।[६०]

संदर्भ और टिप्पणियाँ

१. हिंदू शब्द अरबी / फारसी मूल का है और उसका व्युत्पत्तिमूलक अर्थ ठीक-ठीक वही है जो ग्रीको-रोमन मूल के शब्द इंडिया का है। किसी भी हिंदू धर्म ग्रंथ में इस शब्द का जिक्र नहीं मिलता। बाहर से आने वाले इस देश की जटिलताओं से वाकिफ नहीं थे, इसलिए इन दोनों विदेशी मूल के शब्दों ने उनके लिए नाना प्रकार के (मुख्यत: गैर-इस्लामी और साथ में गैर-ईसाई) समुदायों को व्यक्त करने की भूमिका अदा की। आजकल यह शब्द-चर्चा अक्सर होती रहती है। लेकिन, इस बात में संदेह है कि उन्नीसवीं सदी से पहले भी हिंदू शब्द द्वारा व्यक्त होने वाले समुदायों में वर्तमान केरल के प्राचीन ईसाई समुदाय शामिल नहीं थे। महाराष्ट्र और केरल के पारसी और यहूदी समुदाय भी हिंदू नाम से जाने जाते होंगे। यहाँ तक कि इस उपमहाद्वीप के कई मुसलमान समुदाय भी हिंदू संबोधन से जाने जाते होंगे।

बारहवीं सदी में इस शब्द को गढ़ने वाले पश्चिम एशियायी मुसलमानों और अंग्रेजों से पहले भारत के शासकों के लिए 'हिंदू' एक प्रशासनिक शब्द था। पहले अंग्रेजों ने, और फिर उन्हीं के मुताबिक पश्चिमीकृत हिंदुओं ने उसे एक धार्मिक श्रेणी में बदल दिया। हिंदू धर्म की परिभाषा और मानक तय करने की प्रक्रिया चलायी जा रही है। लेकिन, इस कहानी का एक और पक्ष है : व्यापक रूप से गैर-हिंदू समझे जाने वाले कई समुदाय वास्तव में वैसे ही बनते जा रहे हैं। उदाहरणार्थ, सरकारी जनगणना जो भी कहे, अस्सी के दशक में ही सिख धर्मावलंबियों को गैर-हिंदू की तरह देखा जाना शुरू किया गया। नवंबर १९८४ के दिल्ली में हुए सिख हत्याकांड के बाद उनकी गैर-हिंदू पहचान ने औपचारिक रूप ले लिया।

२. माजिद रहनमा के मुताबिक इस परंपरा को देशज (वर्नाकुलर) हिंदू धर्म अथवा देशज (वर्नाकुलर) भारत भी कहा जा सकता है। देखें : माजिद रहनमा, 'रिफ्लेक्शंस ऑन फंडामेंटलिज्म', *आल्टर्नेटिव्ज़,* शीघ्र प्रकाश्य।

मानवशास्त्री मिशेल रॉबर्ट ने हमारा ध्यान श्रीलंकाई बौद्ध धर्म में हुए ऐसे ही विभाजन की तरफ खींचा है जहाँ वर्नाकुलर बौद्ध धर्म और सिंहली राष्ट्रवाद की सेवा में लगे हुए विचारधारात्मक बौद्ध धर्म (जिसके प्रतिनिधि धम्मपाल हैं) को अलग-अलग देखा जा सकता है। इस धर्म की देशज किस्म के खूबसूरत चित्रण के लिए देखें, गनाथ ओबेसीकेरे, *मेडुसाज़ हेयर : दि कल्ट ऑव दि गॉडेस पेटिनी,* यूनिवर्सिटी ऑव शिकागो प्रेस, शिकागो।

३. इस तरह की नव-शास्त्रीयता और इस तरह के नव-ब्राह्मणवाद के पीछे विलियम जोंस और मैक्स मुलर जैसे पौर्वात्यवादी विद्वानों की महत्त्वपूर्ण भूमिका थी। ये लोग एक तरफ तो प्राचीन भारत के बारे में काफी उत्साहित रहते थे, पर दूसरी ओर भारत और हिंदू धर्म के जन-साधारण में प्रचलित रूपों के प्रति उतनी ही अरुचि रखते थे।

४. इस संदर्भ में ब्रह्मबांधव उपाध्याय (१८६१-१९६०) के जीवन और रचनाओं से कई बातें पता चलती हैं। शायद वे ऐसे पहले कार्यकर्ता-विद्वान थे जिन्होंने हिंदू राष्ट्रवाद के विचारधारात्मक सार का व्यवस्थित रूप से विकास किया। उपाध्याय के काम पर द्विज जातियों और आर्यवादी संस्कृति की छाप स्पष्ट देखी जा सकती है। उपाध्याय धार्मिक और सांस्कृतिक रूप से एक तरह के परिधिकरण के शिकार हो गये थे। जाहिर था कि उनके राष्ट्रवाद पर उनकी जीवन-स्थितियों का असर पड़ता ही। एक

परंपरानिष्ठ ब्राह्मण परिवार में पले उपाध्याय ने पहले प्रोटेस्टेंट ईसाई मत की दीक्षा ली, और बाद में कैथोलिक हो गये। ईसाइयत के जरिये उन्होंने आगे चलकर वेदांती हिंदू धर्म में वापसी की। एक प्रखर राष्ट्रवादी के रूप में वे पहले विद्वान थे जिन्होंने राजनीतिक आतंकवाद को साम्राज्यवाद विरोध के औजार के रूप में देखा और उसकी सैद्धांतिक संभावनाओं की छानबीन की। उपाध्याय के जीवन और कृतित्व के लिए देखें आशिस नंदी, *दि इल्लेजिटिमेसी ऑव नेशनलिज्म : रवींद्रनाथ टेगौर एंड दि पॉलिटिक्स ऑव दि सेल्फ,* ऑक्सफोर्ड यूनिवर्सिटी प्रेस, नयी दिल्ली, १९९३; इसी तरह अपनी देशज जड़ों से उखड़ी हुई हस्ती विनायक दामोदर सावरकर (१८८३-१९६६) थे; युवा सावरकर के राष्ट्रवाद के लिये देखें उनका उपन्यास *१८५७;* इसमें उपाध्याय के साथ उनकी कई समानताएँ मिलेंगी।

५. नंदी, 'पॉलिटिक्स ऑव सेकुलरिज्म'।

६. सुरेश शर्मा, 'हिंदुइज्म इन कॉलोनियल टाइम्स', अप्रकाशित लेख, इसे मैक्स मुलर भवन, नयी दिल्ली में २-३ दिसंबर १९९१ को हुए सेमिनार 'हिंदुइज्म : रिलीजन ऑर सिविलाइजेशन' में पेश किया गया।

ऐसी ही स्थिति मुहम्मद अली जिन्ना (१८७५-१९४८) और अबुल कलाम आजाद के विरोधाभासी उदाहरणों में देखी जा सकती है। जिन्ना उपमहाद्वीप के मुसलमानों के सबसे मशहूर प्रवक्ता थे, लेकिन उनके पास मुसलमानों के धर्म और संस्कृति के बारे में कहने के लिए कुछ नहीं था। दूसरी तरफ आजाद मुसलमानों के नेता बनने के मामले में तो पिछड़ गये, पर इस्लामिक धर्मशास्त्र और संस्कृति से जिंदगी भर सरोकार बनाये रखा।

७. द्वि-राष्ट्र सिद्धांत की पैरोकारी के मामले में (सावरकर का द्वि-राष्ट्र सिद्धांत जिन्ना के मुकाबले काफी पुराना है) समानता के अलावा यहाँ एक बार फिर सावरकर और जिन्ना में एक तरह की समानता देखी जा सकती है।

८. इन मुद्दों पर और विस्तृत चर्चा के लिए देखें : आशिस नंदी, *दि इंटीमेट इनेमी : दि लॉस एंड रिकवरी ऑव सेल्फ अंडर कॉलोनियलिज्म,* ऑक्सफोर्ड यूनिवर्सिटी प्रेस, दिल्ली, १९८३

९. इस प्रक्रिया पर एक बेहतरीन चर्चा के लिए देखें : विनय लाल, 'ऑन दि पेरिल्स ऑव हिस्ट्री एंड हिस्टीरियोग्राफी . दि केस, पजलिंग एज यूजुअल, ऑव इंडिया', पांडुलिपि, १९८८

१०. हिंदू राष्ट्रवादी मिथकों को परम और अचर रूप भी दे देते हैं। मंदिर आंदोलन में जब उनका प्रिय इतिहास उनके काम नहीं आया तो उन्होंने समाज के महत्त्वपूर्ण सांगठनिक उसूल के रूप में मिथकों का इस्तेमाल करना चाहा। इस चक्कर में उन्हें मुँह की खानी पड़ी। देखें : के.आर. मलकानी का संपादक के नाम पत्र, *दि टाइम्स ऑव इंडिया,* १५ दिसंबर १९८९; हिंदू राष्ट्रवादियों की यह दिक्कत उनके अति-सेकुलर भाइयों के समान ही है जो मंदिर विवाद के हिंदू राष्ट्रवादी दोहन का मुकाबला करने के लिए तथ्यपूर्ण इतिहास का इस्तेमाल कर रहे थे। देखें : एस. गोपाल, रोमिला थापर, और अन्य, 'दि पॉलिटिकल एब्यूज ऑव हिस्ट्री', *पर्चा,* नयी दिल्ली; इसके अलावा देखें : ए.आर. खान, 'इन दि नेम ऑव हिस्ट्री', *इंडियन एक्सप्रेस,* २५ फरवरी १९९०; एस. गोपाल वगैरह, 'इन दि नेम ऑव हिस्ट्री', 'डॉ.

ए.आर. खान रिप्लाइज़', *उपरोक्त,* १ अप्रेल, १९९०

११. वेलेंटाइन डेनियल, 'हिस्ट्री एंड इट्स इंटेलमेंट्स इन दि वॉयलेंस ऑव ए नेशन', संकलित : फ्रेडरिक एपफेल मार्गलिन (सं.), *डिकॉलोनाइजिंग नॉलेज : फ्राम डिवेलपमेंट टु डॉयलाग,* शीघ्र प्रकाश्य।

१२. नंदी, *इल्लेजिटिमेसी ऑव नेशनलिज्म*।

१३. क्रेग बेक्स्टर की पुस्तक *जन संघ : ए बायोग्राफी ऑफ एन इंडियन पॉलिटिकल पार्टी,* यूनिवर्सिटी ऑव पेंसिलवानिया, १९६९, पृष्ठ ११६ पर उद्धृत।

१४. इंद्र प्रकाश, *ए रिव्यू ऑव दि वर्क ऑव दि हिंदू महासभा,* बेक्स्टर में उद्धृत, पृष्ठ १६-१७

१५. हम गोविंद देशपांडे के कृतज्ञ हैं कि उन्होंने इस परिभाषा के भौगोलिक आयाम के स्रोत के रूप में विष्णु पुराण की तरफ हमारा ध्यान खींचा। लेकिन, इसमें शक है कि सावरकार ने इसे सीधे विष्णु पुराण से ही लिया होगा। ज्यादा मुमकिन तो यह लगता है कि उन्होंने ऐसी ही धारणा को मोटे तौर से इस्तेमाल करने वाले उन्नीसवीं सदी के बहुत से बंगाली लेखकों और चिंतकों में से किसी से इसे उधार लिया होगा।

१६. यहाँ माना जा सकता है कि पुण्य भूमि की अवधारणा ईसाइयों और खास तौर से मुसलमानों को स्वीकार नहीं हो सकती। इस मामले में दक्षिण एशियायी इस्लाम के पास अपनी समृद्ध बहुलवादी परंपराएँ हैं। देखें इसी किताब का अध्याय पाँच। इसके अलावा ताहिर महमूद की रचना 'ब्रिजिंग दि हिंदू-मुस्लिम गैप', *प्राउट,* २५ जनवरी १९९२, पृष्ठ १५ भी देखें जिसमें लेखक ने पैगंबर हजरत मुहम्मद के दामाद हजरत अली को यह कहते हुए उद्धृत किया है, 'धरती पर मौजूद सभी जगहों में भारत सबसे ज्यादा पाक और सुगंधित है।'

१७. भारत माता का पौरुषीकरण करने के लिए सावरकर ने भूमि शब्द का इस्तेमाल करने से भी परहेज किया था, क्योंकि व्याकरण के लिहाज से भूमि स्त्री लिंग है और जन्मभूमि व मातृभूमि जैसी अभिव्यक्तियों में प्रयुक्त होता है।

१८. देखें : चतुर्वेदी बद्रीनाथ, *धर्मा, इंडिया एंड दि वर्ल्ड ऑर्डर : ट्वेंटी एसेज़,* दि सेंटर फॉर पॉलिसी रिसर्च, १९९१, पृष्ठ १३८; लेखक ने लिखा है, 'गोलवलकर ने विवेकानंद की मुख्य समझ के इस आयाम का भी उल्लेख नहीं किया है कि केवल इस्लाम और केवल इस्लाम में ही वेदांत का सच्चा व्यावहारिक विनियोग मिलता है, इसलिए भारत के भविष्य को इस्लाम और वेदांत के मेल की जरूरत है।'

१९. यह देखना बड़ा दिलचस्प है कि यूरोपीय ईसाइयत के औपनिवेशिक इतिहास के कारण उपजे अपराध बोध को बहादुरी के साथ ढोने वाले बेल्जियम के जीसूट विद्वान कोनराड एल्स्ट ने किस तरह हिंदू राष्ट्रवाद का मतलब एकदम उल्टा निकाला है। उनका खयाल है कि हिंदुत्व स्यामी आग्रहों के विरुद्ध पागानवाद के पक्ष में खड़ा हुआ है। देखें उनकी रचना : *व्हाट आफ्टर अयोध्या : इशूज बिफोर हिंदू सोसाइटी,* वॉयस ऑव इंडिया, दिल्ली, १९९१

एल्स्ट की आखिरी किताब *निगेशनिज्म इन इंडिया : कंसीलिंग दि रिकॉर्ड ऑव इस्लाम,* वॉयस ऑव इंडिया, दिल्ली, १९९२ में भारत के यूरोकेंद्रित सेकुलरवादी विद्वानों को ठीक ही आड़े हाथों लिया गया है, पर उससे यह भी साफ हो जाता है कि कम से कम उनका एक दावा हिंदू राष्ट्रवादियों के दावे से पूरी तरह मेल खाता

है। वे दिखाते हैं कि दक्षिण एशिया में यूरोपीय औपनिवेशक इतिहास इस्लाम के इतिहास से बेहतर है। एल्स्ट के हिसाब से इस्लाम का रिकॉर्ड तो नाजियों जैसा है। इस पुस्तक में हम इस मुद्दे पर आगे एक बार फिर विचार करेंगे।

२०. हिंदू राष्ट्रवाद के सिद्धांतकार इस्लाम और ईसाइयत को परभक्षी धर्म के रूप में देखते हैं। उदाहरण के लिए देखें : बद्रीनाथ, वही, पृष्ठ ११७-१८; पृष्ठ १११ से १३९ के बीच बद्रीनाथ ने गोलवलकर (१९०६-७३) का और उसी प्रक्रिया में संघ के बौद्धिक मिशन का बेहतरीन विश्लेषण किया है। वे भारतीय समाज के पारंपरिक सरोकारों की रोशनी में संघ को देखते हैं जिससे हिंदू राष्ट्रवाद की औपनिवेशिक जड़ों का प्रमाण सामने आ जाता है। हिंदू राष्ट्रवाद की अंतिम निष्पत्ति गोलवलकर के विचारों में ही दिखती है।

२१. राममोहन राय, 'एडीशनल क्वेरीज़ रिस्पेक्टिंग दि कंडीशन ऑव इंडिया', *इंगलिश वर्क्स,* साधारण ब्रह्म समाज, कलकत्ता, खंड ३, पृष्ठ ६३-८, देखें पृष्ठ ६३

२२. उपरोक्त।

२३. अरविंद सिंह बिष्ट, 'प्रीस्ट ऑव अयोध्या श्राइन रिमूव्ड', *दि टाइम्स ऑव इंडिया,* २ मार्च, १९९२

२४. कुछ अनजान हमलावरों ने २० नवंबर १९९३ को लालदास की गोली मार कर हत्या कर दी। एक अखबार के अनुसार जमीन के झगड़े में फँस जाने के कारण उन्हें जान से हाथ धोना पड़ा। दूसरी तरफ यह एक तथ्य है कि पुलिस ने एक चश्मदीद की सूचना के आधार पर एफआईआर नहीं लिखी, और लालदास के भतीजे द्वारा दी गयी सूचना पर भरोसा किया।

२५. जेम्स मेनर, 'दि बीजेपी इन साउथ इंडिया एट दि १९९१ जनरल इलेक्शंस', अप्रकाशित, पांडुलिपि, खास तौर से पृष्ठ १८ देखें।

२६. ऐसे राष्ट्रवादी समतलीकरण के तहत सैयद शहाबुद्दीन द्वारा दी जाने वाली इन दलीलों का कोई मतलब नहीं रह जाता जिसके अनुसार हिंदुओं को मुसलमानों की ऐसी सामाजिक प्रथाओं पर कोई आपत्ति नहीं होनी चाहिए जो हिंदुओं को नुकसान नहीं पुहँचातीं। राष्ट्रवाद का कुठाली वाला मॉडल ऐसा ऐसे किसी तर्क को स्वीकार नहीं कर सकता। इसी तरह हिंदुओं में बहुविवाह (०.८ फीसदी) का प्रचलन मुसलमानों में बहुविवाह (०.७ फीसदी) से कम होने के आँकड़े भी कोई असर नहीं डालते।

२७. विपिन चंद्र, 'दि स्टेट एंड नेशनल आइडेंटिटी इन इंडिया, पाकिस्तान एंड जर्मनी' पर मेक्स मुलर, बंगलूर में २५-३० जनवरी १९९२ को हुए सेमिनार में दिया गया वक्तव्य। उनकी एक और पुस्तक देखें : *इंडियन नेशनल मूवमेंट : दि लांगटर्म डायनामिक,* विकास, नयी दिल्ली, १९८८

२८. देशभक्ति की देशी अवधारणा और आयातित राष्ट्रवाद के बीच राजनीतिक होड़ पर चर्चा के लिए देखें नंदी की पुस्तक *दि इल्लेजिटिमेसी ऑव नेशनलिज्म*।

२९. इस विषय पर देखें आशिस नंदी की रचना, 'दि मेकिंग एंड अनमेकिंग ऑव पॉलिटिकल कल्चर इन इंडिया', संकलित : *एट दि एज ऑव साइकॉलॉजी : एसेज इन पॉलिटिक्स एंड कल्चर,* ऑक्सफोर्ड यूनिवर्सिटी प्रेस, दिल्ली, १९८०, पृष्ठ ४७-६९

३०. इसीलिए हमने पुस्तक के इस हिस्से में दुर्गा वाहिनी और विद्यार्थी परिषद पर चर्चा

नहीं की है।

भाजपा ने एक बार जनता विद्यार्थी मोर्चा के नाम से छात्र शाखा गठित करने की नाकाम कोशिश की थी जिसे विद्यार्थी परिषद की तुलना में पूरी तरह उसी के अधीन रहना था।

३१. संघ के सबसे अच्छे विवरण के लिए देखें : वाल्टर के. एंडरसन और श्रीधर डी. दामले, *दि ब्रदरहुड इन सेफ्रोन : दि राष्ट्रीय स्वयंसेवक संघ एंड हिंदू रिवाइवलिज्म,* विस्तार, नयी दिल्ली, १९८७; संघ का पक्ष लेने वाले, पर उपयोगी वृत्तांतों के लिए देखें : के.आर. मलकानी, *दि आरएसएस स्टोरी,* इम्पेक्स इंडिया, नयी दिल्ली, १९९०; नानाजी देशमुख, *आएसएस : विक्टिम ऑव स्लेंडर,* विजन, नयी दिल्ली, १९७९; डी.आर. गोयल, *राष्ट्रीय स्वयंसेवक संघ,* राधाकृष्ण, नयी दिल्ली, १९७९

३२. दोनों एक-दूसरे के किस तरह पूरक हैं, इसकी सुस्पष्ट और सुग्रह चर्चा के लिए देखें : डेनियल गोल्ड, 'ऑर्गनाइज्ड हिंदुइज्म : फ्राम वैदिक ट्रुथ टु हिंदू नेशन', संकलित : मार्टिन ई,. मार्ती और आर. स्कॉच एपलबाई (सं.), *फंडामेंटलिज्म ऑब्जर्व्ड,* यूनिवर्सिटी ऑव शिकागो प्रेस, शिकागो, १९९१, पृष्ठ ५३१-९३

३३. एंडरसन और दामले, वही, पृष्ठ ३०

३४. उपरोक्त।

३५. उपरोक्त में उद्धृत, पृष्ठ ३३

३६. बद्रीनाथ, वही, पृष्ठ ११९-३९

३७. एम.एस. गोलवलकर, *वी ऑर अवर नेशनहुड डिफाइंड,* भारत पब्लिकेशंस, नागपुर, १९३९; इस किताब के नाजी समर्थक लहजे और नाजी किस्म के विचारों के कारण गोलवलकर को जरूर कुछ शर्मिंदगी उठानी पड़ी होगी, खासतौर से द्वितीय विश्व युद्ध के दौरान जब अंग्रेजी हुकूमत इस तरह के विचारों को गंभीरता से ले रही थी, और संघ उसके साथ अच्छे संबंध रखना चाहता था। पुस्तक के गोलवलकर द्वारा परित्याग के पीछे एक कारण यह भी हो सकता है।

इस पुस्तक के बारे में गोलवलकर के नजरिये के विश्लेषण के लिए बद्रीनाथ की पुस्तक का पृष्ठ ११२ देखें। गोलवलकर की राजनीतिक विचारधारा के विश्लेषण के लिए बद्रीनाथ ने उनकी उन रचनाओं का सहारा लिया है जिन्हें अपना मानने में गोलवलकर को कोई संकोच नहीं था। उन्होंने विचारधारा को अधार्मिक करार दिया है, जिससे संघ को खास तौर पर दिक्कत हो सकती है। गोलवलकर द्वारा परित्यक्त पुस्तक के विश्लेषण की कोशिश *खाकी शॉर्ट्स सैफ्रोन फ्लेग्ज़,* ओरिएंट लांगमेन, नयी दिल्ली, १९९३ के लेखकों तपन बसु, प्रदीप दत्त, सुमित सरकार, तनिका सरकार और संबुद्ध सेन ने की है।

३८. बद्रीनाथ की पुस्तक में उद्धृत; पश्चिम के बारे में व्यक्त यह नकारात्मक राय गोलवलकर के इस गहरे यकीन से नरम पड़ जाती है कि पश्चिमी सभ्यता इस्लाम से श्रेष्ठ है। इस्लाम उनकी निगाह में केवल परभक्षी ही है, और हिंदू भीरु और स्त्रैण।

३९. उपरोक्त, पृष्ठ १३२ भी देखें।

४०. उपरोक्त, पृष्ठ १३०

४१. ज्ञानेंद्र पांडेय ने अपने लेख 'हिंदूज़ एंड अदर्स : दि मिलिटेंट हिंदू कंस्ट्रक्शन',

इकॉनॉमिक पॉलिटिकल वीकली, २८ दिसंबर, १९९१, पृष्ठ २९९७-३००९, (देखें पृष्ठ ३००१) पर गोलवलकर को उद्धृत किया है।

४२. ज्ञानेंद्र पांडेय के इसी लेख का पृष्ठ ३००३ देखें जहाँ उन्होंने बताया है कि संघ आदिवासियों को वनवासी कहता है, क्योंकि संघ के सिद्धांतकारों के मुताबिक भारत के आर्यों ने सांस्कृतिक जीवन की शुरुआत की थी, और वे मुसलमानों की तरह हमलावर नहीं थे।

सांस्कृतिक एकता के लिए संघ के साहित्य में समरसता शब्द का इस्तेमाल किया गया है। यह अभिव्यक्ति अमेरिकी शैली के अर्धब्राह्मण किस्म के कुठाली वाले सांस्कृतिक मॉडल की ध्वनि देती है।

४३. उदाहरणार्थ, उत्तर भारत के कई हिस्सों में विहिप ने गाय, सनातन धर्म, हिंदी भाषा के पक्ष में चलाये गये आंदोलनों की विरासत के आधार पर अपना आंदोलन खड़ा किया है। उन्नीसवीं सदी के आखिरी वर्षों में आर्य समाज के साथ ये सभी आंदोलन सक्रिय थे। हालाँकि परंपरानिष्ठ और सुधारवादी हिंदुओं के बीच मूर्ति पूजा, विधवा विवाह और जातिगत दर्जे की व्याख्या के सवाल पर मतभेद जरूर थे, लेकिन उनमें गोरक्षा, परावर्तन (मुख्यत: ईसाई और मुसलमान बन चुके लोगों को फिर से हिंदू बनाना), हिंदी भाषा और नागरी लिपि की मान्यता के लिए आंदोलन करने पर एकता हो सकती थी।

उत्तर प्रदेश में स्थानीय सनातनी अथवा रूढ़िवादी संगठनों के अधिकतर नेताओं ने तुलसी कृत *रामचरितमानस* की जन-मान्यता बढ़ाने की मुहिम चलायी। उन्होंने इस महाकाव्य को 'हिंदी का वेद' या 'अतिश्रेष्ठ सनातनी शास्त्र' करार दिया। इन नेताओं के लिए *रामचरितमानस* राम के मनुष्य से अवतार बनने का प्रतीक था : '...वीरत्व, करुणा, और न्याय जैसे दैवी गुणों से संपन्न धरती पर उत्पन्न हुए एक राजकुमार से संपूर्ण ईश्वरत्व की यात्रा; उत्तर भारत में आज राम का नाम गैर-संकीर्ण अर्थों में परम पिता के लिए ही लिया जाता है।' इस कथन के लिए देखें : पीटर लुट्जेंडोर्फ, *दि लाइफ ऑव ए टेक्स्ट : परफॉर्मिंग दि रामचरितमानस ऑव तुलसीदास,* यूनिवर्सिटी ऑव केलिफोर्निया प्रेस, बर्कले, १९९१, पृष्ठ ४, १०, ३६४ और ३६५-६९

रामचरितमानस में निर्गुण और सगुण भक्ति की परंपराओं का संयोग मिलता है। मंदिर आंदोलन जब सार्वजनिक मुद्दा बना तो संघ परिवार को इस ग्रंथ के इस पहलू से अप्रत्यक्ष लाभ मिला।

इन विवरणों से पाठकों को लग सकता है कि शायद सनातनी इन आंदोलनों को देशज और स्थानीय के पक्ष में चला रहे होंगे। लेकिन, शुरू से ही गोरक्षा आंदोलन चलाने वालों ने साफ कर दिया था कि वे अंग्रेजों द्वारा खायी जाने वाली गायों और भारतीय मुसलमानों के कुछ हिस्सों द्वारा खायी जाने वाली गायों में फर्क करते हैं। गोरक्षा आंदोलन केवल मुसलमानों के खिलाफ था। इसी तरह हिंदी के पक्ष में चलाया गया आंदोलन भी स्थानीय और देशज भाषाओं के उन्मूलन के लिए था। जिस हिंदी के लिए इन रूढ़िवादियों ने संघर्ष किया वह कम से कम तीन सुस्थापित भाषाओं की कीमत पर परवान चढ़ी। समृद्ध सांस्कृतिक और साहित्यिक परंपराओं से संपन्न इन भाषाओं के दर्जे को घटा कर बोली करार दे दिया गया और

एक कृत्रिम किस्म की नयी भाषा गढ़ी गयी जिसे एक उदीयमान राष्ट्रीयता की सेवा करनी थी।

४४. साठ के दशक के मध्य में विहिप की स्थापना का निर्णय आकस्मिक ही नहीं था। १९४८ में एक हिंदू राष्ट्रवादी के हाथों गाँधी की हत्या, नेहरू की सेकुलर नीतियां की राजनीतिक कामयाबी और राष्ट्र-निर्माण की शैली पर आजादी के बाद बनी आमसहमति ने मिलकर भारत को हिंदू राज्य बनाने की संघी महत्त्वाकांक्षा को दस साल से ज्यादा अवधि तक पृष्ठभूमि में धकेले रखा था। १९५२, १९५७ और १९६२ के आमचुनावों में संघ की राजनीतिक शाखा जन संघ की नाकामी ने संघ परिवार को और भी ज्यादा हाशिये पर फेंक दिया था (देखें तालिका-८)। लेकिन, १९६२ के चीन युद्ध में भारत की फौजी हार से नेहरू की छवि को गहरा धक्का लगा जिससे नेहरू युग के अंत की शुरुआत हो गयी। १९६३ में विहिप की स्थापना का विचार पेश किया गया।

४५. नारायण राव तार्ते, *'विश्व हिंदू परिषद की कल्पना', हिंदू विश्व, विश्व हिंदू परिषद रजत जयंती विशेषांक,* अगस्त १९९०, २५(१२), पृष्ठ १३-१६, देखें पृष्ठ १३

४६. इस अधिवेशन में 'हिंदू' शब्द की व्याख्या इस तरह की गयी थी : 'जो उन सभी नैतिक और आध्यात्मिक जीवन-शैलियों के सिद्धांतों का आदर करता हो, उनमें आस्था रखता हो और उन्हें मानता हो, जिनका मूल भारत में है।' देखें : जसवंत राव गुप्ता, 'विश्व हिंदू परिषद : गठन और क्रमिक विकास', उपरोक्त, पृष्ठ १७-२०, देखें पृष्ठ १७; जाहिर है कि इस परिभाषा में मुसलमान और ईसाई नहीं आ सकते थे। संघ के साहित्य में इन दोनों को हमलावर करार दिया गया था। पारसी और यहूदी संघ की निगाहों में शरणार्थी थे। इस परिभाषा के अनुसार शैव, लिंगायत, बौद्ध, जैन, सिख, दादूपंथी, नानकपंथी, रविदासी, कबीरपंथी, आर्य समाजी, ब्रह्म समाजी और ऐसे ही सभी पंथ बृहत्तर हिंदू धर्म के अंग माने गये थे जिसकी सहनशीलता ने इन नाना प्रकार की आस्थाओं को अपने तले फलने-फूलने की इजाजत दी।

भाजपा के अल्पसंख्य प्रकोष्ठ का सोच भी इसी तरह का है। इसमें केवल मुसलमान रखे गये हैं, किसी अन्य धर्म का कोई सदस्य नहीं है, क्योंकि पार्टी बाकी किसी को गैर-हिंदू मानती ही नहीं।

४७. आज भी विहिप को यकीन है कि वह केवल भाजपा के ही नहीं, अन्य पार्टियों के हिंदू नेताओं को भी अपनी ओर खींच लेगी। परिषद के अध्यक्ष विष्णु हरि डालमिया ने हमारे एक साथी से बातचीत करते हुए १९९१ के चुनावों में भाजपा के टिकट पर जीते अपने सदस्यों को बार-बार भाजपा के अन्य उम्मीदवारों से अलग बताया। उन्होंने साफ कहा कि अगर भाजपा विहिप के सरोकारों से किनाराकशी करती है तो विहिप को उससे अलग होने में कोई हिचक नहीं होगी, क्योंकि विहिप का लक्ष्य सत्ता हासिल करना नहीं, बल्कि हिंदू राष्ट्र की स्थापना करना है।

यह वक्तव्य आडवाणी जैसे भाजपा नेताओं के अक्सर दिये जाने वाले वक्तव्यों से तुलनीय है जिनमें दावा किया जाता है कि भारत तो पहले से ही हिंदू राष्ट्र है यानी उसे हिंदू राष्ट्र बनाने के लिए कुछ और किया जाना शेष नहीं है।

४८. तार्ते, *वही,* पृष्ठ १४

४९. उदाहरण के लिए देखें : गुजरात विहिप द्वारा गुजराती में निजी तौर पर छापी गयी

प्रशिक्षण नियमावली (मेनुअल) *प्रदेश पदाधिकारी शिक्षण वर्ग,* विहिप, अहमदाबाद, दिनांक नहीं।

५०. राजस्थान विहिप के एक पर्चे में इसकी सचित्र प्रस्तुति की गयी है। इसमें वैदिक, गुरुमुखी, गुजराती, मलयालम, बंगाली और असमी को संस्कृत / देवनागरी से अपनी चमक ग्रहण करते हुए दिखाया गया है, विहिप कार्यालय, जयपुर, दिनांक नहीं।

५१. श्रीवास्तव, *हिंदू विश्व*।

५२. विहिप की एक उपलब्धि तो है ही कि वह कई ऐसे धार्मिक नेताओं को एक मंच पर लाने में कामयाबी हो पायी जो पहले हमेशा एक-दूसरे के खिलाफ रहते थे। लेकिन, इसमें भी द्वारकापीठ के शंकराचार्य स्वामी स्वरूपानंद सरस्वती की असहमति रही। वे विहिप के आंदोलन के खिलाफ बने रहे।

५३. ओंकार भूषण गोस्वामी, 'धर्म संसद', *हिंदू विश्व,* पृष्ठ २१-२३, देखें पृष्ठ २१

विहिप ने आर्य समाज द्वारा चलाया गया शुद्धि आंदोलन परावर्तन के नाम से फिर शुरू किया। दावा किया जाता है कि परावर्तन धर्म परिवर्तन से भिन्न है, पर वास्तव में यह हिंदू धर्म में धर्मप्रचार की स्थापित अवधारणा शामिल करने के अलावा कुछ और नहीं है। विहिप का दावा है कि राजस्थान में ४८,३१० लोग या ८३११ परिवारों का परावर्तन किया जा चुका है, जबकि पूरे देश में १२०,००० लोगों का परावर्तन हो चुका है। विहिप ने राजस्थान में स्वीकार किया है कि राज्य के सबसे बड़े मुसलमान समुदाय मेवातियों के धर्मपरिवर्तन में उसे सबसे कम कामयाबी मिली है।

परावर्तन करने वालों का दावा है कि वे भारत में अल्पसंख्यकों की संख्या में जबरदस्त बढ़ोतरी को रोकने के लिए यह मुहिम चला रहे हैं। वे कहते हैं कि १९४७ में मुसलमानों की संख्या ३ करोड़ थी जो अब बढ़कर १४ करोड़ १२ लाख हो गयी है। वे बीस करोड़ निचली जातियों का धर्मपरिवर्तन करने की कोशिश में लगे हैं। इसी तरह दो करोड़ ईसाई भी दस करोड़ आदिवासियों और पिछड़ी जाति के हिंदुओं का धर्मपरिवर्तन करने का इरादा रखते हैं।

५४. देखें, विहिप का गुजराती वाला प्रशिक्षण मेनुअल।

५५. विहिप के सक्रिय होने का समय महत्त्वपूर्ण है। आपरेशन ब्ल्यू स्टार के बाद इंदिरा गाँधी की लोकप्रियता गहराइयों को छू रही थी। अगर उनकी हत्या न की गयी होती तो १९८५ में होने वाले लोकसभा चुनाव जीतना कांग्रेस के लिए नामुमकिन था। विहिप के नेताओं ने भाँप लिया था कि लोग परिवर्तन चाहते हैं इसलिए उसने १९८३ के अंत में अपनी मुहिम शुरू कर दी थी। श्रीमती गाँधी की हत्या से विहिप की योजनाओं को आघात लगा, पर जल्दी ही उसने अपनी कोशिशें फिर शुरू कर दीं।

५६. राजस्थान के सिरोही और उदयपुर इलाकों के आदिवासियों के बीच काम करने वाले गैर-सरकारी संगठन आस्था के मुताबिक अपनी गरीबी के बावजूद आदिवासी ५ से १० रुपये तक का चंदा देते हैं। गुजरात की रिपोर्ट से उद्धृत।

५७. अपने कई शुरुआती वर्षों में विहिप के नेता मुख्यत: व्यापारी जातियों से आते रहे। आज भी उसके शीर्ष पर बनिये हावी हैं। धीरे-धीरे संगठन ब्राह्मणों और ठाकुरों का

महत्त्व बढ़ना शुरू हुआ। पिछड़ी जातियों से आने वाले बजरंग दल के नेता विनय कटियार के अलावा विहिप का कोई नेता पिछड़े वर्ग से नहीं है।

५८. *दि पायनियर,* 'एंग्री मेम्बर ऑव दि फेमिली', ६ दिसंबर १९९२

५९. उपरोक्त।

६०. संघ के लक्ष्यों की पूर्ति के लिए किये गये राम के रूपांतरण के लिए देखें : अनुराधा कपूर, 'डीटी टु क्रुसेडर : चेंजिंग एकोनोग्राफी ऑव राम', संकलित : ज्ञानेंद्र पांडेय (सं.), *हिंदूज़ एंड अदर्स : क्वेश्चन ऑव आइडेंटिटी इन इंडिया टुडे,* वाइकिंग, नयी दिल्ली, १९९३, पृष्ठ ७४-१०९

अध्याय चार

७. हिंदुत्व : एक सवर्ण पुराण

एक तीर्थनगरी के तौर पर अयोध्या बाकी देश से कटी हुई नहीं है। १९९०-९१ में वहाँ जो कुछ हुआ, उसका संबंध अन्य क्षेत्रों की सांप्रदायिक स्थिति से भी था। इन इलाकों ने अपने-अपने अतीत की रोशनी में अयोध्या विवाद को देखा। अयोध्या ने भी एक अखिल भारतीय मुद्दे और राजनीतिक प्रतीक के रूप में इन क्षेत्रों के सांप्रदायिक विवादों पर असर डाला। इस तरह अयोध्या के फलक पर स्थानीय, राष्ट्रीय और अंतर्राष्ट्रीय रंग आपस में घुल-मिल गये।[१]

स्थानाभाव के कारण हम इस पुस्तक में उस संपूर्ण राजनीतिक प्रक्रिया के बारे में नहीं बता सकते जिसकी नुमाइंदगी अयोध्या कर रही थी। यहाँ दो राज्यों में रामजन्मभूमि विवाद से उपजी नफरत और डर की राजनीति का संक्षिप्त विवरण दिया जा रहा है। इनमें एक राज्य है गुजरात (जहाँ से आडवाणी ने अपनी विनाशकारी रथयात्रा अयोध्या के लिए शुरू की थी) और दूसरा है राजस्थान (जो पहले कभी दंगाग्रस्त इलाके के रूप में नहीं जाना गया)। गुजरात के मामले में हमारा विवरण मंदिर आंदोलन के कारण हुई हिंसा की पृष्ठभूमि में मौजूद राजनीतिक गोलबंदी और प्रक्रिया का जायजा लेने तक सीमित रहेगा। राजस्थान के मामले में हमने आंदोलन के कारण हुई हिंसा की वास्तविक प्रक्रिया का विवरण दिया है।

गुजरात : मध्यवर्गों की राजनीतिक गोलबंदी

अयोध्या कांड पर गुजरात में हुई प्रतिक्रियाओं पर उस राजनीतिक समाजशास्त्र का असर था जिसके जरिये लोग अपनी पहचान गढ़ते हैं। जिस तरह कभी-कभी चरित्र अपने रचयिता की खोज करते हुआ खुद ही उसके पास पहुँच जाते हैं, उसी तरह करीब बीस साल से आधुनिकीकरण की प्रक्रिया में डूबा हुआ गुजरात का मध्यवर्ग एक नये पुराण की खोज कर रहा था। एक ऐसा पवित्र पुराण जो भले ही किसी शास्त्रोक्त मिथक या महाकाव्य पर आधारित न हो, पर जो उनके अतीत पर मान्यता की मुहर

लगाकर भविष्य की सुरक्षा का भरोसा दे सके। अट्ठारहवीं सदी खत्म होते-होते गुजरात के ब्राह्मण, राजपूत और बनिये अपनी-अपनी वंशावलियों पर अट्ठारह पुराणों में से किसी एक का ठप्पा लगवा चुके थे। यह काम उन पुराणों में प्रक्षिप्त अंशों को होशियारी से जोड़ने की कारीगरी के जरिये हुआ था, जिसे अपने जजमानों की दक्षिणा के बदले कुछ शास्त्रियों और छुटभैये ब्राह्मणवादी धर्ममीमांसकों ने अंजाम दिया था। बीसवीं सदी के आखिरी वर्षों में जब अयोध्या कांड हुआ तो उस समय गुजराती हिंदुओं का मध्यवर्ग एक नये पुराण की खोज कर रहा था, ताकि उसके जरिये वह अपने प्रभुत्व पर मान्यता की मुहर लगवा सके।

यह मध्यवर्ग कई तरह की उलझनों का सामना कर रहा था। तेजी से हो रहे शहरीकरण और उद्योगीकरण के कारण द्विजों के बीच जाति प्रथा टूटने लगी थी। दूसरी तरफ पाटीदार सरीखी भू-स्वामी जातियों के पास अपनी बढ़ी हुई हैसियत के लिए कोई पारंपरिक मान्यता उपलब्ध नहीं थी। आखिरकार उन्नीसवीं सदी के आखिरी वर्षों तक वे नीची जाति के सदस्य माने जाते रहे थे।

पचास के दशक में हुए भूमि सुधारों के कारण भू-स्वामित्व से वंचित हुई द्विज जातियों ने सत्तर के दशक तक गुजरात के तेजी से विकसित होते हुए शहरों और कस्बों की तरफ बड़े पैमाने पर जाना शुरू कर दिया था। आजादी से पहले शहर में बस चुके लोगों को वहाँ अपनी जाति-सभाएँ बना लेने से बड़ी तसल्ली होती थी। ये जाति-सभाएँ बड़े शहरों और जिला मुख्यालयों में स्कूल और छात्रावास चलाती थीं। अपनी जाति के छात्रों को वजीफे दिये जाते थे। लेकिन, आजादी मिलने के तीस साल के भीतर-भीतर शहरी जीवन की माँगों ने कई लोगों को मजबूर कर दिया कि वे जाति से परे जाने वाली नयी व्यापक अस्मिताएँ खोजें। ऐसे द्विजों को लगा कि वे तो आसानी के साथ खुद को सवर्ण घोषित कर खुद को ऊँजी जाति का बता सकते हैं। उनके लिए यह पहचान श्रेयस्कर और फायदेमंद थी। दूसरी तरफ सामाजिक मान्यता के लिए छटपटा रही पाटीदार जैसी भू-स्वामी जातियों को भी लगा कि उन्हें किसी न किसी तरह सवर्ण पहचान हासिल करनी पड़ेगी। इन लोगों को 'हरित' और 'श्वेत' क्रांतियों से आर्थिक ताकत और कांग्रेस के जरिये राजनीतिक ताकत प्राप्त हो चुकी थी।[२]

जब तक अविभाजित कांग्रेस के जरिये गुजरात के सवर्णों और पाटीदारों को सामाजिक प्रगति और राजनीतिक अभिव्यक्ति का आश्वासन मिलता रहा, तब तक वे खुद को सुरक्षित महसूस करते रहे। इसी

आत्मविश्वास के कारण वे उदीयमान दलित और आदिवासी नेताओं को कांग्रेस की सत्ता-संरचनाओं के साथ जोड़ पाये। फिर कांग्रेस ने निचली जातियों और वर्गों के असंतुष्ट तत्त्वों को अपनी ओर खींचने के लिए 'गरीबी हटाओ' के नारे का इस्तेमाल भी किया। इस नये नारे ने वंचित तबकों और अल्पसंख्यक समुदाय के लोगों (जो उस समय तक कांग्रेसी भयादोहन के चंगुल से नहीं छूट पाये थे) को तो कांग्रेस की ओर आकर्षित किया ही, उत्तर गुजरात और सौराष्ट्र के पाटीदार भी उसकी ओर आये जो नकदी फसलों को उगाने वाले किसान थे।

१९७४ में युवा नेतृत्व वाले नवनिर्माण आंदोलन और फिर १९७७ के आम चुनाव में कांग्रेस की करारी पराजय के बाद पार्टी में कुछ नयी ताकतें आयीं, और पुरानी ताकतों ने उसे छोड़ देना मुनासिब समझा। इस पार्टी का नया नाम कांग्रेस-इ था। इंदिरा गाँधी के नेतृत्व में उसने १९८० का आम चुनाव लड़ा। अब उसे गुजरात में नये चुनावी फारमूले की जरूरत थी जो खाम (के एच ए एम) के रूप में सामने आया। यह क्षत्रियों (गुजरात की पिछड़ी जातियाँ), हरिजनों, आदिवासियों और मुसलमानों का गठजोड़ था। नतीजे के तौर पर १९७६ से १९८० के बीच कांग्रेस के नेतृत्व पर ब्राह्मणों, बनियों और पाटीदारों का असर तकरीबन न के बराबर ही रहा।

खाम के जरिये ऊँची जातियों से राजनीतिक ताकत छीन ली गयी। गुजरात के इतिहास में पहली बार किसी पाटीदार को मंत्रिपरिषद में काबीना स्तर का एक भी मंत्रिपद नहीं मिला। गृह राज्य मंत्री के रूप में एक दलित ने केंद्रीय मंत्रिपरिषद में गुजरात का प्रतिनिधित्व किया। न केवल पहली बार गुजरात सरकार में एक आदिवासी को जगह मिल गयी, बल्कि उसे सिंचाई मंत्री बना दिया गया। यह विभाग नकदी फसल उगाने वाले धनी पाटीदार किसानों से सीधा जुड़ा हुआ था। इससे भी ज्यादा अहम बात यह थी कि अब क्षत्रिय, दलित और आदिवासी ऊँची जातियों के अधीन नहीं रह गये थे। राज्य का मुख्यमंत्री भी निचली जाति का एक क्षत्रिय ही था।[३] विधानसभा की १८० सीटों (कांग्रेस १४०) में सौ पर निचली जातियों, आदिवासियों और अल्पसंख्यकों का कब्जा था। पहली बार ऊँची जातियों, खासकर पाटीदारों का माथा ठनका कि उनका प्रभुत्व राजनीतिक और आर्थिक रूप से खतरे में है।

१९८० में खाम की चुनावी जीत से लगा कि सत्ता बहुत बड़े पैमाने पर ऊँची

जातियों से पिछड़ी जातियों के हाथ में चली गयी है। लेकिन, असलियत यह थी कि पिछड़ी जातियों को सत्ता के लाभ कभी मिल ही नहीं पाये।

१९८१ में ही शिक्षित मध्यवर्ग, मुख्यत: ब्राह्मणों, बनियों और पाटीदारों ने तीखी प्रतिक्रिया की और आरक्षण के खिलाफ आंदोलन छेड़ दिया। शांतिपूर्ण, सहिष्णु और अहिंसक समझे जाने वाले गाँधी के गुजरात का मिथक १९८१ के पहले तीन महीनों में ही टूट गया। आजाद भारत में पहली बार एक आधुनिक उद्योगीकृत महानगर जातिगत हिंसा के भयानकतम रूपों का गवाह बना। अहमदाबाद के औद्योगिक हाशियों पर सवर्ण और दलित एक-दूसरे से भिड़ गये। धीरे-धीरे यह परिघटना जाति-युद्ध में बदलकर गुजरात के १९ जिलों में से १८ में फैलती चली गयी। उत्तर और मध्य गुजरात के उन बहुत से गाँवों में भी यह हिंसा पहुँची जिनमें पाटीदारों का प्रभुत्व था।

पहले आरक्षण विरोधी आंदोलन में दलितों को निशाना बनाया गया, क्योंकि उन्हें मेडिकल और इंजीनियरिंग कालेजों में प्रवेश के मामले में आरक्षण का फायदा मिला था। हालाँकि १९८४ में हुआ दूसरा आरक्षण विरोधी आंदोलन पिछड़ी और गैर-अछूत जातियों (यानी मंडल आयोग वाली जातियाँ) के लिए सरकार और शिक्षा संस्थानों में आरक्षण का कोटा बढ़ाने के खिलाफ था, पर उसकी मार भी दलितों को झेलनी पड़ी। उस आंदोलन का हर शिकार दलित ही था। इन दोनों आंदोलनों के दौरान ब्राह्मण-पाटीदार-बनिया त्रिकोण एक तरह की सवर्ण एकजुटता में बँध गया। दोनों बार संघ परिवार ने इन सवर्णों को सीधे या घुमा-फिरा कर समर्थन दिया।

यह जरूर है कि १९८१ के बाद भाजपा का राष्ट्रीय नेतृत्व दलितों में बढ़ती हुई भाजपा-विरोधी भावनाओं के प्रति चौकन्ना हो गया था। अस्सी के दशक के मध्य तक उन्होंने दलित और आदिवासी समुदायों को व्यवस्थित तरीके से फुसलाना शुरू कर दिया। १९८६-८७ तक संघ परिवार को हिंदुत्व आधारित कार्यक्रमों के जरिये शहरी दलितों को अपनी ओर खींचने में कुछ कामयाबी मिलने लगी।[४] भाजपा ने अपनी आरक्षण विरोधी मुद्रा भी दुरुस्त की और १९८५ के बाद विद्यार्थी परिषद दलितों और आदिवासियों के लिए आरक्षण की माँग तक करने लगी। अगले साल विहिप ने अपने एक हिंदू युवा सम्मेलन में युवकों से छुआछूत मिटाने के लिए समर्पण के साथ प्रयास करने की अपील की। उसने यह भी कहा कि युवकों को 'अपने आर्थिक और सामाजिक रूप से कमजोर भाइयों' के चौतरफा

विकास के लिए काम करना चाहिए। हिंदुत्ववादियों को इस सबका फायदा हुआ। १९८६ में भगवान जगन्नाथ की रथयात्रा के दौरान अहमदाबाद में हुए दंगों के दौरान आम तौर पर यह छवि बनी कि दलित और मुसलमान एक-दूसरे को मार रहे हैं।

अस्सी के दशक के मध्य तक विहिप का यह संदेश फैल चुका था कि हिंदुओं को आपस में जोड़ने के लिए सवर्ण होने की जगह हिंदू होने का विचार अपनाना होगा। पहले घृणा के सबसे बड़े प्रतीकात्मक निशाने दलित थे, जो अब मुसलमान हो गये। गुजराती मध्य वर्ग को हिंदुत्व की विचारधारा के तले आश्वस्ति मिलने लगी। यह मध्य वर्ग अहमदाबाद, बड़ोदरा और सूरत जैसे बड़े-बड़े शहरों से लेकर चालीस से ज्यादा अन्य शहरों तक फैला हुआ था। इसमें ज्यादातर सवर्ण थे, पर दलित और आदिवासी सरकारी कर्मचारी, अध्यापक व छोटे ठेकेदार भी उसके सदस्य थे। पुराने सांस्कृतिक और सामाजिक संबंधों से कटे हुए ये लोग एक ऐसी विचारधारा का इस्तेमाल करना सीख चुके थे जो उस वर्ग में व्याप्त जड़ों से उखड़े होने की व्यथा का इलाज थी और परंपरा-विहीनता की भरपायी कर सकती थी। इस तरह हिंदुत्व इस वर्ग के लिए एक नया पुराण बन गया जिससे उनके प्रभुत्व को सामाजिक मान्यता मिली।

हुल्लड़िया हनुमान से श्री राममंदिर तक

आइये, अब देखें कि गुजरात में सांप्रदायिक हिंसा का ज्वार कैसे उठा। पिछले बीस साल से पूरे गुजरात और खासकर अहमदाबाद में हिंदुओं और मुसलमानों के बीच कई बार सांप्रदायिक टकराव हो चुका था। इनमें सबसे ज्यादा हिंसक संघर्ष १९६९ में हुआ था जिसमें पाँच हफ्ते तक चली वारदातों में एक हजार से ज्यादा जानें गयी थीं। कुछ मध्ययुगीन दरगाहें या कब्रिस्तान और मस्जिदें या तो नष्ट कर दी गयी थीं या तोड़-फोड़ की शिकार हुई थीं। रातों-रात अनाकार किस्म की पत्थर की मूर्तियाँ रखकर उन्हें हनुमान मंदिरों में बदल दिया गया था। ऐसे मंदिरों में सबसे प्रमुख था अहमदाबाद शहर के रायपुर दरवाजे पर बना मंदिर जिसकी मूर्ति हुल्लड़िया (दंगे से संबंधित) हनुमान के नाम से जानी जाती थी।

१९९० में आडवाणी की रथयात्रा के बाद अहमदाबाद में हुए दंगों में भी कुछ दरगाहें नष्ट की गयीं। उनमें सबसे अहम एक मध्ययुगीन दरगाह थी जिसे ३० अक्टूबर १९९० को नवरंगपुरा के सुंदर इलाके में जमीन से मिला दिया गया था। इससे पहले पूजा-स्थलों को अपवित्र करने का काम आम

तौर पर लंपट सर्वहाराओं और बेरोजगारों के झुंड किया करते थे, पर १९९० में यही कारनामा ऊँची जातियों के मध्यवर्गीय शिक्षित युवकों ने किया। कम से कम नवरंगपुरा की दरगाह तो इन्हीं लोगों ने नष्ट की। बाद में इन्हीं युवकों ने अपने वरिष्ठों की सहमति और सक्रिय समर्थन से ठीक उस जगह एक राममंदिर बनाने में सफलता हासिल कर ली जहाँ कुछ दिन पहले तक दरगाह मौजूद थी। न तो राज्य सरकार ने इन लोगों के खिलाफ कोई कार्रवाई की, और न ही गुजराती मीडिया ने इस मसले पर कोई प्रकाश डाला।

इस घटना से समझा जा सकता था कि हिंदू भावनाएँ हुल्लड़िया हनुमान से राममंदिर तक की यात्रा कर चुकी हैं। १९६९ में दरगाहों के खँडहरों पर बने हनुमान मंदिरों के साथ हुल्लड़िया शब्द लगाकर नीची निगाहों से देखा जाता था, पर १९९० में इसी तरह बनाये गये राममंदिर के नाम से यह छवि नहीं निकलती थी कि वह एक दरगाह के खँडहरों पर बनाया गया है। वहाँ तो ऐसा लगता था कि जैसे यह मंदिर वहाँ हमेशा से रहा हो।[५]

इस समय गुजरात का सांप्रदायिक समीकरण तिकोना है। इसके एक कोने में मुसलमान हैं, दूसरे और तीसरे कोनों में सवर्ण और अवर्ण (दलित और आदिवासी) हैं। १९८१ में पहले आरक्षण विरोधी आंदोलन के कारण पूरा गुजरात जातिगत आधार पर ध्रुवीकृत हो गया था। अहमदाबाद में दलितों पर हमले किये गये थे, और उनके घरों में आग लगा दी गयी थी। कई गाँवों में उनका सामाजिक बहिष्कार कर दिया गया था।

तीन महीनों तक चले इन जातिगत दंगों में मुसलमान या तो घटनाओं से निरपेक्ष रहे या उन्होंने जहाँ भी हो सका दलितों को बचाने की चेष्टा की। अहमदाबाद के दलित-मुसलमान इलाकों में *दलित-मुस्लिम भाई-भाई* जैसा नारा भी सुना जा सकता था। कुछ मुसलमान और दलित नेताओं ने मिलकर एक राज्यस्तरीय सम्मेलन भी किया जिसमें 'गुजरात के सांप्रदायिक चक्रवात का मुकाबला करने के लिए अल्पसंख्यक एकता' की जरूरत पर बल दिया गया था। लेकिन, सम्मेलन के बाद अल्पसंख्यकों को गोलबंद करने की कोई कोशिश नहीं की गयी और आखिरकार यह पूरा प्रयास व्यर्थ हो गया।

१९८१ से १९८५ के बीच जब दूसरे आरक्षण विरोधी दंगे आयोजित हुए तो दलितों के बीच जातिगत विभेदों के कारण फूट पड़ी हुई थी।[६] इसके अलावा अवर्णों के बीच १९८५ के दूसरे आरक्षण विरोधी आंदोलन की कोई

समझ भी नहीं थी। आरक्षण पिछड़ी जातियों के लिए निर्धारित कोटे के खिलाफ था। इसलिए मुकाबले के आंदोलन में पिछड़े ही ज्यादा सक्रिय थे। लेकिन सवर्णों के निशाने पर दलित जातियाँ ही रहीं, हालाँकि उत्तर गुजरात के कम से कम ३३ ग्रामों से पाटीदारों और ठाकरडाओं में हिंसक टकरावों की खबरें आयीं, और दक्षिण गुजरात के सूरत शहर से आदिवासी और सवर्ण छात्रों के बीच संघर्ष के समाचार भी मिले। १९८१-८५ के बीच अवर्णों में जितना बिखराव और एकजुटता की कमी थी, सवर्णों में आरक्षण के मुद्दे पर उतनी ही प्रति-एकजुटता देखी जा सकती थी। कम से कम ब्राह्मण, बनिये और पाटीदार समुदाय 'हम-ख्याल' बन चुके थे। गुजरात में अब पहली बार इन तीन जातियों को एक इकाई की तरह देखा जाने लगा है। गुजरात के राजनीतिक, आर्थिक और सांस्कृतिक दायरों पर प्रभुत्व जमाए बैठी जातियों के बीच रोजमर्रा की बातचीत में सवर्ण शब्द का उल्लेख सामान्य हो गया है। राज्य के शिक्षित और शहरी मध्यवर्ग पर यही जातियाँ संख्यात्मक रूप से हावी हैं।

१९८१ में भाजपा की छात्र शाखा विद्यार्थी परिषद ने ही सबसे पहले मेडिकल कालेजों में सीटों के आरक्षण के खिलाफ झंडा उठाया था। उसने न केवल आंदोलन की शुरुआत की, बल्कि उसे अहमदाबाद के मध्यवर्गीय मुहल्लों में भी ले गयी। लेकिन, १९८२ के मध्य तक भाजपा ने अपनी रणनीति बदल दी और आरक्षण विरोधी रुख छोड़ दिया। गुजरात के आदिवासी इलाकों में भाजपा कार्यकर्ताओं ने विकास और राहत कार्य शुरू कर दिया। १९८३ तक उन्हें दलितों की हमदर्दी भी मिलने लगी। १९८३ की एकात्मता यात्रा में भाजपा-विहिप के स्थानीय नेतृत्व ने व्यवस्थित रूप से दलितों को शामिल किया। १९८६ में जब स्थानीय जगन्नाथ मंदिर की रथयात्रा के समय अहमदाबाद में सांप्रदायिक दंगे हुए तो बताया जाता है कि भाजपा और विहिप ने दलितों को हिंदुत्व की रक्षा करने के धर्म युद्ध में भागीदारी करने के लिए औपचारिक रूप से निमंत्रित किया। अहमदाबाद के औद्योगिक इलाकों में हुई हिंसा के बारे में स्थानीय पुलिस और मीडिया के विस्तृत ब्योरों पर नजर डालने से पता चलता है कि किस तरह दलित और मुसलमान एक-दूसरे के खून के प्यासे लग रहे थे। १९८६ के दंगों के बाद चाकूबाजी की कई वारदातें हुईं। पुलिस की रपटों में उन्हें इस तरह पेश किया गया कि जैसे उनमें सिर्फ मुसलमानों और दलितों की ही भागीदारी रही हो।

१९८६ के बाद दलितों और मुसलमानों के बीच खाई बढ़ती चली

गयी। इसी तरह हिंदुओं और मुसलमानों की खाई भी चौड़ी हो गयी। कुल मिलाकर इसका श्रेय १९८३ से १९९० के बीच विहिप द्वारा किये गये गोलबंदी के पाँच सफल प्रयासों को जाता है जो उसने अपनी राष्ट्रीय महत्त्वाकांक्षाओं को जमीन पर उतारने के लिए अंजाम दिये थे। इन पाँचों कोशिशों के संक्षिप्त विवरण इस प्रकार हैं :

यात्राओं की राजनीति

विहिप ने १६ नवंबर से १६ दिसंबर के बीच पूरे भारत के लिए १९८३ में तीन बड़ी 'तीर्थयात्राओं' की योजना बनायी। ये थीं : हिमालय की तराई में स्थित हरिद्वार से तमिलनाडु में रामेश्वरम् तक की जाने वाली एकात्मता अथवा गंगाजल यात्रा, नेपाल में पशुपतिनाथ से कन्याकुमारी तक की जाने वाली एकात्मता यात्रा और पश्चिम बंगाल के गंगासागर से गुजरात में सोमनाथ तक की जाने वाली एकात्मता यात्रा।[७] गुजरात के लिए २३ सहायक यात्राओं की योजना भी बनायी गयी। इन्हें अलग-अलग जगहों से शुरू होकर गंगासागर से सोमनाथ तक होने वाली यात्रा में मिल जाना था। इनका मकसद था जाति, पंथ और संप्रदाय के विभेदों से ऊपर उठकर हिंदुओं में एकता की भावना जगाना।[८] यात्रा में शामिल होने की अपील जिन संगठनों ने की थी उनमें विद्यार्थी परिषद, संघ, आर्य समाज, रोटरी क्लब, लाइंस क्लब के साथ जैन संप्रदाय, सिख संप्रदाय, बौद्ध संप्रदाय, वैष्णव परिवार और भारतीय दलित वर्ग संघ भी शामिल था। जाहिर था कि आयोजन चाहते थे कि सभी गैर हिंदू समुदायों को यात्राओं के साथ जोड़कर मुसलमानों को अलगाव में डाल दिया जाए।

यात्राओं में न केवल गंगाजल से जुड़ी पवित्रता की मान्यता का दोहन किया गया, बल्कि बलि और तीर्थयात्राओं से जुड़े कर्मकांडों का भी इस्तेमाल था। यात्राओं का रास्ता इस तरह तय किया गया था ताकि वह अधिकतर पूजा-स्थलों और तीर्थ केंद्रों को स्पर्श करता हुआ चले। इस बात का फायदा भी, उठाने की कोशिश की गयी थी कि ये पूजा-स्थल तीन मुख्य पंथों शैव, शाक्त और वैष्णव की परंपराओं से जुड़े माने जाते थे। उन पर जैन, बौद्ध और सिख धर्मों की छाप भी मानी जाती थी। इस लिहाज से गंगाजल याञ्ञा में इसी तरह के आगे होने वाले कार्यक्रमों के पहलू शामिल थे। मसलन, आडवाणी की रथयात्रा का मार्ग भी इन्हीं सब बातों को ध्यान में रखकर तय किया गया था ताकि उपमहाद्वीप में जन्मी सभी धार्मिक परंपराओं की नुमाइंदगी करके वह यात्रा एक हिंदू राष्ट्रीयता की रचना करने में

योगदान कर सके। यानी सभी प्रमुख और छोटे पंथों और जातियों के विभेदों को लाँघा जा सके।

विहिप की जन-गोलबंदी १९८४ के बाद ही राम के नाम पर होनी शुरू हुई। इसका पहला संगठित प्रयास राम-जानकी धर्म यात्रा के रूप में था। पूरे गुजरात में हुई इस यात्रा ने आदिवासी इलाकों को भी अपने रास्ते में समेटा।[९] इसका लक्ष्य यह बताया गया था कि भगवान रामचंद्र की भक्ति के जरिये जाति और पंथ के विभेदों से परे जाते हुए हिंदुओं की एकता को मजबूत करना।

इस एकता का मतलब यात्रा के दौरान ही साफ हो गया। विपुर एक ऐसा कस्बा है जहाँ गुजरात के खेड़ा, साबरकाँठा और पंचमहल जिले मिलते हैं। जिस दिन धर्म यात्रा यहाँ से गुजरनी थी, इस कस्बे के हिंदुओं और मुसलमानों के बीच हिंसक मुठभेड़ें हुईं। गुजरात के इतिहास में पहली बार बगल के गाँवों से आदिवासी तेजी से आये और मुसलमानों की बस्तियों पर हमला कर दिया। उन्होंने मुसलमानों की दूकानों और घरों को जला डाला।[१०]

जन-गोलबंदी का दूसरा प्रयास रामशिला पूजन के रूप में आयोजित किया गया। अयोध्या में राममंदिर बनाने के लिए अभिषिक्त ईंटों के पूजन का यह कार्यक्रम विहिप ने १९८९ में किया। आजादी के आंदोलन के दौरान गाँधी के डांडी मार्च के बाद गुजरात में जन-गोलबंदी की यह सबसे प्रभावशाली कोशिश साबित हुई। इसमें विहिप को उम्मीदों से कहीं ज्यादा कामयाबी मिली। पचास से सौ घरों वाले गाँवों ने भी पूजा में भाग लिया। न केवल उन्होंने अपने गाँव की मिट्टी से पवित्र ईंटें बनायीं, बल्कि बड़े पैमाने पर चंदा भी दिया। अहमदाबाद की दलित झुग्गी बस्तियों के वासियों और दूर-दराज के आदिवासी गाँवों ने भी इस पूजा में उत्साह से भागीदारी की।

राज्य सरकार के अनुसार इस पूजन के परिणामस्वरूप १८० नगरों और गाँवों में हिंदू-मुसलमान झगड़े हुए। कांग्रेस-इ के मुख्यमंत्री अमर सिंह चौधरी को रामशिलाओं के जुलूसों को प्रतिबंधित करना पड़ा, क्योंकि ९५ और जगहों से सांप्रदायिक तनाव की खबरें आयी थीं।

जन-गोलबंदी का तीसरा प्रयास राम ज्योति और विजयदशमी विजय यात्राओं का था। आडवाणी की रथयात्रा कार्यक्रम घोषित होने से पहले ही विहिप ने इन यात्राओं का कार्यक्रम तय कर दिया था। इन्हें ३० अक्टूबर १९९० यानी अयोध्या में कारसेवा शुरू होने से पूर्व ही संपन्न होना था।

लेकिन, इस बार यात्राएँ शुरू होने से पहले ही गणेश विसर्जन समारोह के समय हिंसा फूट पड़ी। विहिप द्वारा हिंदू गोलबंदी के निरंतर प्रयासों के कारण हिंदुओं के कुछ हिस्सों में पैदा हुए धार्मिक जोश का उत्तरोत्तर आडम्बरपूर्ण प्रदर्शन हो रहा था। साल दर साल गणेश उत्सव के मौके पर बड़ी से बड़ी मूर्तियाँ बनाकर पहले से ज्यादा स्थानों पर उनकी पूजा की जाने लगी थी। इसी के साथ मुसलमान बहुल इलाकों से गणेश यात्राएँ गुजरने पर वहाँ सांप्रदायिक टकराव होने की खबरें भी बढ़ गयी थीं। कारण हमेशा एक जैसे ही बताये जाते थे : या तो किसी मस्जिद से यात्रा पर पत्थर फेंके जाने की शिकायत की जाती थी, या फिर आक्रामक मुसलमान विरोधी नारे लगाकर माहौल को कामयाबी से भड़का दिया जाता था। अक्सर दोनों कारण एक साथ बताये जाते थे। ४ सितंबर १९९० को बड़ोदरा, आनंद, सूरत, बरडोली और अंकलेश्वर में विसर्जन के दिन हुई हिंसा में १५ लोग मारे गये।

१५ सितंबर १९९० को गुजरात विहिप के महामंत्री प्रवीण तोगड़िया ने घोषणा की कि १०१ राम ज्योति यात्राएँ और १५,००० विजयदशमी विजय यात्राएँ पूरे गुजरात में निकलेंगी। उन्होंने यह भी ऐलान किया कि अयोध्या में कारसेवा करने के लिए एक लाख कारसेवक गुजरात से जाएँगे जिनमें ५०,००० त्रिशूलधारी बजरंगदली होंगे और तीर-कमान से लैस १,००० आदिवासी भी होंगे। साथ ही गुजरात के सभी १८,००० गाँवों में १८,००० धार्मिक सम्मेलन किये जाएँगे। जाहिर है कि आडवाणी की रथयात्रा के कार्यक्रम की घोषणा से पहले ही विहिप ने बहुत बड़ पैमाने पर तैयारियाँ शुरू कर दी थीं।

२९ सितंबर १९९० के बाद हुई प्रत्येक गोलबंदी के बाद सांप्रदायिक दंगे हुए। विजयदशमी यात्राओं के कारण उत्तर गुजरात के पालनपुर और बीजापुर नगरों में दंगे हुए; रामज्योति यात्राओं के चलते मध्य और पूर्व गुजरात के बड़ोदरा, बालाशिनोर और लुनावाड में सांप्रदायिक झगड़े हुए; दक्षिण गुजरात के भरूच में भी दंगे फूट पड़े। भरूच और सूरत के आदिवासी बहुल इलाकों के ३३ गाँवों में इक्का-दुक्का मुसलमान घरों पर आदिवासियों ने हमले किये।[११]

आडवाणी की रथयात्रा का संक्षिप्त वर्णन अध्याय दो में किया जा चुका है। यह यात्रा जन-गोलबंदी का आखिरी बड़ा कार्यक्रम थी। १३ सितंबर १९९० को गुजरात भाजपा के महामंत्री नरेंद्र मोदी ने एक प्रेस कान्फ्रेंस में सोमनाथ से अयोध्या तक आडवाणी की रथयात्रा की घोषणा की। मोदी ने

केंद्र और उत्तर प्रदेश सरकारों को कड़ी चेतावनी देते हुए कहा कि भाजपा अयोध्या में जलियाँवाला बाग जैसे हत्याकांड के लिए भी तैयार है। जब एक पत्रकार ने पूछा कि क्या यात्रा के दौरान सांप्रदायिक दंगे भी हो सकते हैं तो उनका कहना था कि ऐसा नहीं होगा, पर साथ में यह भी जोड़ दिया कि सांप्रदायिक तनाव तो गुजरात के जीवन के साथ गुँथा हुआ है।

२५ सितंबर १९९० को जब आडवाणी ने सोमनाथ से अपनी रथयात्रा शुरू की तो गुजरात के मुसलमान बहुत असुरक्षित महसूस कर रहे थे। सोमनाथ से लगे हुए शहर वेरावाल के मुसलमानों ने तो अपने बच्चों, बूढ़ों और औरतों को नजदीक के सुरक्षित समझे जाने वाले ऐसे गाँवों में भेज दिया था जहाँ मुसलमान आबादी ज्यादा थी। चूँकि राज्य का सरकारी तंत्र चौकन्ना था, इसलिए यात्रा गुजरात से शांतिपूर्वक गुजर गयी।

आडवाणी की रथयात्रा को जबर्दस्त राजनीतिक कामयाबी मिली। चिमनभाई पटेल की मंत्रिपरिषद के करीब आधे सदस्य भाजपा के थे। उन्होंने अपनी सरकारी हैसियत का यात्रा की सफलता के लिए इस्तेमाल किया। अपने-अपने क्षेत्रों में उन्होंने यात्रा के पायलट का काम किया और सरकारी वायरलैस सेवा के जरिये रास्ते में पड़ने वाले इलाकों को यात्रा की प्रगति के बारे में सूचना दी ताकि आडवाणी का पूरा-पूरा स्वागत किया जा सके। विहिप तो भाजपा से भी एक कदम आगे निकल गयी। उसने यात्रा के रास्ते के हर शहर में बड़े-बड़े बोर्ड लगाये जिनमें उन शहरों को हिंदू राज्य का शहर घोषित किया गया था।

२३ अक्टूबर को समस्तीपुर, बिहार में जैसे ही आडवाणी को गिरफ्तार किया गया, वैसे ही गुजरात की सांप्रदायिक हालत बिगड़ गयी। पुराने अहमदाबाद के दो सबसे संवेदनशील इलाकों दरियापुर और कालूपुर में दोपहर के बाद कर्फ्यू लगा दिया गया। सौराष्ट्र, उत्तर और पूर्व गुजरात के कई शहरों में दंगे फूट पड़े। वारदातें ३० अक्टूबर तक चलती रहीं। तब तक पूरा राज्य प्रभावित हो चुका था। अहमदाबाद में ६ नवंबर तक रुक-रुक कर दंगा होता रहा।

यहाँ हम अहमदाबाद के दंगों का संक्षिप्त वर्णन करेंगे, लेकिन उससे पहले शहर के बदलते हुए मानवीय भूगोल का जिक्र करना जरूरी होगा।

अहमदाबाद के दंगे

अहमदाबाद दरअसल एक नहीं तीन हैं। पहला अहमदाबाद वह है जो परकोटे से घिरा हुआ है और जिसकी स्थापना पाँच सौ साल पहले सुल्तान

अहमद शाह ने की थी। उसमें कई मध्ययुगीन मस्जिदें हैं जिनका स्थापत्य भारतीय और इस्लामी शैली का मिला-जुला नमूना है। इस शहर में अनगिनत पोल हैं। पोल का मतलब है एक-दूसरे से सटे हुए घरों से भरी हुई सँकरी घुमावदार गलियाँ जिनके मुख्य प्रवेश-द्वार पर बड़े-बड़े लकड़ी के दरवाजे लगे हुए हैं जिन्हें बंद किया जा सकता है। हर पोल में किसी न किसी एक जाति के लोग रहते हैं। किसी में सवर्ण, किसी में दलित या किसी में मुसलमान। हर पोल की संस्कृति अलग-अलग है।

दूसरा अहमदाबाद उन्नीसवीं सदी के उत्तरार्ध में शहर की परिधि पर बने गाँवों के आसपास विकसित हुआ। इसके पीछे इस इलाके के मशहूर कपड़ा उद्योग की भूमिका रही। उसने इन मध्ययुगीन गाँवों को औद्योगिक उपनगरी में बदल दिया। कपड़ा मिलों और फैक्ट्रियों के विशाल परिसरों और ऊँची चारदीवारों के आसपास झुग्गियाँ और चालें बनती चली गयीं।[१२] इस अहमदाबाद पर एक ओर तो पारंपरिक जातिगत जीवन-शैली की छाप रही, पर झुग्गियों और चालों पर कपड़ा मिल मजदूरों की सामाजिक संरचना का असर रहा जिसकी विविधताएँ एक-दूसरे से अलगाव की शिकार रहती हैं। उन्नीसवीं सदी और बीसवीं सदी के पहले दशक में जो लोग इस दूसरे अहमदाबाद में आ गये थे, वे चालों में बस गये। और, जो आजादी के बाद अहमदाबाद आये, उन्हें झुग्गियों में रहना पड़ा। १९८० से पहले यहाँ के एक-तिहाई मजदूर दलित थे, और एक-तिहाई मुसलमान। इस अहमदाबाद में हिंदी भाषी उत्तर भारत से भी लोग बहुत बड़े पैमाने पर आये। इसी तरह पिछले तीस सालों में दक्षिण भारत की गोदावरी नदी के आसपास के इलाकों से भी लोगों का यहाँ आगमन हुआ।

तीसरा अहमदाबाद नया बसा है और साबरमती नदी उसे बाकी दोनों अहमदाबादों से अलग करती है। इसमें ऊँचे और मध्यवर्ग की रिहाइश का एक अभिजन इलाका है, मुसलमान आबादी बहुत कम और इधर-उधर बिखरी हुई है। दलितों की कुछ हाउसिंग कालोनियाँ और झुग्गियाँ हैं। इसी अहमदाबाद में विश्वविद्यालय समेत उच्च शिक्षा के ज्यादातर संस्थान हैं। अस्सी के दशक में इस अहमदाबाद का चरित्र बदला। हर दंगे के बाद पुराने अहमदाबाद के मध्य और उच्चवर्गों के बीच असुरक्षा की भावना बढ़ती चली गयी। पुराने अहमदाबाद के दूकानदारों और व्यापारियों के साथ-साथ दूसरे अहमदाबाद के आधुनिक पेशों में लगे लोग नये अहमदाबाद में रहने के लिए आने लगे। १९८५ के बाद यह प्रक्रिया और तेज हो गयी। बहुमंजिले दफ्तर और रिहाइशी इमारतें बनने लगीं। शहर में सिंगापुर शैली के शॉपिंग

आरकेड दिखने लगे। इनकी वजह से नये अहमदाबाद के अभिजन इलाके और भी विशिष्ट बनते चले गये। आजादी के फौरन बाद बनी आवास सोसाइटियों की सदस्यता जाति और समुदाय आधारित थी, और आधुनिकता की आड़ में जीवन-शैली वही पुराने अहमदाबाद वाली थी। लेकिन, सत्तर और अस्सी के दशक में बनी आवास सोसाइटियाँ अलग तरह की थीं। इनकी सदस्यता सवर्णों के हाथ में थी और जातिगत विभेदों से परे चली गयी थी। ये लोग सवर्णों की उसी एकजुटता की नुमाइंदगी करते थे जिसकी हम चर्चा कर चुके हैं।

अस्सी के दशक में अहमदाबाद में दो बड़ी तब्दीलियाँ आयीं। पहली तब्दीली तो यह थी कि एक सदी पुराना कपड़ा उद्योग टूटने लगा और १९८२ तक करीब ५०,००० मजदूर बेकार हो गये। इनमें दो-तिहाई दलित और मुसलमान थे। अगर इसके पहले के तीस सालों में कपड़ा मिलों से धीरे-धीरे मुसलमान और महिला मजदूरों को न निकाला गया होता तो यह अनुपात और भी ज्यादा हो सकता था। इनमें से कई बेरोजगार गैर-संगठित क्षेत्र से रोजी चलाने लगे। बेरोजगारी के शिकार परिवारों के बच्चे शहर के फैलते हुए अपराध जगत की तरफ आकर्षित हुए जिसके पुलिस और राजनेताओं के साथ गहरे रिश्ते थे।[१३]

दो जातिगत दंगों और कई सांप्रदायिक दंगों के बाद यह अपराध जगत भी अस्सी के मध्य तक दलित, मुसलमान और सवर्ण के ध्रुवीकरण में बँट गया। गिरोहों की आपसी होड़ ज्यादा हिंसक हो गयी। १९८७ में यह ध्रुवीकरण अपने राजनीतिक शिखर पर पहुँचा जब अब्दुल लतीफ नामक एक अपराधी सरगना ने पाँच मुस्लिम बहुल निर्वाचन क्षेत्रों से एक साथ अहमदाबाद नगर निगम का चुनाव जीत लिया। निगम पर भाजपा जबरदस्त बहुमत के साथ काबिज थी। इस जीत को गिनेस बुक ऑव वर्ल्ड रिकॉर्ड में भी दर्ज किया गया। लतीफ जैसे स्थानीय हीरो के उभरने से पारंपरिक किस्म के सामुदायिक नेतृत्व के प्रभाव में और गिरावट आयी। रामचंद्र परमार (राजनीतिक कार्यकर्ता, गुजरात में दलित आंदोलन के पुरोधा और तीस साल से स्कूल अध्यापक) के अनुसार व्यापारी गिल्डों, महाजन व श्रेष्ठियों की परंपरा वाली व्यापारी जातियाँ और फिर उसके बाद बनी गाँधीवादी परंपरा अपनी तमाम सीमाओं के बावजूद मजदूर वर्ग और अहमदाबादियों की युवा पीढ़ी पर कुछ सामाजिक और नैतिक लगाम लगाती थीं। लेकिन, ये

सांस्कृतिक शक्तियाँ अस्सी के दशक तक अन्य शक्तियों के सामने अपना प्रभाव खोने लगी थीं।

अहमदाबाद में दूसरा सबसे बड़ा परिवर्तन शहरी भूमि हदबंदी कानून (१९७६) के कारण हुआ। १९७६ में नगर निगम ने झुग्गियों का एक सर्वेक्षण कराया। झुग्गियों में बने करीब ७८ फीसदी घर निजी जमीन पर थे। इस कानून के पास होने के बाद निजी जमीन पर झुग्गी बनाना नामुमकिन हो गया। इस काम के लिए केवल नगर निगम की या सरकारी जमीन ही रह गयी। इसके कारण एक नये अर्ध-अपराधी उद्यमी वर्ग का उदय हुआ जो अपने राजनीतिक संपर्कों के जरिये कभी भी किसी खाली जमीन पर गैर-कानूनी कब्जा कर लेता था। जमीन के इन जबरिया मालिकों ने पहले तो बाहर से आये गरीबों को घर देने के नाम पर पैसे ऐंठे, और फिर जब जमीन की कीमतें बढ़ीं तो मुनाफा कमाने के लालच में उन्हीं बस्ती वालों के खिलाफ हो गये जिन्हें कभी उन्होंने ही धन लेकर बसाया था। फिर इन जमीनों को खाली कराने के लिए सांप्रदायिक दंगे आयोजित कराये गये। इस तरह छीनी गयी जमीन को ऊँचे से ऊँचे दामों पर फिर से बेचा गया। आज अहमदाबाद में ऐसे लोग अक्सर मिल जाएँगे जो पहले झुग्गियों की जमीन पर काबिज थे, फिर बिल्डर बने और आज नगर निगम पार्षद या किसी राष्ट्रीय राजनीतिक दल के पदाधिकारी हैं।

संगठित कपड़ा उद्योग से पावरलूम जैसे असंगठित कपड़ा उद्योग की तरफ बढ़ते हुए अहमदाबाद के पुराने शहर में अस्सी के दशक में मकानों के लिए मारामारी मची। पावरलूम जैसे धंधों से जुड़ा हर कोई व्यक्ति चाहता था कि उसे काम करने की जगह के पास ही मकान मिल जाए। १९८५-८६ के दंगों के बाद तो इलाका छोड़ कर भागने वालों ने इतने ज्यादा मकान बेचने शुरू कर दिये कि सरकार को एक अध्यादेश लाना पड़ा जो पिछली तारीख से मकानों की ऐसी बिक्री और रजिस्ट्रेशन को अमान्य करार दे देता था। लेकिन, सांप्रदायिक समस्या के कारण बहिर्गमन जारी रहा। खुशहाल लोग तीसरे अहमदाबाद की ओर चले गये। निम्न-मध्यवर्ग और पिछड़ी जातियों के लोग अपनी-अपनी जातियों के पोलों में रहने चले गये। अस्सी का दशक खत्म होते-होते तीनों अहमदाबादों में लोगों की रिहाइश सांप्रदायिक रूप से समरूप हो चुकी थी। लेकिन, इस समरूपता के गर्भ से सामुदायिक जीवन की स्थिरता नहीं निकली। इलाकों में रहने वाले लोग उनके लिए नये थे और नये अहमदाबाद की तरफ धीरे-धीरे जाने का सिलसिला बंद होने का नाम नहीं ले रहा था।

२३ अक्टूबर से ६ नवंबर के बीच की घटनाओं को इन्हीं परिवर्तनों की रोशनी में देखा जाना चाहिए।

२२ अक्टूबर को गुजरात भाजपा के महामंत्री नरेंद्र मोदी ने आडवाणी की गिरफ्तारी का पूर्वानुमान लगाते हुए रेड अलर्ट घोषित कर दिया। यह रेड अलर्ट २४ से २६ अक्टूबर के बीच रहना था। उन्होंने २३ से ३० अक्टूबर के बीच एक संकल्प सप्ताह मनाने की अपील भी की और घोषणा की कि गुजरात के १,५०० कस्बों और गाँवों में सभाएँ की जाएँगी। गुजरात की हवा में सांप्रदायिक तनाव की बू सूँघी जा सकती थी।

आडवाणी की बिहार में गिरफ्तारी होते ही भाजपा और विहिप के कार्यकर्ताओं ने २३ अक्टूबर को पुराने शहर के खड़िया और रायपुर इलाकों में आम हड़ताल का आह्वान किया। वे सड़कों पर निकल आये, पत्थर फेंकने लगे या उखड़े हुए बिजली के खंभों से बेरिकेड खड़े कर दिये। दोपहर बाद से कालूपुर और दरियापुर के मुस्लिम बहुल इलाकों में बड़े पैमाने पर दंगे शुरू हो गये। पुराने शहर में दुपहिया वाहनों पर सवार दंगाई इधर-उधर लोगों को चाकू मारते हुए घूमने लगे। उन्होंने चार की जान ले ली और दस को बुरी तरह घायल कर दिया। इनमें एक दस साल की बच्ची भी थी। (अहमदाबाद में पहली बार किसी बच्चे पर ऐसा घातक हमला हुआ था। इसी तरह १९८५ में पहली बार शहर में किसी महिला को चाकू मारा गया था। वरना गुजरात के दंगों में महिलाओं और बच्चों पर हमले वर्जित से थे। आज यह आम बात हो गयी है।) दंगों के कारण दोपहर तक बैंक बंद हो गये और बड़ा डाकखाना भी कुछ घंटों में बंद हो गया। पुराने शहर से लोग बड़े पैमाने पर साबरमती के उस पार अपने घरों की तरफ़ भागे। अंधाधुंध अफवाहें फैलने लगीं। मारे गये लोगों की संख्या बढ़-चढ़ कर बतायी जाने लगी।

पिछले चालीस सालों से दंगे हमेशा पुराने शहर में ही शुरू होते थे, पर तीनों अहमदाबादों पर एक साथ असर शायद ही कभी पड़ा हो। लेकिन, इस बार हिंसा पुराने शहर की दीवारों के परे तेजी से फैलती चली गयी। दो बैंकों, दो डाकघरों और जीवन बीमा निगम के एक दफ्तर में आग लगा दी गयी। ये सभी जगहें नये अहमदाबाद के हिंदू मध्यवर्गीय इलाकों में थीं। शाम तक औद्योगिक अहमदाबाद पर भी दंगे का असर दिखने लगा, लेकिन अपेक्षाकृत कम। एक दिन के भीतर हालत इतनी तनावग्रस्त हो गयी,

सांप्रदायिक विभाजन इतना तीखा हो गया कि हमलावर भीड़ें कई जगहों पर एक-दूसरे पर टूट पड़ीं। जैसे कि दो छोटी-छोटी फौजें एक-दूसरे को खत्म करने के लिए लड़ रही हों।

२४ अक्टूबर को आम हड़ताल का आह्वान किया गया जिसमें ज्यादातर बाजार बंद रहे। सिटी बसें सुबह से ही नहीं चलायी गयीं। इसके बावजूद औद्योगिक अहमदाबाद के बापू नगर और गोमतीपुर में दलितों और मुसलमानों के झुंडों के बीच दंगे हुए। कारण साफ था। हड़ताल को पूरी तरह से कामयाब बनाने के लिए भाजपा और विहिप के कार्यकर्ताओं ने मुसलमानों की दूकानें बंद करवाने की कोशिश की थी जिसके कारण दोनों पक्षों के बीच मुठभेड़ शुरू हो गयी। दोपहर के पहले इन इलाकों में भी कर्फ्यू लगा दिया गया। दोपहर के बाद औद्योगिक और पुराने अहमदाबादों के कुछ और इलाके कर्फ्यू की जद में आ चुके थे। लेकिन, अब तक सांप्रदायिक युद्ध का मैदान मुख्यत: तीसरे अहमदाबाद के नारनपुरा इलाके में पहुँच चुका था। वहाँ केंद्र सरकार की संपत्तियों को निशाना बनाया जा रहा था। करीब तीन करोड़ रुपये के टेलीफोन तार नष्ट कर दिये गये। रेल की पटरियों को भी नहीं बख्शा गया।

अगले दिन तक अहमदाबाद शांत हो गया और हिंसा की छिट-पुट घटनाएँ ही बाकी रह गयीं, हालाँकि औद्योगिक और पुराने शहर के आधे हिस्सों में अभी तक कर्फ्यू लगा हुआ था। शहर में तनाव जारी था, लेकिन उसकी राजनीति और भी तनावग्रस्त थी। तरह-तरह की अफवाहें और अटकलों का बाजार गर्म था, क्योंकि मुख्यमंत्री चिमनलाल पटेल ने अपने मंत्रिमंडल के दस भाजपा मंत्रियों से इस्तीफे माँग लिये थे। अगले दिन सात महीने पुरानी गठजोड़ सरकार गिर गयी और साथ ही शहर में लौट रही शांति फिर भंग हो गयी, जैसे कि हिंसा भाजपा के सत्ता से हटने का इंतजार ही कर रही थी।[१४] खासकर पुराने अहमदाबाद में स्कूटर पर सवार युवकों ने फिर चाकूबाजी शुरू कर दी। औद्योगिक अहमदाबाद में एक महिला को चाकू घोंप दिया गया जिससे एक बार फिर भावनाएँ भड़क उठीं।

अगले दो दिन २७ और २८ अक्टूबर को कुछ शांति रही। हिंसा की इक्का-दुक्का वारदातें ही हुईं। २९ अक्टूबर को पूरे शहर से कर्फ्यू हटा दिया गया, हालाँकि गुजरात के अन्य इलाकों में हिंसा उस समय भी जारी थी।

भाजपा और विहिप की गुजरात इकाइयों ने ३० अक्टूबर को फिर से आम

हड़ताल का आह्वान किया। अहमदाबाद में इसे जोरदार सफलता मिली। उसी दिन शहर के ज्यादातर बड़े मंदिरों में रामधुन गायी गयी। शहर के भाजपाई मेयर गोपालभाई सोलंकी ने सुबह नौ बजे के करीब असरवा पर गाँधी की मूर्ति के पास मुख्य आश्रम मार्ग पर रास्ता रोक दिया। भाजपा के ही डिप्टी मेयर ने एक दूसरा अवरोध लगाया और साबरमती नदी पर गाँधी पुल महिला शाखा की अध्यक्ष और अन्य महिला कार्यकर्ताओं ने जाम कर दिया। जल्दी ही साबरमती के सभी पुलों पर आवागमन बंद हो गया। नगर निगम की बसें सड़कों से हटा ली गयीं। साइकिलों और दुपहिया वाहनों पर सवार लोगों को रोक कर जबरिया *जय श्री राम* बुलवाया जाने लगा। इनकार करने वालों और बोलने में अटकने वालों की पिटाई की गयी या फिर उनके पहियों की हवा निकाल कर जाने दिया गया।

पुलिस ने जैसे ही पहली गिरफ्तारी की, हिंसा भड़क उठी। लोहे के भारी-भारी रोड-डिवाइडरों, उखड़े हुए बिजली के खंभों, लूटी गयी दूकानों के टूटे हुए साइनबोर्डों और तोड़ दिये गये बस स्टैंडों की मदद से सड़कें रोक दी गयीं। दोपहर के बाद शहर में जनजीवन एकदम ठप हो गया, लेकिन कुछ कटिबद्ध दंगाई खुल कर खेलते रहे। घरों और दूकानों को आग लगायी गयी। पास के कुछ पुलिस थाने भी फूँक दिये गये। आग बुझाने की कोशिश करने वाले दमकलों पर भी हमला किया गया। कुछ जगहों पर दोनों समुदायों के झुंड आपस में भिड़ गये। शाम को फौज बुलानी पड़ी जिसने साबरमती के दोनों तरफ फ्लैग मार्च किया।

लेकिन, फ्लैग मार्च के बावजूद कई जगहों पर भीड़ दूकानों में आग लगाती रही और घरों को लूटा जाता रहा। पुराने शहर की सँकरी गलियों में चाकूबाजी जारी थी। जम कर पत्थरबाजी चल रही थी और साइकिल के टायरों पर लपेट-लपेट कर जलते हुए गूदड़ बहुमंजिली इमारतों की छतों से नीचे भीड़ पर फेंके जा रहे थे। पहले के दंगों की ही तरह दोनों समुदायों की औरतें इन जलते हुए गूदड़ों की सप्लाई का काम रही थीं। नये अहमदाबाद के बाहरी इलाकों की मिली-जुली बस्तियों में हिंदुओं और मुसलमानों के पगलाए हुए झुंड एक-दूसरे पर तलवारों, डंडों और लोहे की छड़ों से हमले कर रहे थे। औद्योगिक अहमदाबाद के सघन इलाकों में सटी हुई बस्तियों में रहने वाले दलित और मुसलमान तेजाब से बनाये गये देशी बमों, पेट्रोल बमों और निजी बंदूकों तक का इस्तेमाल कर रहे थे।

नये अहमदाबाद में हालात खसतौर से खराब थे। गाँधी द्वारा स्थापित गुजरात विद्यापीठ के सामने पश्चिम बंगाल सरकार के एक हैंडीक्राफ्ट

इम्पोरियम और खादी की बड़ी-सी दूकान को फूँक दिया।[१५] सड़क के किनारे बने हुए छोटे मुसलमान दूकानदारों के लकड़ी के खोखे पहले तो नष्ट कर दिये गये, और फिर उन्हीं को सड़क रोकने के लिए इस्तेमाल किया गया। विद्यापीठ के पास एक उच्च-मध्यमवर्गीय मुहल्ले में बनी एक मध्ययुगीन दरगाह गिरा कर जमीन से मिला दी गयी और शाम तक उस जगह को राममंदिर घोषित कर दिया गया। इस घटना पर हम पहले ही टिप्पणी कर चुके हैं।

कुछ और पश्चिम में आश्रम रोड पर नेशनल इंस्टीट्यूट ऑव डिजाइन के पास मुसलमानों के कई उच्च-मध्यमवर्गीय मुहल्लों पर बहुत बड़ी भीड़ ने हमला करके वहाँ पार्क गाड़ियों में आग लगा दी। अतिआधुनिक शॉपिंग कॉम्प्लेक्सों में से कुछ में मुसलमानों की दूकानें या तो जला दी गयीं या फिर लूट ली गयीं। लूटी गयी चीजें या तो वहीं सड़क पर जला दी जाती थीं, वरना आमतौर पर लुटेरे उन्हें अपने साथ ले जाते थे। उसी इलाके में एक युवा मुसलमान केमिस्ट की भीड़ ने हत्या कर दी। भीड़ ने सेविन हैवन अपार्टमेंट पर हमला किया था जहाँ उसका घर था। उसने आत्मरक्षा में अपनी रिवाल्वर से गोली चलायी जिससे नाराज होकर पगलाई भीड़ उसके फ्लैट की तरफ झपटी, दरवाजा तोड़ा और उसे सीढ़ियों से नीचे घसीटती हुई ले गयी जहाँ उसकी माँ और भाई के सामने उसे जिंदा जला दिया गया। उसे बचाने की कोशिश में वे दोनों भी बुरी तरह घायल हो गये।

पश्चिम की तरफ और आगे जाकर कुछ मील दूर जुहापुरा में शाम होने से कुछ पहले तलवारों, छुरियों और लोहे की छड़ों से लैस भीड़ ने तीन मध्यवर्गीय सहकारी आवास सोसाइटियों पर हमला किया जो मुख्यत: हिंदुओं की थीं। ये थीं शैलेश पार्क, वेणुगोपाल सोसाइटी और ज़ालक अपार्टमेंट। हमलावरों ने २१ घर जला डाले और नौ को नुकसान पहुँचाया। एक से डेढ़ घंटे के बीच उसमान हारूँ सोसाइटी पर बदले का हमला हो गया। १७ घर या तो जला दिये गये या फिर उन्हें लूट लिया गया। देर शाम तक आक्रमण और प्रति-आक्रमण चलते रहे। आखिरी निशाना बनी शाम सोसाइटी नामक आवासीय समिति जहाँ नौ घर बरबाद किये गये। हिंसा में तीन लोग मारे गये और ७३ घायल हो गये। हिंसा पर काबू पाने के लिए पुलिस ने गोली चलायी जिससे छ: लोग और मारे गये।

जुहापुरा-वेजलपुरा में इससे पहले कभी सांप्रदायिक दंगा नहीं हुआ था। बीस हजार की आबादी वाले मुस्लिम बहुल जुहापुरा में १२ हिंदू मंदिर वर्षों से बिना किसा नुकसान के मौजूद थे। पहले के दंगों में भी उन्हें नहीं

छुआ गया था। इसी तरह दलितों की और अन्य पिछड़े समुदायों की बहुत-सी झोंपड़ियों का भी कुछ नहीं बिगड़ा था। हाईवे के पार बनी एक बड़ी हिंदू आवासीय सोसाइटी का भी बाल बाँका नहीं हुआ था। समझा जाता है कि इस बार प्लॉट काट कर बेचने वाले कुछ व्यापारी इलाके की कीमती पर झगड़ातलब जमीन हथियाने के फेर में थे। शहर के दूसरे हिस्सों में हुई हिंसा ने इन बिल्डरों को वह मौका दे दिया जिसकी वे तलाश में थे। जमीन के लालच ने पूरे समुदाय की किस्मत का फैसला कर दिया।

हालात यहाँ तक बिगड़े कि स्पेस रिसर्च सेंटर के आसपास के अभिजन आवासीय इलाके को भी दंगाइयों ने नहीं बख्शा। दुपहिया वाहनों पर युवकों के गिरोह आये और अलग-थलग बने कुछ उच्चवर्गीय मुसलमान घरों में आग लगाकर चंपत हो गये। इन घरों की पहले से ही निशानदही कर ली गयी थी। इस आगजनी के शिकारों में एक डॉक्टर, एक कालेज प्रोफेसर, एक सामाजिक कार्यकर्ता और हिंदू के साथ शादी करने वाला एक मुसलमान वास्तुशिल्पी था जिसका घर पुलिस चौकी के सामने ही पड़ता था। ऐसी भी कुछ वारदातें हुईं जिनमें हिंदू पड़ोसियों ने आततायियों की भीड़ का प्रतिरोध किया, पर कुछ वारदातों में वे हर संभव प्रतिरोध करने के बावजूद नाकाम रहे। उदाहरणार्थ, जब दंगाइयों का एक गिरोह इंडियन इंस्टीट्यूट ऑव मैनेजमेंट के परिसर में एक मुसलमान नलसाज को मारने के लिए घुसा तो उसके पड़ोसियों ने उसके हिंदू होने की कसम खाकर उसे बचा लिया। इसी तरह जब एक मुसलमान अध्यापक के बंद घर में दरवाजा तोड़ कर भीड़ घुस गयी और उसके सारे सामन में आग लगा दी तो हिंदू पड़ोसी उसके घर को बचाने की कोशिश करने के बावजूद नाकाम रहे। बाद में पड़ोसियों ने बची-खुची चीजें जमा करके वापसी पर उस मुसलमान अध्यापक के हवाले कर दीं। आगजनी की इस सांप्रदायिक वारदात के उस शिकार ने विरक्त भाव से यह वाकया खुद सुनाया :

> शुरू में ही हिंदू पड़ोसियों ने मुझे सुरक्षित जगह पर चले जाने की सलाह दी थी, जो मैंने नहीं मानी। लेकिन, २७ अक्टूबर को हालात की गंभीरता भाँप कर मैंने एक मुसलमान मुहल्ले में शरण ले ली। जब ३० अक्टूबर को मेरे बंद घर पर उन लड़कों ने हमला किया तो मेरे एक हिंदू पड़ोसी ने मुझे फोन किया। फिर प्रत्येक दस मिनट पर एक-एक बात का विवरण मुझे फोन पर मिलता रहा कि किस तरह लड़कों ने मेरी लोहे की जाली तोड़ी, फिर मेरा सामने का दरवाजा तोड़ा, मेरे कपड़े और फर्नीचर घर के बाहर जमा करके आग लगा दी। वे मेरे बंद रसोई में भी आग लगा देना चाहते थे। लेकिन, जब उन्होंने खिड़की से खाना पकाने की गैस का सिलेंडर देखा तो उन्हें लगा होगा

कि इससे होने वाले विस्फोट से पहली मंजिल पर बने एक हिंदू फ्लैट को भी नुकसान पहुँच सकता है ...

अपने नये घर के बारे में उसका कहना था, 'मैंने अपना बचपन और जवानी पुराने शहर के एक मुसलमान मुहल्ले में गुजारी है। उस माहौल में दोबारा रहना मेरे लिए कोई समस्या नहीं है। मुझे तो चिंता केवल इस बात की है कि स्कूल जाने वाली मेरी दो बेटियों को वह रूढ़िवादी माहौल निश्चित रूप से दमघोंटू लगेगा।'[१६]

उच्च वर्गीय मुसलमान घरों पर ऐसे व्यवस्थित हमले पहले कभी नहीं हुए थे। १९८५-८६ के सांप्रदायिक दंगों में भी जमकर आगजनी हुई थी, पर दंगाइयों ने मुसलमानों की बीमित दूकानों को नहीं छुआ था, क्योंकि आखिर में सरकार को ही उनके नुकसान का खमियाजा भरना पड़ता। इसी तरह ज्यादातर उच्चवर्गीय मुसलमान घर भी बीमित थे। १९९० में इसकी भी कोई परवाह नहीं की गयी।[१७]

३१ अक्टूबर को करीब दो-तिहाई शहर में कर्फ्यू लग चुका था। फौज का फ्लेग मार्च जारी था। गुजरात के अन्य १४ नगर भी अनिश्चितकालीन कर्फ्यू से गुजर रहे थे। ५,००० गिरफ्तारियाँ हो चुकी थीं जिनमें १,००० को टाडा (आतंकबाद निरोधक कानून) में पकड़ा जा चुका था। अकेले अहमदाबाद में १,३०० लोग पकड़े गये थे जिनमें से ९४ पर टाडा लगाया गया था। इन कड़े कदमों के कारण १ नवंबर तक हालात कुछ सुधरे, पर अगले दिन जब लग रहा था कि शांति की वापसी हो रही है, गोमतीपुर में कर्फ्यू में ढील के दौरान दो औरतों की जान चाकू घोंप कर ले ली गयी। ऐसा तीसरी बार हुआ था कि औरतों और बच्चों को दंगों की हिंसा से बख्शने की परंपरा को तोड़ने के जरिये फिर से हिंसा भड़काई गयी हो।

अब तक हिंसा रुटीन हो चुकी थी। काफी दिन भी हो गये थे, इसलिए उद्योग और वाणिज्य के हलकों में बेचैनी होने लगी। व्यापारिक नुकसान अपनी जगह था ही, लेकिन सबसे बड़ी बात यह थी कि इस क्षेत्र के ज्यादातर लोग नये अहमदाबाद में रहते थे। उन्हें कभी उम्मीद नहीं थी कि उन्हें असुरक्षा के इतने लंबे दौर का सामना करना पड़ेगा। गुजरात चैम्बर्स ऑव कॉमर्स और इंडस्ट्रीज़ के पदाधिकारी एक प्रतिनिधि मंडल बनाकर पुलिस आयुक्त से मिले। उन्होंने सुझाव दिया कि भड़काऊ अफवाहें रोकने हेतु स्थिति की सही जानकारी देने के लिए पुलिस अलग से एक सेल

तालिका-१४
१९८० से अब तक गुजरात में हुए प्रमुख दंगे

वर्ष	दंगों के इलाके	टिप्पणी
१९८१	अहमदाबाद शहर, अहमदाबाद, गाँधीनगर, खेड़ा व मेहसाना जिले	पहला आरक्षण विरोधी आंदोलन, मुख्य संघर्ष सवर्णों और अवर्णों के बीच, मुख्य पहलू दलित विरोधी-हिंसा और उनका सामाजिक बहिष्कार
१९८२-८३	बड़ोदरा शहर	गणेश चतुर्थी पर्व के मौके पर हिंदुओं और मुसलमानों में संघर्ष
१९८५	अहमदाबाद और बड़ोदरा शहर अहमदाबाद, बड़ोदरा, मेहसाना, साबरकाँठा और खेड़ा जिले	दूसरा आरक्षण विरोधी आंदोलन जो शुरू में दलित-विरोधी रहा, पर बाद में मुसलमान विरोधी रुख ले कर सांप्रदायिक हो गया; आदिवासियों और अन्य 'पिछड़ों' द्वारा प्रति-आंदोलन
१९८६	अहमदाबाद शहर	रथ यात्रा : हिंदुओं और मुसलमानों के बीच टकराव —दलित इलाके प्रभावित —दलितों और मुसलमानों के बीच खाई बढ़ी
१९८७	खेड़ा (कैम्बे, थासरा, धुंडारा, वीरपुर, नाडियाड, डाकोर) और साबरकाँठा (प्रांटिज, हिम्मतनगर, मोडासा) जिले	राम-जानकी शोभा यात्रा पर हिंदुओं और मुसलमानों में मुठभेड़ें —वीरपुर में आदिवासियों द्वारा मुसलमानों पर आदिवासियों का हमला
१९८९	बनासकाँठा, पंचमहल, मेहसाना, खेड़ा और भरूच	रामशिला पूजन शोभा यात्रा के कारण हिंदुओं और मुसलमानों के बीच मुठभेड़ें
१९९०	पूरा गुजरात (जामनगर, डांग, साबरकांठा, जूनागढ़ जिले)	रथ यात्रा के कारण हिंदुओं और मुसलमानों के बीच मुठभेड़ें

बनाये। पुलिस आयुक्त ने यह सुझाव स्वीकार कर लिया और इस काम के लिए दो टेलीफोन नंबर तय किये गये। इसी तरह अखबारों के जरिये भी अफवाहों का मुकाबला करने की कोशिश की गयी।

इसी बीच एक ऐसी घटना हुई जिससे पता चला कि दंगाइयों की वर्गीय पृष्ठभूमि क्या थी और स्थानीय निवासियों व उनके बीच क्या फासला था। ४ नवंबर को पाँच नौजवान एक कार में जाते हुए पकड़े गये। उनके पास से ८०,००० रुपये की चुराई गयी चीजें बरामद हुईं। उनके पास दूकानों के ताले तोड़ने के औजार भी थे।

दंगे छः दिसंबर तक चलते रहे। तब तक गुजरात में ६३ लोग मारे जा चुके थे। सरकार द्वारा राज्य को सामान्य घोषित कर देने के बाद भी घर छोड़ कर राहत शिविरों में पड़े हुए सैकड़ों परिवारों ने वापस जाने से इनकार कर दिया। अहमदाबाद में स्थानीय प्रशासन इन शिविरों को समेटने की हड़बड़ी में लग रहा था। लेकिन, शरणार्थी बराबर आ रहे थे और छः नवंबर के बाद भी तनाव बना हुआ था, इसलिए शिविरों को खत्म नहीं किया जा सका।[१८]

अगर हिंसा के इलाकावार वितरण पर गौर किया जाए तो साफ हो जाता है कि अहमदाबाद के औद्योगिक इलाकों में उन सभी मोहल्लों में हिंसा हुई जहाँ मुसलमानों के घर दलितों के घरों से लगे हुए थे। उच्च-मध्यवर्गीय इलाकों में संपन्न मुसलमान परिवारों को निशाना बनाया गया। इससे ऐसा लगता था कि उन मुसलमानों की सामाजिक प्रगति और इन इलाकों में रहने लायक हैसियत प्राप्त कर लेने की उनकी सफलता के कारण दंगाइयों में उनके प्रति वैरभाव था। इसलिए ऐसे परिवारों को भी नहीं बख्शा गया जो हिंदू-मुसलमान विवाहों की उपज थे। हिंसा के ऐसे अधिकतर शिकार अपने घरों को छोड़ कर सुरक्षित जगहों पर छिप गये। हो सकता है कि उनमें से कुछ लोग वापस आ गये हों, पर अहमदाबाद में मध्यवर्ग और यहाँ तक कि उच्च-मध्यवर्ग के मुसलमानों का घेटोकरण और पुनर्घेटोकरण के अंदेशे से इनकार नहीं किया जा सकता।

इन दंगों में एक ओर उच्च-मध्यवर्गीय मुसलमानों को निशाना बनाया गया, वहीं दूसरी ओर सांप्रदायिक हिंसा में हिंदू उच्च-मध्यवर्ग की सह-अपराधिता भी आसानी से देखी जा सकती थी। इसी के कारण गुजरात के दंगों की संस्कृति में युवकों की भागीदारी का एक नया पहलू जुड़ गया। अक्टूबर के आखिरी दो दिनों में संपन्न परिवारों के दस-बारह साल के

लड़कों और लड़कियों को मारुति कारों में घूम-घूम कर मुख्य सड़कों पर मुसलमानों की दूकानें लूटते देखा जा सकता था। उन्हें इस तरह के कामों के लिए उनके माता-पिता ने ही प्रोत्साहित किया था। यहाँ तक कि पर्याप्त लूट न कर पाने पर कई बार उन्हें माँ-बाप की डाँट भी खानी पड़ी थी।[११] इस बीमारी के लक्षण नये थे, पर रोग नहीं। अहमदाबाद के शहर में बड़े पैमाने पर वैमनस्य, सामुदायिक जीवन की टूटन और पारंपरिक सामाजिक मानकों के क्षय के सभी निशान दिखायी दे रहे थे।

१९८५ के दंगों में गुजरात में २१० लोगों की जान गयी थी। १९९० में यह संख्या २२० थी यानी दस साल में सबसे ज्यादा। संख्या के लिहाज से यह कोई बड़ा फर्क नहीं था। लेकिन, जनभावनाओं में बहुत अंतर आ चुका था। इन पाँच सालों में हिंदुओं और मुसलमानों के बीच की खाई कहीं ज्यादा चौड़ी हो चुकी थी। १९८५ के अहमदाबाद में केवल पुराने शहर के भीतर पाटीदारों और मुसलमानों के बीच एक बड़ी दीवार उठी थी। पर, १९९० के आखिर तक औद्योगिक इलाके की सभी दलित चालों के चारों तरफ लोहे के दरवाजों के साथ चारदीवारें उग आयी थीं। जहाँ हिंदू और मुसलमान साथ-साथ रह भी रहे थे, वहाँ डर और अविश्वास का माहौल हावी था। शहर के दूसरे भागों में रहने वाले अपने दोस्तों से बात करते हुए वे आमतौर पर अपनी रिहाइश की जगह को सरहद की तरह याद करते थे।

बाहर के लोग भी इस खाई को आसानी से देख सकते थे। तनावग्रस्त मुहल्लों में रहने वालों के पास समस्या के भीषण निदान की तजवीजें थीं। हमारे ऑटो रिक्शा के ड्राइवर ने जब यह देखा कि हम लोग मुसलमानों के लिए बनाये गये राहत शिविर से लौट रहे हैं तो उसने बेझिझक पूछा, 'क्या आपको नहीं लगता कि नेहरू ने बहुत बड़ी भूल की थी? उन्हें सारे मुसलमानों को पाकिस्तान भेज देना चाहिए था!' एक रिटायर सरकारी अधिकारी केवल अभिव्यक्ति के मामले में ही कुछ नरम साबित हुआ। उसने कहा कि वैसे तो मुसलमानों को भारत से निकाल बाहर करना नामुमकिन है, पर अगर उनसे वोट देने का अधिकार छीन लिया जाए तो बहुत-सी समस्याएँ सुलझ सकती हैं। कुछ लोगों ने अधिक हिंसक समाधानों के सुझाव भी दिये। जब 'अहमदाबाद एकता' के कुछ स्वयंसेवक दंगा पीड़ितों के लिए डबल रोटी खरीदने के लिए गए तो रेलवे स्टेशन के पास की एक बेकरी के मुसलमान मालिक ने बेहिचक कहा, 'सर, हमें रोटी क्यों दे रहे हैं? बारूद क्यों नहीं देते।'

ऐसी भावनाओं से अंदाज लगाया जा सकता था कि आत्मरक्षा के लिए

बंदूकों-पिस्तौलों की माँग क्यों बढ़ती जा रही है। गोमतीपुर के औद्योगिक इलाके और जुहापुरा-वेजलपुरा के बाहरी इलाकों में दंगे शांत हो जाने के बाद भी यह माँग नहीं घटी। जब हम वेजलपुर के एक घर में गये तो वहाँ के निवासियों ने बारूदी हथियार हासिल करने की जरूरत पर जोर दिया। दोनों समुदायों का पुलिस पर कोई यकीन नहीं था। उनका खयाल था कि जब तक उनके अपने हाथों में हथियार नहीं होंगे, तब तक वे सुरक्षित महसूस नहीं करेंगे। एक बड़ी मुसलमान बस्ती के पास स्थित गोमतीपुर झुग्गी के एक दलित कपड़ा मजदूर ने हम लोगों को विहिप का सदस्य समझकर कहा, 'सर, केवल दूध और दवा से कुछ नहीं होगा, हमें बंदूकें दीजिए और उन्हें चलाना भी सिखाइये।' उसी सड़क के पास एक मुसलमान छात्र ने अफसोस जताया :

> मेरे दोस्त इतने निराश हैं कि बंदूकों की माँग कर रहे हैं। हाल के तजरुबों के कारण बिरादरी में कोई पुलिस पर यकीन नहीं करता। मेरे सभी दोस्तों का खयाल है कि वे केवल अपनी ताकत और अपने बंदोबस्त के दम पर ही अपनी हिफाजत कर सकते हैं।

हथियारों की माँग की ही तरह सुरक्षा के प्रति चिंता सनक की हद तक थी। लोग सामरिक शब्दावली में सोचते लग रहे थे। जुहापुरा-वासना का इलाका सांप्रदायिक हिंसा के लिहाज से नया था। वहाँ की एक व्यापारिक कंपनी में काम करने वाले एक अधिकारी ने 'कांग्रेस-मुसलमान नेतृत्व' की 'साजिश' के बारे में हमारा ज्ञानवर्धन इस प्रकार किया :

> जरा देखिये, हमारे शहर के पिछले कांग्रेस मेयर रफीउद्दीन शेख ने किस तरह चांडला झील के साथ-साथ जुहापुरा के पास मुसलमानों की एक झुग्गी पनपने की इजाजत दी ताकि वे हमरा ब्लोकेड कर सकें। जब भाजपा सत्ता में आयी तो उसके नये हिंदू मेयर ने मुसलमानों को गाँधीनगर की तरफ आने वाले रास्तों पर बस्तियाँ बनाने की इजाजत नहीं दी। अब मुसलमानों के लिए हमारा ब्लॉकेड करना आसान नहीं है।

८. हिंसा और उसके बावजूद जीवन

१९९० में आडवाणी की रथयात्रा के परिणामस्वरूप जयपुर में हुई सांप्रदायिक हिंसा से वहाँ के नागरिक आश्चर्यचकित रह गये। कुछ को तो ताज्जुब यह था कि हिंसा हुई ही क्यों। उनके लिए यह एक अभूतपूर्व बात थी। कई का दावा था, 'दंगे हुए नहीं, बल्कि उन्हें कराया गया।' जवाहरात के हिंदू व्यापारी खंडेलवाल की ही तरह बाकियों को भी यकीन नहीं हो रहा

था। उनका मानना था कि जयपुर के हिंदू और मुसलमान तो 'एक-दूसरे के बिना रह ही नहीं सकते।' हमें इंटरव्यू देते हुए भी खंडेलवाल यूसुफ और वासिफ अली की मदद कर रहे थे। ये दोनों मुसलमान अपने तीन अन्य भाइयों के साथ व्यापार में उनकी मदद करते थे। तीन भाई गोमेद (गारनेट) और बेरुज (एक्वामेराइन) जैसे जवाहरातों को उनकी चमक के हिसाब से छाँट कर उनके पैकेट हिंदू व्यापारियों के शो-रूमों में पहुँचाते थे। जयपुर के पहाड़गंज इलाके के नागरिक ज़हूर मुहम्मद का दावा था कि शहर के हिंदुओं और मुसलमानों की जिंदगियाँ तो एक दूसरे से पूरी तरह जुड़ी हुई हैं, 'ऐसे जुड़े हुए हैं जैसे आपस में आली से साली मिली हुई है।' लेकिन, ऐसी बातों के बावजूद जयपुर की सांप्रदायिक हिंसा में सैकड़ों लोगों ने लूट, आगजनी, हत्याओं और बलात्कारों (बदनामी के डर से जिनकी रपट नहीं लिखायी जाती) में भाग लिया। सदियों से जिस सामाजिक तस्वीर में लोग साथ-साथ रंग भर रहे थे, आखिर उसे विकृत करने में किसकी भूमिका थी?

जयपुर की सामाजिक तस्वीर

दंगों के बारे में आमतौर से दो गलतफहमियाँ रहती हैं। उन्हें या तो रूढ़िवादी या कट्टर धार्मिक आवेगों के कारण दो समुदायों के बीच अपने-आप भड़क उठे संघर्ष के रूप में देखा जाता है, या फिर अपराधी तत्त्वों की कारिस्तानी के रूप में। ये दोनों ही निष्कर्ष सरलीकृत नजरिये से निकलते हैं। दरअसल, दंगे ऐसे लोगों द्वारा नियोजित रूप से कराये जाते हैं जिनका अपराध जगत से ताल्लुक नहीं होता और जिनकी पीठ पर राजनीतिक ताकतों का हाथ होता है। जैसे ही दंगे शुरू होते हैं, उनके जरिये समाज के विभिन्न तबकों में पहले से छिपी और खदबदाती हुई हिंसा बाहर निकल आती है। जयपुर में हुई सांप्रदायिक हिंसा के हमें कई विवरण प्राप्त हुए : सत्तारूढ़ दल, अखबारों, सरकार और पुलिस ने अपने-अपने नजरिये से ब्योरा दिया। अध्याय के इस हिस्से में हम दिखाएँगे कि किस तरह ये सभी ब्योरे मिलकर सामाजिक चेतना और उसके आधार पर की गई कार्रवाई की एक ही कहानी का बयान करते नजर आते हैं। यह समझ मुसलमान को विदेशी, हमलावर, कट्टर और गद्दार के रूप में पेश करती है। इसके पीछे एक ऐसी विचारधारा का हाथ है जो हिंदू समुदाय और धर्म को अपने भीतर छिपे दुश्मन के खिलाफ रक्षात्मक मोर्चाबंदी करने की तरफ ले जाती है। हम देखेंगे कि इसी समझ की मदद से किस तरह जयपुर के मध्यवर्ग के ज्यादातर लोगों ने दंगे हो चुकने के बाद उन्हें जायज ठहराया। शहर के शिक्षित मध्यवर्ग के एक

सदस्य की टिप्पणी से यह पहलू और साफ हो जाता है, 'जो हुआ, सही हुआ। मुसलमानों को सबक सिखाने की जरूरत थी। हर दंगे में वे निहत्थे हिंदुओं पर हमला करते हैं। देखो तो उनकी संख्या कैसे दूनी-चौगुनी बढ़ती, और हिंदुओं की घटती जा रही है।'

जयपुर अब १९४७ वाला शहर नहीं रह गया है। उस समय तकरीबन पूरा ही उत्तर भारत सांप्रदायिक तनाव की चपेट में आया, पर राजपूताना (आज का राजस्थान) काफी-कुछ बचा रहा। इस इलाके की देशी रियासतें सांप्रदायिक शांति कायम रखने में सफल रहीं। सिर्फ अलवर और भरतपुर में हत्याकांड हुए, लोगों को बड़े पैमाने पर गाँवों से भगाया गया और मेवाती मुसलमानों को जबरिया हिंदू बनाया गया। लेकिन, जयपुर, जोधपुर और उदयपुर के राजाओं ने स्वयं हस्तक्षेप करके हिंसा रोकी। जाहिर है कि उस समय का राजस्थान सांप्रदायिक हिंसा की अखिल भारतीय राजनीति से आज के मुकाबले कटा हुआ था। आज का राजस्थान सांप्रदायिक लिहाज से संवेदनशीलन राज्यों की सूची में शामिल हो चुका है। वह उन दस राज्यों में से एक है जिनमें जल्दी ही दंगा विरोधी बलों का गठन होने वाला है। आजादी के पहले राजस्थान के लिए दंगों का मतलब था अट्ठारहवीं सदी के आखिर में हुए जैन-विरोधी दंगे और बीसवीं सदी की शुरुआत में हुए जाट-राजपूत दंगे। आज उसके लिए दंगों का एक ही मतलब है : हिंदू-मुसलमान दंगे।[२०]

कहानी आगे बढ़ाने से पहले जरूरी है कि हम अपने कुछ खास सरोकारों को साफ कर लें। सांप्रदायिक हिंसा के ज्यादातर अध्ययन हिंसा और प्रति-हिंसा के पीछे परस्पर वैमनस्य से भरे दो दलों का वजूद मान कर चलते हैं। दक्षिण एशिया के संदर्भ में तो यह समझ बन ही चुकी है कि समुदायों में इस तरह की शत्रुता की भावना स्वाभाविक रूप से होगी ही। लेकिन, दूसरी तरफ इस हकीकत को देखना भी मुश्किल नहीं है कि यह शत्रुता और उसे जायज ठहराने वाली विचारधाराओं और सामाजिक सिद्धांतों का हर स्तर पर मुकाबला भी किया जाता है। दक्षिण एशिया में होने वाले दंगों की एक के बाद एक रपटों पर नजर डालने से पता चलता है कि उनकी योजना किस तरह विस्तार से बनायी जाती है और फिर उसके आधार पर हिंसा के लिए जन-गोलबंदी की जाती है। पर, हिंदू राष्ट्रवाद के प्रभाव में हुई वृद्धि के हमारे ब्योरों से यह भी स्पष्ट होता है कि दंगा करने की नियोजित कोशिशों को किस तरह हर स्तर पर शांतिपूर्ण असहयोग का ही नहीं, ज्यादातर हिंदुओं की तरफ से सक्रिय प्रतिरोध का सामना भी करना

पड़ता है। जयपुर के दंगे भी इस सच्चाई के अपवाद नहीं थे।

नफरत और हिंसा की किसी भी विचारधारा के फैलाव के बारे में हमारा पक्का यकीन है कि उसके कारणों को तब तक नहीं समझा जा सकता जब तक उसके खिलाफ होने वाले जमीनी प्रतिरोध के महत्त्व को ठीक से न समझ लिया जाए। इस प्रतिरोध को उन तरीकों या व्यवहार में अभिव्यक्ति मिलती है जिनके जरिये लोग किसी संकटकालीन परिस्थिति में हस्तक्षेप करते हैं। कभी-कभी तो वे अपने जान-माल को भी दाँव पर लगा देते हैं, ताकि किसी को बचा सकें। जनता द्वारा प्रतिरोध के हमारे इस वर्णन पर रॉबर्ट जे. लिफ्टन की उस धारणा की भी छाप है जिसके मुताबिक हिंसा और घृणा का निशाना बनने वाला दो तरह की अनुभूतियों से गुजरता है। उसकी पहली अनुभूति उस शिकार की होती है जो हिंसा झेलने के बाद किसी तरह उससे बच निकला है। उसकी दूसरी अनुभूति बचा लिये गये व्यक्ति की होती है जिसके मानस को 'दूसरे' समुदाय के किसी व्यक्ति द्वारा सुरक्षा का स्पर्श मिलता है।[२१] लिफ्टन का यह विचार हमें मौका देता है कि हम सांप्रदायिक हिंसा को न केवल दो समूहों के टकराव के रूप में देखें, बल्कि एक ऐसी जटिल मुठभेड़ के रूप में भी देखें जो मनुष्य द्वारा थोपी गयी तकलीफों और इंसान की इंसान के प्रति हमदर्दी और सरोकार के बीच होती है। हमारा खयाल है कि ऐसे समुदायों में ये मुठभेड़ें ज्यादा होती हैं जिनका पारंपरिक तानाबाना अभी बचा हुआ है, और इन्हीं के कारण समाज के घाव भरे जाने की संभावना बरकार रहती है। ऐसी इंसानी मुठभेड़ों के कारण ही पुरानी सभ्यताएँ हिंसा, शोषण और विस्थापन का दर्द झेलने के बावजूद आज तक टिकी रह पायी हैं।

जयपुर का शहर अरावली की पहाड़ियों से घिरे मैदान में स्थित है। उस खुशहाल रियासत का नाम भी जयपुर था जिसकी राजधानी के रूप में १७२७ में राजा जयसिंह ने इस शहर की नींव डाली थी। इसकी ख़ुशहाली की एक बड़ी वजह वे मुसलमान और हिंदू दस्तकार थे जिन्हें देश के विभिन्न भागों से लाकर उसके राजाओं ने यहाँ बसाया था। जयपुर जल्दी ही संगमंरमर और पत्थर की नक्काशी, पीतल के काम, छापों, कालीनों, सोने और चाँदी के तारों की कारीगरी, बँधेज और रंगसाजी, हाथ से बने कागज और ऐसी ही कई दस्तकारियों के लिए मशहूर हो गया। लेकिन, उसका मुख्य उद्योग जवाहरात ही रहा। उन्नीसवीं सदी के आखिर में जयपुर का नाम दुनिया के

सबसे बड़े पन्ना तराशने वाले केंद्रों में लिया जाने लगा। कीमती पत्थरों को तराशने और पालिश करने का काम धीरे-धीरे जयपुर का केंद्रीय उद्योग बनता चला गया। शहर के कई बड़े-बड़े समुदाय इसी काम से अपनी रोजी कमाने लगे।

जयपुर के सामाजिक आधार में जातियाँ और समुदाय आपस में गुँथे हुए हैं, हालाँकि उसके जनसंख्यामूलक तथ्यों से इस हकीकत का पूरी तरह पता नहीं लगता। जयपुर जिले में ७८ फीसदी हिंदुओं समेत १९९१ की जनगणना के अनुसार ४७ लाख २० हजार लोग रहते थे।[२२] परकोटे से घिरे इस शहर में हिंदुओं और मुसलमानों की ऊँची जातियों, जैनियों और मुसलमान कारीगरों की सघन आबादी है। साढ़े चौदह लाख की आबादी वाले इस शहर में मुसलमानों की संख्या १८ फीसदी से कुछ ज्यादा ही होगी। अनुसूचित जातियों और जनजातियों की आबादी क्रमश: १०.५ और २.३ फीसदी है।[२३] लेकिन, शहर की सांस्कृतिक बहुलता उसकी पारंपरिक अर्थव्यवस्था के आईने में ज्यादा अच्छी तरह देखी जा सकती है। अनाज मंडियों, सब्जी मंडियों, हाथ से कपड़े पर छापे लगाने वालों के व्यापार और जवाहरातों के व्यापार पर नजर डालते ही इसका पता लग जाता है। मुसलमान दस्तकार हिंदू संरक्षकों और उनके विपणन के भरोसे रहते हैं, तो बिना मुसलमान दस्तकारों के हिंदू त्योहारों और धर्मविधियों के बारे में कल्पना करना भी मुश्किल है। हिंदू सुहागिनों के लिए मनिहार औरतें लाख की चूड़ियाँ बनाती हैं और रामगंज के पीछे निलगरों (रंगरेज) के मुहल्ले के छज्जों से यज्ञ में कलाइयों पर बाँधे जाने वाले कलावे के धागे लटकते देखे जा सकते हैं। संक्रांत जयपुर का एक बड़ा त्योहार है। इस दिन आसमान पतंगों से भर जाता है। मुसलमान पतंगसाजों के बिना यह पर्व मनाया ही नहीं जा सकता। इसी तरह मुसलमान आतिशबाजों के बिना दीवाली नामुमकिन है।

जयपुर मुसलमान समाज कई तरह की सांस्कृतिक और पेशेवराना श्रेणियों के साथ-साथ सामाजिक स्तरीकरण में बँटा हुआ है। कुलीन मुसलमानों यानी अशराफों में शेख, सैयद, पठान, खोजा और बोहरा शामिल हैं जिन्हें खुशहाल माना जाता है। गरीब मुसलमानों यानी अजलाफों में मोची, कसाई, लुहार, दर्जी, निलगर, मनिहार, पन्नीगर, पिन्नारस (रजाई बनाने वाले या धुनहे), चिपास (छापे बनाने वाले), पतंग और आतिशबाजी बनाने वाले हैं। अहमदाबाद की ही तरह जयपुर में ही मुसलमान ज्यादातर पुराने शहर में ही रहते हैं। विभिन्न पेशों से जुड़े लोग जिन मुहल्लों में रहते हैं, उनके नाम

भी पेशों पर ही हैं। कायमखानियों, पठानों, भिश्तियों, मोचियों, पिन्नारसों, कसाइयों, जुलाहों, पन्नीगरों की अलग-अलग बिरादरियाँ हैं। ये लोग अपने अंदरूनी विवादों का निबटारा पंच फैसलों के जरिये करते हैं।

जयपुर का शहरीकरण बढ़ता जा रहा है। बाहर से आये लोगों की वजह से अस्सी के दशक के दौरान उसमें ३७ फीसदी बढ़ोतरी हुई है। मध्ययुगीन पुराना शहर भी बढ़ा है, पर उसमें से लोग निकलकर हाल के कुछ वर्षों में नयी आवासीय कॉलोनियों में भी गये हैं जिन्हें हाउसिंग बोर्ड या जयपुर विकास प्राधिकरण ने बनवाया है। जवाहरात उद्योग से मिली नयी समृद्धि के कारण कई मुसलमानों ने इन कॉलोनियों में प्लॉट या घर खरीद लिए हैं। (१९९० के दौरान अहमदाबाद की इन्हीं कॉलोनियों में जबरदस्त दंगे हुए थे, जबकि माना यह जाता है कि सांप्रदायिक वारदातें परकोटों से घिरे घनी बस्ती वाले शहरों में होती हैं।)

हिंदू राष्ट्रवाद ने जयपुर में इसी शहरीकरण के साथ कदम रखा। बीस साल के भीतर-भीतर इसकी वजह से बहुत से हिंदुओं के रवैये में काफी तब्दीली आ गयी। लेकिन, जैसा कि आगे चलकर हम देखेंगे, हिंदू राष्ट्रवाद इसके खिलाफ उठने वाली आवाजों को दबाने में कामयाब नहीं रहा।

इन्हीं तब्दीलियों के समांतर राज्य में भाजपा की हैसियत बढ़ी। जन संघ किसी जमाने में शहरी दूकानदारों और व्यापारियों के समर्थन पर निर्भर था, पर उसके नये संस्करण के रूप में भाजपा देश के अन्य भागों की तरह राजस्थान में भी आज इस वर्ग के समर्थन की मोहताज नहीं है। यह सीमा १९७७ के चुनाव में टूटी जब जन संघ ने जनता पार्टी के अंग के रूप में कांग्रेस विरोधी हवा पर सवार होकर जबरदस्त जीत हासिल की और राज्य में पहली गैर-कांग्रेस सरकार बनी। १९५२ में जिस पार्टी को केवल ३ फीसदी वोट मिले थे, वह जनता पार्टी का प्रमुख घटक बन चुकी थी।[२४] देश भर में बनी गैर-कांग्रेस सरकारों के बीच राजस्थान की भाजपा सरकार को सबसे ज्यादा समय तक चलने का श्रेय है। १९९० में एक बार फिर भाजपा ने जनता दल के साथ गठजोड़करके जबरदस्त रूप से चुनाव जीता और सरकार बनायी।

भाजपा की राष्ट्रीय नीति में हुए परिवर्तन के कारण राजस्थान में भी हिंदू राष्ट्रवादियों के नेतृत्व का नजरिया बदला गया है, हालाँकि नब्बे के दशक तक राजस्थान भाजपा का नेतृत्व नरमपंथी मिजाज के लिए मशहूर

भैरों सिंह शेखावत के हाथ में था। दस साल पहले हालत यह थी कि जन संघ नेता सतीश चंद्र अग्रवाल ने एक मुसलमान कसाई द्वारा कुछ गायों को मार डालने से पैदा हुई उत्तेजना में एक जनसभा के दौरान यह कहकर हस्तक्षेप किया था कि 'एक मुसलमान के किये का खामियाजा पूरे मुसलमान समुदाय से नहीं लिया जा सकता।' एक बार जब एक मुसलमान ड्राइवर ने कुछ बच्चों को कुचल दिया तो भड़की हुई भावानाओं को इसी तरह शांत किया गया था। इसके विपरीत आज हालत यह है कि किसी दूकानदार और ग्राहक के बीच का विवाद, या किसी लड़के द्वारा लड़की को छेड़ने का वाकया भी किसी मुहल्ले में ध्रुवीकरण कर देता है। रामगंज पुलिस थाने के इंचार्ज सत्यभान सिंह ने हमसे बातचीत करते हुए यही शिकायत की।

राजस्थान में रामशिलापूजन की जोरदार कामयाबी के पीछे काफी-कुछ इसी सांप्रदायिक तनाव की बढ़ोतरी का हाथ था। राजस्थान राममंदिर के लिए सबसे ज्यादा शिलाओं (२०,०००) का योगदान करने वाले राज्यों में से एक था। विहिप के जय बहादुर शेखावत ने गर्व के साथ सूचना दी कि राजस्थान को सबसे ज्यादा चंदा जमा करने का श्रेय भी जाता है। गुजरात के विपरीत इस चंदे का ज्यादातर हिस्सा ब्राह्मणों, बनियों और राजपूतों की जेब से आया था, जो इस प्रदेश में विहिप के मुख्य आधार का निर्माण करते हैं।

श्री रामशिला पूजन रथयात्रा और श्री राम महायज्ञ रथ प्रस्थान राजस्थान के नौ उपमार्गों से गुजरे। गुजरात की तरह यहाँ भी यात्राओं के नाम खूब सोच समझकर चुने गये थे ताकि उनसे विहिप द्वारा अपनायी जाने वाली समरसता सबके सामने आ सके। आदिवासियों, मुख्यत: भीलों को आकर्षित करने के लिए एकलव्य रथयात्रा बाँसवाड़ा, डूँगरपुर और उदयपुर से गुजारी गयी। वीर दुर्गादास और हाड़ा रानी रथ जोधपुर-नागौर और कोटा-बूँदी-टोंक से गुजरे ताकि पराक्रमी राजपूती वीरों के नाम से राजपूतों की भावनाओं का दोहन किया जा सके।

२६,००० स्थानों पर शिलापूजन समारोह करवाने के बाद यात्राएँ करते हुए नौ रथ जयपुर में आकर जुड़े। प्रत्येक गली और मुहल्ले में होने वाले कर्मकांडों और वहाँ से गुजरने वाले जुलूसों को संगठित करने के लिए प्रत्येक प्रखंड और प्रत्येक महत्त्वपूर्ण गाँव में शिलापूजन और महायज्ञ समितियाँ गठित की गयीं।[२५] कांग्रेस कार्यकर्ता प्रदीप व्यास ने साँगानेर के आसापास हुए अपने अनुभव का बयान इन शब्दों में किया :

> प्रत्येक गाँव में पूजा के बाद एक विशेष रूप से चुनी हुई ईंट राममंदिर में रखी जाती थी। वहाँ आठ दिन तक रहने के बाद आदेश आता था कि सभी ईंटें तहसील मुख्यालय (साँगानेर) भेज दी जाएँ। गाँव में बोली लगती थी। सबसे ऊँची बोली लगाने वाले व्यक्ति की पत्नी को सिर पर ईंट रखकर गाँव के बीच से गुजरने वाले जुलूस की अगुआई करने का हक मिलता था। हर घर के लोग जुलूस में भाग लेते थे। गाँव से गुजरते हुए वे गीत गाते जाते। फिर वह ईंट एक जीप में रखकर तहसील ले जायी जाती। इसके बाद सभी गाँवों से लाई जाने वाली सभी ईंटें ट्रक पर लाद दी जाती थीं।[२६]

कुछ चश्मदीदों का खयाल था कि इन कार्यक्रमों के जरिये की गयी जन-गोलबंदी का स्तर आजादी के संघर्ष के दौरान की गयी गोलबंदी से भी ऊँचा था।

राजस्थान में दंगे

जयपुर में पहला सांप्रदायिक दंगा १९८९ में हुआ।[२७] पहले ६ अक्टूबर को शास्त्री नगर में एक झगड़ा हुआ। यह सिंधियों के दबदबे वाला एक नया रिहाइशी इलाका था। विभाजन के बाद १९४७ में पाकिस्तान से शरणार्थी बनकर आये सिंधी आम तौर पर भाजपा के कटिबद्ध समर्थक रहते थे। भाजपा के नेता आडवाणी के सिंधी होने से भी इन सिंधियों की पार्टी में दिलचस्पी बहुत बढ़ गयी थी। संख्या में इतना छोटा होने के बावजूद सिंधी समुदाय को एक राष्ट्रीय नेता देने का श्रेय मिल गया था। भाजपा के प्रवक्ता के अनुसार झगड़ा तब शुरू हुआ जब एक मुसलमान ने जुलूस के आगे जल रही रामशिलाओं की एक गाड़ी पलट दी।[२८] कुछ अन्य का दावा था कि गाड़ी मुसलमान ने नहीं एक स्थानीय सिंधी नेता ने पलटी थी ताकि सांप्रदायिक विवाद हो सके। इसके बाद स्थानीय भाजपा ने मुसलमानों के इलाकों से यात्रा निकालने की जिद शुरू कर दी और 'भड़काऊ' नारे लगाने शुरू कर दिये गये। पुराने शहर के जालूपुरा और कल्याणजी का रास्ता इलाकों में हिंसा फूट पड़ी। नौ दिन तक कर्फ्यू लगा रहा। एक व्यक्ति की जान गयी।

कोटा का दंगा भी कुछ इसी तरह से शुरू हुआ बताया गया। विहिप का दावा था कि अनंत चतुर्दशी के मौके पर मुसलमानों ने गणेश यात्रा पर 'हमला' किया।[२९] विहिप की पत्रिका में छपे एक लेख में कहा गया था कि वाराणसी, सुल्तानपुर, फैजाबाद, अलीगढ़ (उप्र), मुंगेर (बिहार), इंदौर (मप्र) में हुए दंगे मुसलमानों द्वारा शिलापूजन कार्यक्रमों में बाधा डालने के नतीजे ही थे।

लेकिन, कोटा के मुसलमान सूत्रों का कुछ और ही कहना था। उनके अनुसार करीब १०,००० के जुलूस में विहिप, संघ, बजरंग दल, शिव सेना और कई अखाड़ों के बहुत से लोग तरह-तरह के हथियार लेकर चल रहे थे। नारे लग रहे थे : *हिंदुस्तान में रहना है तो हिंदू बनकर रहना होगा* और *बाबर की संतानों को हिंदुस्तान में नहीं रहने देंगे*।[३०] सरकारी आँकड़ों के अनुसार दंगों में दो लोग मारे गये और दाऊदी बोहरा समुदाय के मुसलमानों का बहुत ज्यादा नुकसान हुआ।

२७ नवंबर १९८९ को हुआ दंगा ज्यादा गंभीर था जिसमें दोनों समुदायों के लोगों ने बड़ी संख्या में भाग लिया। संसदीय चुनाव के लिए चल चुकी मुहिम के कारण शहर में ध्रुवीकरण पहले से ही हो चुका था। भाजपा ने अयोध्या में राममंदिर बनवाने के लिए वोट माँगे थे, और कांग्रेस को मुसलमानों का समर्थन प्राप्त हुआ था। हिंदू उग्रवादी शिव सेना की मौजूदगी भी तनाव का एक कारण थी। सेना के अध्यक्ष चितरंजन शर्मा के भाषणों और पर्चों का ध्रुवीकरण का जबरदस्त योगदान था।[३१] चुनाव नतीजों के बाद भाजपा का विजय जुलूस दंगों की शुरुआत बन गया। इस जुलूस का नेतृत्व जयपुर और दौसा से जीतने वाले भाजपा के उम्मीदवार गिरधारी लाल भार्गव और नाथू सिंह कर रहे थे। पुलिस को ऐसा न करने का आश्वासन देने के बावजूद राज्य भाजपा के अध्यक्ष भँवर लाल शर्मा की अगुआई में जुलूस का एक हिस्सा 'सांप्रदायिक रूप से संवेदनशील' रामगंज क्षेत्र में घुसा। नतीजे वही हुए जिनका डर था।

पुलिस में दर्ज पहली एफआईआर बताती है कि शर्मा के साथ हजार से दो हजार के बीच लोग ही थे, लेकिन फिर भी वे अपने प्रिय नारे लगाने से नहीं चूके : *बच्चा-बच्चा राम का, बाकी सब हराम का; और मुसलमानों के दो स्थान, पाकिस्तान और कब्रिस्तान*।[३२] चाँदी की टकसाल के पास एक मस्जिद में भी तोड़-फोड़ की गयी। रामगंज में यह खबर फैलते ही जुलूस के पिछले हिस्से पर पत्थरबाजी होने लगी।[३३] इसके बाद शिकार स्टोर को हिंदुओं की भीड़ ने लूट लिया और बंदूकों में आग लगा दी गयी। मुसलमानों की भीड़ ने आग लगाकर गैस सिलेंडर हिंदुओं पर फेंका। उन्होंने घाट गेट और रामगंज की हिंदू दूकानें भी जला दीं। हिंदुओं ने जौहरी, त्रिपोलिया और चाँदपोल बाजारों में इसका बदला लिया।

हालाँकि दंगे ने ज्यादातर पुराने शहर को ही प्रभावित किया, लेकिन बाहरी शहर में भी कुछ घरों पर हमले हुए। दंगे शुरू होने के दो घंटे के बाद कर्फ्यू लगा दिया गया। पाँच लोग मारे जा चुके थे, और २०० बुरी तरह

जख्मी हो गये थे। हिंदुओं की ७० दूकानें और मुसलमानों की ४१ दूकानें जला दी गयीं। मुसलमानों के ४४ घर और १०४ झोपड़े फूँक दिए गये।[३४]

अगले साल फिर आडवाणी की रथयात्रा के बाद राजस्थान में हिंसा भड़की। ४ अक्टूबर को उदयपुर में दंगा हो चुका था, और राज्य का राजनीतिक तापमान बढ़ गया था। मंडल विरोधी आंदोलन ने छात्रों और व्यापारियों के कई संगठन पैदा कर दिये थे, जिनकी नये रूप में दोबारा गोलबंदी की गयी। विद्यार्थी परिषद के समर्थकों ने युवकों के भीतर एक मुसलमान विरोधी दलबंदी खड़ी कर ली थी, जिसका असर मध्यवर्गों पर भी पड़ रहा था। जैसे-जैसे सोमनाथ से अयोध्या के ४,००० किमी के रास्ते पर आडवाणी का रथ बढ़ा, वैसे-वैसे युवाओं और शिक्षितों पर इसका प्रभाव बढ़ता चला गया।

गुजरात की ही तरह राजस्थान में भी आडवाणी के रथ की शानदार अगवानी करने के लिए तरह-तरह की गोलबंदी की गयी। मसलन, रामज्योति शोभा यात्राएँ निकाली गयीं। यह शिलापूजन का उलट कार्यक्रम था। इसमें ज्योति को अयोध्या से लाकर स्थानीय मंदिरों में दीपक जलाए जाने थे और इसकी शुरुआत अत्यंत प्रतिष्ठित गोविंद देव मंदिर से होनी थी। राज्य के ५६ परगनाओं में कई यात्राएँ गयीं। हर बार किसी प्रमुख गाँव में राम ज्योति रखी गयी और लोगों से अपील की गयी कि वे अपने घरों में इसी पवित्र अग्नि से दीपक जलाएँ। भाजपा ने रथयात्रा की अगवानी आयोजित की, विहिप ने ज्योति यात्राओं का काम सँभाला और संघ ने अयोध्या में कारसेवा की तैयारियाँ कीं। राजस्थान कारसेवा समिति ने घोषित किया कि एक लाख युवक कारसेवा के लिए भेजे जाएँगे।[३५] ६-७ अक्टूबर १९९० को जयपुर में एक अखिल भारतीय सर्व धर्म सम्मेलन किया गया। इसमें दिल्ली और उदयपुर से आये भाजपा नेताओं ने कई धार्मिक नेताओं के साथ शिरकत की। इसी के बाद 'हिंदू समाज' की सभाएँ पूरे राज्य में की जाने लगीं।

गुजरात से आडवाणी का रथ बाँसवाड़ा में घुसा, जहाँ १० अक्टूबर को मुख्यमंत्री शेखावत अपने मंत्रिमंडल समेत उसका स्वागत करने गये। निजी तौर पर शेखावत रथयात्रा के कड़े आलोचक थे। इसी तरह पार्टी के सबसे लोकप्रिय नेता अटल बिहारी वाजपेयी भी रथयात्रा से खुश नहीं थे। दोनों को डर था कि यात्रा भाजपा को राजनीतिक अलगाव में डाल देगी जिससे पिछले पंद्रह साल में काफी जतन से बनायी गयी एक सम्मानित अखिल भारतीय पार्टी की छवि नष्ट हो जाएगी। लेकिन, वाजपेयी की तरह शेखावत भी

सार्वजनिक रूप से रथयात्रा की राजनीति का साथ देने केलिए मजबूर थे।

दो दिन के भीतर रथ राजस्थान के आधा दर्जन जिलों से गुजर चुका था। जयपुर के कई निवासियों के मुताबिक माहौल में गिरावट आने लगी थी।[३६]

कुछ दिन बाद बिहार में हुई आडवाणी की गिरफ्तारी से देश के कई हिस्सों, खासकर गुजरात, उप्र और राजस्थान में हिंसा फूट पड़ी। राजस्थान के कोटा, चूरू, उदयपुर, जयपुर, जोधपुर और बीवर में दंगे हुए। कई जगह सेना बुलानी पड़ी। आडवाणी की गिरफ्तारी के दिन शाम को जयपुर की छोटी चौपड़ पर एक सभा की गयी जिसकी भीड़ जाते-जाते भड़काऊ नारेबाजी कर गई।

अगली सुबह नौ बजे ऐसा लगा जैसे कि किसी एक इशारे पर शहर के कई हिस्सों में एक साथ टायर जल उठे हों। उत्तर में आमेर रोड और सुभाष चौक, दक्षिण की तरफ टोंक रोड पर, अजमेर रोड के पुल पर, पश्चिम में राज्यपाल आवास के पीछे, पुरानी बस्ती और आगरा रोड पर टायरों की आग देखी गयी।[३७] भाजपा ने आम हड़ताल का आह्वान किया था जिसके समर्थन में बड़ी संख्या में लोग पुराने शहर की मुख्य सड़कों पर जमा होने लगे। उन्होंने ट्रैफिक रोकना, नारे लगाना और दूकानों का शटर न गिराने वालों को धमकाना शुरू कर दिया।[३८] साढ़े नौ बजे तक यह भीड़ और बढ़ चुकी थी। भाजपा वालों के मुताबिक हिंदुओं ने दंगे तब शुरू किये जब यह अफवाह फैली कि रामगंज की एक मस्जिद में मुसलमानों ने कुछ हिंदू बच्चे कैद कर रखे हैं। समझा जाता है कि यह अफवाह एक वास्तविक घटना का नतीजा थी जिसमें एक मुसलमान अपहर्ता के चंगुल में फँसे चिल्लाते हुए बच्चों को बचाने के लिए एक साहसी कारसेवक ने हस्तक्षेप किया था। इस अफवाह के कारण लोग सड़कों पर उमड़ पड़े और रामगंज की ओर बढ़े।[३९]

लेकिन, पूरे जयपुर में टायर क्यों जलाये जा रहे थे? दरअसल, इसके पीछे योजना यह थी कि जलते हुए टायरों से निकलने वाला गाढ़ा-गाढ़ा काला धुआँ शहर भर में किसी भी छत से देखा जा सकता था। इससे नाटकीय प्रभाव पड़ता था और भय का माहौल भी बनता था। अपहरित बच्चों के बारे में रामगंज के थानाध्यक्ष ने दंगों की जाँच के लिए बने टिबरवाल आयोग के सामने गवाही देते हुए बताया कि उन्होंने मस्जिद की जाँच की और वहाँ कोई बच्चा नहीं पाया गया।[४०] लगता था कि अपहरण की

कहानी फैलाई गई थी।

इसी तरह जयपुर के विभिन्न हिस्सों में एक साथ दूकानें और घरों में आगजनी भी नियोजित थी। हर जगह आग लगाने का तरीका एक ही था। पहले घरों की दीवारों में छेद किये गये, और फिर मिट्टी के तेल में भीगे हुए जलते हुए गूदड़े अंदर फेंके गये। बताया गया कि कुछ महिलाओं ने कई मोहल्लों में ये गूदड़े जीपों द्वारा सप्लाई होते देखे।[४१] इसके अलावा ऑडियो केसेट्स का भी खूब इस्तेमाल किया गया जो बाद में कर्फ्यू लगने के बाद भी ब जाए जाते रहे। १९८९ की तरह केसेटों में उमा भारती के भाषण भरे हुए थे ही, इसके अलावा इस बार उनमें *अल्लाह हो अकबर, मारो-मारो* और *जय सिया राम* की आवाजें भी भरी थीं जिनसे दंगों के नजारे का भान होता था।[४२]

जाहिर है कि आजकल होने वाले दंगों की तरह ही जयपुर के दंगे सोचसमझकर बनायी गयी योजना और उसे व्यवस्थित ढंग से लागू करने का नतीजा थे। इस नियोजन और कार्यान्वयन में कुछ भाजपा नेताओं के साथ-साथ जयपुर के ९२ अखाड़ों की भूमिका भी थी जिनमें बलवंत अखाड़े की १४-१५ शाखाओं की भूमिका खास थी। बलवंत अखाड़े के पहलवानों ने पुरानी बस्ती और ब्राह्मणपुरी में दूकानें जलाने और लूटने का काम अंजाम दिया। हालाँकि उपमहाद्वीप में अब तक दंगा करने की तकनीक खासी स्थापित हो चुकी है, पर जयपुर में टायरों के धुएँ का इस्तेमाल इसमें एक नया योगदान था। इसके साथ चालाकी से फैलाई गयी अफवाहों, ऑडियों केसेट्स का इस्तेमाल और रथयात्रा से भड़के जज़्बात की भूमिका तो थी ही।[४३]

आइये, अब दंगों के दृश्य की तरफ लौटें। दंगों के सभी ब्योरों के अनुसार रामगंज बाजार में भीड़ पहले जुलूस की शक्ल में थी जिसका मकसद केवल वे दूकानें बंद कराना लग रहा था जो आम हड़ताल की अपील के बावजूद खुली हुई थीं।[४४] पुलिसवालों के अनुसार भीड़ नारे लगा रही थी : *मंदिर वहीं बनाएँगे* ...और *बच्चा-बच्चा राम का, बाकी सब हराम का*। ये दोनों नारे हिंदू राष्ट्रवादियों के बीच पिछले दो साल में काफी लोकप्रिय हो चुके थे। नारों की प्रतिक्रिया में पत्थरबाजी या तो मुसलमान घरों से शुरू हुई या फिर बाजार बंद करवाने वालों की तरफ से जो रामगंज का खान होटल बंद करवाने पर तुले थे जिसने हड़ताल में भाग लेने से इनकार कर दिया था। पुलिस की रपट के अनुसार साढ़े दस बजे सुबह मुसलमानों की एक भीड़ भी सड़कों पर निकल आयी। दोनों तरफ से पत्थरबाजी, गालियों, दूकानों पर हमलों और आगजनी का बाजार गर्म हो गया। दोनों पक्ष बोतलों, लोहे की छड़ों, डंडों और पत्थरों से पूरी तरह लैस

थे। पुलिस और प्रशासन पहले तो तमाशाई बने रहे। मुसलमान बताते हैं कि पुलिस के आने के बाद दूकानें बंद करा रही भीड़ गायब हो गयी और टकराव मुसलमानों और पुलिस के बीच शुरू हो गया।[६५] कई मुसलमानों ने आरोप लगाया कि पुलिस अधीक्षक ने खुद अपने हाथ से इसहाक कसाई को बिलकुल नजदीक से गोली मारी। पुलिस का कहना था कि इसहाक दंगाई था, पर मुसलमानों का कहना था कि वह एक मामूली कसाई था जिसे उस समय गोली मारी गयी जब वह अपनी दूकान बंद कर रहा था।[६६] रामगंज और हिदा की मोरी में दंगा करने वाले एक नाई ने बताया, 'पुलिस हमारे साथ थी, उसने कहा कि आगे बढ़ो और उनकी ठुकाई करो, हम तुम्हारे साथ हैं। पुलिस का हाथ हमारी पीठ पर था, मुसलमान कुछ कर पाने की हालत में नहीं थे।'

दो घंटे तक हिंसा होने के बाद सवा ग्यारह बजे सुबह कर्फ्यू लगाया गया (बावजूद इसके कि पुलिस और प्रशासन को पहले से चेतावनी मिल चुकी थी और स्थानीय पुलिस अधीक्षक ने २० अक्टूबर को ही आपात्कालीन योजना बना ली थी)। लेकिन, हिंसा कर्फ्यू के दौरान भी जारी रही। पुलिस थाने के तकरीबन बगल में ही एक पुलिस जीप जला दी गयी, हालाँकि उस समय थाने में ७५ सिपाही मौजूद थे। रामगंज में सात दूकानें जलाई गईं जिनमें छः मुसलमानों की और एक हिंदू की थी। एक पुलिस कांस्टेबिल ब्रजमोहन पुलिस की गोली से ही मारा गया और अफवाह फैली कि मुसलमानों ने एक हिंदू सिपाही को मार डाला है। मुसलमानों के बीच अफवाह यह फैली कि शहजाद नाम के एक मुसलमान सिपाही को हिंदू दंगाइयों ने मार डाला है।

घाट गेट पर आम हड़ताल कराने की कार्रवाई काबू से बाहर हो गयी। गोसाईं का रास्ता पर जमा हिंदू नारे लगा रहे थे : *तेल लगाओ डाबर का, नाम मिटाओ बाबर का; हिंदुस्तान में रहना होगा तो चोटी रखकर रहना होगा और जो माँगेगा बाबरी, उसका बच्चा आखिरी।* इसके मुकाबले मछली वालों का रास्ता पर जमा मुसलमानों के नारे थे : *अल्लाह हो अकबर; और जो हम से टकराएगा, सीधे कब्र में जाएगा।* पुलिस की दखलंदाजी के बावजूद दोनों पक्ष एक बार फिर हथियारों से लैस होकर लौटे। पथराव और आगजनी फिर शुरू हो गयी। फिर पुलिस को गोली चलानी पड़ी।

तकरीबन इसी समय बंदरी का नासिक, त्रिपोलिया, चौड़ा रास्ता के साथ-साथ जौहरी, किशन पोल और चांद पोल बाजारों में भी हिंसा फूट पड़ी। दोनों तरफ से ज्यादातर नौजवान ही हिंसा कर रहे थे। नारेबाजी भी काफी हो

रही थी। एक बार फिर जाहिर था कि दंगे की पहले से तैयारियाँ थीं।[४७]

दंगे के बाद दोनों पक्षों का खयाल था कि १९८९ के मुकाबले ये वारदातें ज्यादा जानलेवा रहीं, जबकि पिछली बार माल का नुकसान ही ज्यादा हुआ था। हत्याओं के अलावा तेजाब फेंकने और चाकूबाजी की वारदातें काफी हुईं। मस्जिदों और दरगाहों जैसे पूजा-स्थलों को खूब निशाना बनाया गया।[४८] गुजरात की ही तरह उन्हें नये नामों से मंदिरों में बदल दिया गया। मसलन, कागडीवाड़ा पर स्थित पीर का मजार पीर पचार हनुमान बन गया और गफ्फार की जमीन पर गफ्फारेश्वर महादेव का मंदिर बना दिया गया। सरकारी आँकड़ों के लिहाज से मारे गये लोगों की संख्या कुल ५० थी। माल के नुकसान का अंदाज एक अरब रुपये तक पहुँच रहा था। जब फौज बुलाई गयी तभी हालात पर काबू पाया जा सका।

पुलिस का विवरण और ऋषि गालव नगर

दंगों के दो साल बाद भी चल रही उनकी न्यायिक जाँच के दौरान पुलिस का पक्ष सामने आया। पुलिस कुछ बातें साफ तौर पर कह रही थी : पहली बात तो यह थी कि उसकी निगाह में दंगे नियोजित होने के बजाय 'आकस्मिक' थे।[४९] इसका मतलब यह था कि पुलिस और प्रशासन को दंगों का पहले से कोई अंदाजा नहीं था, और वे तैयार नहीं थे। पुलिस की दूसरी मान्यता यह थी कि हिंदुओं और मुसलमानों का नुकसान बराबर का हुआ, दोनों दंगे की वारदातों में तकरीबन बराबर की ताकत से शामिल थे। उदाहरणार्थ, एक पुलिस अधिकारी सत्येंद्र सिंह ने अपनी गवाही में कहा कि सूरज पोल बाजार की भीड़ में हिंदू थे जो रामगंज बाजार की सड़कों पर भरे हुए मुसलमानों का सामना कर रहे थे।[५०] चौराहे पर पुलिस दोनों के बीच फँसी हुई थी।

पुलिस का तीसरा दावा यह था कि हिंदुओं की कार्रवाई प्रतिक्रिया में और रक्षात्मक थी। एक पुलिस एफआईआर को छोड़कर बाकी सभी में मुसलमानों को दोषी ठहराया गया था। सब इंस्पेक्टर हरि नारायण की गवाही इसका सबूत थी। इस गँवाही में मुसलमानों पर एएसपी की जीप जलाने,[५१] और नारेबाजी शुरू करने[५२] का आरोप लगाया गया था। लेकिन, जब जिरह की गयी तो हरि नारायण ने माना कि भीड़ शुरुआत में आम हड़ताल के समर्थन में बेकार चीजें जला रही थी। उसे यह भी मानना पड़ा कि भीड़ *तेल लगाओ डाबर का, नाम मिटाओ बाबर* का जैसे नारे भी लगा रही थी। सब इंस्पेक्टर ने इसकी पुष्टि करने से इनकार कर दिया कि भीड की अगुआई

भाजपा के मोहन लाल यादव के हाथ में था। उसने केवल इतना कहा कि बाद में जुलूस गुंडों के हाथ में चला गया क्योंकि भाजपा नेतृत्व उस पर काबू नहीं कर पा रहा था। पुलिस द्वारा दिये गये ज्यादातर ब्योरों में यह भी था कि उसने ताकत का 'पर्याप्त' और 'प्रभावी' इस्तेमाल किया।

घटनाओं के बारे में भाजपा और पुलिस के बयानों में समानता साफ दिख रही थी। भाजपा के दावे के अनुसार पहले दिन की हिंसा का कारण एक मस्जिद में हिंदू बच्चों के कैद किये जाने की अफवाह थी। दूसरे दिन की हिंसा का कारण २५ अक्टूबर की सुबह *नवभारत टाइम्स* में छपी वह खबर थी जिसके अनुसार कोलियों के मुहल्ले में सात लोग मारे गये थे। चूँकि खबर कोलियों के मुहल्ले के बारे में थी, इसलिए जाहिर था कि मरने वाले हिंदू ही होंगे। ऋषि गालव नगर में हुए मुसलमानों के कत्ले-आम पीछे यही तर्क दिया गया कि वह उसी खबर की प्रतिक्रिया में हुआ था। पुलिस का कथन था कि उसे ऋषि गालव नगर की वारदातों की खबर शाम को लगी। नटवरलाल और हरि नारायण ने भी गवाही में कहा कि कोलियों के मुहल्ले का जवाब ऋषि गालव नगर में दिया गया था।[५३]

लेकिन, पुलिस की इस थीसिस से कई लोग असहमत निकले। पहाड़ गंज इलाके के लोग अपनी दूकानों की छत से ऋषि गालव नगर को देख सकते थे। उन्होंने हमें बताया कि सुबह ९ से ११ बजे के बीच उन्होंने धुआँ उठता देखा और लोग झुंड बनाकर घूमते देखे गये। नागरिक अधिकार संगठनों और ऋषि गालव नगर के निवासियों ने भी यही कहा कि उनकी कॉलोनी में वारदातें सुबह काफी जल्दी शुरू हो गयी थीं, यानी उनका समय रामगंज की वारदातों वाला ही था, भले ही उससे पहले का न रहा हो। एक चश्मदीद ने यकीन के साथ बताया कि वारदातें १० से ११ बजे के बीच शुरू हुईं थीं। दोपहर के आसपास ऋषि गालव नगर में गल्ता मंदिर के पास चौराहे पर पहली लाश मिली।

टिबरवाल आयोग की सुनवाई के दौरान पुलिस की गवाही साफ तौर पर समय पर कार्रवाई न किये जाने और हिंदू दंगाइयों को दिये गये प्रच्छन्न समर्थन को छिपाने की कोशिश लग रही थी। हमें यहाँ तक पता चला कि एक पुलिसवाले ने उस दिन एक मुसलमान से कहा था, 'जय सिया राम बोलो, वरना हम तुम्हारी पिटाई करेंगे।' खुद को दंगाई कबूल करने वाले अशोक पंचाल ने तो हमें उस पुलिसवाले का नाम भी बताया जिसने उससे कहा था कि 'जाओ पुलिस से बंदूकें छीनो। जब बंदूकें छीनी जा रही होंगी, हम मुसलमानों पर फायरिंग शुरू कर देंगे।' पंचाल ने यह भी बताया कि

'जब पुलिस मुसलमानों पर पुलिस फायरिंग कर रही थी, हम उनकी दूकानें लूट रहे थे। एसपी ने एक कसाई को पीछे से गोली मार दी जब वह अपनी दूकान का शटर बंद कर रहा था।'

हिंसा के शिकार लोग जब रपट लिखाने गए तो पुलिस ने या तो उनकी बात सुनी नहीं, या फिर उन्हें सेंसर या संशोधित कर दिया। ऋषि गालव नगर में केवल एक एफआईआर लिखी गयी। शहाबुद्दीन नामक जिस व्यक्ति ने उसे दर्ज कराया था, वह खुद ही अपने बयान में दर्ज आधे आरोपियों के नाम नहीं पहचान पाया।[५४] उसका कहना था कि पुलिस ने उसके बयान में कई नाम अपनी तरफ से जोड़ दिये थे जो पुलिस डायरी में रहे होंगे। इसी तरह एक अन्य मुसलमान को, जिसके खिलाफ एक जीप के सिलसिले में मामला दर्ज था, पुलिस ने यह बयान देने के लिए मजबूर किया कि वह मौके पर ११ बजे रात तक पहुँच गयी थी, जबकि नागरिकों का साफ कहना था कि वह काफी रात निकल जाने के बाद आयी।

अस्सी के दशक में बनी ऋषि गालव नगर कॉलोनी जयपुर विकास प्राधिकरण ने विकसित की थी। शुरू में उसके प्लाट विभिन्न झुग्गीवासियों को दिये गये थे जिनमें से कई ने उन्हें बेच दिया। खरीदारों ने वहाँ मकान बनवाये, और प्लाट के मालिक पास ही एक नयी झुग्गी में जाकर रहने लगे। ऋषि गालव नगर के इलाके में रहने आये मुसलमान कम आय वर्ग के भी थे, और खासे खुशहाल तबके के भी। उनमें से कई जवाहरात के धंधे में थे, और दो-ढाई सौ रुपये प्रतिदिन कमाते थे। उस कॉलोनी में रहने वाले कुछ हिंदुओं को लगातार यह लगता रहता था कि जैसे भौगोलिक ही नहीं, आर्थिक रूप से भी उनके पैर पर पैर रख दिया गया है। अतिक्रमण की इस अनुभूति का एक कारण जयपुर के उस धार्मिक भूगोल से जुड़ा था जिसके तहत स्थानीय गल्ता मंदिर से घर की निकटता की भावनात्मक अहमियत काफी थी। लेकिन, आक्रामक हिंदू आत्म-पहचान के पीछे निश्चित रूप से रामजन्मभूमि आंदोलन का असर था, क्योंकि स्थानीय स्तर पर हिंदू और मुसलमान मिलकर बहुत-सी गतिविधियाँ करते रहते थे। मसलन, पानी ठीक से न आने के मुद्दे पर, गंदे पानी के निकास के सवाल पर, पार्क, तालाब या यहाँ तक कि मंदिर बनवाने के सवालों पर दोनों समुदायों ने साथ-साथ विरोध प्रदर्शन किया था। कुछ हिंदू और मुसलमान पड़ोसियों के बीच गहरी और टिकाऊ किस्म की दोस्ती भी बन गयी थी। रामगंज थाने में दर्ज एफआईआर से पता भी लगता था कि दोनों समुदायों के बीच टकराव इतना ज्यादा नहीं था, जितने तरह के विवाद समुदायों के भीतर थे। १९८९ में

जयपुर के दूसरे इलाक़ों में हुए दंगों के समय ऋषि गालव नगर के मुसलमानों और हिंदुओं ने मिलकर अमन कायम करने के लिए रात-रात भर पहरे भी दिये थे।

लेकिन, जब स्थानीय मुसलमान नेताओं ने एक मस्जिद बनाने की माँग उठायी और उसके लिए दो प्लाट भी खरीद लिये गये तो बाबरी मस्जिद विवाद फिर से ताज़ा हो गया। हिंदुओं को लगा कि इस माँग के जरिये मुसलमान अपनी पहचान और सामाजिक एकजुटता को आक्रामक तरीके से पेश कर रहे हैं। वे मस्जिद बनाने की इच्छा को उनकी धार्मिक भावनाओं की अभिव्यक्ति के रूप में देखने के लिए तैयार नहीं थे। स्थानीय मस्जिद कमेटी को श्याम सुंदर गुप्ता और मोहन लाल वर्मा के नेतृत्व में हिंदुओं के एक गुट के कड़े विरोध का सामना करना पड़ा। फिर एक शराबी मुसलमान और कुछ दलितों के बीच झगड़ा भी हो गया। इस तरह के स्थानीय विवादों के कारण भी ध्रुवीकरण बढ़ा।[५५] इसी के साथ ऊँची जातियों और खुशहाल हिंदुओं के नेतृत्व ने पास-पड़ोस के लोगों के साथ संपर्क बढ़ाना शुरू किया। कहा जाता है कि कोलेवाले हनुमान के मंदिर में पास-पड़ोस के नेताओं को दी गयी एक गोठ यानी दावत में एक मुठभेड़ की योजना बनायी गयी। इलाके में संघ की एक शाखा सक्रिय हो चुकी थी और शिलापूजन और कारसेवा के लिए गोलबंदी की अगुआई कर रही थी। इन दोनों कार्यक्रमों में स्थानीय हिंदुओं ने उत्साह से भाग लिया।[५६]

आम हड़ताल की पूर्व संध्या पर ऋषि गालव नगर के हिंदुओं के घर सजावटी लाल रोशनियों और चमकदार लड़ियों के कारण अलग से पहचाने जा सकते थे। हर घर के सामने के दरवाजे के ऊपर रखी गणपति की मूर्तियाँ भी साफ बता सकती थीं कि घर किसी हिंदू का है। इस तरह मुसलमानों के घर अपने-आप ही अलग दिखने लगे थे। पुराने शहर में समुदाय और जातियाँ मिले-जुले रूप में रहती हैं। आधुनिक रिहाइशें व्यक्ति और उसके परिवार की जरूरतें पूरी करने के लिए होती हैं, समुदाय की चिंता से उसका कोई सरोकार नहीं होता। ऋषि गालव नगर के २,००० हिंदू घरों के बीच ५०० मुसलमानों के घर बिखरे हुए थे। चौराहे कुछ इस तरह बने थे, और हर एक गली के बाद घरों की कतारें होने के कारण भी भीड़ को रास्ता जाम करने की सुविधा थी। एक चौराहे पर खड़ी भीड़ बच निकलने के सभी रास्ते बंद करने के साथ-साथ बाहर के इलाके से संपर्क भी काट सकती थी।

२४ अक्टूबर को नेशनल हाईवे के प्रमुख चौराहों पर सुबह ११ बजे तक लोगों के झुंड जमा होने शुरू हो गये। वे *जय श्री राम* के नारे लगा रहे

थे। अंदर की खबर रखने वाले एक सूत्र के मुताबिक नजदीक के गोवर्धनपुरी, लक्ष्मीनारायणपुरी और गणेशपुरी के इलाकों से आयी इस भीड़ की अगुआई संघ के कार्यकर्ताओं के हाथ में थी। ऋषि गालव नगर के कुछ लोगों, खासकर नवयुवक मंडल से जुड़े स्थानीय गिरोहों के सरगनाओं से उन्हें सक्रिय मदद मिल रही थी। हमें जानकारी देने वाले एक अन्य व्यक्ति वाजिद अली ने पुष्टि की कि कॉलोनी में सुबह ११ बजे से ही अशांति फैलनी शुरू हो गयी। अपने दुमंजिला घर की छत से उसने आग और धुआँ देखा। उसने यह भी देखा कि करीब २०० लोग बल्लम, भाले, तलवारें और डंडे लेकर कॉलोनी की तरफ आ रहे हैं। बाहरी लोग आगे मोर्चा सँभाले हुए थे और स्थानीय लोग पीछे चल रहे थे।

सबसे पहले इन लोगों ने मस्जिद ध्वस्त की और उसमें हिंदू मूर्तियाँ रख दीं। गुप्ता के घर में शरण लेने वाले मस्जिद कमेटी के नेताओं पर हमला किया गया।[५७] शाहिद नाम के एक व्यक्ति को घेर कर मार डाला गया। उसकी माँ जब अपने मृत बेटे के कपड़े अस्पताल के मुर्दाघर से लेने गयी तो उसे वहाँ उसके दूसरे बेटे के कपड़े भी मिले। दरअसल, यूसुफ ने जब अपने भाई की मौत की खबर सुनी तो वह स्कूटर पर अपने दोस्त के साथ अपनी साली और बेटे को घर ले जाने के लिए आया। पुल पर भीड़ ने उसका स्कूटर रोक कर नाम पूछा। यूसुफ का दोस्त किसी तरह भाग जाने में सफल हो गया। उसने बताया कि जब यूसुफ ने अपना हिंदू नाम बताया तो उसके कपड़े उतरवाकर पुष्टि की गयी। खतना देखकर भीड़ ने उसे तेजाब से नहला दिया।

सलमा जिसे मुन्नी भी कहा जाता है, तीन बेटियों और तीन बेटों वाली एक विधवा है। हमसे बात करते समय वह एक सलवार पर कढ़ाई कर रही थी। जवाहरात तराशने वाली उसकी मशीन दंगाइयों ने नष्ट कर दी थी। दंगों में आजकल मुसलमानों के रोजी-रोटी के साधन खासतौर से नष्ट किये जाने लगे हैं। सलमा ने बताया :

> दोपहर में जब मैं धुलाई कर रही थी, तो वे लोग आये। वे चिल्ला रहे थे, 'मुसल्ले कटुल्ले हम तुमको जिंदा नहीं छोड़ेंगे।' हमने एक कमरे में खुद को बंद कर लिया। मैं बहुत डर गयी थी और बेहोशी की हालत में थी। मेरी तीन जवान बेटियाँ हैं और हिफाजत के लिए कोई मर्द नहीं है। उन लोगों ने मेरे घर की जाली, खिड़कियाँ, टेलीविजन सेट, बिजली का मीटर और सीवेज पाइप तोड़ डाला। वे तीन तोला सोना और सारे बर्तन ले गये जो मैंने दो लड़कियों की शादी के लिए बचाकर रखे थे। उन्होंने मेरी जवाहरात तराशने वाली मशीन भी तोड़ दी। मैं फिरोजा तराश कर ५०-६० रुपया रोज कमा

लेती थी। घर का सारा खर्चा उसी पर चलता था। अब सोने के धागों की कढ़ाई करके मुझे एक सेट का २५ रुपये मिलता है। घर में अँधेरा रहता है, क्योंकि मीटर लगवाने के लिए पैसा नहीं है। मैं अपनी सात साल की बच्ची को स्कूल नहीं भेज पा रही हूँ क्योंकि मैं २२ रुपये नहीं दे सकती जो स्कूल वाले जमानत के लिए माँग रहे हैं। मेरे बेटे बाबा का टिबा, हिदा की मोरी और अंकुल सिनेमा पर जवाहरात तराशना सीख रहे हैं। उस्ताद से उन्हें बहुत कम मिलता है।

मुसलमानों के ऊपर लूट, आगजनी और कत्लेआम का कहर ९ बजे रात से शुरू हुआ और आधी रात के बाद २ बजे तक चलता रहा। दोपहर होते-होते पुलिस को हत्याओं के बारे में पता चल गया था, पर उन्होंने रोकने की कोई कोशिश नहीं की। उन्होंने तो बस एक चक्कर लगाया, गुप्ता के घर पर चार बजे शाम को चाय पी और चले गये। रामगंज पुलिस थाने में कोई गुहार नहीं सुनी गयी। आरोपियों की सूची पर नजर डालने से पता चलता है कि हमलावर कई जातियों के थे, पर ज्यादातर युवक थे। उनमें से कुछ बेरोजगार थे, और कुछ का अपराधिक रिकॉर्ड भी था। पर वे किसी भी तरह से गरीब नहीं माने जा सकते थे। सिर्फ हिंदुओं की कॉलोनी गोवर्धनपुर के एक प्रमुख नेता ने पूरा वर्णन किया कि किस तरह ऋषि गालव नगर पर हमला करने की योजना भाजपा की शांति सेना (दंगा विरोधी दल) के दफ्तर में बनायी गयी थी। अलख मठ नाम के इस दफ्तर का सदर दरवाजा गालव नगर की तरफ खुलता था। पहले इस जगह नाथ संप्रदाय का एक मंदिर था, लेकिन दंगों के दो महीने पहले बजरंग दल के नेता आचार्य धर्मेंद्र के रिश्तेदार रामचंद्र व्याकुल ने इस पर जबरिया कब्जा कर लिया था। जब मंदिर पर किये गये इस गैर-कानूनी कब्जे और वहाँ मौजूद मूर्तियों और पवित्र ठीयों को नष्ट करने पर सवाल उठाये गये (रुद्र महादेव की ११ मूर्तियों और देवी की एक मूर्ति को एवं तीन समाधियों को नष्ट किया गया), तो पुलिस ने आपत्ति करने वालों के साथ मार-पीट की। राजस्थान विधानसभा में जैसे ही यह मसला उठाया गया, वैसे ही अलख मठ को रातो-रात शांति सेना का दफ्तर घोषित कर दिया गया।

दंगों का एक नतीजा यह निकला कि ऋषि गालव नगर में ब्राह्मणों और बनियों का दबदबा और मजबूत हो गया। कई मुसलमान अपना घर बेचकर कहीं और चले गये। विडंबना यह रही कि मस्जिद के मुद्दे पर हिंदू और मुसलमान नेताओं में अदावत के बावजूद उनमें से कुछ ने दंगों के बाद मस्जिद के लिए खरीदे गये प्लाटों को बेचने और उन्हें फिर से रजिस्टर कराने का काम मिल-जुलकर किया। जाहिर है कि यह एकता बिक्री के

माल को हजम करने के लिए की गयी होगी। हिंसा, संदेह, लालच और साजिश के माहौल में सिर्फ एक घर अपवाद था जहाँ एक हिंदू पड़ोसी ने अपने घर में कुछ मुसलमानों को बचाने के लिए बंद कर लिया था। इंसानियत का दूसरा मुकाम गरीब दलितों के घरों की वह कतार थी जिनके निवासियों ने या तो मुसलमानों की मदद की थी, या फिर वे डर के मारे घर छोड़ कर चले गये थे। बाकी सभी जगहों पर ऋषि गालव नगर के लोगों द्वारा या तो दंगों में खुलकर भागीदारी की गयी थी या फिर वे दंगों के बारे में चुप्पी साधे हुए थे। इसकी मिसाल एक हूिंद पति-पत्नी रामेश्वर और चतरदेवी के बीच हुए संवाद से मिल सकती है :

प्रश्न : ऋषि गालव नगर में क्या हुआ था?
पति : हमें नहीं पता। हम तो सो रहे थे।
प्रश्न : लेकिन दिन में तो तुमने कुछ सुना होगा?
पत्नी : मैंने सुना था, वे चिल्ला रहे थे, 'मारो मारो'।
पति : हमें नहीं पता कि वे हिंदू थे या मुसलमान। नहीं, हमने कुछ नहीं सुना।
प्रश्न : वे क्या चिल्ला रहे थे?
पत्नी : वे नारे लगा रहे थे।
पति : तुम क्या जानती हो। चुप रहो।
प्रश्न : क्या तुमने कुछ जलते हुए देखा?
पति : नहीं, कुछ नहीं।
पत्नी : हां, मैंने देखा, पीछे की गली में। वे आग लगा रहे थे।
पति : ये तो पागल है।
प्रश्न : उस वक्त क्या समय था?
पत्नी : वे एक बजे रात में आये। फिर वे साढ़े चार बजे आये।
प्रश्न : पुलिस नहीं आयी?
पत्नी : पुलिस? रात में बहुत देर से आयी।

मुहल्ला कोलियान और अखबार

राजस्थान में सांप्रदायिक घृणा की आग फैलाने में हिंदी अखबारों का जबरदस्त योगदान रहा। उन्होंने ऐसी बातें छापीं ताकि हिंदुओं में मुसलमानों का झूठा डर बैठ जाए। कुछ ने हिंदुओं के मुकाबले मुसलमानों की आबादी का अनुपात बढ़ते जाने के काल्पनिक आँकड़े प्रकाशित किये जिससे मुसलमानों की इस रूढ़ छवि को ही हवा मिली कि वे परिवार नियोजन नहीं अपनाते।[५८] लेकिन इससे भी ज्यादा घातक अन्य झूठ साबित हुए।

ऋषि गालव नगर से दो दिन तक लाशें निकाली जाती रहीं, पर मीडिया

और नेता सिर्फ कोली मुहल्ले की घटनाओं में ही दिलचस्पी दिखाते रहे।[५९] मिलाप कोठारी ने *राजस्थान पत्रिका* में कोली मुहल्ले में 'जिंदा लोगों की अंत्येष्टि' के बारे में लिखा।[६०] मुसलमान बहुल पहाड़ गंज के बारे में इस अखबार की दिलचस्पी मुसलमानों द्वारा की गयी दो घंटे की फायरिंग में थी जिससे राजस्थान आर्म्ड कांस्टेबुलरी (आरएसी) का एक जवान मारा गया था। सवाल यह है कि क्या कोली मुहल्ले में हुई मौतों की खबर जानबूझ कर पुलिस ने लीक की थी? इस सवाल का एक जवाब उस समय मिलता है जब अखबारों और एएसपी (उत्तर) जगमाल सिंह द्वारा लिखाई गयी एफआईआर में समानता दिखती है। इस रपट में दिखाया गया था कि मुसलमानों की फायरिंग और पथराव के कारण ही सिपाही सदासुख की मौत हुई। जगमाल सिंह के अनुसार, 'किसी व्यक्ति ने पुलिस के सिपाही को मारने के इरादे से गोली चलाई और उसे मार डाला।' असलियत वह थी जो बाद में निकली कि मारने वाला मुसलमान न होकर आरएसी का ही एक सिपाही था जिसकी गोली से सदासुख की मौत हुई थी।[६१]

इसी तरह अखबारों ने बिना कोई जाँच किये फौरन मान लिया कि तोपखाना हुजूरी में मारे गये सात लोग हिंदू थे। मुहल्ला कोलियान बाद में बनी एक चौकड़ी तोपखाना हुजूरी में स्थित है। यही वह इलाका है जहाँ जवाहरात मंडी लगती है। कच्चे और तराशे गये जवाहरातों का विनिमय होता है। यहाँ की आबादी में बहुत से संपन्न जुलाहों समेत ९० फीसदी मुसलमान हैं। तोपखाना हुजूरी के तहत मुहल्ला कोलियान में कोलियों का दलित समाज रहता है। २५ अक्टूबर को एक अखबार ने छापा 'दो बच्चों समेत सात लोग कोली मुहल्ले में मारे गये' और जैसे ही वह इलाके में बँटा, मुसलमानों को ही हत्या का जिम्मेदार मान लिया गया।[६२] मुख्यमंत्री ने फौरन ही मारे गये लोगों के लिए एक-एक लाख का मुआवजा घोषित कर दिया। काफी बाद में जाकर पता चला कि मुहल्ले में एक भी कोली नहीं मारा गया था। लेकिन तब तक यह मुहल्ला अखबारों के आकर्षण, पुलिस की सुरक्षा और राहत का केंद्र बन चुका था।

दो कोली जरूर मारे गये थे, लेकिन यह वारदात मुहल्ला कोलियान से लगी हुई एक कालीन फैक्ट्री और नाथी की बगीची में हुई थी। एक हिंदू पुलिसवाला भी पहाड़ गंज के मुसलमान घरों पर आरएसी के हमले के दौरान मारा गया था। पहाड़ गंज के लोगों ने इस इलाके में आरएसी द्वारा मचाये गये उत्पात का स्पष्ट विवरण दिया। दूसरी तरफ साथ वाली गली में कथित रूप से मारे जा चुके सात हिंदुओं में से तीन दरअसल एक मुसलमान

परिवार से ताल्लुक रखते थे। यह काजी दाउद खान का परिवार था जिन्हें जीप में जिंदा जला दिया गया था। कई लोगों ने इंटरव्यू के दौरान इस वारदात में दो नेपाली भाइयों का हाथ बताया। इनका नाम मनोज और दिनेश थापा था जिनके पिता आरएसी में काम कर चुके थे और आरएसी की छावनी से उनके ताल्लुकात उस समय भी कायम थे।

कोली मुहल्ला में कभी २,००० से ३,००० घर हुआ करते थे, जो अब खाली पड़े हैं। कोलियों का कहना था कि पहले तो मुसलमानों ने उन्हें सुरक्षा का आश्वासन दिया और फिर अचानक नमाज से लौटते हुए उनके घर जला डाले। लेकिन, यह बयान पूरी तरह संदेह से परे नहीं था। पहला संदेह तो फोटो और अन्य प्रमाणों को देखने से होता था जो बताते थे कि कोलियों से तो २४ तारीख की सुबह ही आरएसी ने मकान खाली करवा लिए थे। उन्हें हटाने का काम ११ बजे सुबह शुरू हुआ और दोपहर बाद दो बजे तक चलता रहा, जबकि उन घरों को आग चार बजे से कुछ पहले ही लगायी गयी। दूसरे, पुलिस ने किसी कारणवश माँ और बहन का वह बयान दर्ज नहीं किया जो बगीची में हुई एक कोली की हत्या की चश्मदीद थीं।[६३] इसी के साथ नौलिया नामक कोली का वह कारनामा भी था जिसके मुताबिक उसने मुआवजा हासिल करने के लिए अपना घर खुद जलाया था। कुछ सूत्रों का कहना था कि ऐसा करने के लिए उसे एक आरएसी वाले किरायेदार ने समझाया था।

तो क्या जब कोलियों के परिवार पास की आरएसी छावनी में आरएसीवालों की मदद से ही सुरक्षित पहुँच गये तो उन्होंने खुद अपने घर जला डाले? हमें कई जानकारों ने बताया कि कोलियों के घरों को आग ने कोई खास नुकसान नहीं पहुँचाया था और उनके ढाँचे अपनी जगह कायम बने रहे। दंगों के ठीक बाद इन्हीं घरों को स्थानीय मुसलमानों को चार लाख तक की कीमत में बेच दिया गया। कोलियों को जमडोली के पास एक वैकल्पिक रिहाइशी जगह दे दी गयी जो संघ द्वारा चलाए संचालित केशव विद्यापीठ के नजदीक है। इस स्कूल में अमीरों के बच्चे पढ़ते हैं।

हिंसा और उसका प्रतिरोध

जयपुर के दंगे उस मानस का नतीजा थे जो गुजरे पाँच वर्षों में तीन मुद्दों के आधार पर बना था। राजस्थान की राजनीतिक संस्कृति को गहराई से प्रभावित करने वाले ये तीन मुद्दे थे : दिवराला का सती कांड, मंडल आयोग की सिफारिशें और अयोध्या विवाद। इसमें से हर मुद्दे के कारण जनता के

नये-नये तबकों की राजनीतिक मकसद से गोलबंदी की गयी और संघर्ष समितियाँ और धर्म रक्षा सेना जैसे संगठन बनते चले गये। उन्होंने राजस्थान की राजनीति में एक नये मुहावरे और एक खास तरह के उन्माद का समावेश किया।

सती समर्थक आंदोलन ने राजस्थान के राजपूतों को वंश और जाति की सीमाओं से परे जाकर एकजुट कर दिया। इन राजपूतों ने हिंदू और जैन व्यापारी जातियों के साथ एक व्यापक गठजोड़ बनाया जिसमें सांस्कृतिक रूप से असुरक्षित और रक्षात्मक मानस वाला राजस्थानी मध्यवर्ग भी था। खास तौर से छात्र, रिटायर हो चुके सरकारी कर्मचारी और फौजी भी इसमें शामिल थे।[६४] मंडल विरोधी और राममंदिर आंदोलनों ने उत्तरोत्तर बड़े से बड़े तबकों को प्रभावित किया।

जिस समय जनता के ये नये तबके गोलबंद हो रहे थे, तकरीबन उसी समय सत्तारूढ़ दल, अखबार और पुलिस द्वारा पेश हिंदू-मुसलमान संबंधों के आख्यान आपस में घुल-मिल कर एक नयी परिस्थिति बना रहे थे। इसके कारण सांप्रदायिक राजनीति में राज्य की भूमिका नया अर्थ ग्रहण करती जा रही थी। न केवल पुलिस दंगों का ब्योरा एक खास अंदाज में सामने रख रही थी, बल्कि इसके जरिये शहरी हिंसा के सवाल पर पुलिस और हिंदू राष्ट्रवाद को अपना बचाव करने की इजाजत मिल जाती थी। इसका एक परिणाम और हुआ। गुजरात की ही तरह राजस्थान में भी राज्य-पुलिस-अखबार द्वारा प्रस्तुत दंगों से जुड़ी बातें निचले तबके के मुखर तत्त्वों की राय से मेल खाने लगीं। कोलियों द्वारा दर्ज कराई गयी बहुत-सी पुलिस रपटों में मुसलमानों को गद्दार बताने की प्रवृत्ति देखी गयी। हर रपट में एक ही कहानी मौजूद थी कि 'पहले मुसलमानों ने हमें सुरक्षा का आश्वासन दिया और फिर नमाज से लौटते हुए हम पर हमला कर दिया।'[६५] बंजारा बस्ती, सूरज पोल बाजार और मीना मुहल्ला में दिये गये हलफनामों में भी यही बात उभरी। इसके पीछे सीधा कारण यह भी हो सकता था कि वे लोग राज्य की भाजपा सरकार को खुश करके उसका फायदा उठाना चाहते होंगे। इससे आर्थिक तरक्की कर रहे मुसलमानों के प्रति निचले तबकों में दुश्मनी की भावना को भी एक तर्क मिल रहा था। कोलियों द्वारा दिये गये विवरणों में अक्सर जवाहरात के मुसलमान डीलरों द्वारा तोपखाना हुजूरी में बनवाये गये बहुमंजिले घरों का जिक्र था। गुजरात की ही तरह राजस्थान में भी मुसलमानों और निचले तबके के बीच खाई को चौड़ा करने के पीछे संघ परिवार के प्रयासों का हाथ था ताकि इन छोटी जाति वालों को एक नये

आधार पर हिंदू दायरे में शामिल किया जा सके। दरअसल, संघ परिवार इन तबकों को अपनी लड़ाकू शाखा की तरह इस्तेमाल करना और उसके जरिये उन्हें हिंदू के रूप में अपनी नयी कीमत का एहसास दिलाना चाहता था।

दंगों ने जयपुर शहर के भूगोल पर भी असर डाला है। दंगों के कारण शहर में हुई तब्दीलियाँ संघ परिवार, पुलिस और स्थानीय प्रेस के ब्योरों में झलकती देखी जा सकती हैं। पिछले दो वर्षों में लोग काफी इधर से उधर गये हैं। ऋषि गालव नगर में अब थोड़े से मुसलमान परिवार ही रहते हैं। उन्हें वहाँ बनाये रखने के लिए काफी समझाना-बुझाना पड़ा होगा, और कुछ को अपने मकानों की अच्छी कीमत मिलने का इंतजार है। मुसलमानों के इलाके भिश्ती मुहल्ले से वहाँ रहने वाले छः हिंदू परिवार जा चुके हैं और केवल एक रह गया है। मुहल्ला कोलियान में एक भी कोली परिवार नहीं है और सभी घर मुसलमानों को बेच दिये गये हैं। जिला प्रशासन ने मजबूरी में की जाने वाली इस तरह की खरीद-बेच पर पाबंदी लगा रखी थी, फिर भी कोली मुहल्ले के घरों की यह बिक्री हुई। जयपुर के अंदरूनी भूगोल में हुए इन परिवर्तनों के कारण यह शहर अब पेशागत के बजाय धार्मिक आधार पर बसे मुहल्लों का शहर होता जा रहा है। ठीक उस तरह जैसे उत्तर अमेरिका में कालों और गोरों की अलग-अलग बस्तियाँ होती हैं। ऋषि गालव नगर से परे के इलाकों को पाकिस्तान कहा जाना आमफहम हो गया है। ये इलाके हैं बस बदनपुरा, ईदगाह और वन विहार। इसके चारों तरफ गोविंदपुरी, लक्ष्मीनारायणपुरी, मंडी खटीकान और अब ऋषि गालव नगर जैसे हिंदू इलाके हैं। इसी तरह जयपुर के कुछ बाहरी इलाकों पर अब हिंदुओं और भाजपा के गढ़ की मुहर लग गयी है। ये हैं : मानसरोवर, राजा पार्क, जवाहर नगर और शास्त्री नगर। परकोटे से घिरा पुराना शहर न केवल हिंदू क्षेत्र है, बल्कि वहाँ ऊँची जातियों का दबदबा भी है। इन इलाकों की सांप्रदायिक समरूपता वहाँ रहने वालों को एक तरह की सुरक्षा का भरोसा तो देती है, पर उसके कारण अन्य धर्मावलंबियों के साथ रोज-ब-रोज होने वाली मेल-मुलाकातें न के बराबर रह जाती हैं। इस तरह की अन्योन्यक्रिया पहले एक-दूसरे की रूढ़ छवि बनने से रोकती थी।

राजस्थान की राजनीतिक संस्कृति ने जवाहरात उद्योग पर भी असर डाला है। यह अलग-अलग धर्मों के लोगों का मिलन-स्थल रहा है, पर अब कुछ बनिये और जैन व्यापारी हिंदू दस्तकारों को प्रशिक्षित कर रहे हैं ताकि उन्हें मुसलमान दस्तकारों की जगह दी जा सके।

समुदायों के भीतर पीढ़ीगत अंतर्विरोधों ने भी दंगों की इस समझ को

बनाया है। दंगों के दौरान भी मोचियों के युवा नेताओं और बिरादरी के बुजुर्गों के बीच टकराव देखा जा सकता था। जहाँ तक मुसलमान युवकों का सवाल है, उनका संगठन इस्लामिक मूवमेंट ऑव इंडिया (सिमी) और स्टूडेंट इस्लामिक ऑर्गनाइजेशन (एसआईओ) कट्टरता में बजरंग दल से मुकाबला कर रहा है। जमात-ए-इस्लामी की युवा शाखा ने भी तोपखाना हुजूरी के इलाके में पैर जमा लिये हैं। यह वही जयपुर है जहाँ मुस्लिम लीग को चुनाव में अपनी जमानत बचाना मुश्किल लगता था। अगर दंगों की इस प्रचलित समझ को अलग-अलग समुदाय से जुड़े आयामों के नजरिये से न देखा जाए, तो लगता है कि मुसलमानों का मानस भी उससे प्रभावित होकर दूसरे समुदाय को राक्षस के रूप में देखने लगा है।

हिंसा के बावजूद

दो मुद्दे हैं जिन पर विचार किया जाना बाकी है। इनमें पहला मुद्दा एक सवाल की तरह भी पेश किया जा सकता है कि क्या २४ और २५ अक्टूबर की घटनाओं को सांप्रदायिक दंगा कहना उचित होगा, हालाँकि हमने जयपुर की वारदातों को इस किताब में बार-बार इसी नाम से याद किया है। अखबारों में छपी खबरें मौत, आगजनी और सांप्रदायिक विभेदों को बढ़ा-चढ़ा कर पेश करती हैं। लेकिन, हिंसा पर एक नजदीकी निगाह डालने से साफ हो जाता है कि दंगे नाना प्रकार के संघर्षों की मिली-जुली अभिव्यक्ति थे, न कि सिर्फ सांप्रदायिक टकराव की। जयपुर की हिंसा के पीछे कई तरह की मंशाएँ छिपी हुई थीं। इनमें दंगों के जरिये निजी अदावत निकालने और अपने किरायेदार को भगाने से लेकर लालच और लूट-खसोट का इरादा भी शामिल था। (दंगों के बारे में फील्ड वर्क करते समय हमारा एक साथी इसलिए चकित रह गया था कि कई लोग लूट-खसोट में अपनी दिलचस्पी के बारे में बेहिचक बता रहे थे।)। इसीलिए हमारा मानना है कि जयपुर की घटनाओं को सांप्रदायिक दंगों की श्रेणी में फिट करके नहीं देखना चाहिए। इससे मध्यवर्ग में प्रचलित वही यकीन और मजबूत होगा कि भारत में विभिन्न समुदायों के बीच न पट सकने वाली खाई मौजूद है, और यह कि सार्वजनिक जीवन में आने पर धार्मिक अस्मिताएँ टकराव की वजह बन ही जाती हैं।[६६]

दूसरा मुद्दा एक ऐसे पहलू से ताल्लुक रखता है जो दंगों की प्रचलित समझ और उसके पैरोकारों के प्रभाव में छिप जाता है। यह पहलू है एक-दूसरे को हिंसा और आक्रमण से बचाने, भरोसा देने और मदद करने वाले

लोगों की पारस्परिकता का। यह पहलू है ऐसे लोगों द्वारा भय और बेचैनी के उन खौफनाक लम्हों को साथ-साथ झेलने का। यह पारस्परिकता आधुनिक और सेकुलर विचारधाराओं पर आधारित न होकर उन्हीं प्राक्-आधुनिक धार्मिक जज्बात की देन थी जिन्हें दंगों और उनकी हिंसा का जिम्मेदार बताया जाता रहता है। जयपुर में बस्तियाँ-दर-बस्तियाँ इंसान द्वारा इंसान को बचाने की कहानियाँ सुनी जा सकती थीं, जिनमें लोग दूसरों की हिफाजत के लिए अपने जान-माल को दाँव पर लगाते हुए दिखते थे। कोलियों की कोठी में रहने वाली एक औरत ने बताया कि किस तरह उसके मुसलमान पड़ोसियों ने उसे बचाया और कहा, 'हम तुम्हारे और हमलावरों के बीच खड़े हैं। तुम्हें कुछ नहीं होगा।' पहाड़ गंज पार्क के पास एक मुसलमान लड़के ने एक बुजुर्ग हिंदू महिला को बचाया वरना वह भीड़ के गुस्से का निशाना बनकर जान से हाथ धो बैठती। ऋषि गालव नगर से तीन अनाथ बच्चे शरण लेने के लिए शामिन आये और एक दलित परिवार ने उस समय तक उनकी देखभाल की जब तक बाहर जाना उनके लिए सुरक्षित नहीं हो गया।[६७] शांति नामक महिला के भाई के बारे में मान लिया गया था कि उसे किसी मुसलमान ने मार डाला है, पर शांति खुद चार-पाँच दिन तक बाबा मुहम्मद शाह के यहाँ सुरक्षित रही। एक अनजान हिंदू ताँगेवाले ने मुहम्मद नईमुद्दीन की उस समय बच निकलने में मदद की जब *जय श्रीराम* चिल्लाती एक भीड़ ने उसकी साइकिल पकड़ ली थी और उसके दोस्त सिराज को डंडों और लोहे की छड़ों से पीट-पीट कर जान से मार दिया था। बाद में नईमुद्दीन ही गल्ता चौराहे पर पुसिल बुलाकर लाया जहाँ सिराज की लाश पड़ी हुई थी।[६८]

ऋषि गालव नगर के ज्यादातर बचे हुए लोगों को दूसरे समुदाय के सदस्यों से मदद और सुरक्षा मिली। अपनी पत्नी और साले की हत्या के बाद हम्मू को एक सिख के घर में शरण मिली। उसके बच्चों को एक रिश्तेदार के घर तक सुरक्षा के साथ पहुँचाने वाला व्यक्ति राजू पंडित था।[६९] दरबार अली की बेटी ताहिरा बचा ली गयी, जबकि उसका बेटा मारा गया और खुद उस पर जालिमाना हमला किया गया। शहाबुद्दीन की चाची की हत्या कर दी गयी और उसे भी मार दिया जाता अगर खटीकों ने उसे छिपाकर दंगाइयों को गलत दिशा में न भेज दिया होता। अब्दुल हकीम के घर पर उसकी और कई लोगों की लाशें पड़ी हुई थीं, पर उसके बच्चों को एक दलित महिला ने पनाह देकर बचा लिया जो उस घर में काम करती थी। उसकी बेटी ने हकीम के बेटे को अपना दूध पिलाया, जबकि उसका अपना बेटा बाहर दंगाइयों के साथ

उत्पात मचा रहा था। ऐसी मिसालें और भी थीं जिनमें मदद और पनाह उन परिवारों द्वारा दी गयी जिनके सदस्य हिंसा के लिए जिम्मेदार थे। स्थानीय भाजपा नेता गुप्ता ने हिंसा का प्रच्छन्न समर्थन किया था, पर उसने अपने पड़ोसियों अली शेर खान और उसके घर वालों को अपने यहाँ छिपा कर दंगाइयों से बचाया भी।[७०] बाद में खान का पुनर्वास दीपक पुरोहित द्वारा किया गया जो जवाहरात के डीलर थे और जिनके यहाँ खान का बेटा नौकरी करता था। खान का कहना था, 'वे तो हमारे लिए फरिश्ते के मानिंद हैं।'

ऋषि गालव नगर से लगा हुआ उस कॉलोनी का एक्सटेंशन है जहाँ कई धर्मों के लोग ज्यादा लंबे अरसे से रहते हैं। १९८१ की बाढ़ के बाद उनमें से कई सूर्य नगर की झुग्गियों से वहाँ रहने के लिए आये थे। इस कॉलोनी में तो दंगाइयों को घुसने तक नहीं दिया गया। इलाके के बहुत से मुसलमानों को अपने पड़ोसियों की वे कोशिशें याद हैं जो उन्हें बचाने के लिए की गयी थीं। यूसुफ अली की याद में रामनारायण का नाम दर्ज है। खटीक जाति के इस स्थानीय बाहुबली ने तकरीबन अकेले दम पर दो सौ दंगाइयों की भीड़ का सामना किया। रामनारायण ने खून की प्यासी उस भीड़ पर दहाड़ा, 'भाग जाओ। सारे घर हमारे हैं। इनका कोई कुछ नहीं बिगाड़ सकता।' अली के मुताबिक रामनारायण एक नामजद बदमाश है जिससे सभी लोग डरते थे। वह टैक्सी चलाता था और अली के घर के पास रहता था। रामनारायण अक्सर अली से पानी लेने आता था। उसकी दिलेरी काम आयी। उसने गोश्त बेचने वाले एक अन्य खटीक लाल चंद और हरीशजी नामक एक पंजाबी की मदद से अपने इलाके में दंगे नहीं होने दिये।

मिसालें और भी थीं जो बताती थीं कि थोड़ी-सी दिलेरी का कितना ज्यादा असर हो सकता है। इन उदाहरणों से लगता था कि आततायी भीड़ें प्रतिरोध से निबट पाने में अक्षम थीं। वे आसानी से बेवकूफ बनने या अपनी अवहेलना करवाने के लिए तैयार थीं। एक पगलाई भीड़ ने शफीकुद्दीन के दरवाजे को पीट कर धमकी दी कि अगर नहीं खोला तो तुम्हें जिंदा जला दिया जाएगा। शफीक ने दरवाजा खोला तो देखा कि काफी हथियारबंद लोग जमा हैं और उनके साथ उसके पड़ोसी भी हैं। उन्हीं पड़ोसियों ने शफीकुद्दीन के कान में फुसफुसाकर कहा कि 'जैसा हम कह रहे हैं करो। कंहो, राम राम।' शफीक ने वैसा ही किया। फिर वे उसे एक कोने में ले गये। थोड़ी देर बाद एक पड़ोसी ने उससे कहा, 'थोड़ा पीछे हो जाओ, और खिसक लो। हम समझा देंगे।' पड़ोसियों ने भीड़ से यही कहा कि वह मुसलमान तो है, पर आदमी अच्छा है। जब दंगाई अगले व्यक्ति के घर की तरफ गये, तो

शफीक भाग लिया।

रजिया के ब्योरे से खौफ की उस रात की तस्वीर खिंच जाती है जो उसके तीन बच्चों और दूसरे घरवालों के ऊपर गुजरी होगी। सूर्य नगर के चार घरों में रहने वाले इन लोगों को पड़ोस के हिंदू परिवारों ने बचाया। वह दोपहर का वक्त था जब रजिया के परिजनों ने शहर की सात-आठ जगहों से काला धुआँ उठते हुए देखा :

> तब हमने करीब सौ से डेढ़ सौ नीची जाति के १८ से २५ की उम्र के जवान लोगों को डंडों से लैस देखा। मैं उन्हें पहचान नहीं पायी। वे कॉलोनी के बाहर से आये थे। ...चौराहे पर उन्होंने पूछा कि मुसलमानों के घर कौन से हैं। हमारे मुहल्ले के लोगों ने उनसे कह दिया कि यहाँ कोई नहीं रहता। इनमें एक कचहरी में काम करने वाला कजोड था, एक दर्जी था जयसिंह और थे बाबूलाल बिजवाला।

रजिया के सभी घरवाले उसके घर में जमा हो गये और खुद को अंदर से बंद कर लिया। करीब डेढ़ बजे दोपहर बाद एक बच्चा दौड़ता हुआ आया और बताया कि उसने स्थानीय मस्जिद को जलते हुए और एक की हत्या होते हुए देखा है। रजिया का छोटा भाई और बहनोई देखने के लिए गये कि असल में हुआ क्या है। वहाँ उन्हें पहचान लिया गया, पर वे किसी तरह बाबूभाई के घर वाली गली से होकर भाग आये। शाम को सात बजे के करीब रजिया को बच्चों के लिए दूध के पाउडर की जरूरत पड़ी। उसकी बहन का बच्चा केवल एक साल का था। दूध लेने गये रजिया के भाई और बहनोई का वहाँ खड़े आठ-दस 'लड़कों' ने पीछा करके पकड़ लिया। उन लोगों से उनके नाम पूछे गये तो उन्होंने महेश और राकेश बताये। लेकिन, बताते समय रजिया का भाई थोड़ा हिचक गया, जो एक घातक गलती थी। फिर पूछा गया, 'कहाँ रहते हो?' उन्होंने जवाब दिया कि कजोड के घर में। लड़कों को यकीन नहीं हुआ और उनका पीछा करते हुए चले आये। रजिया ने फौरन दरवाजा खोल कर भाई और बहनोई को भीतर कर लिया। बाकी का वाकया रजिया के शब्दों में इस तरह घटा :

> तब उन लड़कों ने डंडों से दरवाजा पीटना शुरू कर दिया। वे चिल्ला रहे थे, 'मुसलमानो, बाहर आओ।' करीब सौ लोग तलवारों, साइकिल की चेनों और लोहे की छड़ों के साथ वहाँ जमा हो गये। हम छत पर भागे और हममें से चार औरतें कूदकर कजोड की छत पर चढ़ गयीं। हमने खुद को बकरियों में छिपा लिया, पर वहाँ उन्होंने हमारी परछाइयाँ देखकर चिल्लाना शुरू कर दिया। फिर हम कजोड के घर में बुरी तरह रोते हुए पहुँचे। घर वालों ने हमें घाघरा-चोली पहनायी और कहा कि 'तुम हमारे साथ हो। कुछ नहीं होगा।

हम तुम्हें आँच नहीं आने देंगे।' फिर कजोड गये और उन लोगों से कहा, 'छोड़ो उन्हें, वे अच्छे लोग हैं। वरना तुम्हें हमसे निबटना पड़ेगा।' फिर पुलिस की जीप आयी, और दंगाई भाग गये। उस वक्त रात के साढ़े आठ बजे थे।

बाद में कजोड ने हमसे कहा, 'अब हमारा घर सुरक्षितन नहीं रह गया है।' वह हमें बगल में जयसिंह के घर ले गया। लेकिन वहाँ लोगों ने हमें देख लिया जिससे हम सिंधी की छत पर कूद गये। उसने हमें रात भर के लिए अंदर बंद कर दिया। रात के साढ़े नौ बजे वे लोग फिर आये। रात भर हमने रोने की आवाजें सुनीं और देखा कि वे लोग मशालों से घर जला रहे हैं। हमारी कॉलोनी के लोग एक चौराहे पर सारी रात बैठे रहे ताकि कोई गड़बड़ न हो सके। उस रात कोई नहीं आया। सुबह साढ़े पाँच बजे हमने पहाड़ गंज का रास्ता पकड़ा जहाँ मेरा देवर रहता है। जयसिंहजी और सिंधी हमें छोड़ने के लिए आये थे। चौराहे पर डंडे और लुटिया लिये हुए लोगों ने हमें रोका। वे बोले, 'बोलो जय सियाराम।' हम सबने कहा, 'जय सियाराम।' इस पर उन्होंने हमें जाने दिया। मंडी पर हमें फिर रोका गया जहाँ हमें फिर *जय सियाराम* कहना पड़ा। थोड़ आगे जाने पर हमने उन दोनों से कहा, 'अब हम मुसलमानों के इलाके में हैं। अब आप लौट जाइये।' हम दो महीने तक पहाड़ गंज में रहे, फिर सांगानेर चले गये। फिर तीन महीने तक टोंक में रहे। कॉलोनी के लोगों ने हमें वापस आने के लिये कहा, पर हम डरे हुए थे। पहले हमने वन विहार में घर किराये पर लिया, फिर खरीद लिया। हमारी कॉलोनी के लोग बहुत अच्छे हैं। वे अभी भी त्योहारों पर मिलने आते हैं। हमारे बच्चे उन्हें राखियाँ बाँधते हैं।[७१]

इसी तरह जमील को भी उसके हिंदू पड़ोसियों ने बचाया। चतरसिंह के जवान बेटे पप्पू को पता चला कि पड़ोस के घर में अकेला मुसलमान किरायेदार है। जब *जय सियाराम* के नारे लगाती हुई भीड़ उसका दरवाजा पीटने लगी तो चतरसिंह और बाबूलाल बिजवाला ने छत को कूदकर पार किया और जमील को समझाकर पिछला दरवाजा खुलवाया। पप्पू ने बताया, 'हम जमीलभाई को खींच तक सुरक्षा में ले गये।' दो दिन तक जमील बाबूलाल के घर में उसकी बहू के कमरे में रहा, जहाँ उसने अभी-अभी एक संतान को जन्म दिया था। जमील की दाढ़ी सफाचट कर दी गयी और उसे बाहर से आया हुआ बहू का चाचा बताया गया। उसके जाने से पहले पप्पू की माँ प्रेमदेवी ने उसके माथे पर टीका लगाया और हाथ पर कलावा बाँध दिया ताकि वह हिंदू लगे, और उसे हिफाजत के लिए एक तावीज भी दिया।[७२]

पप्पू की माँ एक पूजा-पाठ करने वाली हिंदू थी। उन्हें अपनी धार्मिकता पर बड़ा भरोसा था। 'निचले वर्ग' की समझी जाने वाली इसी धार्मिकता पर

ही उनकी सार्वजनिक भूमिका की भित्ति खड़ी हुई थी :

> मैं सभी हिंदू देवताओं की पूजा करती हूँ और मुसलमान देवताओं को भी मानती हूँ। अजमेर के ख्वाजा साहब और सैयद बाबा में मुझे यकीन है। आपको उनका सिदान हर जगह मिलेगा। वे सारी इच्छाएँ पूरी करते हैं और मन को शांति देते हैं। मैं तो ईसाई देवताओं को भी मानती हूँ जैसे ईसा मसीह और गुरु नानक। देवता हमें हमारा कर्म करने के लिए कहते हैं। वे पुरुष तो थे, पर महापुरुष थे। हमें उनके सामने हाथ जोड़ने चाहिए। अच्छे काम करने वाले सभी लोगों की पूजा करनी चाहिए। सभी बिरादरियों में कट्टर लोग तो होते ही हैं, चाहे हिंदू हों या मुसलमान। पर दया सभी लोगों के दिलों में बसती है।

जब हमने प्रेमदेवी से पूछा कि अयोध्या में मंदिर बनना चाहिए या मस्जिद, तो उनका कहना था, 'सबसे अच्छी बात तो यह होगी कि मंदिर और मस्जिद दोनों रहें। वे तो भगवान के घर हैं, गिराने के लिए नहीं बनाये जाते। जन्मभूमि का झगड़ा तो नेताओं में कुर्सियों के लिए होड़ के कारण है जिसमें गरीब मारे जाते हैं।'

उसी बस्ती में रहने वाली बाबूलाल बिजवाला की पत्नी गंगादेवी से भी हम मिले। उन्होंने उस मुसलमान मनिहार परिवार के साथ अपने घर के नजदीकी रिश्तों के बारे में बताया जिसकी वे हिफाजत करना चाहती थीं।

> बीस साल तक हम बस्ती में नीचे झोपड़ियों में रहे। उनके पास (मनिहारों के पास) भी झोंपड़ी थी, और हमारे पास भी। फिर उन्हें प्लाट मिल गया। हमारे उनसे बड़े अच्छे ताल्लुकात थे, हिंदू-मुसलमान का कोई फर्क नहीं था। हम यहाँ १९७३ में आये और उसके बाद से साथ-साथ रहे। हमारे बीच में बड़ा प्रेम था। जब हम पर विपत्ति आयी—जैसे कि मुहर्रम पर मेरी बच्ची का एक्सीडेंट हो गया तो उनका बड़ा बेटा मुन्ना उसे लेकर बड़े अस्पताल भागा। वह अपने दादा के साथ ताजिये देखने गयी थी कि ट्रक के नीचे आ गयी। वह तो बच गयी पर उसकी टाँग काटनी पड़ी। अब उसके नकली पैर लगा है। इस तरह हम एक-दूसरे का सुख-दुख बँटाते हैं।

कई लोगों की ही तरह गंगादेवी को जयपुर में धार्मिक हिंसा के भड़कने का बड़ा दुख था। 'हमने पहली बार ऐसी बात (दंगा) सुनी है। पर हमारे इलाके में कुछ नहीं हुआ।' गंगादेवी को इस बात का एहसास नहीं था कि उन जैसे लोगों के इसी तरह के रुख के कारण ही वह बस्ती हिंसा से बच सकी :

> जमील के बारे में पता लगते ही हमने कूदकर छत पार की और उसे ले आये। हम कितने डरे हुए थे, लगता था कि कोई मार डालेगा। ...मेरा बड़ा बेटा कारसेवा के लिए अयोध्या गया हुआ था— वह भाग गया ...मुझ पर उसकी

बहू और बच्चों की जिम्मेदारी थी। मैं किसी मंदिर में नहीं जाती। मेरा मंदिर तो मेरा घर है जहाँ मैं सभी देवताओं की पूजा करती हूँ। राम के लिए और रहीम के लिए भी मैं अगरबत्तियाँ जलाती हूँ। सैयद बाबा के लिए भी मैं एक अगरबत्ती जलाती हूँ।

मैंने जमील से कहा, 'देखो बेटे, तुम यहाँ मेरे बच्चे की तरह हो।' फिर मैंने उसे चाय पिलाई और रात का खाना खिलाया। कोई पूछता तो मैं कहती, 'हमारा मेहमान है। मेरी बहू का चाचा है दिल्ली से।' अगले दिन मेरा भतीजा कुछ अखबार बेचने आया। मैंने उससे जमील को गल्ता गेट तक छोड़ आने के लिए कहा। ...

आठ-दस दिन बाद जमील की माँ और रिश्तेदार शुक्रिया अदा करने आये। लगता है कि उन्हीं की दुआ थी कि मेरा बेटा अयोध्या से वापस आ गया जहाँ कई लोगों की जान गयी। उसकी माँ ने कहा था, 'तुमने मेरा बेटा बचाया है, तुम्हारा बेटा भी हिफाजत से लौट आयेगा।' वह भाजपा में नहीं है पर दोस्तों के चक्कर में चला गया। केवल बीस साल का है। पुलिस उसे एक कार में छोड़ने आयी। उसने बताया, 'मुझे जेल में डाल दिया गया था।' मैंने कहा, 'ठीक हुआ। इससे भी अच्छा होता कि तुम्हारे हाथ-पैर तोड़ दिये जाते। तुम बाईस दिन बाद आये हो जबकि तुम्हारी बीवी बच्चा जनने वाली थी।'

...मैं पागल-सी हो रही थी। कुछ अजनबी घर के पास से कहते हुए गुजरे, 'वे लोग आ रहे हैं। बस में आ रहे हैं, ट्रक में आ रहे हैं।' मैंने कहा, 'आने दो। मैं अफवाहों से तंग आ गयी थी।' इस कॉलोनी के सब लोग एक हैं। हम लोग बीस साल से साथ-साथ हैं। लेकिन, हम गरीबों की कौन सुनता है? हमारी बेटी दहेज के लिए मार दी गयी। डेढ़ साल हो गये। पुलिस कुछ नहीं सुनती। उसके आदमी और ससुराल वालों ने जो हमारी ही अग्रवाल जाति के हैं, उसे फाँसी लगा दी। किसी को इसकी कई फिक्र नहीं है। ...हम नहीं चाहते थे, पर हमारे मुसलमान पड़ोसी कॉलोनी छोड़ गये। लेकिन, जब हमारी बेटी को उसके ससुरालियों ने मार डाला तो वे सभी हमारा दुख बँटाने आये।

ये तमाम अनुभव केवल उस डर और सदमे की ही याद नहीं दिलाते जिसका लोगों और उनके परिजनों ने सामना किया होगा। ये अनुभव यह भी बताते हैं कि हिंदुओं के साथ अपने सामुदायिक रिश्तों के कारण वे कैसे बच सके। ये रिश्ते विचारधारात्मक खाइयों के भी परे चले गये। एक कारसेवक की माँ ने अपने बेटे के घोषित शत्रु की रक्षा की, बदले में उस दुश्मन के रिश्तेदारों ने दुआ की कि मस्जिद तोड़ने गया उसका बेटा हिफाजत से लौट आये। अपनी कहानी के इस हिस्से का उपसंहार हम १९९२ में लिये गये कोलियों के एक इंटरव्यू से करेंगे जो सामाजिक रिश्तों की उस जटिल

गहनता को बताते हैं जिसे विचारधारा में बदलता जा रहा धर्म अभी तक एक सीधी रेखा में तब्दील नहीं कर पाया है।

डालचंद कोली का कहना था, 'मुसलमानों ने बहुतों को मारा। जब कर्फ्यू उठा तो आठ से दस लाशें मिलीं। मुसलमानों ने उन्हें इतनी बुरी तरह जला दिया था कि पहचानना मुश्किल था।'[७३] इस पर उम्र में और बड़े कोली नाथू राम ने आहिस्ते से उसकी बात में संशोधन किया, 'नहीं, दो लोग मरे थे।' केशव लाल ने बताया, 'हमें पता चला कि कोलियों के घर जला दिये गये हैं। मेरा बेटा और उसके दोस्त पार्क की तरफ देखने गये कि आखिर हुआ क्या है। उसने हजारों मुसलमान देखे। जब वह भाग रहा था कि कुछ और मुसलमानों ने उसे घेर लिया। उसके चाकू मार दिया। उसके दोस्त को लोहे की छड़ लगी।' लेकिन, एक कोली घर की औरत की कहानी कुछ और थी, 'जो दो पता लगाने गये थे, घायल हो गये। एक हिंदू था, और उनमें एक मुसलमान था।' हेमलता को याद था कि भीड़ *जयश्रीराम* का नारा लगाते हुए आयी, 'हमारे सामने रहने वाले मुसलमान रईस ने जो जवाहरात का काम करता है, हमें बचाया।' हेमलता की माँ तोशी बाई ने भी उसकी बातों की पुष्टि की, 'मुसलमानों ने हमारे साथ कुछ नहीं किया। उन्होंने हमारे घर नहीं जलाये। कर्फ्यू के दौरान सईद और जुम्मा हमारे घर आये, हमारे साथ बैठे और हमारी मदद की।' केशव लाल जिसके बेटे को चाकू लगा था, का इलाज सिराज ने किया जो महावतों की डिस्पेंसरी का डॉक्टर है।[७४]

कई कोली घरों में दिख रही बिंदई की मशीन बता रही थी कि वे बेलदारी के अकुशल श्रम से जवाहरात के धंधे में जा रहे हैं, जिससे उन्हें तीस से चालीस रुपया प्रति दिन मिल जाता है। स्थानीय मुसलमान व्यापारी उन्हें काम देते हैं। डाल चंद बताता है कि उसे काम देने वाले हैं 'रजक भाई' और 'बाबू भाई'। यह पूछने पर कि क्या ये लोग हिंदू हैं, उसने बताया कि नहीं, ये लोग मुसलमान हैं। उसका मानना था कि मुसलमान मिलनसार होते हैं, खासकर उनके पुराने लोग :

> अगर हम उनकी शादियों और त्योहारों पर न जा पाएँ तो वे हमारे लिए खाना भेजते हैं ...ये तो बाभन-बनिये हैं जो हमारे साथ छुआ-छूत बरतते हैं। ...देखिये तो मानक चौक पर प्याऊ लगाने में कितनी दिक्कत आ रही है। जौहरी बाजार के बनिये, ये सेठ लोग आर्डर निकलने ही नहीं दे रहे।

आगे के अध्याय में हम सामुदायिक रिश्तों और उसके आधार पर हिंसा से बचाव की रचनाओं पर फिर विचार करेंगे।

संदर्भ और टिप्पणियाँ

१. पाकिस्तान और बांग्लादेश में न केवल अयोध्या की घटनाओं की आहटें सुनाई पड़ीं, बल्कि वहाँ भी राष्ट्र-राज्य और पश्चिमीकृत मध्यवर्गीय संस्कृतियों द्वारा ऐसे ही खेल खेलने के प्रयास देखे जा सकते हैं। वहाँ भी पारंपरिक जीवन-शैलियों और समुदायों को राष्ट्रीयताओं और अल्पसंख्यकों के रूप में ढालने की कोशिशें हो रही हैं।

२. मध्य गुजरात के ऊँची जाति समझे जाने वाले लेवा पाटीदारों के बारे में यह अवलोकन उतना सही नहीं है, जितना हाल ही में अमीर हुए उत्तर गुजरात और सौराष्ट्र के निचली जाति समझे जाने वाले कड़वा पाटीदारों के बारे में।

३. क्षत्रिय कहे जाने वाले गुजरात के समुदाय जाति की पारंपरिक संरचनाओं की तरह नहीं हैं। वे तो एक राजनीतिक जाति की तरह हैं जिसमें राजपूतों के साथ कोली, बारिया और पाटनवाडिया जातियाँ भी शामिल मानी जाती हैं। कुछ राजपूत नेताओं ने चुनावी राजनीति में पाटीदारों के दबदबे का मुकाबला करने के लिए आजादी के बाद इस जाति को गढ़ा था। गुजरात के राजनीतिक समाजशास्त्र में क्षत्रिय सबसे बड़ा जाति-खंड है जिसकी संख्या कुल आबादी के चौथे हिस्से के बराबर है। इसमें राजपूत केवल पाँच फीसदी हैं और निचली जाति के क्षत्रिय बीस फीसदी।

४. संघ परिवार द्वारा दलितों को गोलबंद करने में कामयाब होने के कई कारण हैं जिनकी सफाई देते-देते दलित नेता परेशान हो जाते हैं और रक्षात्मक मुद्रा बनाकर इस हकीकत को नकारते हुए देखे जा सकते हैं। इनमें से एक अहम कारण यह भी हो सकता है कि संघ परिवार दलितों को हिंदू समाज में ऊर्ध्वगामिता मुहैया कराने में सक्षम है। लगता है कि ब्राह्मणवाद विरोधी रूढ़-छवि के बावजूद दलितों का एक उल्लेखनीय हिस्सा संस्कृतीकरण के वैकल्पिक मॉडल की तलाश में रहा है। इस मॉडल में हिंदू धर्म की वीरोचित या हिंसक रक्षा करके दलित अस्थायी रूप से ही सही एकबारगी छोटी जाति के दर्जे से परे जाने की मानसिकता में आ सकता है।

५. इस तरह की घटनाओं में मध्यवर्ग की सामूहिक सहभागिता और उसके साथ राज्य की राजनीतिक और सांस्कृतिक संस्थाओं के समर्थन की तुलना ग्यारहवीं सदी की एक ऐसी ही घटना से की जा सकती है। हो सकता है कि कुछ लोगों को यह तुलना दूर की कौड़ी लगे, पर इससे उस इलाके के पारंपरिक सांस्कृतिक मानकों की एक झलक मिल सकती है। चालुक्य वंश के राजा सिद्धराज सोलंकी को यह शिकायत मिली कि कैम्बे में हुए एक हिंदू-मुसलमान दंगे के दौरान बहुसंख्यक समुदाय के लोगों ने एक पुरानी मस्जिद को नुकसान पहुँचाया है। मस्जिद का इमाम पाटन गया और राजा सिद्धराज के दरबार में गुहार लगायी। न केवल शाही आदेश से मस्जिद दोबारा बनवाई गयी, बल्कि तथ्यों को छिपाने वाले उन स्थानीय अधिकारियों और मंत्री को सजा दी गयी।

६. गुजरात के दलित पारंपरिक रूप से सात जातियों में बँटे हुए हैं। इनमें भी ऊँच-नीच है। हर जाति के भीतर परगनाओं या विवाह-क्षेत्रों के विभाजन हैं। हालाँकि शहरी गुजरात में जातिगत निष्ठाएँ परगनाओं के विभेद के ऊपर हावी होती जा रही हैं, पर विभेद पूरी तरह खत्म नहीं हुए हैं।

७. विहिप का पर्चा, संगठन की मेहसाणा शाखा द्वारा प्रकाशित (मेहसाणा, दिनांक नहीं)

८. उपरोक्त।

९. विहिप के विरपुर कस्बे की विहिप शाखा द्वारा प्रकाशित पर्चा, १० अप्रेल १९८७

१०. दो दिन बाद सांप्रदायिक हिंसा के खिलाफ संघर्षरत एक स्वयंसेवी संस्था 'अहमदाबाद एकता' मौके पर हालात के अध्ययन के लिए गई। जब जाँच टीम ने जिला कलक्टर से शिकायत की कि आदिवासियों ने मुसलमानों पर हमले किये हैं, तो कलक्टर का जवाब था, 'अगर आदिवासी अपने राम की हिफाजत के लिए निकल कर आयें तो किसी को क्यों अचरज होना चाहिए।' आदिवासियों और मुसलमानों के बीच पुराने वैमनस्य का एक कारण एक समाजशास्त्री के अनुसार यह भी हो सकता है कि जनजातियों में मुसलमानों की सूदखोरी के कारण जो असंतोष था, वह विहिप की यात्राओं के कारण पैदा हुए भड़काऊ माहौल के कारण हिंसा में बदल गया होगा।

११. गुजरात भारत के सबसे ज्यादा शहरी राज्यों में से एक है। उसमें करीब पचास विशाल शहरी इलाके हैं। इसीलिए गुजराती गाँवों तक शहरी भारत की संस्कृति की आसान पहुँच है। देश के अन्य भागों के गाँवों के मुकाबले गुजरात के गाँव सांप्रदायिक तनाव से जल्दी ही प्रभावित हो जाते हैं।

१२. चाल का मतलब है एक बहुमंजिली पक्की इमारत। झुग्गी बस्ती का मतलब है झोंपड़ियों का झुंड जो कुछ-कुछ गाँव जैसी लगती हैं।

१३. अपेक्षाकृत अधिक शहरी और उद्योगीकृत गुजरात में लगातार शराबबंदी होने के कारण गैर-कानूनी शराब बनाने और सप्लाई करने वाले लोग इस अपराध जगत का अहम हिस्सा हैं।

१४. अहमदाबाद में नागरिक प्रशासन की हुलिया खराब करने के पीछे राजनीतिक हालात का भी हाथ था। जब सात महीने पुरानी गठजोड़ सरकार से भाजपा ने समर्थन वापस ले लिया तो वह अल्पमत में आ गयी और मुख्यमंत्री को भाजपा के मंत्री बर्खास्त करने पड़े। उन्होंने २६ अक्टूबर को दावा किया कि नवंबर को वे विधानसभा में अपना बहुमत साबित कर देंगे। जाहिर है जब गुजरात की राजधानी सांप्रदायिक हिंसा की आग में जल रही थी, मुख्यमंत्री अपनी सरकार बचाने में लगे थे। कांग्रेस के समर्थन,से उन्होंने बहुमत साबित किया और सरकार बचा ली, लेकिन बहुत बड़ी कीमत चुका कर। कमजोर राजनीतिक प्राधिकार और राजनीतिक निगहबानी के अभाव में अहमदाबाद का कानून-व्यवस्था का तंत्र ३० अक्टूबर को जवाब दे गया। इसके उलट १२० मील दूर राजकोट में ताकतवर संघ परिवार द्वारा सड़क रोके जाने की कोशिश पुलिस आयुक्त की कड़ी कार्रवाई के कारण नाकाम हो गयी थी।

१५. इस इम्पोरियम को शायद इसलिए निशाना बनाया गया क्योंकि पश्चिम बंगाल सरकार ने रामजन्मभूमि आंदोलन का जम कर विरोध किया था।

१६. अहमदाबाद के जाने-माने शोध संस्थान में काम करने वाला मुसलमान अनुसंधानकर्ता भी दोबारा घेटो में जिंदगी गुजारने के अंदेशे से त्रस्त था। उसका कहना था : 'इलाहाबाद के पास एक गाँव के निम्न-मध्यमवर्गीय परिवार में पलने के बाद जब मैंने समाज विज्ञान में डॉक्टरेट की तो सोचा कि अब मैं समाज की मुख्यधारा में प्रवेश कर पाऊँगा और मेरे बच्चे सार्वदेशिक माहौल में रह पाएँगे। लेकिन, इस शहर में हुए इन दंगों को देखने के बाद और शिक्षित मुसलमान परिवारों

के हश्र को देखने के बाद मुझे लगा कि हम लोग दोबारा उसी घेटो की तरफ धकेले जा रहे हैं।'

यह समस्या जमींदार पृष्ठभूमि से आये एक बोहरा समाज सुधारक और सामाजिक कार्यकर्ता के लिए और भी जटिल थी : 'आप जानते ही होंगे कि बोहरा समुदाय के मुख्य इमाम के फतवे के कारण हमें बोहरावाड का अपना पुश्तैनी घर छोड़ना पड़ा। बोहरा रिश्तेदारों ने भी हमारा सामाजिक बहिष्कार पूरी तरह कर रखा है। पिछले कुछ वर्षों से मैं एक मिले-जुले मुहल्ले में रह रहा हूँ। अब यहाँ से मैं कहाँ जाऊँ?'

१७. दंगाइयों ने केंद्रीय सरकार की संपत्ति को जम कर निशाना बनाया। पहले गुजरात बंद के दौरान २४ अक्टूबर को नारनपुरा के पास नये टेलीफोन एक्सचेंज पर दंगाइयों ने तीन करोड़ की कीमत के टेलिफोन केबिलों के गुच्छे जला दिये। चांडलोडिया रेलवे स्टेशन के पास जम्मू-तवी एक्सप्रेस पर हिंसक भीड़ ने हमला किया और एक बोगी में आग लगा दी। नगर निगम की संपत्ति पर भी हमला किया गया। अहमदाबाद के नगर निगम आयुक्त पी. बसु के अनुसार भीड़ ने उसमानपुरा और खोखरा के बालभवनों का फर्नीचर जला दिया। शारा मंधिर और घाटलोडिया की चुंगी चौकियाँ फूँक दी गईं। नगर निगम के दमकलों पर भी हमले की घटनाएँ तो और भी गंभीर थीं। दमकल के एक पानी के टैंकर और एक एंबुलेंस में आग लगा दी गयी।

१८. *दि टाइम्स ऑव इंडिया* के अहमदाबाद संस्करण (७ अक्टूबर १९९२) ने दो सबसे बड़े राहत शिविरों (इनमें एक पाँच सौ साल पुरानी दरगाह शाहआलम रोज़ा पर था, और दूसरा बापूनगर में चारोड़िया के खुले मैदान में बनाया गया था) के बारे में लिखा कि 'सरकारी अधिकारियों का दावा था कि नये शरणार्थी शिविर में उपलब्ध नकद मदद और अन्य सुविधाओं के लालच में आए हैं। पर ये शरणार्थी इस आरोप से सहमत नहीं थे।

'...इकबाल मुहम्मद और उनके कुछ परिजनों ने तो शांति भंग होने के कुछ पहले ही घर छोड़ दिया था। बाकी वहीं बने रहे, ताकि घर और अन्य चीजों की देखभाल कर सकें। लेकिन, अगले ही दिन हिंसा की कुछ वारदातों के बाद पुलिस ने उन्हें भी घर छोड़ने पर मजबूर कर दिया। पुलिस ने उनसे कथित रूप से कहा कि उन पर हमला हो सकता है, इसलिए वे कहीं और शरण ले लें। इकबाल मुहम्मद के अनुसार, 'हममें से जो लोग घर छोड़ने से हिचक रहे थे, पुलिस ने उन्हें पीटा भी।' ...इसी सुबह शिविर से एक व्यक्ति अपने घर यह देखने के लिए गया था कि हालात में सुधार आ रहा है या नहीं। लेकिन, वह डर से काँपता हुआ वापस आया क्योंकि उसे गंभीर नतीजों की धमकी दी गयी थी। अगर वह, उसके घरवाले और पड़ोसी अपने घरों को लौटे तो ...

बेहरामपुर इलाके के भीलनिवास में रहने वाले मुश्ताक भाई ने भी आरोप लगाया कि जैसे ही आसपास कुछ हिंसा हुई पुलिस ने उन्हें और अन्यों को घर छोड़ने पर मजबूर कर दिया। कुछ को पुलिस की लाठियाँ भी खानी पड़ीं। कुछ झुलस गये क्योंकि उनके ऊपर जलते हुए गूदड़े फेंके गये थे। उसी इलाके की निवासी रमजानबाई ने आरोप लगाया कि उनके घर पर तो पुलिस ने भी हमला किया। पुलिसवाले उनके पिता, जो फौज में थे, के कुछ मेडल भी उठा ले गये ...'

'चारोडिया के शिविर के हालात भी ऐसे ही थे।'

१९. अमीरों के इलाके में रहने वाली एक महिला ने बताया कि किस तरह से उसकी एक खुशहाल पड़ोसन और एक गृहिणी अपनी किशोरवय की बेटी को डाँट रही थी जिसने एक मुस्लिम दूकान के शो-केस से सामान खसोटने में इतनी हड़बड़ी दिखायी कि केवल उल्टे पैर के जूते और सेंडल ही उसके हाथ लग सके।

२०. असीम कुमार राय, *हिस्ट्री ऑव जयपुर सिटी*, मनोहर, दिल्ली, १९७८, पृष्ठ १८६

२१. रॉबर्ट जे लिफ्टन, *डेथ इन लाइफ : सरवाइवर ऑव हिरोशिमा*, रेंडम हाउस, न्यूयार्क, १९६८; देखें, अमृत श्रीवास्तव, 'दि सरवाइवर इन दि स्टडी ऑव वायलेंस', संकलित : वीणा दास (सं.), *मिरर्स ऑव वायलेंस : कम्युनिटीज, रॉइट्स, सरवाइवर्स*, ऑक्सफोर्ड यूनिवर्सिटी प्रेस, १९९०, पृष्ठ ३०५-२०

२२. आशीष बोस, डेमोग्राफिक डाइवर्सिटी ऑव इंडिया : १९९१ सेंसस, बी.आर. पब्लिशिंग, दिल्ली, १९९१, पृष्ठ ३१५+२०; राजस्थान में हिंदू ८९.३ फीसदी हैं और मुसलमान ७.२८ प्रतिशत। १८३५ का बोइलियो का *नेरेटिव* १७ फीसदी मुसलमानों का जिक्र करता है, जो १९०१ में बढ़कर २५ फीसदी हो गये बताये गये थे। जाहिर है कि चिपास (छापे का काम करने वाले) को छोड़ कर ज्यादा दस्तकार नहीं थे।

२३. गवर्नमेंट ऑव राजस्थान, *डिस्ट्रिक्ट सेंसस हेंडबुक, जयपुर १९८१*, गवर्नमेंट ऑव राजस्थान, १९८१

२४. १९७७ के चुनाव में जनता पार्टी को ६५.२ फीसदी मत मिले थे। १९८० के चुनाव में यह आँकड़ा गिर कर ३१.७ फीसदी रह गया।

२५. विहिप ने भारत को ५ संभागों, १० क्षेत्रों, २५ प्रांतों, २१० विभागों, ७०६ जिलों और ७१८० प्रखंडों में बाँटा। पूजन के लिए राजस्थान को ३ संभागों, १० विभागों, २९८ प्रखंडों, २,९८० खंडों और दो-दो हजार की आबादी वाले १४,९०० उपखंडों में संगठित किया गया। शिलापूजन २६,६०१ जगहों पर किया गया जहाँ २२,४१६ शिलाएँ अयोध्या भेजी गयीं। इन कार्यक्रमों में एक करोड़ बीस लाख लोगों और ७१ लाख औरतों ने भागीदारी की। विहिप ने श्रीराम महायज्ञ ३१८ जगहों पर किया। ६५३ जगहों पर बड़े-बड़े धार्मिक सम्मेलन किये, १०४ जगह प्रदर्शनी लगायी, ४१४ जुलूस निकाले। मंदिर निर्माण के लिए पूरे राज्य में कूपन बेच कर एक करोड़ ५६ लाख रुपये जमा किये गये। तीन सौ से ज्यादा मुसलमानों ने शिलापूजन और यज्ञादि में भाग लिया। देखें : *'राजस्थान में श्रीराम शिलापूजन', श्रीराम शिला स्मारिका*, राजस्थान, पृष्ठ २०; संगठन के लिहाज से यह एक जोरदार कारनामा समझा जाना चाहिए।

२६. १२ मार्च १९९२ को हमसे बात करते हुए व्यास ने कहा कि रथयात्रा ने पार्टीगत निष्ठाओं से परे जाकर हर एक की भावनाओं को स्पर्श किया। बाद में कुछ लोगों को लगा कि उन्हें चरका दिया गया है।

२७. सांप्रदायिकता के खिलाफ लड़ने वाले एक स्वयंसेवी संगठन *सांप्रदायिकता विरोधी समिति* ने इसे जयपुर का पहला दंगा बताया है। अस्सी के दशक में राजस्थान के अन्य शहरों में कुछ सांप्रदायिक संघर्ष हुए थे : १९८६ में बीवर में, १९८७ में सोजट और पाली में, १९८८ में मकराना और टोंक में, १९८९ में बिगोध, कोटा, फतेहपुर और उदयपुर में।

२८. १३ दिसंबर १९९१ को टिबरवाल आयोग के सामने घनश्याम तिवारी द्वारा पेश की गयी भाजपा की गवाही (एक्जहिबिट बी-१७) कहती है कि गाड़ी कांग्रेस-इ वालों ने पलटी और फिर उसी ने नयी गाड़ी के साथ जुलूस का नेतृत्व किया और उसे जानबूझ के मुसलमान बहुल इलाकों से गुजारा।

२९. विहिप के एक पर्चे के अनुसार यह अस्वाभाविक नहीं था, क्योंकि 'मुसलमानों ने अपनी खसलत के मुताबिक पूरे देश में दंगे शुरू किये।' *श्रीराम शिला स्मारिका,* पृष्ठ ३

३०. असगर अली इंजीनियर, 'कोटा : अनअदर ग्रेवयार्ड ऑव सेकुलरिज्म?', इंस्टीट्यूट फॉर इस्लामिक स्टडीज, बोंबे, १९८९, ओकेजनल पेपर, संख्या १२(५)

३१. ३० अप्रैल १९९२ को टिबरवाल आयोग के सामने इंडियन पुलिस सर्विस के डॉ. भूपेंद्र की गवाही।

३२. एफआईआर ४२१/१९८९, रामगंज पुलिस थाने में सबइंस्पेक्टर राजेंद्र त्यागी द्वारा दर्ज रपट।

३३. एक मानवाधिकार संगठन ने बताया है कि नारेबाजी शुरू होने के तकरीबन तीन घंटे बाद पत्थरबाजी की पहली घटना हुई। पीपुल्स यूनियन फॉर सिविल लिबर्टीज, 'दि जयपुर राइट्स', *लोकायन बुलेटिन,* १९८९, ७, पृष्ठ ४३-४४; इस रपट के अनुसार दंगे टाले जा सकते थे, अगर जिला प्रशासन ने खुफिया रपटों के आधार पर कार्रवाई की होती। इन रपटों को तो अखबारों ने भी उद्धृत किया। खुफिया विभाग का अंदेशा था कि राजस्थान के चार शहरों में सांप्रदायिक तनाव फैल सकता है। अगर उदयपुर, सीकर, जालौर और भरतपुर की तरह जयपुर में भी विजय जुलूस पर पाबंदी लगा दी होती तो दंगे से बचा जा सकता था।

३४. पीयूसीएल, उपरोक्त, पृष्ठ ४१-४६

३५. बाद में लौटते हुए कारसेवकों को मुसलमान मुहल्लों के नजदीकी इलाकों में रखा गया। देखें गुलाम मुस्तफा, एमएलए द्वारा मुख्यमंत्री को ५ नवंबर १९९० को लिखा गया पत्र।

३६. घनश्याम तिवारी के मुताबिक जैसे-जैसे रथ जयपुर के नजदीक आया सांप्रदायिक स्थिति सुधरती चली गयी, टिबरवाल आयोग, एक्जहिबिट-७७; यह जरूर है कि भाजपा कार्यकर्ता उस समय किसी भी तरह की हिंसा न होने देने के लिए संकल्पवान थे जब रथ सड़क पर चल रहा हो।

३७. एएसपी (नॉर्थ) जगमाल सिंह की गवाही, टिबरवाल आयोग, २६ अप्रैल १९९२; जगमाल सिंह और रामगंज थाने के इंचार्ज हेतराम विश्नोई का हलफनामा भी देखें, एक्जहिबिट एफडब्ल्यू २८ और ए १८

३८. हेतराम विश्नोई की गवाही, १९ मई १९९२

३९. बाद में यह साबित करने के लिए कि अपहरण वास्तव में हुआ था, 'बचानेवाले' अश्विनी कुमार तक को पेश किया गया। लेकिन, जिरह के दौरान वह यह बताने में नाकाम रहा कि कानून संबंधी प्रशिक्षण होने के बावजूद उसने कोई एफ.आई.आर. क्यों नहीं दर्ज कराई या पुलिस को इत्तला क्यों नहीं दी और पूरा एक साल गुजर गया।

४०. जगमाल सिंह की गवाही में भी इसकी पुष्टि की गयी है। टिबरवाल आयोग, अप्रेल १९९२

४१. *नवभारत टाइम्स,* ८ अक्टूबर १९९० में छपी खबर के अनुसार वारदातों का एक साथ कई जगह होना भी पुलिस के लिए एक समस्या था।

४२. अब्दुल बशीर का हलफनाम, एक्जहिबिट सीआई, टिबरवाल कमीशन; गोपाल लाल, कुम्हारों की नदी, जयपुर के साथ बीनू गुप्ता का १० मई १९९२ का इंटरव्यू भी देखें।

४३. राहत, पुनर्वास और सांप्रदायिक भाईचारे के लिए बनी समिति के सदस्य क.बी. गर्ग के साथ इंटरव्यू, जयपुर, मार्च १९९२

४४. इस्लामिक बुक सेंटर के मालिक का ब्योरा इस प्रकार है, 'हमने कहा कि हम क्यों बंद करें। हम हड़ताल में भाग नहीं लेंगे। हड़ताल के आयोजक मस्जिद और कुरान के खिलाफ हैं।' इस दूकान के मालिक जयपुर में जमात-ए-इस्लामी के कुछ सदस्यों में से एक हैं।

लेकिन, राजनीति में सब कुछ इतना सहज नहीं होता, भले ही वह धार्मिक राजनीति ही क्यों न हो। रामगंज चौपड़ के एसीपी जगमाल सिंह के अनुसार कांग्रेसियों ने दूकानदारों को अपनी दूकानें खुली रखने के लिए भड़काया, २५ अप्रेल १९९२

४५. हेतराम विश्नोई की एफआईआर, ४४९/१९९० और ४५७/१९९०, २४ अक्टूबर १९९०, रामगंज थाना।

४६. नईमुद्दीन, अब्दुल सत्तार और गफूर का हलफनामा, टिबरवाल आयोग।

४७. मुसलमानों की तरफ से बस्तियों के संगठनों की भूमिका भी महत्त्वपूर्ण थी। इनका महत्त्व जमात-ए-इस्लामी और मुस्लिम लीग जैसे राजनीतिक संगठनों से भी ज्यादा था। हेतराम विश्नोई, रामगंज थाने के इंचार्ज से २० मई १९९२ को लिया गया इंटरव्यू।

४८. मनोज शर्मा और पवन कुमार के हलफनामों में बताया गया था कि दो से तीन हजार हिंदुओं की भीड़ न्यू गेट और फूल शाह बाबा की मजार की तरफ बढ़ रही थी। एक्जहिबिट बी-१२, टिबरवाल आयोग, १३ अक्टूबर १९९१

४९. अप्रेल १९९२ को आयोग की सुनवाई के दौरान पुलिस अधिकारियों के बयान।

५०. सत्येंद्र सिंह की गवाही, टिबरवाल आयोग, २२ अप्रेल १९९२

५१. रामगंज थाने के हरि नारायण की एफआईआर ४५०/१९९०, २४ अक्टूबर १९९०; इसमें मजहर, खुर्शीद और गोमक को नामजद किया गया है। नारायण के अनुसार रामगंज में एक पगलाई भीड़ पथराव करती हुई नारे लगा रही थी। लाठी चार्ज के बाद छत से कुछ पथराव हुआ। बिसातियों के मुहल्ले की तरफ से सैकड़ों लोग लोहे की छड़ों, बोतलों और लाठियों से लैस होकर आये। वे नारे लगा रहे थे, *अल्लाह हो अकबर* और *मार दो मार* दो। वे लोग मुख्य सड़क पर आये और शटर तोड़ते, पत्थर फेंकते और दूकानों में आग लगाते मुख्य चौराहे की तरफ बढ़े।

५२. हरि नारायण की गवाही, टिबरवाल आयोग की सुनवाई, २४ अप्रेल १९९२; इस एकतरफा ब्योरे को नन्हा सिंह की एफआईआर में दर्ज गवाही के साथ पढ़ा जाना चाहिए। इस दूसरी गवाही के अनुसार करीब चार से पाँच सौ हिंदुओं की उत्तेजित भीड़ रामगंज से सूरज पोल की तरफ मुसलमान विरोधी नारे लगाते हुए आयी। देखें एफआईआर ४५१/१९९०, २५ अक्टूबर १९९०, नन्हा सिंह, रामगंज थाना।

५३. जगमाल सिंह की गवाही, टिबरवाल आयोग, अप्रेल १९९२
५४. एफआईआर ४८०/१९९०, २४ अक्टूबर १९९०, शहाबुद्दीन, रामगंज थाना।
५५. एफआईआर २५४/१९९०, रामगंज थाना।
५६. ऋषि गालव नगर में भी श्री राम कारसेवा समिति थी। अगवानी के लिए जबरदस्त तैयारी और एक बड़ी धार्मिक कान्फ्रेंस आयोजित की गयी। *नवभारत टाइम्स*, ८ अक्टूबर १९९०, पृष्ठ ७
५७. संघ के नेता और ऋषि गालव नगर की शांति समिति के नेता गुप्ता को बाद में गिरफ्तार कर लिया गया। उनकी पत्नी का आरोप था कि मुसलमान नारेबाजी और पत्थरबाजी करते हुए आये और बाद में गुप्ता और उनकी बेटियों को घसीटते हुए ले गये। गुप्ता के हलफनामे में कहा गया है कि मुसलमान उन्हें घसीट कर मस्जिद ले गये। उनकी चीखें सुन कर उनकी पत्नी और दोस्त बचाने आये। एक्जहिबिट बी-३१, टिबरवाल आयोग; लेकिन गुप्ता के स्कूल में पढ़ने वाले बेटे के अनुसार हिंसा के अंदेशे के कारण पत्नी और बेटों को एक दिन पहले ही नानी के घर भेज दिया गया था।
५८. उदाहरणार्थ, देखें *नवभारत टाइम्स*, ४ अक्टूबर १९९० यानी दंगों से ठीक पहले का संपादकीय : 'भारत में हिंदुओं की घटती हुई संख्या'।
५९. इसके उलट उदाहरण के लिए देखें *राजस्थान पत्रिका*, २५ अक्टूबर १९९०
६०. *राजस्थान पत्रिका*, २६ अक्टूबर १९९०
६१. दूसरी तरफ वारदात वाले घर की एक सात साल की लड़की सदासुख द्वार महिलाओं से किये गये सुलूक से इतनी आतंकित थी कि उसका वर्णन करते हुए रो पड़ी।
६२. *नवभारत टाइम्स* और *राजस्थान पत्रिका* के पहले पृष्ठ देखें, २५ अक्टूबर १९९०
६३. कुल मिलाकर १९९० के दंगे के बारे में पुलिस का रवैया महिलाओं की गवाही को दरकिनार करने वाला था। राधेश्याम पुजारी और नंदराम को क्रमश: उनकी माँ और बहन के सामने मारा गया था। इसके बावजूद नंद राम की बहन शांति द्वारा दिये गये घटना के ब्योरे को नरअंदाज कर दिया गया। दिलचस्प बात यह थी कि शांति ३-४ दिन तक एक मुसलमान परिवार की हिफाजत में रही। इन दोनों की गवाही के बजाय हमें नंद राम के भाई केसर लाल का हलफनामा मिलता है। केसर का दावा था कि उसने पूरी वारदात को तब तक देखा जब तक पुलिस नहीं आ गयी। एक्जहिबिट बी-१ और बी-२, टिबरवाल आयोग; विचित्र बात यह थी कि पुलिस की एफआईआर में उसकी मौजूदगी भी नहीं दिखती। क्या केसर लाल वास्तव में चश्मदीद गवाह था?

पहाड़ गंज में भी उस मुसलमान महिला की गवाही नहीं दर्ज की गयी जिसके घर में आरएसी का सिपाही गोली से मारा गया। इसी तरह ऋषि गालव नगर में भी एक महिला की गवाही निर्णायक साबित हो सकती थी जिसके पति को मार डाला गया और उसे नंगा करके एक नगर के पिछवाड़े एक सूखे नाले में लाशों के बीच छोड़ दिया गया था। पुलिस का कहना था कि उसकी गवाही इसलिए नहीं ली गयी क्योंकि वह मंदबुद्धि थी।
६४. जयपुर के दंगों को राजस्थान में चल रही एक बृहत्तर राजनीतिक प्रक्रिया की रोशनी में भी देखा जाना चाहिए जिसके तहत कुछ सामाजिक समुदाय खुद को किनारे किये

जाने की हकीकत को दुरुस्त करने में लगे हुए थे। गुजरे हुए हजार या उससे भी ज्यादा सालों में यह इलाका देशी रियासतों पर हावी राजपूत प्रभुत्व के लिए जाना जाता रहा है, न कि ब्राह्मणों के प्रभुत्व के लिए। देखें : इकबाल नारायण और पी.सी. माथुर, 'दि थाउजेंड इयर राज : रीजनल आइसोलेशन एंड राजपूत हिंदुइज्म इन राजस्थान बिफोर एंड आफ्टर १९४७', संकिलत : फ्रेंसाइन आर. फ्रेंकेल और एम.एस.ए. राव (सं.), *डोमिनेंस एंड स्टेट पावर इन माडर्न इंडिया : डिक्लाइन ऑव ए सोशल ऑर्डर,* ऑक्सफोर्ड यूनिवर्सिटी प्रेस, दिल्ली, १९९०, खंड २, पृष्ठ १-५८; और देखें : सूजन एच. रुडोल्फ और लॉयड आई. रुडोल्फ, *एसेज़ ऑन राजपूताना,* कंसेप्ट, नयी दिल्ली, १९८४

आजादी के आंदोलन के दौरान देशी रियासतों में राजपूतों के वर्चस्व को कांग्रेस से जुड़े हुए प्रजा मंडलों और परिषदों ने चुनौती दी जिनका नेतृत्व आमतौर पर ब्राह्मणों के हाथ में था। आजादी के तीस साल तक कांग्रेस सत्ता में रही, पर १९५२, १९५७ और १९६७ में पूर्व राजाओं और बड़े जमींदारों ने कांग्रेस के समर्थन आधार में काफी सेंध लगायी। १९७१ और १९८४ के चुनावों में कांग्रेस ने लोकलुभावन नारों के साथ निचली जातियों और अल्पसंख्यकों के समर्थन के बिना पर नाटकीय वापसी की। इससे राजपूत पूरी तरह हाशिये पर चले गये। दिवराला सती कांड ने उन्हें वापसी का मौका दिया।

६५. देखें चुन्नी लाल और इसी तरह के बहुत से कोलियों के हलफनामे जो एक ही अंदाज में मुसलमानों से घिरे हुए कमजोर हिंदुओं की चर्चा करते हैं। इसी प्रकार गणेश नारायण मीना का हलफनामा बताता है कि किस तरह नमाज के बाद मुसलमानों ने बालाजी की कोठी का रास्ता पर हमला कर दिया। एक्जहिबिट बी-१५, बी-१६, बी-१७ और बी-१८, टिबरवाल आयोग, १० दिसंबर १९९१

६६. जहाँ तक 'बुनियादी' सांप्रदायिक खाई का सवाल है, इस हकीकत को नहीं भुलाया जाना चाहिए कि रथयात्रा के तीन हफ्ते पहले राजनीतिक गोलबंदी की वैसी ही रणनीति अपनाकर ऊँची जातियाँ हिंदुओं को विभाजित करने की कोशिश कर रही थीं ताकि निचली जातियों को आरक्षण की सुविधा का लाभ न मिलने दिया जाए। लेकिन, जब अदालत ने आरक्षण के पक्ष में स्थगन आदेश दे दिया तो उसी गोलबंदी को हिंदू एकता का मुहावरा दे दिया गया।

६७. सुश्री शमीन के साथ ममता जेटली का इंटरव्यू, ६ नवंबर १९९०

६८. एएफआईआर ४५६/१९९०, २४ अक्टूबर १९९०, रामगंज पुलिस थाना।

६९. एएफआईआर ४८०/१९९०, शहाबुद्दीन, २४ अक्टूबर १९९०, रामगंज पुलिस थाना।

७०. १६ जुलाई १९९२ को अली शेर खान ने एक इंटरव्यू के दौरान यांद किया, 'गुप्ता ने कहा, 'चाचा, तुम आराम से बैठो। कुछ नहीं होगा तुम्हें।' ...हमारे बीच बड़ी मुहब्बत थी। कपड़े सिलते हुए मैं उनके बनते हुए घर की देखभाल करता रहता था। जब तक कॉलोनी में मस्जिद का मुद्दा नहीं पैदा हुआ, गुप्ता और धन सिंह मेरे अच्छे दोस्त थे।'

७१. ३० अप्रेल १९९२ को रजिया सुल्तान का बयान।

७२. जमील के घर के मालिक इस्माइल खान से इंटरव्यू, ३० अप्रेल १९९२; उस गली के अन्य छः मुसलमान निवासियों की ही तरह खान का परिवार भी घर बेच कर चला

गया।

७३. केसर ल़ाल का हलफनामा भी ऐसा ही था। उसके अनुसार मुसलमानों ने कोलियों के घर जला दिये जिससे कई लोग जिंदा जल गये। एक्जहिबिट बी-१, टिबरवाल आयोग।

७४. डालचंद ने इस डॉक्टर की गरीबों में लोकप्रियता को माना, क्योंकि वह धर्म का खयाल किये बिना हर मरीज से तीन रुपये ही लेता था।

अध्याय पाँच

९. अयोध्या के बाद हिंदुत्व के खँडहर-१

२९ अक्टूबर १९९१ को हम फिर अयोध्या पहुँचे। इस बार बाकी संघ परिवार के समर्थन से विहिप और बजरंग दल ने एक चालीस दिन लंबा बजरंग रुद्र यज्ञ आयोजित किया था जिसमें बलि देने का कर्मकांड भी होना था। १९९० में अयोध्या को आंदोलन का केंद्र बनाने के बाद संघ की उपस्थिति यहाँ पहली बार खुल कर देखी जा सकती थी। बजरंग रुद्र महायज्ञ के बाद २७ नवंबर से राम यज्ञ करने की योजना थी।[१] पहले यज्ञ के हिस्से के रूप में एक चार दिन का समागम किया गया जिसका मकसद परिवार के लक्ष्यों का प्रचार करना था। इन चार में से पहले दिन (३० अक्टूबर) को शौर्य दिवस का नाम दिया गया, और चौथे (२ नवंबर) को श्राद्ध दिवस। इन दोनों के पीछ मकसद उन शहीदों का सम्मान करना था जो ३० अक्टूबर से २ नवंबर १९९० के बीच अयोध्या में राममंदिर के लिए संघर्ष करते हुए मारे गये थे। यज्ञों के लिए तारीखें तय करते समय हिंदू कलेंडर का ध्यान न रखते हुए ग्रेगेरियन कलेंडर का इस्तेमाल किया गया था। समझा जा सकता था कि संघ परिवार ने मीडिया और राजनीति की अन्य माँगों को ध्यान में रखकर ऐसा किया होगा।

यज्ञ करने और पूरे देश से आये कारसेवकों को टिकाने के लिए छोटी-सी नगरी के रूप में एक अस्थायी परिसर कारसेवकपुरम बनाया गया। शौर्य दिवस के दिन हुए पाँच भाषण और बीच-बीच में अध्यक्ष द्वारा किये जाने वाले संक्षिप्त हस्तक्षेप हमने सुने। कारसेवकों की इस नगरी में अपनी चौकियाँ, अपने पास, अपने पार्किंग स्थल और यहाँ तक कि अपना जनसंपर्क कार्यालय था। इसमें दो बुकस्टाल भी थे। यज्ञ अलग से बनाये गए एक शिविर में किया जा रहा था जिसमें किसी को खास दिलचस्पी नहीं लग रही थी। दो पुस्तक विक्रेताओं में से इलाहाबाद से आया हुआ संघ का एक बंगाली स्वयंसेवक था। हालाँकि वह सभी हिंदुओं की एकता का जम कर पक्ष ले रहा था, पर इसके बावजूद वह अपनी बंगाली सांस्कृतिक श्रेष्ठता की अनुभूति से पल्ला नहीं छुड़ा पाया था। बातचीत के दौरान उसने बार-बार

उत्तर प्रदेशियों, खासकर उनकी महिलाओं के पिछड़ेपन पर शोकनुमा अफसोस व्यक्त किया। उसकी मान्यता कि उत्तर प्रदेश के लोगों को हिंदुओं की खराब हालत के बारे में न तो जानकारी है और न ही दिलचस्पी।

सम्मेलन का पंडाल, जहाँ भाषण हो रहे थे, बहुत बड़ा था। उसमें करीब १२,००० लोग बैठ सकते थे। शौर्य दिवस के दिन वह केवल एक चौथाई ही भरा था। हालाँकि उपस्थित लोग बीच-बीच में जोश दिखाते थे, पर उनमें न तो उन्माद दिख रहा था और न ही दहला देने वाली आक्रामकता। उन्मादी श्रोताओं की गैर-मौजूदगी की कमी भाषणों से पूरी की जा रही थी। उन पर पुराने किस्म का लफ्फाजी की शैली का असर था। अखबार वाले और बाहर से आये लोग इन भाषणों से जल्दी ही उकता गये, क्योंकि उनमें एक ही किस्म के तर्क कुछ हेर-फेर के साथ बार-बार दोहराये जा रहे थे।

भाषण दो-तीन विषयों तक ही सीमित थे। सभी वक्ताओं का जोर हिंदुओं और हिंदू धर्म की स्वाभाविक सहनशीलता पर था। इसके जरिये वे अन्य धर्मों पर हिंदू धर्म की श्रेष्ठता साबित करना चाहते थे। कई वक्ताओं ने श्रोताओं को विहिप का वह दावा याद दिलाया जिसके मुताबिक मुसलमानों द्वारा तोड़े या अपवित्र किये गये तीन हजार मंदिरों के बदले विहिप केवल तीन को वापस माँग रही है। इसी बात को कुछ अलग तरीके से कहने का श्रेय ब्रिटेन से आये हुए एक मिस्टर खन्ना को जाता था जो अनिवासी भारतीय थे। उनका परिचय इंग्लैंड में विहिप के पदाधिकारी के रूप में दिया गया था। उनका सुझाव यह था कि अगर अहिंसा काम न करे, तो आंदोलन को हिंसक हो जाना चाहिए। उन्होंने दावा किया कि मुसलमानों पर हिंदुओं के बीस हजार मंदिर उधार हैं। और अगर उन्हें वापस न किया गया तो बदले में बीस हजार मस्जिदों को बरबाद करना पड़ेगा। लगता था कि विदेश में रहने के कारण मिस्टर खन्ना को भारतीय राजनीति की बदलती हुई धाराओं के बारे में पूरी जानकारी नहीं थी। इसीलिए वे ऐसी बातें बोल रहे थे जो कोई भी घुटा हुआ राजनेता बोलने से पहले सौ बार सोचता। बहरहाल, इस विषय पर हम बाद में चर्चा करेंगे।

वक्ताओं की दिलचस्पी का दूसरा केंद्र थे मुलायम सिंह यादव। उन्हें बार-बार रावण बताया जा रहा था जिसने पिछले साल अयोध्या में कारसेवकों पर सरकारी उत्पीड़न करके सभी हिंदुओं की बेइज्जती की थी। लगभग सभी वक्ताओं का दावा था कि शौर्य दिवस की अहमियत भारत के इतिहास में विजयदशमी, दुर्गापूजा और रावण पर राम की जीत मनाने वाले

दिन से कम नहीं होगी। आखिरकार इस दिन मुलायम सिंह यादव जैसे खतरनाक राक्षस को खुद राम ने पराजित किया था। जिस राक्षसी गर्व से मुलायम सिंह ने कहा था कि विवादित ढाँचे के पास एक चिड़िया भी पर नहीं मार सकती, आज वह ध्वस्त हो चुका है।[२] यही दुर्गति मुलायम सिंह के मंत्री आजम खान (बाबरी मस्जिद एक्शन कमेटी के सदस्य) की हुई है जिसने कहा था कि मस्जिद की तरफ उठायी गयी आँख निकाल ली जाएगी। जब फैसले का दिन आया तो न केवल मस्जिद पर हजारों आँखें उठीं, बल्कि उसके ऊपर भगवे झंडे भी लहरा दिये गये।

भाषणों में अक्टूबर १९९० की घटनाओं को बढ़ा-चढ़ा कर भी पेश किया जा रहा था। दो वक्ताओं का दावा था कि हजारों-हजार कारसेवकों ने अयोध्या आकर संघर्ष किया था।

विचित्र बात यह थी कि सर्वाधिक कठोर शब्दों में पूर्व प्रधानमंत्री विश्वनाथ प्रताप सिंह को याद किया जा रहा था। हालाँकि मुलायम सिंह और विश्वनाथ प्रताप सिंह उस समय तक राजनीतिक रूप से अलग-अलग होकर विरोधी खेमों में जा चुके थे, पर भाषणबाज लोग दोनों को एक साथ रखकर ही पेश कर रहे थे। वी.पी. सिंह को मुलायम सिंह का राजनीतिक जुड़वाँ और हिंदू राष्ट्रवाद का दुश्मन करार दिया जा रहा था। नाम बिगाड़ कर भीरुता की ध्वनि देने वाले नाम भी.भी. सिंह से उन्हें संबोधित करने के अलावा पूर्व प्रधानमंत्री को पैदाइशी अंधा और दासियों का दास करार देने में भी वक्ताओं को कोई हिचक नहीं थी। कहा जा रहा था कि यह शख्स तो मुसलमानों का पक्षधर, अल्पसंख्यकवाद का पैरोकार और बाबर की प्रामाणिक संतान है। गुजरात के शक्ति स्वरूप महाराज ने आरोप लगाया कि वी.पी. सिंह ने हिंदुओं को विभाजित करने के लिए ही मंडल आयोग की सिफारिशों को मंजूरी दी थी। श्रोताओं को इन महाराज का परिचय गुजरात में वल्लभभाई पटेल के सच्चे उत्तराधिकारी के रूप में दिया गया था, क्योंकि जिस तरह पटेल ने सोमनाथ का मंदिर दोबारा बनवाया था, उसी तरह वे बाहर से आये हुए मुसलमान हमलावरों द्वारा नष्ट किये गये मंदिरों को बनवाने की मुहिम चला रहे हैं।

वी.पी. सिंह और मुलायम सिंह के मुकाबले कांग्रेस और मुसलमानों पर वक्ताओं का नज़ला कुछ कम गिर रहा था। इसका कारण कोई बहुत साफ नहीं था। हो सकता है कि स्पष्ट रूप से विचारधारात्मक विरोध में आ जाने वाले लोगों पर हमला करना आसान लग रहा हो, जबकि कांग्रेस जैसी पार्टी की वैचारिक प्रतिबद्धताएँ आमतौर से धुँधली रहती हैं। 'छिपे हुए

भीतरी दुश्मनों' के मुकाबले उस वक्त शायद संघ परिवार को मुसलमान कम खतरनाक लग रहे थे। मुलायम सिंह के मुकाबले वी.पी. सिंह पर हमला इसलिए भी ज्यादा जहरीला था, क्योंकि संघ परिवार की आँखों में उनकी तरफ से आ सकने वाली चुनावी चुनौती ज्यादा गंभीर लग रही थी। फिर, परिवार का खयाल यह भी था कि मुलायम सिंह की हैसियत एक स्थानीय और अल्पकालीन खतरे से ज्यादा नहीं है, जबकि वी.पी. सिंह उस समय 'छद्म सेकुलर' वाम दलों के साथ गठजोड़ बनाने वाली पार्टी के मुखिया और ज्यादातर मुसलमानों की राजनीतिक निष्ठाओं के केंद्र माने जा रहे थे। वामपंथियों को संघ परिवार हमेशा अपने विशेष रूप से कटिबद्ध शत्रु के रूप में ही देखता है।

वी.पी. सिंह ने एक और काम किया था जिसके कारण उनकी राजनीतिक चुनौती और भी संगीन लगने लगी होगी। उन्होंने रामजन्मभूमि की एनेक्सी में मौजूद अन्य मंदिरों को गिराये जाने का विरोध किया था।[३] पूर्व प्रधानमंत्री द्वारा उठाये गये इस मुद्दे का असर खासा लग रहा था, इसीलिए एक वक्ता ने अपनी लफ्फाजी के दौरान पूछा कि जब कश्मीर में हजारों मंदिर गिराये जा रहे थे तो वी.पी. सिंह वहाँ क्यों नहीं गये? क्योंकि वे जानते थे कि ऐसा करने पर वही मुसलमान, जिनसे वे इतना प्यार करते हैं, उनके शरीर के छोटे-छोटे टुकड़े करके झेलम नदी में फेंक देंगे। आखिर क्या यही वजह नहीं है कि कश्मीर में दखल देने के नाम पर 'सिंह' 'गीदड़' बन जाता है? बहरहाल, कारण जो भी रहा हो, वी.पी. सिंह पर वक्तागण विशेष रूप से कटाक्षों की बारिश कर रहे थे। उनकी श्रोताओं से अपील थी कि दोनों सिंह बाबर की संतान हैं और उन्हें चुनावी सबक सिखाया जाना चाहिए।[४]

भाषणों की तीसरी विषयवस्तु वही थी जिस पर संघ अरसे से जोर देता आ रहा था। वक्ताओं को इस बात का बहुत अफसोस था कि हिंदुओं में एकता नहीं है और भितरघाती सक्रिय हैं। केवल एक वक्ता था जिसने इस बात को नये तरीके से कहा। राजस्थान से आयी हुई इस लफ्फाज शिव सरस्वती ने श्रोताओं का ध्यान हिंदुओं की एक खास कमी की तरफ दिलाया कि उनके पास मुसलमानों और ईसाइयों की तरह बाकायदा एक धार्मिक 'राजधानी' नहीं है। यानी उनके पास मक्का, मदीना और वेटिकन नहीं हैं। उसे उम्मीद थी कि यह भरपायी भविष्य में रामजन्मभूमि कर देगी। उसका खयाल था कि हिंदुत्व के दुश्मन इसी योजना को गड़बड़ा देना चाहते हैं।[५]

इसके अलावा हर भाषण में कहा जा रहा था कि अगर लोग मुलायम

सिंह यादव की सरकार को चुनाव में बुरी तरह हरा सकते हैं, तो अगर दिल्ली की पी.वी. नरसिंह राव सरकार मंदिर निर्माण में रोड़े अटकाती रही तो उसे भी इसी तरह हटाया जा सकता है। दो भाषणों में तो श्रोताओं से सीधी अपील की गयी कि वे अगले आम चुनाव में भाजपा की जीत सुनिश्चित करें। एक वक्ता ने अफसोस जताया कि लखनऊ में रामभक्तों की सरकार होने के बावजूद पिछले साल ३० अक्टूबर और दो नवंबर को अयोध्या में कारसेवकों की मौत के जिम्मेदार अफसरों पर कोई कार्रवाई नहीं की गयी है।

दोपहर दो बजे रामजन्मभूमि पर श्रद्धांजलि सभा शुरू हुई। वहाँ दिये गये भाषणों में से चार हमने भी सुने। इस सभा में हजार से बारह सौ लोग ही थे, जो इसके लिए की गयी तैयारियों के लिहाज से काफी कम लग रहे थे। सभा के कुछ आयोजक भी इतनी कम संख्या से शर्मिंदा थे।

सभा बाबरी मस्जिद के ठीक बगल में उस जगह के नजदीक हो रही थी जहाँ संघ परिवार ने शिलान्यास समारोह किया था और जहाँ कई तीर्थयात्री यह समझकर दान दे रहे थे कि यह ढाँचा मंदिर परिसर का ही अंग है। कइयों के लिए दान देने की यह प्रक्रिया रुटीन जैसी थी। मंच से धार्मिक और राजनीतिक नेताओं के भाषण चल रहे थे और उसके पीछे विहिप का शो-रूम था जो कुछ महीने पहले की गहमा-गहमी के मुकाबले काफी खाली-खाली-सा लग रहा था। उसकी दीवारों पर लगे बड़े-बड़े पोस्टर और चित्र हटा लिये गये थे। दीवार पर एक बहुत बड़ा नया पोस्टर जरूर लगा हुआ था। विरोधाभास यह था कि इस पर लिखी इबारत में हिंदू नहीं, बल्कि इस्लामिक प्रतीकों का इस्तेमाल किया गया था। उसमें लिखा था, 'दमन से कुचली हुई अयोध्या तू उदास न हो, हम अपने कफन साथ ले फिर वहीं से गुजरेंगे।'

भाषण देने वाले थे महंत अवैद्यनाथ, नृत्यगोपाल दास, उमा भारती, विनय कटियार और साक्षी महाराज। भाषणों का रवैया वही कारसेवकपुरम वाला था, पर यहाँ लहजे में आक्रामकता ज्यादा थी। हाँ, एक नयी बात और थी जो उस लहजे से थोड़ी अलग रही थी। हालाँकि आक्रामकता का आलम यह था कि नृत्यगोपाल दास ने राममंदिर के शत्रुओं के परिवारों और वंश तक के संपूर्ण विनाश की भविष्यवाणी कर डाली, लेकिन सभी वक्ताओं की कोशिश यही लग रही थी कि श्रोताओं को मस्जिद और मुसलमानों पर

हमला करने के लिए न भड़काया जाए। वक्तागण कुशलतापूर्वक एक तनी हुई रस्सी पर चल रहे थे।

इनमें सबसे ज्यादा कुशल उमा भारती साबित हुईं, जो कहने के लिए ही संन्यासिनी थीं, पर असल में उनकी भूमिका एक घुटी हुई राजनेता और भाजपा सांसद की थी। उनकी आवाज कुछ भारी और पुरुषोचित लग रही थी, पर पहनावा काफी स्त्रियोचित और उसी के मुताबिक गरिमापूर्ण था। उमा भारती का मेकअप और बालों का स्टाइल एकदम नए फैशन के मुताबिक था। उन्होंने दावा किया कि मंदिर किसी की दया या मेहरबानी से नहीं, बल्कि अपनी ताकत के दम पर बनेगा। भारती ने श्रोताओं से एक विशेष प्रार्थना यह की कि वे अपने 'मुसलमान भाइयों' को बाबर की औलाद न कहें। 'हमारे विरोधी मुसलमान नहीं हैं', बल्कि वी.पी. सिंह और मुलायम सिंह जैसे 'हिजड़े' हैं। बाबर की असली संतान तो वे हिंदू हैं जो मस्जिद बचाने की कोशिश कर रहे हैं। इसी सिलसिले में उन्होंने दूरदर्शन पर मौलाना आजाद को 'शो बॉय' कहे जाने पर हुई तीखी प्रतिक्रिया की तुलना उप्र के जनता दल सांसद राजनाथ सोनकर शास्त्री की उस टिप्पणी पर हुई कमजोर प्रतिक्रिया से की जिसमें राम को दुराचारी बताया गया था। उमा भारती ने गरज कर कहा, 'ऐसे लोगों को जिंदा जला देना चाहिए।'

भारती ने मुसलमानों की आलोचना इसलिए की कि वे अपना धर्म देश से ऊपर मानते हैं, और खुद को 'भारतीय मुसलमान' न कहकर 'मुसलमान भारतीय' कहते हैं। लेकिन, भारती द्वारा यह आलोचना थाईलैंड के एक बौद्ध भिक्षु की दिलचस्प कहानी में छिपा कर पेश की गयी थी। इस कहानी के बौद्ध भिक्षु से पूछा गया था कि अगर भगवान बुद्ध सामने आ जाएँ तो वह उन्हें क्या पेश करेगा। भिक्षु का उत्तर था कि वह तलवार से अपना सिर तक काट कर बुद्ध को अर्पित कर सकता है। लेकिन, जब उससे पूछा गया कि अगर भगवान बुद्ध किसी सेना का नेतृत्व करते हुए उसकी धरती जीतने के लिए आयें तो वह क्या करेगा, तो बिना किसी हिचक के उसका जवाब था कि वह उसी तलवार का प्रयोग बुद्ध पर करेगा, क्योंकि धर्म और ईश्वर से भी पहले देश आता है। कारसेवकपुरम की तरह रामजन्मभूमि पर हुए चारों भाषणों में भाजपा को वोट देने की पुरजोर अपीलें की गयीं और राक्षस मुलायम सिंह को विधानसभा चुनाव में फिर से न उभरने देने पर जोर दिया गया। इसी सिलसिले में एक बार फिर वी.पी. सिंह और उनकी पार्टी का मजाक उड़ाया गया। उमा भारती ने उर्दू के इस्तेमाल पर क्षमा माँगते हुए एक शेर पढ़ा : *इनकी तारीफ क्या पूछ रहे हो, इनकी उम्र तो गुनाहों में गुजरी।*

वक्ताओं ने श्रोताओं से अपील की कि वे केंद्र में भाजपा सरकार लाने के लिए काम करें।

ठीक बारह बजकर सात मिनट पर तीन भगवा ध्वज फहराये गए। डंडों पर लगे हुए तीन भगवा झंडे श्रोताओं के समक्ष लाये गये और उनका झंडारोहण महंत अवैद्यनाथ, रामचंद्र परमहंस और नृत्यगोपाल दास के हाथों करवाया गया। भाषणों में कहा गया कि ये झंडे उन तीन झंडों के प्रतीक हैं जो १९९० में कारसेवकों ने बाबरी मस्जिद के तीन ग़ुंबदों पर फहराये थे। दोनों वक्ताओं ने आगे कहा कि एक दिन ये झंडे अयोध्या, काशी और मथुरा पर भी फहरेंगे। मथुरा से भाजपा के सांसद साक्षी महाराज का कहना था कि पानीपत की लड़ाई में हिंदुओं के हाथ से जो भगवा ध्वज गिरा था, उसे उसी दिन उठा लिया गया था जब वह पिछले साल बाबरी मस्जिद के गुंबदों पर फहरा था। साथ में वक्ता यह भी साफ करना नहीं भूले कि फिलहाल कारसेवकों द्वारा किसी दुस्साहसपूर्ण कार्रवाई की जरूरत नहीं है। कारसेवकपुरम की ही तरह इन भाषणों से भी संकेत मिलता था कि आयोजक उस समय मंदिर पर काम शुरू करने के फेर में नहीं थे। वे अगले आम चुनाव से ठीक पहले इसकी शुरुआत करना चाहते थे, ताकि उसका चुनावी फायदा उठाया जा सके। ऐसा लगता था कि वे रामजन्मभूमि आंदोलन में लोगों की दिलचस्पी खत्म हो जाने से डरे हुए थे। उन्हें आशंका थी कि अयोध्या के वासियों की तरह बाकी लोग भी आंदोलन की तरफ से उदासीन न हो जाएँ।

एक बात साफ थी कि भाजपा, विहिप और बजरंग दल का नेतृत्व अपने अति-उत्साही अनुयायियों को संयमित करने की कोशिश कर रहा था। वे उस समय किसी तरह की अशांति के मूड में नहीं थे, जबकि निम्न-मध्यम वर्ग के किशोर और युवक काबू में आने के लिए तैयार नहीं थे। वे या तो कोई आंदोलन छेड़ देना चाहते थे, या फौरन बाबरी मस्जिद पर हमला करने के लिए उतावले थे। नेतागण समझते थे कि उप्र की भाजपा सरकार ऐसे किसी भी कदम से खतरे में पड़ जाएगी। इसीलिए कई वक्ताओं ने अपने भाषणों में आंदोलन के लिए शौर्य की ही नहीं, बल्कि अनुशासन की जरूरत पर बल दिया था। लेकिन, दिक्कत यह थी कि कारसेवकों पर उनका ज्यादा असर नहीं पड़ रहा था। अगले ही दिन भड़के हुए युवकों की एक भीड़ मस्जिद पर चढ़ दौड़ी और उसे कुछ नुकसान पहुँचा दिया। गुंबदों पर एक बार फिर भगवा झंडे फहरा दिये गये।

कुल मिलाकर यह नजारा देखने वालों पर दो तरह की छाप पड़ती थी।

पहली, समझौताहीन मुद्रा के रूप में जो समझौतापरक व्यवहार झाँक रहा था, वह राष्ट्रीय और अंतर्राष्ट्रीय प्रेस को दिखाने भर का मुहावरा नहीं था। उसके पीछे संभवत: एक राजनीतिक रणनीति भी थी। दूसरी, तमाम भाषण चुनावी मुहिम जैसे थे। वह सभा कुछ ऐसी थी कि भाजपा कोई छोटी-सी चुनावी नुक्कड़ सभा कर रही हो।

इसके अलावा भी 'अयोध्या' सामान्य होती लग रही थी। इस प्रकार के संकेत थे जैसे कि रामजन्मभूमि आंदोलन भी भारतीय राजनीति की सामान्य संस्कृति का अंग बनता जा रहा है।

मुलायम सिंह यादव की भदेस आक्रामकता द्वारा १९९० में अयोध्या के लोगों को आंदोलन की गोद में धकेले जाने से पहले स्थानीय निवासियों ने उसमें दिलचस्पी नहीं ली थी। यहाँ तक कि वे उससे नाराज भी थे। यही स्थिति फिर से बनती लग रही थी। हमने अयोध्या के किसी स्थानीय निवासी को रामजन्मभूमि मंदिर या कारसेवकपुरम के आसपास हो रही घटनाओं में दिलचस्पी लेते हुए नहीं देखा। एक पुजारी का कहना था कि अयोध्या के बच्चों को भी इस सब में मजा आना बंद हो गया है। वे अपनी रोजमर्रा की जिंदगी में इस तरह लगे हुए थे, जैसे कि बजरंग रुद्र यज्ञ का कार्यक्रम किसी और शहर में हो रहा हो।

न ही अयोध्या के लोगों को उन गरमा-गरम भाषणों और स्थानीय अखबारों में छपने वाली उनकी खबरों में दिलचस्पी थी। शायद कुछ पुजारियों द्वारा अख्तियार की गयी आंदोलन विरोधी मुद्रा ने उन पर असर डाला था। हो सकता है कि वे शौर्य दिवस पर दिये गये भाषणों की असलियत समझ गये हों कि आंदोलन का नेतृत्व मंदिर में कम और राजनीति में कम दिलचस्पी दिखा रहा है।

राष्ट्रीय अखबारों के दौरे पर आये पत्रकार भी अब उस सामान्य राजनीति में ज्यादा दिलचस्पी ले रहे थे जिसकी नुमाइंदगी आंदोलन द्वारा होने लगी थी। कुछ की शिकायत थी कि उन्हें तो ढर्रे के चुनावी भाषण सुनने को मिल रहे हैं। कुछ पत्रकार तो बोरियत की शिकायत करते हुए अयोध्या से चले भी गये कि यहाँ तो कुछ नया नहीं हो रहा है। उनमें से ज्यादातर की हताशा साफ थी। उनके मन में आंदोलन का कोई प्रभामंडल नहीं बचा था। एक अंतर्राष्ट्रीय न्यूज एजेंसी में काम करने वाले पत्रकार ने तो हमसे यहाँ तक कहा कि दिल्ली लौटकर वह किसी दूसरी रिपोर्टिंग पर जाना पसंद करेगा। एक और पत्रकार ने तो भाजपा का मजाक उड़ाते हुए एक नारा भी

गढ़ लिया : *रामलला अब आएँगे, मंदिर वहीं बनाएँगे।*

अब तक अयोध्या में आंदोलन के इर्द-गिर्द तकरीबन एक पूरा बाजार सक्रिय हो चुका था। आने-जाने वालों, पत्रकारों, कारसेवकों और सिर्फ उत्सुक दर्शकों की सुविधा का ध्यान रखने का व्यवसाय जारी था। फैजाबाद के दो अच्छे होटलों में पत्रकारों ने पैर रखने तक की जगह नहीं छोड़ी थी। श्रीराम फास्ट फूड नाम से कुछ ठिकाने थे। कई दूकानें मंदिर आंदोलन के भीषण भाषणों से भरे पुराने कैसेट बेच रही थीं। ज्यादातर में उमा भारती और ऋतंभरा के भाषण थे। ये दोनों संन्यासिनियाँ न तो बैरागियों जैसी भाषा बोलती थीं, और न ही वैसी पोशाक पहनती थीं। दूकानें आक्रामक किस्म के धार्मिक-राजनीतिक भजन भी बेच रही थीं जिन्हें लोकप्रिय फिल्मी गानों और डिस्को गीतों की तर्ज पर संगीतबद्ध किया गया था। हमने *जुम्मा चुम्मा दे दे* की तर्ज पर एक ऐसा भजन सुना जो भगवान कृष्ण की प्रशंसा में लिखा गया था। खास बात यह थी कि आग उगलते भजनों के दो कैसेटों पर आर्केस्ट्रा के डायरेक्टर के रूप में सैयद अली नामक एक मुसलमान का नाम लिखा था। इन कैसेटों को बेचने वाले छोटे दूकानदारों के लिए उनकी बिक्री धंधे से ज्यादा कुछ नहीं थी।

हालाँकि कारसेवक हमेशा कुछ न कुछ उत्तेजना और अशांति के चक्कर में दिखते थे, पर मुख्यत: वे भी मनोरंजन की तलाश में थे। पहले से ठहरे कारसेवकों को कुछ दिनों बाद चले जाना था ताकि नये कारसेवक उनकी जगह कारसेवकपुरम में ठहर सकें। आखिरकार वहाँ स्थान तो सीमित ही था। लेकिन, इसके बावजूद कारसेवकों के झुंडों ने अयोध्या छोड़ कर जाने से इनकार कर दिया। वे मुफ्त की सैर पर आये थे, और पूरा मजा लेना चाहते थे।

जाहिर था कि आंदोलन के नेता अब कुछ इज्जत कमाने के फेर में थे। फिलहाल किसी संकट में फँसना उनकी योजनाओं में शामिल नहीं था। यह बात उस समय और साफ हो गयी जब हम लोगों ने एक झंझट के दौरान उनकी व्यवहार-शैली देखी। एक पकी उम्र का मुसलमान एक मंदिर से कथित रूप से एक पर्दा चुराते हुए पकड़ा गया। फटी हुई धोती पहने हुए वह बेचारा भूखा और कुछ खिसका हुआ लग रहा था। कुछ बजरंग दलियों को अपनी खूनी भड़ास निकालने का मौका मिला। वे उसे पीट-पीट कर मारने ही वाले थे। पुलिस असहाय थी, या यह कहिये कि वह इसके अलावा कुछ और हो ही नहीं सकती थी। वह बजरंग दल से तो किसी कीमत पर नहीं उलझना चाहती थी। उस कथित चोर को बजरंग दलियों ने पुलिस वालों के

सामने ही बहुत बुरी तरह पीटा और उस पर सैयद शहाबुद्दीन सरीखे लोगों का जासूस होने का इलजाम भी लगा दिया।[६] उनकी माँग थी कि चोर को उनके हवाले कर दिया जाए ताकि वे मामला साफ कर दें। पुलिस भी उनसे फटाफट सहमत होते हुए लग रही थी। यह नजारा देखकर हम लोग समझ गये कि मामला साफ करने का मतलब क्या हो सकता है। हमने फौरन विनय कटियार को इस घटना की खबर दी। बजरंग दल के संस्थापक अध्यक्ष का घर घटनास्थल से कुछ कदम की दूरी पर उसी गली में था। सुनते ही कटियार की भृकुटियाँ तन गयीं। वे एक जीप में अपने अंगरक्षकों के साथ फौरन मौके की तरफ झपटे और फिर हम लोगों ने वहाँ जमा भीड़ को भगाने के लिए एक व्यक्ति का लाठीचार्ज देखा। उसके बाद कटियार ने ऊँची आवाज में (हम लोगों को सुनाने के लिए) पुलिस से कहा कि कानून-व्यवस्था कड़ाई से कायम रखी जानी चाहिए। फिर वह 'चोर' थाने ले जाया गया। उसके बाद हमें पता नहीं चला कि उसका क्या हुआ।

बजरंग दली इस बात से बहुत नाराज थे कि कटियार ने उन पर डंडा चलाया। उन्हें लगा कि उन्हें धोखा दिया गया है। उन्होंने ऐसा कहा भी। लेकिन, इस घटना से यह तय हो गया कि कटियार राष्ट्रीय और अंतर्राष्ट्रीय मीडिया के सामने ऐसी कोई वारदात नहीं होने देना चाहते थे जिससे उप्र की भाजपा सरकार को नीचा देखना पड़ता।

कुछ ही दिनों में अखबारवाले भी भाजपा के इस खेल में शामिल हो गये। हालाँकि उनके संपादकीय और उनकी मध्यवर्गीय नैतिकता उन्हें पक्षधरता के हिसाब से या तो भाजपा का पक्ष लेने के लिए मजबूर करती रही या वे सेकुलरवाद की खोखली नारेबाजी करते रहे, पर कुल मिलाकर उन्होंने भी समझ लिया कि आंदोलन में जन-रुचि अब वैसी नहीं रह गयी है। उनके सामने साफ था कि वीरोचित राजनीति का जमाना चला गया है, और सामान्य राजनीति का वक्त फिर से आ चुका है। भाजपा और विहिप की कट्टरताओं की चर्चाएँ जारी रहीं, पर उनसे पहले की जैसी बेचैनियाँ पैदा होनी बंद हो गयीं।[७] ठीक इसी तरह कारसेवा का गुणगान करने वाली बातों का भी प्रभाव पड़ना बंद हो गया।

भाजपा की राजनीतिक महत्त्वाकांक्षाएँ अखिल भारतीय हो चुकी थीं। वह सरकार बनाने का इंतजार कर रही एक जिम्मेदार पार्टी की तरह व्यवहार करना चाहती थी। वह जानती थी कि अयोध्या मुद्दे के राजनीतिक दोहन से होने वाला लाभ अब घटता चला जाएगा। भाजपा सांसद जसवंत सिंह के इस कथन से भी यही साबित होता था, 'यू केन नॉट मेक पॉलिटिकल सूफले

राइज़ ट्वायस फ्राम दि सेम रेसिपी (काठ की हाँडी बार-बार नहीं चढ़ती)।'[८] संघ के सरसंघचालक बालासाहब देवरस के छोटे भाई भाउराव देवरस ने राजनीति के अगले चरण के बारे में अपनी राय साफ शब्दों में व्यक्त की। उन्होंने केंद्र की अल्पमतीय कांग्रेस सरकार को संसदीय समर्थन देने की वकालत की और बजरंग दल की अनुशासनहीनता को आड़े हाथों लिया (क्योंकि दल की कतारों को संघ का प्रशिक्षण नहीं मिला है)। भाउराव अपने बचाव में यह कहने से नहीं चूके कि वे ये सब बातें निजी हैसियत से कह रहे हैं, हालाँकि एक कार्यकर्ता आधारित अनुशासित संगठन में इतनी आजादी लेना भी ताज्जुब की बात थी।[९]

जाहिर है कि मंदिर आंदोलन पर लोकतांत्रिक राजनीति की होड़ प्रतियोगितामूलक तर्क हावी होने लगी थी। अगले कुछ हफ्तों में ही संघ परिवार के ज्यादातर नेता कुछ-कुछ झेंप के साथ नयी धुन का अभ्यास करने लगे। विहिप की भाषा और मुद्रा दोनों नरम हो गये। संघ तो अपनी मुख्य विचारधारा हिंदुत्व को ही अस्थायी रूप से ठंडे बस्ते में डालने के लिए तैयार हो गया। वह स्वदेशी की चर्चा करने लगा जिससे गाँधीवादी ध्वनियाँ निकलती थीं। उसने सामाजिक न्याय की बात करनी शुरू कर दी जिसमें साफ तौर पर सामाजिक जनवादी तात्पर्य थे।[१०]

एक राजनीतिक पार्टी होने का फायदा उठाते हुए भारतीय जनता पार्टी इस बदलाव की डगर पर काफी आगे चली गयी। उसने एकता यात्रा निकाली। २६ दिसंबर को कन्याकुमारी से शुरू होने वाली यह यात्रा २६ जनवरी यानी गणतंत्र दिवस को अलगाववाद और हिंसा से खदबदा रहे कश्मीर की राजधानी श्रीनगर में खत्म होनी थी। पूरे भारत से आए बीस हजार स्वयंसेवकों के बीच श्रीनगर के लाल चौक पर तिरंगा फहराया जाना था। संभवतः पार्टी को लगा होगा कि अयोध्या पर दबे कदमों से चलने के कारण पैदा हुई समस्याओं की तरफ से ध्यान हटाने के लिहाज से यह कार्यक्रम कारगर साबित होगा। उसे लगा होगा कि धार्मिक मुद्दे की बजाय राष्ट्रीय मुद्दा उठाने से उसे अखबारों में अच्छा प्रचार और जन-समर्थन मिलेगा। आखिरकार वह राष्ट्रीय झंडा फहराने के लिए ही तो इतनी जहमत उठा रही थी। यह वही राष्ट्रीय झंडा था जिसे स्वीकार करने से संघ पहले इनकार करता रहा था।

लेकिन, हुआ यह कि यात्रा खत्म होने पर भाजपा को लाल चौक पर झंडा फहराने के लिए फौज के पहरे और दिल्ली की कांग्रेस सरकार की छत्रछाया का इस्तेमाल करना पड़ा जिससे पार्टी के कार्यकर्ता झेंप गये।

झंडारोहण के लिए सांकेतिक रूप से भाजपा नेताओं का प्रतीकात्मक दल फौज के हेलिकॉप्टर में श्रीनगर ले जाया गया। सरकार ने ही उन्हें बीएसएफ के मुख्यालय के पास ठहराया और सरकारी गाड़ियों में ही उन्हें लाल चौक पहुँचाया गया। झंडे का डंडा भी सीआरपीएफ ने दिया, और झंडा भी फौज से उधार लेना पड़ा। भाजपा नेता जो झंडा अपने साथ ले गये थे, वह भगदड़ में फट गया था।[११] समाचार एजेंसियों द्वारा उपलब्ध कराये गये इस नजारे का वीडियो देखने से साफ था कि हर तरीके से यह एक हास्यास्पद और दयनीय कार्यक्रम था। अयोध्या प्रकरण में मीडिया ने भाजपा को जरूर उछाला था, पर इस बार वह उसका खेल खेलने के लिए तैयार नहीं था।

उधर भाजपा एक नया खेल भी खेल रही थी। वह थोड़ी नजर बचा कर केंद्र की कांग्रेस सरकार से संबंध सुधारने की कोशिशों में लगी हुई थी। पत्रकारों ने इन प्रयासों को भाँप लिया और संसद के बजट सत्र में भाजपा के रवैये पर टिप्पणी करते हुए उन्होंने लिखा कि विपक्षी पार्टी के रूप में भाजपा का आचरण सत्तारूढ़ दल के साथ एक मिली हुई कुश्ती की तरह लग रहा है।[१२]

वैसे भी भाजपा हर तरह से 'सामान्य' राजनीति करने के मूड में थी। उसके भीतर गुटबाजी और झगड़े शुरू हो गये जो एक बेहद विविधतामूलक समाज की नुमाइंदगी का प्रयास करने वाली पार्टी में होने लाजमी थे। मार्च १९९२ तक मंदिर मुद्दे के कारण पार्टी में धड़े बन चुके थे। एक धड़ा इसी मुद्दे के आधार पर राजनीति आगे बढ़ाना चाहता था, पर दूसरा धड़ा राजनीतिक हकीकतों के प्रति ज्यादा सचेत था। उसकी महत्त्वाकांक्षाएँ अखिल भारतीय थीं। वह इस मुद्दे को फिलहाल ठंडे बस्ते में डालना चाहता था।[१३]

पार्टी के भीतर धड़ेबाजी और भी कई रूपों में उभर कर आयी। अप्रेल १९९२ में पार्टी की पदाधिकारी उमा भारती ने मध्य प्रदेश सरकार पर आरोप लगाया कि वह उन्हें और उनके परिवार को गुटबाजी के दबाव में सता रही है। उमा भारती ने यह भी कहा कि खुद उन पर पार्टी के महामंत्री गोविंदाचार्य के साथ अवैध रिश्ते होने का झूठा इलजाम लगाया जा रहा है। उन दिनों गोविंदाचार्य पार्टी के सिद्धांतकार थे और बुद्धिजीवी वर्ग के साथ पार्टी के सूत्र की तरह काम करते थे। उमा भारती का आरोप था कि उनके भाई को झूठे मुकद्दमों में फँसाया जा रहा है। हालाँकि उन्होंने केंद्रीय नेताओं के हस्तक्षेप से इन मुकद्दमों को खत्म करवा दिया था, पर उसके लिए 'भारी कीमत चुकानी पड़ी' और 'नर्क से गुजरना पड़ा'। इस 'मानसिक यातना' से

उन्हें स्नायु विकार का सामना करना पड़ा और खुदकशी की कोशिश तक की नौबत आ गयी। उन्होंने पार्टी से इस्तीफा देकर संन्यासी का जीवन गुजारने की इच्छा भी व्यक्त की।[१४]

उसी बीच दिल्ली और लखनऊ में मोटे तौर पर किये गये एक सर्वेक्षण के नतीजे ने भी पार्टी को परेशान कर दिया। सर्वे ने बताया कि जिन हिंदुओं से प्रतिक्रिया माँगी गयी, उनके तीन चौथाई हिस्से ने बड़ा राममंदिर बनाने के लिए छोटे-छोटे मंदिरों को तोड़ने का विरोध किया और इस कार्रवाई से खुद को आहत भी करार दिया। उनकी मान्यता थी कि इस प्रकार के विध्वंस हिंदू धर्म की श्रेष्ठ परंपराओं के मुताबिक नहीं हो सकते।[१५] पार्टी के पदाधिकारियों के लिए यह कोई अच्छी खबर नहीं थी। उनमें से कुछ तो पहले से ही कह रहे थे कि अगर उप्र में अचानक चुनाव हो जाए तो पार्टी बुरी तरह हार जाएगी।

१०. अयोध्या के बाद हिंदुत्व के खँडहर—२

फरवरी १९९२ में हम फिर अयोध्या गये। तब तक लगने लगा था कि रामजन्मभूमि आंदोलन समूचा ही भारत माता के कंठ में जा चुका है। कुछ लोगों ने हमसे कहा कि राजनीतिक परिस्थिति अभी नहीं बदली है, पर इसमें किसी को शक नहीं था कि सामाजिक परिस्थिति पूरी तरह बदल चुकी है।[१६]

कुछ परिवर्तन साफ नहीं थे, पर कुछ साफ दिख रहे थे। बाबरी मस्जिद पर अदालती मुकद्दमा चल रहा था, पर दोनों तरफ के वादी सुनवाइयों के लिए फैजाबाद-अयोध्या से लखनऊ के बीच एक ही कार में आते-जाते थे। उन लोगों ने बताया कि वे पुराने दोस्त हैं, पेट्रोल मँहगा है। रामजन्मभूमि परिसर में स्थित शिलान्यास स्थल और विहिप का शो-रूम निर्जन, निर्जीव और बेहद खराब हालत में लग रहा था। यह वही जगह थी जिसने अभी कुछ दिन पहले ही कार्यकर्ताओं, पत्रकारों और विद्वानों के बीच इस कदर दिलचस्पी और बेचैनी पैदा की थी।

जब हमारे दो साथी शो-रूम देखने गये तो एक देखभाल करने वाले कर्मचारी के अलावा वहाँ केवल एक बुजुर्ग व्यक्ति और था जो अरुचि के साथ इधर-उधर टहल रहा था। मंदिर एनेक्सी में कुछ मेटल डिटेक्टर उस समय भी लगे हुए थे, पर न तो कोई पुलिसवाला उनकी देखभाल कर रहा था और न ही किसी को यह चिंता थी कि आने वाले उनसे होकर गुजर रहे हैं या नहीं। जब हममें से एक जानबूझकर बगल से निकला तो किसी ने

ध्यान तक नहीं दिया। तीर्थयात्रियों की संख्या बहुत ही कम थी। लगता था कि पहले हो चुकी हिंसा के कारण उन्होंने वहाँ आना बंद कर दिया था। फिर दर्शन-लाभ के लिए अयोध्या में भगवान राम के अपेक्षाकृत शांत और कम विवादास्पद मंदिर भी तो थे। फैजाबाद के जिन होटलों में पत्रकार जगह पाने के लिए होड़ करते रहते थे, उनमें शादी की पार्टियाँ चल रही थीं। नवंबर १९९१ में फटाफट बिक रहे भीषण भाषणों के टेपों को खोजने में भी हमें खासी मुश्किल हुई।

मंदिर आंदोलन के हश्र से कुछ-कुछ अंदाजा लगाया जा सकता था कि उस जीवन-शैली पर क्या असर पड़ा होगा जिसमें आंदोलन दखल दे रहा था। अयोध्या की जिस पवित्र कालातीत धरती पर भारतीयों की राजनीतिक निष्ठाएँ तय करने का सेकुलर युद्ध लड़ा गया था, वह अपनी धुन में मस्त लग रही थी। उसे बाहरी लोगों के सरोकारों और योजनाओं की कोई खास परवाह नहीं थी।

फरवरी १९९२ में हम वहाँ के दो गण्यमान्य मुसलमानों से मिले जिनमें से एक को स्थानीय पत्रकारों ने उदार और दूसरे को कट्टर बताया था। हमने सोचा कि इस समुदाय के मानस में उतरने से हमें कुछ सुराग मिल सकते हैं। धार्मिक विभाजन के दोनों तरफ मौजूद कुछ लोगों की मान्यता थी कि यह समुदाय उत्पीड़न की मानसिकता में डूब-उतरा रहा है, और कुछ उसके मानस को हद दर्जे की आक्रामकता से ग्रस्त देखते थे।

हमारी पहली मुलाकात मुन्नू मियाँ से हुई जिन्हें मुन्नूबाबू भी कहा जाता था। वैसे उनका नाम इलियास अंसार हुसैन था। अयोध्या के एक प्रतिष्ठित शिया और धर्मप्राण मुसलमान होने के साथ-साथ वे सुंदर भवन नामक राममंदिर के निर्माता और प्रबंधक भी थे। सुंदर भवन कनक भवन जैसे कहीं अधिक मान्यताप्राप्त मंदिर के बगल में स्थित है। उस जायदाद का हिंदू मालिक वहाँ मंदिर बनवाना चाहता था। लकड़ी की सप्लाई के सिलसिले में मुन्नू मियाँ ने उसकी मदद की तो उसने उन्हीं को मंदिर बनवाने का इंचार्ज बना दिया। यह १९४९ का वाकया है। १९५१ में मंदिर का निर्माण पूरा होने के बाद से ही वे उसके मैनेजर थे। उन्हें अपने मंदिर पर गर्व है। उनका दावा है कि डिजाइन भले ही पैसा लगाने वाले ने तय की हो, पर उसमें 'इंगलिश स्टाइल' जोड़ने का श्रेय उन्हीं को है। हालाँकि यह साफ नहीं हो पाया कि यह 'इंगलिश स्टाइल' है क्या बला।

उनका कुनबा साढ़े चार सौ साल से अयोध्या में रह रहा है। वे मुगल बादशाह हुमायूँ (१५०७-५६) के साथ वहाँ आये थे। उनके पास जमीनें तो रहीं, पर खानदान की आर्थिक हालत तब सुधरी जब १८५७ के गदर के दौरान उनके दादाओं-बाबाओं ने लखनऊ में फँसी सात गोरी औरतें हिफाजत से कानपुर की ब्रिटिश गैरिसन के हवाले कर दीं! इनाम में उन्हें सात गाँवों की जमीन मिल गयी। जमींदारी उन्मूलन कानून पास होने के पहले तक मुन्नू मियाँ के पिता जमींदार बने रहे। उसके बाद वे एक अस्पताल में कंपाउंडर हो गये और तंबाकू का धंधा शुरू कर दिया।

मुन्नू मियाँ १९०७ या शायद १९०८ में पैदा हुए। साल उन्हें ठीक-ठाक याद नहीं थी। पर वे अपनी उम्र ८७-८८ बताते थे जिससे लगता था कि वे एक-दो साल पहले ही पैदा हुए होंगे। ८५ से ज्यादा के होने के बावजूद उनकी तंदरुस्ती अच्छी थी, और वे सत्तर के पेटे में लग रहे थे। उन्होंने अपनी ज्यादातर जिंदगी भारतीय वन सेवा में गुजारी। रिटायर होने के बाद वे इमारती लकड़ी के व्यापारी हो गये। उनका बेटा साबिर अली उत्तर प्रदेश बिजली बोर्ड में काम करता है। बातचीत के दौरान वह भी मौजूद था।

मुन्नू मियाँ ने बताया कि अपनी लंबी जिंदगी में उन्होंने केवल दो दंगे देखे, एक १९१२ में और दूसरा १९३४ में। पहला गोहत्या पर हुआ। गोहत्या का विरोध बैरागियों ने किया था। आखिरकार अयोध्या में गायों को मारना बंद कर दिया गया और मुसलमान भैंसे का गोश्त खाने लगे। इसके बाद अयोध्या के पालिका क्षेत्र में किसी भी तरह के जानवर को मारना प्रतिबंधित कर दिया गया। अब वहाँ फैजाबाद से गोश्त आता है। मुन्नू मियाँ के बेटे की बातों से संकेत मिला कि मांसाहार की इजाजत देने वाले पंथों से जुड़े कुछ बाबा लोग बिना किसी को बताये हुए गोश्त खाने के लिए मुसलमान घरों में आते होंगे।

१९३४ का दंगा जन्मभूमि मंदिर से जुड़ा था और उसे भड़काने में बाहरी लोगों की भी भूमिका थी। हिंदू मंदिर खुलवाना चाहते थे, पर इस सिलसिले में कोई स्पष्ट फैसला नहीं हो पाया और दंगा खत्म हो गया।

अस्सी साल में हुए सिर्फ इन दो दंगों के अलावा अयोध्या में सांप्रदायिक रिश्ते हमेशा मधुर रहे। मुन्नू मियाँ को याद है कि वे बिना किसी दिक्कत के बाबरी मस्जिद में बरसों तक नमाज पढ़ते रहे। उस जमाने में मंदिर के पुजारी दोस्ताना अंदाज में नमाजियों का स्वागत करते थे। बैरागियों के आग्रह के कारण जूते बाहर उतार दिये जाते थे, लेकिन उन जूतों की देखभाव भी वही करते थे और नमाजियों को लौटने पर उन्हें प्रसाद भी दिया

जाता था।

मुन्नू मियाँ की मान्यता थी कि भाईचारे की वह परंपरा अभी खत्म नहीं हुई है। कर्फ्यू के दौरान भी हर मुसलमान घर को हिंदुओं के घर से खाना आता रहा। इसके अलावा भी सामाजिक रिश्ते और सांस्कृतिक बंधनों को कोई आँच नहीं आयी है। मूर्तियों को जिन वस्त्रों से सजाया जाता है, उन पर सोने और चाँदी के तारों की कढ़ाई मुसलमान और हिंदू दोनों करते हैं (पहले इस काम पर सिर्फ मुसलमानों की इजारेदारी होती थी)। मूर्तियों के कपड़े और देवताओं के मुकुट मुसलमान दर्जी और कारीगर ही बनाते हैं। सिर्फ मिठाइयाँ बेचने का काम ऐसा है, जिसे मुसलमान नहीं करते, क्योंकि उसी से देवताओं का प्रसाद बनता है। आज भी मुसलमान ताजिये निकालते हैं, हिंदू उन पर चावल और पैसे फेंकते हैं, उनके नीचे चलते हैं क्योंकि ताजिये शुभ माने जाते हैं।

मुन्नू मियाँ जोर देकर कहते हैं कि दोनों समुदायों के बीच के रिश्तों में कुछ नहीं बदला है। वे 'कुछ नहीं' को खूब जोर देकर कहते हैं। मुन्नू मियाँ के अनुसार, 'हाल के दंगों का हम पर कोई असर नहीं हुआ, क्योंकि यहाँ के निवासी और शिक्षित हिंदू मस्जिद गिराने में दिलचस्पी नहीं रखते। ऑनली गुंडाज़ वांट दैट।'

मुन्नू मियाँ सप्रमाण .बताते हैं कि अयोध्या हिंदुओं और मुसलमानों, दोनों के लिए पवित्र नगरी है। हिंदुओं के लिए तो इसका कारण जाहिर ही है, पर मुसलमानों के लिए भी इसका कारण यह है कि यहाँ के शिस पर्वत पर हजरत शिस (हजरत नूह वाले हजरत शिस) दफ़न हैं। हिंदू इस पहाड़ी को मणि पर्व के नाम से जानते हैं। उनके खयाल से यह उस गंधमादन पर्वत का बचा हुआ हिस्सा है जिसे रामायण के दिनों में लक्ष्मण के इलाज के लिए हनुमानजी संजावनी बूटी विशाल्याकरणी के लिए उठा लाये थे।

हजरत शिस की मौजूदगी अयोध्या की पवित्रता को दुगुना कर देती थी। मुन्नू मियाँ इस प्रचलित यकीन से सहमत नहीं थे कि बाबर कभी अयोध्या आया था। न ही उसने यहाँ कोई मस्जिद बनवायी। उसके सिपहसालार मीर बाकी ने मस्जिद का निर्माण 'बाबाओं की सहमति से' करवाया था। इसीलिए अयोध्या का कोई वासी मस्जिद के खिलाफ द्वेष नहीं रखता। यही कारण है कि मस्जिद गिराने के चक्कर में बाहरी लोगों ने अभी तक कुछ मंदिरों को ही गिराया है।

मुन्नू मियाँ के अनुसार हिंदू हो या मुसलमान, अयोध्या में लोग आम तौर पर एक-दूसरे का अभिवादन *जै सिया राम* से ही करते हैं। अगर पुजारी

हुआ तो उससे *बाबाजी दंडवत* किया जाता है। मुन्नू मियाँ का दावा है कि इस चलन में उन्नीसवीं सदी के बाद से कोई तब्दीली नहीं हुई है। अयोध्या में जो भी सांप्रदायिक विवाद है, वह बाहर वालों ने ही धन के लालच में पैदा करवाया है। यहाँ के हिंदू इस बात को जानते हैं। यही कारण है कि दस दिन तक दंगों के समय बाबा लोग मुसलमानों के घरों के सामने बिना सोये हुए पहरा देते रहे। मुन्नू मियाँ ने जोर देकर दोहराया, 'दंगों का हमारे ऊपर कोई असर नहीं पड़ा।'

मुन्नू मियाँ ने इतना भर माना कि अयोध्या की जिंदगी की तयशुदा रफ्तार में पिछले दिनों कुछ परिवर्तन जरूर हुए हैं। पुलिस से बचने के लिए भी कुछ लोग अयोध्या में पुजारी बनने लगे हैं। कई बाबा बिहारी हैं और किसी भी बिहारी के लिए बाबा बनकर अपने संदिग्ध अतीत को छिपाना आसान है। यहाँ किसी पुजारी का चेला बनकर पुलिस को धोखा दिया जा सकता है।

मुन्नू मियाँ का खयाल था कि आडवाणी द्वारा जमा किये गये ४७ करोड़ रुपयों के कारण भी अयोध्या पर बुरा असर पड़ रहा है। इसमें से कुछ रुपया विहिप समर्थक पुजारियों को मिला है। इसके बावजूद मुन्नू मियाँ रामचंद्र परमहंस को कहीं न कहीं पसंद करते हैं। मंदिर आंदोलन के इस उग्र नेता और उस समय अयोध्या के मुट्ठी भर भाजपा समर्थक पुजारियों में से एक परमहंस को वे अपना लंगोटिया यार बताते हैं। परमहंस की बदमाशियाँ उन्हें पसंद हैं और उनकी हिंदूवादी लफ्फाजी को वे सिर्फ राजनीतिक दाँव मानते हैं। भाजपा और विहिप में शामिल होने के बाद परमहंस ने काफी रुपया बना लिया है। उनकी तरफ से मुन्नू मियाँ को मिठाइयों की भेंटें आती हैं, और वे पैसे-रुपये से भी उनकी मदद करते हैं। परमहंस उनकी निगाह में काबिल आदमी, बेहतरीन वक्ता और 'बेहद अच्छे इंसान' हैं। उनके बेटे साबिर की शादी में परमहंस भी शामिल हुए थे। मुन्नू मियाँ को याद है कि परमहंस ने उनसे क्या कहा था, 'जब तुम्हारे पास पैसा था, तुमने मुझे दिया और खाना भी खिलाया। अब मेरे पास पैसा है, और इस पर तुम्हारा भी हक है।'

हम हाजी मुहम्मद कलीम शम्सी से भी मिले। तत्शाह मस्जिद के प्रशासक शम्सी के कंधों पर एक मदरसे, एक ईदगाह और मुसाफिरखाने की देखभाल का जिम्मा भी था। मदरसा और मुसाफिरखाना मस्जिद के तहत ही आते थे।

खुद शम्सी की तालीम उसी मदरसे में हुई थी। एक रूढ़िवादी और आक्रामक तेवर के सुन्नी नेता के रूप में चर्चित शम्सी एक व्यापारी भी थे।

शम्सी से हमारी बातचीत उनके मुसाफिरखाने में हुई। इस सस्ती-सी सराय में गरीब सैलानी और छोटे-मोटे व्यापारी टिके हुए थे, जैसे कि बिहार से आया हुआ घास की चटाइयाँ बेचने वाला एक व्यक्ति। ७३ साल के शम्सी की तंदरुस्ती अच्छी थी। वे आश्वस्त भाव से जोरदार आवाज में बोलते थे। शम्सी ने बताया कि उनका परिवार पिछले सौ साल से अयोध्या में रह रहा है, हालाँकि वे खुद उज्जैन में पैदा होकर इटावा में पले-बढ़े हैं। उनके खानदान की जड़ें मुल्तान में थीं, इसलिए वे पंजाबी मुसलमान यानी धर्म परिवर्तन करने से पहले खत्री थे।

मुन्नू मियाँ जैसे अयोध्यावासियों की तरह शम्सी की उर्दू भी अवध की जबान का नमूना थी—सलीस, संस्कृत से प्रभावित, शेर-ओ-शायरी और अवधी कहावतों से टँकी हुई। शम्सी ने दावा किया कि १९९०-९१ की घटनाएँ हिंदुओं और मुसलमानों के आपसी रिश्तों पर खराब असर डालने में नाकाम रही हैं। उनकी मान्यता थी कि आम जनता ने नेताओं का असली खेल भाँप लिया है, इसलिए ये रिश्ते एक बार फिर पहले जैसे ही हो गये हैं, यानी धर्मों के बीच संबंध वैसे ही हो गये हैं जैसे कि सदियों से चले आ रहे थे। इस दावे का सबूत माँगने पर उन्होंने बताया कि उनकी दूकान के ज्यादातर ग्राहक हिंदू हैं और जन्मभूमि विवाद के बावजूद उनके धंधे पर कोई फर्क नहीं पड़ा है। शम्सी के मुताबिक १९९०-९१ की घटनाओं ने सिर्फ नेताओं की धन और सत्ता लिप्सा को ही उजागर किया है।

कुल मिलाकर शम्सी ने १९९०-९१ की घटनाओं का सारा इलजाम स्वार्थी नेताओं पर थोप दिया, 'हम आपस में नहीं लड़ना चाहते, न हिंदू और न मुसलमान।' सारा झगड़ा बाहर वालों ने भड़काया है और हो सकता है कि आखिर में वे लोग दोनों समुदायों में नाइत्तफाकी पैदा करने में कामयाब हो ही जाएँ। कुछ नेताओं ने तो जम कर चाँदी काटी है। ऐसे लोग कोई न कोई संकट खड़ा करते ही रहते हैं, जैसे कि चालीस के दशक के आखिर में एक नैयर साहब ने बाबरी मस्जिद में देव मूर्तियाँ रखवा कर भाईचारे का माहौल बिगाड़ दिया था और जैसे कि १९८४ में राजीव गाँधी ने मस्जिद के ताले खुलवाकर विवाद भड़काया।

शम्सी को पक्का यकीन था कि बाबरी मस्जिद विवाद पेश ही गलत तरीके से किया गया है, क्योंकि 'हमारे दीन में आप जबरन कब्जाई गई जमीन पर बनी मस्जिद में नमाज पढ़ ही नहीं सकते।' हालाँकि उन्हें

अदालतों की समझदारी पर शक था, पर उनका दावा था कि मुसलमान कोर्ट का फैसला मानने के लिए तैयार हैं। साथ ही उन्होंने जोड़ा, 'हम बड़ी से बड़ी कुर्बानियाँ देने की दम रखते हैं, हममें प्यार करने का माद्दा भी जबरदस्त है।' इस्लाम खून-खराबा नहीं सिखाता। वह तो दूसरों के साथ अमन के साथ रहना सिखाता है। यानी 'आत्मा साफ, परमात्मा पास'।

शम्सी ने कहा कि अयोध्या हिंदुओं और मुसलमानों, दोनों के लिए 'पवित्र' है। मुसलमानों के १,२४,००० पैगम्बरों में से एक हैं हजरत शिस। उन्हें अयोध्या में ही दफ़नाया गया है। 'खुदा हमें और उन्हें दोनों को समझ दे।' वह समझ नहीं, जो नेताओं ने बनायी है। शम्सी के मुताबिक नेताओं की हर समझ का आधार तो एक ही बिना पर है, 'तुम भी पैसे के पुजारी, हम भी पैसे के पुजारी।'

शम्सी का कहना था कि हिंदुओं और मुसलमानों के बीच कड़वाहट 'कटुआ' जैसी गालियों के इस्तेमाल से भी बढ़ी है। फिर भी पुराने रिश्ते कुछ-न-कुछ बरकरार हैं। और वह भी इसलिए कि लोगों ने बाबरी मस्जिद विवाद के नाम पर हो रहे सत्ता संघर्ष को देख लिया है। यह तो 'वोटों और नोटों' की लड़ाई है। ये नेता लोग सत्ता की जिस कुर्सी पर बैठते हैं, वह काँटों की है।

शम्सी की आवाज उस समय गमगीन हो गयी जब हमने पिछले दो साल की उथल-पुथल पर उनसे उनके हिंदू दोस्तों की प्रतिक्रिया पूछी। अपनी उम्र का हवाला देते हुए उन्होंने कहा, 'मेरे ज्यादातर दिलदार हिंदू दोस्तों का इंतकाल हो चुका है। नयी पैदावार उनकी जगह ले चुकी है। इस फसल में सिर्फ धर्म के पुजारी हैं, इंसाफ के नहीं।' इंसाफपसंद लोग इस मुद्दे पर हमेशा अपनी राय नहीं जताते, और जब जताते भी हैं तो हुकूमत में बैठे लोग उनकी आवाजों को अवाम तक नहीं पहुँचने देते। हुक्मरान हिंदुओं और मुसलमानों को आपसी बातचीत के आधार पर यह मसला सुलझाने का मौका देने के लिए तैयार नहीं हैं। शम्सी का कहना था, 'अगर हमें एक मौका मिला होता, तो यह मसला कभी का सुलझा दिया होता। या तो हमने मंदिर हटा दिया होता, या फिर मस्जिद छोड़ दी होती। या फिर दोनों बने रहते और पूजा और नमाज उसी तरह चलती रहती।' लेकिन, सियासी हस्तियाँ बाहर बयान देती हैं (लखनऊ और दिल्ली जैसे सियासी केंद्रों में) जिससे जज्बात फिर से 'भड़क' जाते हैं। ऊपर से अखबारों का बिना सोचा-समझा एकतरफा रवैया हालात और बिगाड़ देता है। जिस दिन अखबार वाले सच्चाई लिखना शुरू कर देंगे, हिंदुस्तान की हालत सुधर जाएगी।

शम्सी का कहना था कि लोगों के दिलों में जो भी हो, आज भी मिलते वक्त बड़े प्यार से मुस्करा कर बात करते हैं। 'अयोध्या का राजा भी आता है, तो इज्जत से मेरे पैर छूता है और मुझे चाचा कहता है।'

बातचीत करते-करते शाम की नमाज का वक्त हो गया और शम्सी ने वापिस मस्जिद जाने की इजाजत माँगी। अँधेरा होने लगा था। हम भी होटल और फिर थोड़ा आराम फरमाने के बाद दिल्ली की जानी-पहचानी दुनिया की तरफ लौटने के लिए उठे। काफी लंबी और गहरी बातचीत करने के बावजूह हमें लग रहा था कि मुन्नू मियाँ और हाजी शम्सी एक ऐसी दुनिया के वासी हैं जिससे हमारी वाकफियत न के बराबर ही है। अपने मुसलमान बिरादरों, हिंदू पड़ोसियों और दोस्तों के साथ वे एक ऐसी अयोध्या का हिस्सा थे जो हमारे लिए भी उतनी ही अजनबी थी जितनी संघ परिवार, उसके चीखते हुए राष्ट्रवाद और धर्म को राजनीतिक विचारधारा की तरह इस्तेमाल करने वाली उसकी मानसिकता के लिए। हमने यह भी महसूस किया कि यही अजनबी अयोध्या स्वाभाविक जीवन की धड़कनों में लौट रही थी।

लेकिन, सवाल यह है कि क्या दूर-दूर तक इस अयोध्या के बचने का कोई मौका है? क्या उसके वासी एक ऐसी दुनिया में नहीं रह रहे हैं जिसके नीचे से उसका राजनीतिक-सामाजिक आधार खिसक चुका है? क्या अयोध्या का सांस्कृतिक भूगोल आधुनिकीकरण, विकास और सेकुलरीकरण में डूबे हुए भारत के बीच एक टापू की तरह नहीं है? क्या मुन्नू मियाँ और शम्सी जैसी समझ का कोई भविष्य है? क्या अपने हिंदू पड़ोसियों पर अयोध्या के मुसलमानों का यकीन उनके रोमानी रवैये दयनीय किस्म की गलतफहमियों के अलावा कुछ नहीं है?

हमें लगा कि शायद कर्नलगंज इन सवालों का कुछ-कुछ जवाब दे सकता है। पिछले साल ही इस नगर में एक दंगा हो चुका था जिसमें अयोध्या में हुए दंगे की सबसे नजदीकी झलक देखी जा सकती थी।

कर्नलगंज

कर्नलगंज पूर्वी उत्तर प्रदेश के गोंडा जिले का एक छोटा-सा नगर है। अयोध्या से तीन घंटे की सड़क-यात्रा करके यहाँ पहुँचा जा सकता है। ३० सितंबर से २ अक्टूबर १९९० तक इस नगर और उसके आस-पास के गाँवों

में हिंदू-मुसलमान दंगा हुआ जिसमें सरकारी आँकड़ों के अनुसार ४१ जानें गयीं और बहुत से लोग जख्मी हो गये। पाँच लोग कर्नलगंज में मरे और बाकी गाँवों में। गैर-सरकारी अंदाज के मुताबिक दो सौ से ज्यादा लोग मरे होंगे। इससे पहले इन इलाकों में कभी कोई सांप्रदायिक दंगा नहीं हुआ था।

हमें बताया गया कि ३० सितंबर को दो बजे से गड़बड़ी की शुरुआत हुई जब सालाना दुर्गा शोभा यात्रा पर मुसलमान बहुल इलाके कसाईबाड़ी की सँकरी गलियों से गुजरने के दौरान पत्थर बरसाये गये। एक अखबार के मुताबिक एक मुसलमान लड़के को हिंदुओं द्वारा पीटे जाने की अफवाह के कारण यह मामला भड़का।[१७] दूसरे अखबार का कहना था कि कुछ युवक शोभा यात्रा के आगे-आगे लाठियाँ भाँजने का प्रदर्शन करते हुए चल रहे थे कि उनमें से एक दुर्घटनास्वरूप घायल हो गया। उसे अस्पताल ले जाते समय अफवाह फैल गयी कि 'उसे तो मार दिया गया'। इससे पैदा हुए भ्रम के कारण एक यतीमखाने और एक मस्जिद की छत से पत्थर और बम फेंके जाने लगे।[१८] बहरहाल, कारण जो भी रहा हो, शोभा यात्रा में भड़काऊ नारे तो कुछ इस अंदाज से लग ही रहे थे जैसे कि उसका मकसद ही हिंसा की शुरुआत करना हो।[१९] छतों से बम और पत्थर बरसाने वालों को भी ऐसे ही किसी मौके का इंतजार था।

यात्रा में चल रहे लोगों की तरफ से भी फौरन जवाब मिला। वे इसके लिए पूरी तरह तैयार होकर आये थे। उन्होंने ईंटों और बमों का इस्तेमाल किया।

दोपहर बाद तक जम कर हिंसा होती रही, लेकिन रात होने तक हालात पर काबू पा लिया गया। लेकिन, हमले के बाद दुर्गाजी के जुलूस वाले लोग जिस दिशा में भी गये, उन्होंने मुसलमानों के जान-माल पर कहर ढा दिया। मसलन, मुख्य गोंडा मार्ग पर पुलिस थाने के बाहर एक बड़ी भीड़ ने जमा होकर उसके ठीक सामने बनी मुसलमानों की झोंपड़ियों को आग लगा दी। वक्त से पहले भाग निकलने में नाकाम रहे चार लोगों को वहीं भाला घोंप कर मार डाला गया। वहाँ मौजूद पुलिसवालों ने ये हत्याएँ रोकने के लिए कुछ नहीं किया। नतीजे के तौर पर हुआ यह कि कुछ दिनों बाद बगल के देहाती इलाकों में हुए दंगे भी उतने ही जालिमाना साबित हुए।

चूँकि हिंसा के तुरंत बाद कर्नलगंज में कर्फ्यू लगा दिया गया था इसलिए बगल के गाँवों से शोभा यात्रा में शामिल होने या उसे देखने आये लोग घर नहीं लौट सके। जरा-सी देर और जरा-सी कोशिश में कुछ राजनीतिक कार्यकर्ताओं ने अफवाह फैला दी कि हजारों मुसलमानों ने पहले

से योजना बनाकर कर्नलगंज गये इन हिंदू गाँववालों को हमला करके काट डाला है। खास तौर से औरतों और बच्चों की हत्याएँ हुई हैं।"[20] नतीजतन, १ अक्टूबर पूर्वान्ह तक कर्नलगंज के आस-पास के देहाती इलाकों में मुसलमान घरों को लूटने और जलाने की वारदातें शुरू हो गयीं। और जब २ अक्टूबर की रात भी गाँववाले नहीं लौटे तो मुसलमानों की हत्याएँ की जाने लगीं।

हम एक ऐसे गाँव में गये जहाँ ये हत्याएँ हुई थीं। चतरौली के ग्राम प्रधान के बेटे रामराज सिंह उर्फ नंगू सिंह के अनुसार उस गाँव में केवल दस मुसलमान परिवार थे। नंगू सिंह के बाप-दादों ने जिस जमीन पर मुसलमानों को बसाया था, वह आज भी प्रधान के परिवार की ही थी। एक अक्टूबर को करीब पाँच सौ लोगों ने मुसलमानों पर हमला किया और उनमें आठ को मार डाला जिनमें एक तीन महीने का बच्चा भी था जिसे उसकी माँ को पीट-पीट कर बेहोश किये जाने के बाद कुएँ में डुबा कर मारा गया। जब निहत्थे नंगू सिंह ने मुसलमानों को बचाना चाहा तो भीड़ उन पर चढ़ दौड़ी। वे भागे और भोले सिंह के घर में शरण ली। जरा-सी देर में भीड़ ने भोले के घर को भी घेर लिया। वह नंगू सिंह के खून की प्यासी हो रही थी। लेकिन, घरवालों ने नंगू सिंह को भीड़ के हवाले नहीं किया और पीछे के दरवाजे से सुरक्षित निकल जाने दिया।

नंगू सिंह ने मुसलमानों को बचाने की खातिर अपनी जान जोखिम में क्यों डाली। इस पर उनका सीधा जवाब था कि ग्राम प्रधान का बेटा होने के नाते लोगों को बचाना उनका फर्ज था, भले ही उनकी जाति या धर्म कोई भी हो। उनके प्रति जिम्मेदारी को वे सबसे ऊपर मानते थे। लेकिन, नंगू सिंह के मुताबिक सबसे ज्यादा दुख की बात तो यह थी कि लुटेरों और हत्यारों की वह भीड़ बाहर से आये अनजान लोगों की नहीं थी। वह अपने शिकारों को अच्छी तरह जानती थी और उसके शिकार हुए लोग भी उन्हें पहचानते थे। उनमें सभी लखरिया (स्थानीय गुंडे) न होकर बगल के गाँवों के थे। उनमें से कई लोग तो ऐसे थे जिनसे खून-खराबे की उम्मीद कभी नहीं की जा सकती थी। नंगू सिंह के अनुसार उनकी कमान एक स्थानीय जमींदार के हाथ में थी जिसका हाथ इलाके में होने वाले ज्यादातर अपराधों में होता था, लेकिन जिसे कभी गिरफ्तार नहीं किया गया था।

हिंसा के बाद मुसलमान गाँव छोड़कर चले गये थे। हत्याकांड से बचे

मुसलमान ऐसे इलाकों में बस गये थे जहाँ उन्हीं के बिरादरों की आबादी ज्यादा थी।

भोले सिंह की उम्र बीस के पेटे चल रही थी और उनका एक हाथ कटा हुआ था। शर्मीले स्वभाव के होने के नाते उन्होंने काफी आग्रह के बाद अटकते हुए अपनी कहानी सुनायी। वे अपनी छत पर बैठे थे कि उन्होंने देखा कि कुछ लोग एक लड़की को जबरन घसीटे लिए जा रहे हैं। उन्होंने पहचान लिया कि वह गाँव के मुसलमान परिवार की है। उन्हें देखकर वह मदद के लिए चिल्लाई भी। एक हाथ का होने के बावजूद भोले ने किसी तरह लड़की को उन लोगों के हाथ से छुड़ाकर अपने घर में बंद कर दिया। बाद में हत्यारे आये और लड़की को उनके हवाले करने की माँग करने लगे। भोले ने उनकी बात नहीं मानी। फिर कुछ पीएसी वाले लड़की लेने आये और कहा कि उसके भाई ने उन्हें भेजा है। पर भोले को पुलिस पर यकीन नहीं था, इसलिए उसने कहा कि भाई को ही बुलाओ। 'जब वह आया तभी मैंने लड़की को बंद घर से निकाला।' भोले सिंह की यह बहादुरी गाँव के उन अपराधियों को पसंद नहीं आयी जो अब तक कट्टरपंथी का चोला ओढ़ चुके थे। वैसे भी एक मुसलमान पड़ोसी से जुड़े मसले के क़ारण वे भोले के परिवार से कुछ नाराज चल ही रहे थे।

भोले सिंह ने बताया कि उनका परिवार अपने घर के पीछे एक मुसलमान का प्लाट खरीदना चाहता था। सौदा होने पर उस मुसलमान को २५,००० का बयाना दे दिया गया। इससे इलाके के जमींदार नाराज हो गये और उनकी नाराजगी की वजह यह नहीं थी कि वे जमीन खुद चाहते थे या भोले सिंह के परिवार को नहीं मिलने देना चाहते थे। उनका कहना यह था कि एक मुसलमान को पैसे देने की जरूरत क्या थी, जबकि ताकत के थोड़े इस्तेमाल से ही उसकी जमीन मुफ्त में कब्जाई जा सकती थी। लेकिन, भोले का परिवार धमकियों के आगे झुका नहीं। इससे नाराज होकर जमींदार ने इलाके में फैल रहे सांप्रदायिक उन्माद का फायदा उठाया और प्लाट के मालिक मुसलमान को मार डाला। इसके बाद उन्हीं में से एक व्यक्ति ने अदालत में एक फर्जी वसीयत दाखिल की और दावा किया कि उस मुसलमान ने उसे पूरी जमीन तोहफे में दे दी थी। भोले सिंह का तर्क था कि वह मुसलमान ऐसा क्यों करने लगा जबकि उसके बीवी और दो बच्चे थे, और तीसरा होने वाला था।

अगर उन पर बुरा हिंदू होने का इलजाम लगाया गया तो? इस पर भोले सिंह उत्तेजित हो गये :

> किस रामायण में लिखा है कि मुसलमानों की हत्या कर दी जानी चाहिए? मैंने भी रामायण पढ़ी है। राम ने जिंदगी में कितने त्याग किये थे, और देखिये ये लोग उनके नाम पर क्या कर रहे हैं। खेतों में साथ-साथ काम करते समय या जब वे हमारे छप्पर बनाने आते हैं तो हिंदुओं और मुसलमानों में कोई फर्क नहीं होता। दंगा होते ही वे हमारे दुश्मन समझकर मार दिये जाने लायक क्यों समझ लिए जाते हैं?

भोले सिंह ने बताया कि दंगों के बाद से ही उन्हें और उनके परिवार को लगातार परेशान किया जा रहा है। लेकिन, उन्हें अपने किये पर जरा भी अफसोस नहीं है।

प्राइवेट प्रेक्टिस करने वाले डॉक्टर जायसवाल की सामाजिक स्थिति इतनी खराब नहीं थी। कर्नलगंज के बीचों-बीच वे एक पुरानी चाल के बड़े से घर में रहते थे जो अंग्रेजों के जमाने की याद दिलाता था। जायसवाल घर के आस-पास की जमीन पर सब्जियाँ उगाते थे। कई मुसलमानों ने बताया कि जायसवाल ने कई मुसलमानों और उनके घर वालों को शर्तिया मौत से बचाया। हम जब उनसे मिलने गये तो हमारे साथ दो सामाजिक कार्यकर्ता और उनका एक मुसलमान प्रशंसक था जिसकी जान उन्होंने ही बचायी थी।

देखने में जायसवाल साधारण प्रेक्टिस करने वाले डॉक्टर ही लगते थे, जिसके पास जमीन, मवेशी और एक बड़ा-सा घर था। उनकी पत्नी ने टिप्पणी की कि दंगों की वारदात उनके परिवार की शांत जिंदगी में एक अपवाद की तरह थी। हमें भी लगा कि जायसवाल घर-गृहस्थी वाले इंसान हैं और अपने कारनामे के नाटकीय वर्णन में उनकी कोई दिलचस्पी नहीं है। न ही उन्होंने अपनी कोशिशों से बचे मुसलमानों को सांप्रदायिकता के सीधे-सरल शिकार बताने की कोशिश की। सबके जाने के बाद पीछे रह गये हमारे एक साथी से उन्होंने कहा कि जिन मुसलमानों को उन्होंने बचाया या बचाने की कोशिश की, उनमें से कुछ लोगों का रवैया भी हमलावर किस्म का था। आक्रामक तेवरों वाले लोगों में डॉक्टर का वह प्रशंसक भी शामिल था जिसे उन्होंने बचाया था और जो हम लोगों के साथ भी गया था। उन लोगों ने हिंदुओं की भीड़ और पुलिस से खासी टक्कर भी ली थी। लेकिन, इसका मतलब यह नहीं था कि उन्हें मार दिया जाता, क्योंकि उनकी हिंसा कुछ-कुछ बचाव में की गयी हिंसा जैसी थी। जाहिर है डॉक्टर जायसवाल ने जो किया उसके पीछे भाईचारे की किसी रोमानी धारणा की भूमिका नहीं थी। इसके बावजूद उन्होंने अपने बेटे से कहा कि बंदूक लेकर उनके सामने खड़े

हो जाओ और 'उनकी हिफाजत करो, चाहे तुम्हारी जान ही क्यों न चली जाए।'

हो सकता है कि जायसवाल ने मुसलमानों की परवाह इसलिए की हो कि उनके फार्म पर काम करने वाले मजदूर ज्यादातर मुसलमान ही थे। हमारे साथ गये कार्यकर्तागण इंडियन पीपुल्स फ्रंट से जुड़े थे, और जाहिर था कि वे माओ के विचारों को मानते थे। उन्होंने हमारा ध्यान डॉक्टर की दयाभावना के 'भौतिक आधार' की ओर खींचते हुए बताया कि मुसलमानों पर उनका पैसा लगा है। हो सकता है कि यह बात सही हो, पर जायसवाल परिवार इस हकीकत के प्रति जागरूक नहीं लग रहा था। डॉक्टर के अपने मुसलमान पड़ोसियों के प्रति सरोकार के पीछे तो मुसलमान दोस्तों, साथियों और उनकी संस्कृति से तीन पीढ़ी लंबे जुड़ाव की भूमिका ही लग रही थी। जायसवाल परिवार के एक सदस्य ने तो फारसी सीख रखी थी और कई अन्य की उर्दू बहुत साफ थी। उनकी शिक्षा का माध्यम भी वही था। डॉक्टर की बातें कह रही थीं कि मुसलमानों की दुनिया उनके लिए अजनबी नहीं थी।

श्रीमती जायसवाल भी बातचीत में शामिल हुईं। उन्होंने अपने पति के साहस की सराहना की और कहा कि उन्हें उन पर गर्व है। उनका खयाल था कि डॉक्टर ने अपना फर्ज निभाया जो कि उनका सच्चा धर्म था। यह जान कर वे भावुक हो उठीं कि मुसलमानों ने उनके परिवार को अपना रक्षक मान कर हम लोगों को उनके पास भेजा है। वैसे उन्हें इस बात पर ताज्जुब था कि हम लोगों ने उनके परिवार का अनुभव जानने की जहमत क्यों उठायी।

जो सवाल लेकर हम कर्नलगंज गये थे, उनका साफ जवाब तो हमें वहाँ नहीं मिला। पर शाम को जब हम लौटे तो हमारे साथ उस आंतरिक दृढ़ता की यादें थीं जिसने हिंसा और नफरत के माहौल में बहने से इनकार कर दिया था। एक बार फिर हमने पाया कि उन मुकामों पर सांप्रदायिकता का प्रतिरोध करने की इच्छा अभी शेष है, सामुदायिक जीवन और सामुदायिक भावना का लोप नहीं हुआ है; या जहाँ पर समाज परिवर्तन और सामुदायिकता के जन-समूहीकरण ने पारंपरिक आचरण संहिताओं का क्षय नहीं कर दिया है।

शायद जिन जवाबों की हमें खोज थी, वे वस्तुनिष्ठ इतिहास में नहीं मिल सकते थे। उन्हें तो अयोध्या के हिंदुओं और मुसलमानों की साझी परंपराओं और नैतिक संसार के हश्र में खोजा जाना चाहिए था। उन्हें टटोलने

के लिए जरूरी था कि हम उस संसार द्वारा शेष समाज को प्रभावित करने की क्षमता की शिनाख्त करते। अयोध्या की अपनी इस कहानी के आखिरी अध्याय में हमने उसी क्षमता और उसकी शक्ल-सूरत को पहचानने का प्रयास किया है।

संदर्भ और टिप्पणियाँ

१. राम यज्ञ बाद में रद्द कर दिया गया क्योंकि आयोजकों को चालीस दिन से वहाँ टिके हुए कारसेवकों और बाहरी लोगों के थक जाने का डर था।

२. १९९१ में जिस दिन राज्य विधानसभा चुनाव के नतीजे घोषित हुए और भाजपा को विजयी घोषित किया गया, प्रणय राय की टीम को टीवी कैमरे के सामने इंटरव्यू देते हुए भाजपा के अध्यक्ष और बड़े पदाधिकारियों ने खुलकर कहा कि उन्हें सबसे बड़ा फायदा तो मुलायम सिंह यादव के रवैये से पहुँचा। उनके अनुसार मुलायम ने बिना सोचे-समझे भोंड़े ढंग से भड़काऊ मुद्रा अख्तियार की और सिर्फ सरकारी तंत्र की दमनकारी ताकत पर ही भरोसा किया।

३. हमारा दौरा होने तक विहिप और उसके सहयोगियों ने साथ के कुछ पुराने मंदिरों को ध्वस्त करके उनकी जमीन कब्जा ली थी ताकि उस पर प्रस्तावित राममंदिर बनाया जा सके। अयोध्या के कई निवासी और पुजारी, खासकर संकटमोचन मंदिर के चेतराम दास इस बात से नाराज थे। जनता दल ने तो प्रति-कारसेवा करने की धमकी दे डाली थी और कुछ पुजारियों ने अखबारों में बयान भी दे दिये थे। उदाहरण के लिए देखें, *दि टाइम्स ऑव इंडिया,* 'जेडी टु स्टार्ट कारसेवा', २१ अक्टूबर १९९१; *दि हिंदू,* 'नो साइन ऑव यज्ञ इन अयोध्या', २५ अक्टूबर १९९१

पाँच महीने बाद २२ अक्टूबर १९९२ को चार पुराने मंदिरों को जमीन से मिला दिया गया ताकि विहिप की महत्त्वाकांक्षी योजना पूरी हो सके। ये मंदिर थे संकटमोचन मंदिर, सुमित्रा भवन, लोमेश ऋषि आश्रम मंदिर और द्वारकादास मंदिर। देखें, *दि पॉयनियर,* २३ मार्च १९९२; और राधिका रामशेषन, 'ऑन ए डिमोलीशन स्प्री', *दि पॉयनियर,* २४ मार्च १९९२

४. गिरिलाल जैन वी.पी. सिंह और जनता दल के प्रशंसक कभी नहीं रहे, पर उन्होंने *संडे मेल,* ३ नवंबर १९९१ में छपे अपने लेख 'दि चेलैंज फॉर बीजेपी' में लिखा कि 'वी.पी. सिंह ने इस तथ्य की तरफ स्पष्ट रूप से ध्यान खींचने में मदद की कि रामजन्मभूमि-बाबरी मस्जिद विवाद सिर्फ एक हिंदू-मुसलमान विवाद न होकर कुछ-कुछ हिंदुओं के बीच का विवाद भी है।'

५. धार्मिकता को भू-क्षेत्र की सीमाओं में बाँधने के इस रवैये और तुलनात्मक रूप से ज्यादा दुनियावी ताकत रखने के लिए चर्चित धर्मों की नकल करने की यह प्रवृत्ति अगले १८ महीनों में बार-बार उभरने वाली थी।

६. इस कथित चोर की धोती से लगता था कि उत्तर भारत और पश्चिमी भारत के कारसेवक भीतर से भड़क उठे। वे किसी मुसलमान को हिंदू शैली में धोती पहने हुए देखने के अभ्यस्त नहीं थे, हालाँकि उत्तर प्रदेश के कई हिस्सों में मुसलमान धोती पहनते हैं। जिन गुजराती कारसेवकों से हमने बात की, उन्हें तो पक्का यकीन लग रहा था कि वह मुसलमान भेस बदले हुए था।

७. देखें, भास्कर राय, 'कन्फ्यूजन इन दि रेंक्स' और कूमी कपूर, 'दि बीजेपीज़ डिलेमा', *इंडियन एक्सप्रेस,* १५ सितंबर १९९१; सुमित मित्रा, 'सोफ्टनिंग स्टांस, फ्रेंडली ओवरचर्स', *इंडियन एक्सप्रेस,* १० नवंबर १९९१; सरोज नागी, 'बीजेपी डज दि बेलेंसिंग एक्ट' *दि इलस्ट्रेटिड वीकली ऑव इंडिया,* १२ अक्टूबर, १९९१, पृष्ठ १६

८. *इंडिया टुडे* में जसवंत सिंह, *दि टाइम्स ऑव इंडिया,* १ दिसंबर १९९१, पृष्ठ २४ पर उद्धृत।

९. प्रसून सोनवलकर, 'आरएसएस लीडर फॉर बीजेपी-कांग्रेस टाईअप', *दि टाइम्स ऑव इंडिया,* २६ नवंबर १९९१

१०. स्वामीनाथन एस. अंकलेसरिया अय्यर, 'व्यूज ऑन एकता यात्रा-१', *दि टाइम्स ऑव इंडिया,* १९ दिसंबर १९९१; 'हिंदुत्व फेड्स फ्राम आरएसएस आइडियॉलॉजी', *दि टाइम्स ऑव इंडिया,* १४ मार्च १९९२; इसके अलावा देखें, रजनी के. बजाज, 'बीजेपी चेंजिस होर्सिस मिडस्ट्रीम', *करंट,* १४ मार्च १९९२, बजाज ने एक जगह लिखा है, '...उमा भारती जैसी मध्य प्रदेश की आगउगलू सांसद ने अखबार वालों से पूरी तरह किनारा करना शुरू कर दिया है, क्योंकि अब तक वे सिर्फ अयोध्या में राममंदिर बनवाने के संघर्ष को ही अपना चुनाव क्षेत्र बनाये हुए थीं।'

११. वेंकिटेश रामकृष्णन, 'ए कारवाँ टु कश्मीर : दि एंड ऑव दि एकता यात्रा', *फ्रंटलाइन,* १४ फरवरी १९९२, पृष्ठ ४-१८; चिदानंद राजघट्टा और प्रेमा विश्वनाथन, 'बीजेपी : अनफ्लेगिंग टेम्पो', और सुनील नरूला, 'दि फोल्ड देट वाज लेफ्ट आउट इन दि कोल्ड', *दि टाइम्स ऑव इंडिया,* २ फरवरी १९९२; 'ए पाइरहिक विक्ट्री फार बीजेपी', *दि पायनियर,* २८ फरवरी १९९२

१२. उदाहरण के लिए देखें, प्रफुल्ल बिदवई, 'कांग्रेस आइडेंटिटी इन पेरिल : प्लेइंग फूटसी विद बीजेपी', *दि टाइम्स ऑव इंडिया,* २ फरवरी १९९२; सुनील सक्सेना, 'आई डोंट वांट ए टिफ विद दि सेंटर : कल्याण', *दि पायनियर,* ९ फरवरी १९९२; और अजय बोस, 'इट्स ऑनली ए शराडे', *दि पायनियर,* ९ मार्च १९९२

१३. दिवाकर और राजीव सक्सेना, 'बीजेपी लीडर्स स्प्लिट ओवर टेंपल डेडलाइन', *दि संडे ऑब्जर्वर,* ५ अप्रेल १९९२

१४. *दि पायनियर,* 'उमा भारती सीक्स संन्यास', ८ अप्रेल १९९२; प्रसून सोनवलकर, 'उमा भारती थ्रेटेंसि टु क्विट बीजेपी', *दि टाइम्स ऑव इंडिया,* ८ अप्रेल १९९२; 'भारतीज़ मूव शोज़ अप फिशर्स इन बीजेपी रेंक्स', *दि पायनियर,* १० अप्रेल १९९२

१५. इस सर्वेक्षण के बारे में विस्तार से जानकारी के लिए देखें, 'मोस्ट हिंदूज़ अपोज़ टेंपल डिमोलीशंस', *दि पायनियर,* ५ अप्रेल १९९२; देखें, कंचन गुप्ता, 'केन दि

बीजेपी होल्ड आउट?', *दि पायनियर,* ७ अप्रेल १९९२

१६. आनंद पटवर्धन की फिल्म 'राम के नाम' में इंटरव्यू देते हुए स्वामी लालदास ने १९९० की घटनाओं की तुलना एक तूफान से की जिसमें बड़े-बड़े पेड़ और घर गिर जाते हैं। लालदास ने इसकी तुलना नशे के प्रभाव से भी की, जिसके उतर जाने के बाद हालात सामान्य हो जाते हैं।

१७. राजीव सक्सेना, 'टू हंड्रेड डाई इन गोंडा कारनेज', *दि संडे ऑब्जर्वर,* ७ अक्टूबर १९९०

१८. 'गोंडा में दंगा : तनाव गाँवों में पसर रहा है', *नवभारत टाइम्स,* लखनऊ, ५ अक्टूबर १९९०

१९. *दि टाइम्स ऑव इंडिया,* ७ अक्टूबर १९९०

२०. *'इंडियन पीपुल्स फ्रंट जाँच दल की रिपोर्ट',* अप्रकाशित।

अध्याय छः

११. आखिरी हमला

इस देश की अन्य समस्याओं की तरह रामजन्मभूमि विवाद न तो अपने-आप खत्म हुआ और न ही उसे पूरी तरह से हल किया जा सका। १९९२ के छः महीने ही बीत पाये थे कि यह मसला फिर से खदबदाने लगा। हल निकलने की संभावनाएँ एक संकट-चक्र की समाप्ति और दूसरे की शुरुआत जैसी लगने लगीं। इस बार मामला कुछ ज्यादा ही संगीन था। न तो अयोध्या के मुसलमानों और उनके हिंदू पड़ोसियों के पारंपरिक सांस्कृतिक, सामाजिक और आर्थिक रिश्ते काम आने वाले थे, और न ही उस तीर्थ नगरी में तीन सौ साल से जारी जीवन-शैलियों का समागम उन्हें बचाने वाला था। अयोध्या के हिंदुओं और मुसलमानों का भविष्य उन बेहद ताकतवर राजनीतिक-सामाजिक ताकतों के शिकंजे में फँस चुका था जो पूरे दक्षिण एशिया पर हावी हो चुकी थीं।

अयोध्या में हुई पहली सांकेतिक कारसेवा के बाद डेढ़ साल से भी ज्यादा का वक्फा गुजर चुका था कि ५ जुलाई १९९२ को बाबरी मस्जिद के पूर्व में प्रस्तावित राममंदिर के 'एक हिस्से' का निर्माण शुरू कर दिया गया। इस कार्रवाई के पीछे देश के विभिन्न हिस्सों से आये हुए कारसेवक और काफी संख्या में साधु-संत व पुजारी थे। सबसे पहले सिंह द्वार बनना शुरू हुआ जिसकी लंबाई १३८ फुट, चौड़ाई ११६ फुट और नींव की गहराई ६ फुट रखी गयी थी। पर्यटकों के लिए सुविधाएँ बनाने के नाम पर यह जगह उप्र की भाजपा सरकार ने अधिग्रहीत कर ली थी। पाठकों को याद होगा कि यह वही जगह थी जहाँ कुछ मंदिर इसलिए धराशायी किये गये थे ताकि राममंदिर के लिए जगह बनायी जा सके।

इस अचानक शुरू हुई गतिविधि का कारण समझना असंभव नहीं था। उप्र की भाजपा सरकार एक तरह की उलझन की शिकार थी। प्रदेश को तकरीबन दंगा मुक्त राज्य बनाने (भाजपा के कार्यकाल में केवल वाराणसी में ही एकमात्र दंगा भड़का था) में कामयाबी मिलने के बावजूद भाजपा अपने-आप से सवाल पूछती नजर आ रही थी कि आखिर उसकी सरकार

और राज्य पर हुकूमत कर चुकी अन्य सरकारों में फर्क क्या है? उसकी सरकार भी पुराने ढर्रे मंथर गति से चल रही थी। भारतीय राजनीति का प्रचलित तर्क उस पर हावी हुआ जा रहा था। गलत हो या सही, खराब शासन और भ्रष्टाचार के आरोपों से घिरी हुई इस सरकार का नेतृत्व करने वाली पार्टी को लगा कि अपना समर्थन आधार कायम रखने और अगले चुनाव में फिर से सत्ता में आने के लिए उसे रोजमर्रा की राजनीति से अलग हट कर कुछ दर्शनीय कारनामा करना होगा। घोषणापत्र में राममंदिर बनाने का वायदा मौजूद था ही, ऊपर से विहिप और बजरंग दल दबाव भी डाल रहे थे। ऐसी परिस्थितयों में भाजपा की निगाह स्वाभाविक रूप से राममंदिर जैसे सुविधाजनक मुद्दे पर अटक गयी।

हालाँकि उन दिनों के जनमानस की थाह लेने वाला कोई भरोसेमंद सुराग उपलब्ध नहीं है, पर लखनऊ और उसके आसपास के गाँवों में किया गया एक सर्वेक्षण जरूर मिलता है। यह सर्वेक्षण दिखाता है कि भाजपा सरकार कोई खास अलोकप्रिय नहीं हुई थी, पर यदि केंद्र सरकार उस समय संघ परिवार से सख्ती से निबटती तो उसे व्यापक जनसमर्थन मिलता (तालिका-१५, १६ और १७ : इस सर्वेक्षण में ज्यादातर सवाल शहरियों से पूछे गये थे, इसलिए इन तालिकाओं के आँकड़े उप्र के शहर-ग्राम अंतराल के हिसाब से समायोजित किये गये हैं)।

इस बार कारसेवक कुछ सुनने के मूड में नहीं लग रहे थे। विहिप और बजरंग दल के स्थानीय नेताओं ने उन्हें चुन-चुन कर अयोध्या भेजा था। २८ नवंबर १९९२ को इलाहाबाद हाई कोर्ट ने आदेश पारित किया कि रामजन्मभूमि पर होने वाली निर्माण की सभी तरह की गतिविधियाँ विवादित स्थल की सीमा पर ही रुक जानी चाहिए। लेकिन, उससे पहले ही बजरंग दल के अध्यक्ष विनय कटियार ने केंद्र सरकार को धमकी दे डाली थी कि अगर उसने कारसेवकों के खिलाफ ताकत का इस्तेमाल किया तो अयोध्या की सड़कें उनकी लाशों से पट जाएँगी। इस धमकी से उन अफवाहों को बल मिला जिनके अनुसार कहा जा रहा था कि कारसेवकों के बीच से कुछ कट्टरपंथी तत्त्वों ने बलिदानी जत्थे बना लिये हैं और वे लोग प्लास्टिक बमों और अन्य विस्फोटकों से लैस हैं।

कारसेवकों के मूड से मिलती-जुलती लफ्फाजी उनके नेताओं द्वारा भी की जा रही थी। नेता कम साधु रामचंद्र परमहंस की भाषा देखने काबिल थी, 'अगर हम मुलायम सिंह यादव के शासन में कारसेवा कर सकते हैं तो अब हमें कौन रोक सकता है?' स्वामी परमानंद ने दो कदम आगे बढ़कर

कहा, 'अब तो रामलला भी स्वर्ग से उतरकर हमसे कारसेवा रोकने के लिए कहें तो हम उनकी नहीं सुनने वाले।' अशोक सिंहल केंद्र सरकार को धमकी दे रहे थे कि अगर उसने दखल देने की कोई भी कोशिश की तो कारसेवा सीधे गर्भ गृह से ही शुरू की जाएगी यानी मस्जिद नष्ट कर दी जाएगी। जब सिंहल की नजर मस्जिद के बुर्ज पर चढ़े हुए अयोध्या के हजारों बंदरों में से किसी एक पर पड़ी तो वे फौरन बोल पड़े कि अब तो खुद हनुमानजी ने आशीर्वाद दे दिया है। इससे अच्छा शुभ संकेत तो कोई हो ही नहीं सकता।

शुरू में कारसेवकों की संख्या कुछ सौ ही थी जो धीरे-धीरे बढ़ी, पर खुफिया विभाग की रपटों के मुताबिक वह ८,००० से ज्यादा कभी नहीं हुई। विहिप का दावा है कि अयोध्या में पूरे समय ५०,००० से ज्यादा कारसेवक हमेशा मौजूद थे। भाजपा के कई विधायक भी अपने सहयोगियों और समर्थकों के साथ कारसेवा करने वहाँ पहुँचे। इनमें हमीरपुर के विधायक बादशाह सिंह भी थे जो अपने साथ चालीस मुसलमानों को भी कारसेवा करने लाये थे।

मामला उस समय काफी बिगड़ गया जब हाई कोर्ट के आदेश को धता बताते हुए निर्माण की गतिविधियाँ जारी रहीं। सिंघल ने बयान देकर कारसेवकों से अपील की कि वे सारे देश से अयोध्या की तरफ चल पड़ें ताकि नौबत आने पर अधिकारियों से टकराया जा सके। जब फैजाबाद के जिलाधिकारी रवींद्रनाथ श्रीवास्तव और वरिष्ठ पुलिस अधीक्षक डी.बी. राय

तालिका-१५

छः दिसंबर की पूर्व संध्या पर उप्र में जनता की राय का एक अनुमान

प्रश्न	हाँ	नहीं	अन्य	योग
क्या विवादित स्थल पर उप्र सरकार को	५९.०	३६.५	४.५	१००.०
प्रस्तावित कारसेवा रोकना चाहिए?	५६.५	३७.०	६.५	१००.०
अगर उप्र सरकार ने कारसेवा होने दी, तो	४८.५	४१.०	१०.५	१००.०
क्या उसे बर्खास्त कर दिया जाना चाहिए?	५०.५	३७.५	१२.०	१००.०

स्रोत : एमआरएएस-बर्क सर्वे, *दि पायनियर*, २९ सितंबर १९९२

नोट : धूसर रंग वाले आँकड़े उप्र में शहर-ग्राम अंतराल के अनुसार समायोजित हैं।

तालिका-१६
छः दिसंबर की पूर्व संध्या पर उप्र में जनता की राय का एक अनुमान

प्रश्न	अच्छा या खराब	ठीक	बेकार	पता नहीं	योग
आपकी निगाह में उप्र	६६	३५.५	८.५	१	१०१
सरकार का प्रदर्शन	६३	३४.५	१०.५	१.५	९९.५

स्रोत और नोट : तालिका-१५ की ही भाँति

तालिका-१७
छः दिसंबर की पूर्व संध्या पर उप्र में जनता की राय का एक अनुमान

प्रश्न	कांग्रेस-इ	भाजपा	जद / सजपा	अन्य	नहीं पता / नहीं कह सकता
अगर अदालत के आदेश के बावजूद उप्र सरकार ने कारसेवा	४१.५	२६	७	१	३४.५
होने दी जिसके कारण उसे बर्खास्त करके चुनाव कराये गये तो आप किसे वोट देंगे?	३९.५	२३.५	१०.५	१	२५.५

स्रोत और नोट : तालिका-१६ की ही भाँति

मौके पर बिना किसी पुलिस दल के अदालती आदेश लागू करवाने गये तो उत्तेजित कारसेवकों ने *जय श्री राम* के नारे लगाते हुए उन्हें घेर लिया। उस समय वहाँ ओंकार भावे और परमहंस भी मौजूद थे। जिलाधिकारी ने जैसे ही संतों से अदालती आदेश के पालन की अपील की, वे गुस्से में आ गये और जब तक कलक्टर और एसएसपी ने उनके पैर छूकर माफी नहीं माँग ली, वे शांत नहीं हुए।[१]

आदेश पारित करने वाले हाई कोर्ट के जजों, जिनमें एक हिंदू और एक मुसलमान था, के पुतले जलाए गये। घोषित किया गया कि २० जुलाई को न्यायपालिका विरोधी दिवस मनाया जाएगा। आदेश पारित होने के एक दिन बाद फैजाबाद बार एसोसिएशन के वकील कारसेवा करने अयोध्या पहुँचे।

इस बार स्थानीय मुसलमान भी चुप नहीं बैठे। करीब सौ मुसलमानों ने

विवादित स्थल तक विरोध में जुलूस निकाला और गिरफ्तारी दी। मंदिर आंदोलन की शुरुआत के बाद पहली बार मुसलमान सड़क पर उतरे थे। इससे पहले वे सिर्फ अपना डर, हताशा और गुस्सा व्यक्त करते थे, पर इस बार वे टकराव की भाषा बोलते नजर आये। इसी दौरान अयोध्या में बाबरी मस्जिद एक्शन कमेटी की बैठक हुई जिसमें नेताओं द्वारा घोषणा की गयी कि अगर दस दिन के भीतर विवादित स्थल पर निर्माण की गतिविधियाँ बंद न हुईं तो वे अपने बिरादरों की अगुआई करते हुए कारसेवकों को शारीरिक रूप से रोकेंगे। लेकिन, इन बहादुराना ऐलानों के बाद भी स्थिति यह थी कि अदालत का आदेश सुनते ही अयोध्या के मुसलमान दूकानदारों ने प्रतिक्रिया के अंदेशे से अपने शटर गिरा दिये।[२]

लेकिन, देश के दूसरे हिस्सों के मुसलमान इतने मजबूर नहीं थे। कई जगहों पर वे सड़कों पर निकल आये, जिसकी संगठित प्रतिक्रिया होनी ही थी। महाराष्ट्र के मालेगाँव और केरल के तिरुवनंतपुरम में इस्लामिक सेवक संघ (आईएसएस) नामक एक उग्रवादी संगठन ने संघ की कवायद में भाग ले रहे हिंदुओं पर हमला कर दिया। आईएसएस के नाम से ही जाहिर था कि वह आरएसएस के तर्ज पर गठित किया गया है। दंगे दो दिन तक चलते रहे जिसमें छः लोगों की जानें गयीं। राज्य में दूसरी जगहों पर बाबरी मस्जिद की सुरक्षा की माँग करते हुए हजारों मुसलमानों ने प्रदर्शन किया।

ठीक उस समय जब यह लग रहा था कि अदालती आदेश का पालन कराने में नाकाम रहने के कारण राज्य सरकार की संभावित बर्खास्तगी और केंद्र सरकार और कारसेवकों में हो सकने वाले टकराव से संकट अपने चरम पर पहुँच जाएगा, नवनिर्वाचित प्रधानमंत्री पी.वी. नरसिंह राव ने किसी तरह चार महीने की मोहलत हासिल कर ली। उन्होंने वायदा किया कि अगर उन्हें समय दिया जाए और कारसेवक विवादित स्थल से हटा लिये जाएँ तो वे मसला हल कर देंगे। सरकार और आंदोलन के बीच एक करार पर दस्तखत हुए जिस पर साधु-संतों ने भी हस्ताक्षर किये। विहिप ने कारसेवकों को विवादित स्थल से हटाकर पास के अविवादित स्थल पर निर्माण गतिविधियाँ करने के लिए भेज दिया जहाँ लक्ष्मण के नाम पर एक मंदिर प्रस्तावित था। (उस समय तक विहिप विवादित स्थल के आसपास कई छोटे मंदिरों को धराशायी कर चुकी थी जिसमें एक मंदिर ऐसा भी था जिसमें शेषनाग की पूजा होती थी। चूँकि इस मंदिर का गिराना अशुभ समझा गया इसलिए

कारसेवकों ने राम के भाई लक्ष्मण का मंदिर बनाने पर जोर देना शुरू कर दिया था। लक्ष्मण को शेषनाग का अवतार समझा जाता है।)

सितंबर की शुरुआत से नवंबर के आखिर तक हिंदू और मुसलमानों के प्रतिनिधिमंडलों के बीच करीब ९० बैठकें हुईं। लेकिन, विहिप और एक्शन कमेटी के नेताओं को एक मेज पर लाने के अलावा सरकार कुछ हासिल नहीं कर पायी। (यह जरूर है कि प्रधानमंत्री निजी तौर पर संघ के सरकार्यवाह राजेंद्र सिंह से सूत्र जोड़े रहे। कहा जाता है कि राजेंद्र सिंह ने राव से एकाधिक बार आग्रह किया कि वे इलाहाबाद हाई कोर्ट पर अपना फैसला देने का दबाव डालें ताकि उसके आधार पर मसले का कोई न कोई हल खोजा जा सके। शायद राजेंद्र सिंह मानते थे कि अदालती आदेश के बहाने संघ परिवार कारसेवकों को काबू में कर सकेगा। लगता था कि सिंह की अपील पर नरसिंह राव की तरफ से कोई जवाब नहीं आया।[3])

विहिप लगातार कह रही थी कि वह आखिरी तारीख आगे नहीं बढ़ाएगी। इसी बीच आग में घी डालने के लिए उन्होंने अपना एक और जनसंपर्क कार्यक्रम शुरू कर दिया। यह था राम चरण पादुका पूजन। इसके तहत करीब १२,००० खड़ाऊँओं का फैजाबाद के नंदी ग्राम में २२ सितंबर को अभिषेक होना था। इनमें से बहुत-सी खड़ाऊँएँ तो स्थानीय मुसलमान कारीगरों द्वारा बनायी गयी थीं। मिथक यह है कि नंदी ग्राम में ही वनवास के समय भरत ने राम की खड़ाऊँ की पूजा की थी। अभिषेक के बाद इन खड़ाऊँओं को देश के विभिन्न हिस्सों में भेजा जाना था जहाँ स्थानीय मंदिरों में उनकी पूजा की जानी थी। विहिप का यह अभियान विशेष लोकप्रिय नहीं हुआ।

अभी सरकार से बातचीत चल ही रही थी कि विहिप ने ३१ अक्टूबर को कारसेवा फिर शुरू करने की तारीख छः दिसंबर घोषित कर दी। समझौते की बातचीत नाकाम होते समय ऐसा लग रहा था कि सरकार २.७७ एकड़ विवादित जमीन अधिग्रहीत करके उप्र सरकार बर्खास्त कर देगी ताकि हाई कोर्ट का वह आदेश लागू किया जा सके जिसके अनुसार वहाँ निर्माण की गतिविधियों पर रोक लगा दी गयी थी। लेकिन, २८ नवंबर को उप्र सरकार का चार सूत्रीय हलफनामा स्वीकार कर लिया जिसमें कारसेवा के प्रतीकात्मक होने का वायदा किया गया था। साथ ही कहा गया था कि निर्माण की कोई गतिविधि नहीं होगी, अदालत के आदेश का उल्लंघन नहीं होगा और विवादित स्थल की सुरक्षा सुनिश्चित की जाएगी। बाद की घटनाओं से साबित हुआ कि भाजपा ने यह दाँव इसलिए खेला था कि

अयोध्या में कारसेवकों और पार्टी नेताओं के बेरोकटोक आने पर कोई बाधा न लग सके।

नवंबर के अंत तक २०,००० कारसेवक अयोध्या पहुँच चुके थे। जैसे-जैसे छः दिसंबर नजदीक आता जा रहा था, उनकी संख्या बढ़ती जा रही थी। साफ होता जा रहा था कि शायद पहली बार इस पूरे तमाशे को संघ ने सीधे अपने हाथ में ले लिया है। मंदिर आंदोलन के इतिहास में पहले ऐसा कभी नहीं हुआ था कि विहिप और बजरंग दल ने मिलकर इतनी बड़ी संख्या में लोग अयोध्या में जमा कर लिये हों। आखिर तक अयोध्या में सारे देश से करीब दो लाख लोग जमा हो चुके थे। उत्तर-पूर्व से आये लोगों को छोड़ कर इनमें से ज्यादातर संघ के स्वयंसेवक थे। कारसेवकों की जमात में शामिल होना आसान नहीं था। संघ द्वारा बनाये गये कई तरह के नियंत्रणों और जाँच-पड़तालों से गुजरना पड़ता था।[४] ऐसा नहीं था कि इतने सारे समर्थक स्वतःस्फूर्त ढंग से वहाँ जमा हो गये हों। यह तो अत्यंत संगठित और पूरी तरह नियोजित राजनीतिक कार्रवाई थी।

सबसे ज्यादा कारसेवक महाराष्ट्र, आंध्र प्रदेश, गुजरात, कर्नाटक और उप्र से थे। इन कारसेवकों की संरचना अयोध्या में पहले जमा हुए कारसेवकों की संरचना से अलग थी। इस बार महिलाएँ, दलित, आदिवासी और पिछड़ी जाति के कारसेवक बड़ी संख्या में आये थे। उनकी बहुत बड़ी संख्या देहाती इलाकों से थी।[५]

कारसेवक किस कदर कटिबद्ध और प्रेरित थे, इसका अंदाजा संजय काव की गवाही से लगाया जा सकता है। विहिप के प्रोपेगंडे की खुराक ग्रहण करते-करते उनमें से कई को यकीन हो चला था कि केवल वे ही सच्चे हिंदू हैं, बाकी सब गद्दार हैं।[६] कारसेवकों की आस्था छूत के रोग की तरह साधारण नागरिकों को भी आक्रांत कर रही थी। यहाँ तक कि अर्धसैनिक बल भी उससे प्रभावित हुए जा रहे थे। अपने मुसलमान विरोधी रवैये के लिए विख्यात पीएसी वालों से बात करते हुए काव ने महसूस किया कि कानून और व्यवस्था के रखवाले कारसेवकों के साथ 'सम्मान ही नहीं, बल्कि श्रद्धा की भावना से' पेश आ रहे हैं। एक पीएसीवाले ने कारसेवकों के एक झुंड से कहा, 'चिंता मत करो, हम पूरी तरह तुम्हारे साथ हैं।' कारसेवकों के इस झुंड में काव भी शामिल थे। इतना कहने के बाद पीएसी वालों ने कारसेवकों को नाश्ता करने के लिए छावनी आने का निमंत्रण भी दिया।

इसी बीच भाजपा ने लालकृष्ण आडवाणी और मुरली मनोहर जोशी को अयोध्या के लिए कारसेवकों की गोलबंदी करने के लिए अलग-अलग यात्राओं पर भेज दिया। नवंबर के आखिर में आडवाणी ने पार्टी सांसदों को सुझाव दिया कि वे अयोध्या से दूर रहें, पर ३६ घंटे के भीतर खुद उनका इरादा बदल गया। वे खुद कारसेवा करने के लिए अयोध्या जाने के लिए तैयार हो गये ताकि पार्टी के समर्थकों को दिखा सकें कि वे मस्जिद की जगह मंदिर बनवाने के वायदे से पीछे नहीं हट रहे हैं।[७] अपने नये जोश के आधीन होकर आडवाणी ने आजमगढ़ की एक सभा में कह डाला कि कारसेवा 'शारीरिक, ईंटों और बेलचों' से होगी। बाद में इस टिप्पणी का उन्हें खंडन करना पड़ा।[८] लेकिन, विनय कटियार एकदम संकोचहीन होकर बोल रहे थे :

> प्रतीकात्मक कारसेवा जैसी कोई चीज नहीं होती ...यह देश अदालत के आदेशों से नहीं चलेगा ...इसे समाज चलाएगा ...न्यायपालिका को राममंदिर के खिलाफ आदेश पारित करने का कोई अधिकार नहीं है ...अगर कोई संघर्ष होता है तो हम उसके लिए तैयार हैं ...कुछ बिगाड़ने पर ही कुछ बनता है।[९]

लखनऊ में ५ दिसंबर की सुबह हमारे एक साथी से बात करते हुए अटल बिहारी वाजपेयी अपनी पार्टी के अन्य नेताओं के मुकाबले कहीं ज्यादा होशियार साबित हुए। जब उनसे पूछा गया कि क्या अयोध्या में जमा कारसेवकों से छः दिसंबर को बाबरी मस्जिद सुरक्षित रहेगी, तो उनका जवाब था, 'आशा है और आशंका भी।'[१०] छः दिसंबर को बाबरी मस्जिद पर हमले के कुछ मिनट पहले से मौके पर ही हुई संक्षिप्त बातचीत में साध्वी ऋतंभरा ने भी इसी तरह का दोहरा बयान दिया। उनसे पूछा गया था कि क्या छः दिसंबर को इलाहाबाद हाई कोर्ट के आदेश का उल्लंघन होगा? ऋतंभरा का जवाब था, 'कारसेवा कारसेवा की तरह होगी। उल्लंघन होगा या नहीं, यह आप बाद में देखेंगे।' इसके बाद साध्वी ने कहा, 'निर्माण शुरू होने से पहले किये जाने वाले सभी काम किये जाएँगे। कारसेवा हम केवल मंदिर में करेंगे।' उनसे फिर पूछा गया कि विहिप की अधिकारिक उद्घोषणा के मुकाबले कारसेवा से आपका क्या तात्पर्य है? उनका जवाब था कि 'देखिये, हम स्वयं को शांत कर सकते हैं, लेकिन हम इधर-उधर कुछ पानी छिड़क कर लाखों लोगों को शांत नहीं कर सकते। हर कोई इस बात को अच्छी तरह जानता है। इसलिए हम यह जगह केवल धुलाई और सफाई करके छोड़ने नहीं जा रहे।' क्या आपका मतलब है कि मस्जिद ढहा दी जाएगी? ऋतंभरा का उत्तर था, 'हम कहना यह चाहते हैं कि आज हम ढाँचा

नहीं तोड़ना चाहते, पर वह बचेगा भी नहीं।'

हमारा एक साथी पाँच दिसंबर की दोपहर बाद अयोध्या पहुँचा, ताकि परिवार के सबसे महत्त्वपूर्ण नेताओं को बोलते हुए सुना जा सके। रामकथा कुंज के विशाल प्रांगण में जमा हजारों कारसेवकों के सामने ये भाषण हो रहे थे। यह मैदान २.७७ एकड़ के विवादित प्लाट से लगा हुआ है। भाषणबाजी देर शाम तक चलती रही। एक के बाद दूसरा वक्ता श्रोताओं को यही भरोसा देता रहा कि वे पूरी तरह संतुष्ट होकर घर वापस जाएँगे। परमहंस ने कारसेवकों से कहा, 'जो आपके मन में है, वही हमारे मन में भी चल रहा है। यह मत सोचो कि जो काम तुम पूरा करने आये हो उसे पूरा नहीं कर पाओगे।'

इन्हीं भाषणों के बीच विहिप के मार्गदर्शक मंडल ने घंटों तक विचार-विमर्श करने के बाद धीरज खोते जा रहे कारसेवकों तक संदेश पहुँचाया कि अगले दिन होने वाली कारसेवा का रूप क्या होगा? मंडल के प्रमुख सदस्य आचार्य धर्मेंद्र और बजरंग दल के अध्यक्ष विनय कटियार ने घोषणा की कि दोपहर बाद १२.१५ बजे संतगण चार स्थानों पर एक साथ प्रतीकात्मक कारसेवा की शुरुआत करेंगे।

यह प्रतीकात्मक कारसेवा क्या थी? इसके अनुसार सरयू से पानी लाकर राम चबूतरे की धुलाई और सफाई होनी थी (क्योंकि एक संत के मुताबिक वहाँ आने वाले नेताओं ने उसे अपवित्र कर दिया है)। इसके अलावा चबूतरे के पास शिलान्यास वाले गड्ढे को नदी की रेत से भरा जाएगा, फिर पूरे विवादित स्थल का पवित्र स्थल से छिड़काव होगा, शेषावतार मंदिर के आसपास की निचली जमीन को समतल किया जाएगा और एक अघोषित स्थान पर ईंटें चिनी जाएँगी। इस घोषणा से ऐसा लग रहा था कि विहिप ने ११ दिसंबर तक प्रतीकात्मक कारसेवा चलाने का ही निर्णय लिया है। इसी दिन हाई कोर्ट को भूमि अधिग्रहण के मुकद्दमे पर फैसला सुनाना था।

लेकिन, दिन खत्म होते-होते वाजपेयी द्वारा व्यक्त शंकाएँ सही होते लगने लगीं। साफ होने लगा कि कारसेवा विवादित स्थल पर मंत्रोच्चारण करने तक ही सीमित नहीं रहेगी, जबकि मुख्यमंत्री कल्याण सिंह ने सुप्रीम कोर्ट में अपने हलफनामे में यही वायदा किया था। शाम होते ही उत्तेजित कारसेवक नृत्यगोपाल दास और परमहंस को घेरकर गालियाँ देने लगे कि वे प्रतीकात्मक कारसेवा के लिए राजी कैसे हो गये। विनय कटियार ने जब कारसेवकपुरम में पहुँचकर उन्हें शांत करने की कोशिश की तो बेहद

उत्तेजित और कटिबद्ध कारसेवकों ने उन्हें भी झकझोर डाला। कारसेवकों ने बिना हिचक कहा कि वे बाबरी मस्जिद ध्वस्त करने के लिए ही अयोध्या आये हैं। इससे कम पर उन्हें तसल्ली नहीं होगी। जाहिर था कि सावधानी से छाँटे गये विचारधारा की खुराक पर पले कारसेवकों को अयोध्या भेजने की योजना कामयाब होती लग रही थी।

एक तरफ ऐसे कारसेवकों के बहुत बड़े हिस्से का दबाव था जिनकी रगों में महीनों से किया जा रहा प्रोपेगंडा बह रहा था, दूसरी तरफ उस समय तक परिवार के कुछ नेताओं के इरादे भी शक के दायरे में आ चुके थे। रामकथा कुंज और विवादित प्लाट के आसपास के इलाके में पत्रकारों के घुसने पर पाबंदी लगा दी गयी थी। सभी को यकीन था कि कुछ चुनिंदा कारसेवक वहाँ मस्जिद ढहाने का प्रशिक्षण प्राप्त कर रहे हैं। अगले दिन *इंडियन एक्सप्रेस* में पाँच दिसंबर की एक तस्वीर छपी जिसमें रामकथा कुंज में कारसेवक एक बहुत बड़े शिलाखंड को रस्सियों से खींचने की अभ्यास करते हुए दिख रहे थे। उसी दिन लखनऊ की एक पत्रकार को प्रतिबंधित स्थल पर कई घंटों तक रोक कर रखा गया, क्योंकि उसने वहाँ घुसने की जुर्रत की थी। उसे तभी छोड़ा गया जब उसने आँखों देखी खबर अपने अखबार को न भेजने का भरोसा दिया।

आधी रात से ठीक पहले हमने मस्जिद के नजदीक कटियार को एक चंपत राय नामक व्यक्ति से गहन बातचीत में मशगूल देखा। चंपत राय की न तो उम्र ज्यादा थी और न ख्याति। अवध क्षेत्र में संघ की गतिविधियों के मुखिया होने के नाते वे अपने आप अयोध्या में अगले दिन होने वाली कारसेवा के इंचार्ज बन गये थे। कटियार और चंपत राय ने अस्थायी दरवाजे और शिलान्यास स्थल (साल के शुरू में ध्वस्त किये जाने से पहले) वाले गड्ढे के बीच के इलाके का एकाधिक बार सर्वेक्षण किया। इसी अस्थायी दरवाजे से मस्जिद की तरफ एकमात्र रास्ता खुलता था। ऐसा लगता था कि ये दोनों अगले दिन होने वाली कारसेवा की जगह तय कर रहे थे। खास बात यह थी कि जिस इलाके की वे निशानदही कर रहे थे, वह विवादित प्लाट में शामिल नहीं था। सुबह होते-होते वहाँ एक भगवा झंडा भी लगा दिखने लगा। यह बाद में जाहिर हुआ कि यही वह जगह थी जहाँ से सैकड़ों कारसेवक जबरन भीतर घुसने में कामयाब हुए। पहले उन्होंने विवादित स्थल के आसपास लगी बंबू की बाड़ तोड़ी, और फिर मस्जिद पर हमला बोल दिया।

छः दिसंबर को ७ बजे सुबह तक बाबरी मस्जिद के आसपास का पूरा

इलाका साधारण कारसेवकों से खाली कर दिया गया। संघ के विश्वस्त लोगों की एक छोटी-छोटी टीमों ने उस पर नियंत्रण कर लिया। इनमें से एक टीम महाराष्ट्र के १५ स्वयंसेवकों की थी। उसकी जिम्मेदारी कारसेवा व्यवस्थित तरीके से कराने की थी। इसके अलावा ये टीमें अपने बारे में कुछ और बताने के लिए तैयार नहीं थीं। जरूरी नहीं है कि ऐसा करने के लिए उन्हें हिदायत दी गयी हो। लेकिन, उनके इरादों की एक झलक महाराष्ट्र से आये किशोरवय के कारसेवकों के एक समूह से मिली। संघ के कुछ स्वयंसेवक और दो पुलिसवाले इन लड़कों को मैदान से बाहर निकाल रहे थे। इस पर उन कमसिन कारसेवकों ने बड़े यकीन के साथ कहा कि *जब हम इधर से फायनली जाएँगे न, तो इधर कुछ नहीं बचने का।* इस पर संघ के स्वयंसेवकों ने एक कहकहा लगाया जिसमें पुलिसवालों का सुर भी शामिल था। इन कारसेवकों में एक बुजुर्ग व्यक्ति भी शामिल था, जिसे यह बात बुरी लगी। उसने उन लड़कों को नसीहत देने की कोशिश की कि वे अवज्ञा न करें और मार्ग दर्शक मंडल के निर्देश पर चलें। उसने कहा, 'मैं भी एक कारसेवक हूँ। पर मेरी मान्यता है कि हमारी कारसेवा गाँधीजी के सत्याग्रह की तरह अनुशासित होनी चाहिए।' चूँकि उस बुजुर्ग ने गाँधीजी का नाम आदर के साथ लिया था इसलिए उसे लड़कों के उपहास का सामना करना पड़ा, 'अरे तुम उसे गाँधीजी बोलते हो। हम तो उसे साला बुड्ढा हरामी बोलते हैं।' वह बूढ़ा आदमी उन्हें देखता रह गया।

दस बजे के आसपास तक विवादित स्थल के इर्द-गिर्द वाला इलाका कारसेवकों से भर गया और उनका दबाव बेरिकेडों पर पड़ने लगा। वे हमलावर मूड में थे। संघ के स्वयंसेवक और कुछ मुट्ठीभर पुलिसवाले उन्हें रोके हुए थे। बीच-बीच में कुछ उन्मादित कारसेवक उनके घेरे को तोड़ कर विवादित स्थल में घुस जाते थे और जब उन्हें वहाँ से धकिया कर निकाला जाता था तो आवेश में वे फूट-फूट कर रोने लगते थे।[११] तरह-तरह के साधू भी अपनी अहमियत जताते हुए बीच-बीच में निकलकर अपने विचार व्यक्त करते दिखायी दे रहे थे। इनमें परमहंस जैसे कुछ जानेमाने चेहरे भी थे। परमहंस ने एक पीला स्वेटर पहन रखा था। आमतौर पर बेतरतीब रहने वाली उनकी दाढ़ी और बाल कंघे से बाकायदा सँवारे हुए थे। इन्हीं में जूनागढ़ के साधु विश्वास बापू भी थे। उनका दावा था कि संन्यास लेने से पहले वे फौज में छाताधारी सैनिक थे। उनकी बातें सनकी किस्म की थीं। वे कह रहे थे कि अगर सरकार लोगों को यकीन दिलाना चाहती है कि विवादित ढाँचा वास्तव में मंदिर न होकर मस्जिद है तो उसे यह कहना

पड़ेगा कि गोडसे, बेअंत सिंह और शिवरासन (गाँधी, इंदिरा गाँधी और राजीव गाँधी के हत्यारे) हीरो थे, और गाँधीजी, इंदिरा और राजीव अपराधी थे। 'अगर वे इस पर तैयार हैं, तो हम भी तैयार हो जाएँगे।' धाराप्रवाह अंग्रेजी में यह निष्कर्ष निकालकर विश्वास बापू अपने विचार दूसरे कारसेवकों के सामने व्यक्त करने के लिए इधर-उधर हो गये।

कारसेवा का नियत समय नजदीक आते ही आखिरी क्षणों में कार्यक्रम कुछ बदला गया। पहले तय किया गया था कि सफाई हेतु लायी जाने वाली रेत के लिए कारसेवकों को सरयू के तट से वहाँ तक मानव शृंखला बनायी जाएगी। पटना के भाजपा विधायक सुशील मोदी ने बताया कि अब यह काम अगले दिन सुबह साढ़े आठ बजे किया जाएगा। हमने उनसे पूछा, 'कल रेत लाने का फायदा क्या होगा, जब उसकी जरूरत तो आज के कार्यक्रम के लिए है।'

११ बजे पूर्वान्ह के बाद संघ परिवार के शीर्ष नेताओं का विवादित स्थल पर आगमन शुरू हो गया। इनमें आडवाणी, जोशी, सिंघल, शेषाद्रि, सुदर्शन, कटियार, भारती और अवैद्यनाथ शामिल थे। वे उस जगह के नजदीक भी नहीं फटके जहाँ एक घंटे के अंदर उन्हें कारसेवा करनी थी। सुरक्षाकर्मियों और कारसेवकों के छोटे-छोटे झुंडों से घिरे हुए ये नेता यूँ ही इधर-उधर टहलने के बाद जल्दी ही वहाँ से खिसक लिये। पौने बारह बजे तक सारे नेता जा चुके थे। आखिरी बार वहाँ सिंघल को देखा गया जो कुछ कारसेवकों को मस्जिद के आसपास लगी बाड़ से दूर धकेलने की कोशिश कर रहे थे।[१२]

ठीक उस समय जब सिंघल मस्जिद के पास दिखायी दिये, पीएसी के लोगों ने अचानक वह जगह खाली करनी शुरू कर दी। पीएसी का यह दल मस्जिद के भीतर तैनात था। इसका कारण समझ में नहीं आ रहा था, और न ही कंट्रोल रूम की छत पर चाय पी रहे अफसरों ने उन्हें रोका। पीएसी के जवान इस तरह टहलते हुए वहाँ से निकल गये जैसे कि उन्हें वहाँ से हटने का आदेश दिया गया हो। इसी समय दो कारसेवक पीछे से मस्जिद की चारदीवीरी पर चढ़ते हुए दिखे और आनन-फानन में नजरों से ओझल हो गये।[१३]

परिवार के नेताओं के जाते ही पौने बारह बजे अचानक करीब बीस युवक तारों की बाड़ से घिरे मैदान में पहुँच गये। लगता था कि जैसे वे अस्थायी दरवाजे पर पुलिस के घेरे को तोड़कर अंदर घुस आये। कुछ कारसेवकों को भगाने में जुटे संघ के स्वयंसेवकों का हाथ बँटाने के लिए

आये थे। ये लोग सिर पर कारसेवकों वाली वह भगवा पट्टी नहीं बाँधे हुए थे, जिस पर जय श्री राम लिखा रहता था। उनके सिरों पर नीबू वाले पीले रंग की पट्टियाँ बँधी हुई थीं। यह चमकदार रंग दूर से देखा जा सकता था। याद नहीं पड़ रहा था कि ऐसे बँधने पहले कभी कारसेवकों ने पहने हों।

पीली पट्टियों वाला यह समूह दरवाजे की तरफ बढ़ा जहाँ पुलिस तेजी से बढ़ती हुई भीड़ को नियंत्रित करने की कोशिश कर रही थी। पुलिस की संख्या बहुत कम थी, और भीड़ बहुत ज्यादा। इसे एक संकेत भी माना जा सकता था, क्योंकि जैसे ही बैरियर पर दबाव डाल रहे कारसेवकों की नजर इन पीली पट्टी वालों पर पड़ी, वैसे ही माइक पर सार्वजनिक घोषणा होने लगी कि इन युवकों को वहाँ से हट जाना चाहिए। सुबह से वहाँ तैनात संघ के स्वयंसेवकों के साथ पीली पट्टी वालों के वहाँ से हटते ही कारसेवकों की भीड़ बैरियर तोड़ कर मस्जिद की तरफ झपटी। वह हथौड़ों, लोहे की छड़ों, कुदालियों, सब्बलों, बाँसों और बेलचों से लैस थी। ठीक इसी समय कारसेवकों के झुंड बगल और पीछे से मस्जिद की बाहरी दीवार के ऊपर दिखायी पड़े। सुरक्षाकर्मी भी भाग कर अपने बचने की जगह तलाशने लगे। फैजाबाद के वरिष्ठ पुलिस अधीक्षक डी.बी. राय उन्हें वापस जाने का आदेश देते देखे जा सकते थे, पर उनकी किसी ने नहीं सुनी। अपने अफसर का आदेश न मान कर ये सुरक्षाकर्मी किनारे खड़े हुए तमाशा देखते रहे।[१४]

कुछ कारसेवकों ने खाली हाथों से ही मस्जिद को तोड़ना शुरू कर दिया। उसी समय मस्जिद के सामने बने टावर पर खड़ा संघ का एक व्यक्ति बार-बार सीटी बजाते हुए झंडी लहरा रहा था। ऐसा लग रहा था कि जैसे वह किसी कार्यदल या एथलेटिक टीम को निर्देशित कर रहा हो। साथ की इमारतों की छतों पर कुछ औरतें जमा हो गयीं। उन्होंने कारसेवकों पर गुलाल फेंकना शुरू कर दिया। वे करतल ध्वनि करते हुए गा रही थीं। उनमें से कुछ टेलीफोन के तार उखाड़ती हुई भी दिखीं।

क्या नेतागण पहले से जानते थे कि यह सब होने वाला है? इस सवाल का कोई आखिरी जवाब उपलब्ध नहीं है। संभवत: कुछ नेता जानते थे, और कुछ नहीं जानते थे। चंदन मित्रा जैसे पत्रकारों द्वारा दिये गये विवरण से उसके उत्तर का एक अंदाजा लगाया जा सकता है।[१५] इस विवरण में मस्जिद पर हमले के उन निर्णायक क्षणों के दौरान संघ परिवार के नेताओं के व्यवहार का चित्रात्मक वर्णन किया गया है। कंट्रोल रूम में उमा भारती और ऋतंभरा जैसी राजनीतिक साध्वियाँ ही-ही कर रही थीं। मुरली मनोहर जोशी उमड़ती हुई भीड़ देखकर आवेश में आ गये थे। सिंघल को यकीन लग रहा

था कि कारसेवा तयशुदा तरीके से ही होगी इसलिए वे उस भीड़ को हिदायतें देने में लगे थे जिसे प्रस्तावित मंदिर के स्थल को धोने-पोंछने की कोई चिंता नहीं थी। इन सब बातों के अलावा चंदन मित्रा के वर्णन में वह निर्णायक क्षण भी दर्ज है जब मस्जिद के गुंबदों पर दो कारसेवकों को चढ़े देखकर भीड़ दीवानी हो गयी थी, और बड़े नेता 'तनावग्रस्त', 'खिन्न', और 'बेइंतिहा उदास' चेहरे लिए हुए बैठे थे। मित्रा के अनुसार उनके चेहरों पर मुर्दनी छा गयी थी। उन्होंने राजेंद्र सिंह (संघ की बागडोर उन दिनों दरअसल उन्हीं के हाथ में थी) को यह कहते हुए भी दिखाया है कि 'अब सरकार तो गयी।' इस विवरण में यह भी शामिल है कि नेताओं ने भीड़ को शांत करने के प्रयास में देर भी की, और उनकी कोशिश दयनीय भी थी। उधर आचार्य धर्मेंद्र जैसे लोग भी थे जो भीड़ का ध्यान आकृष्ट करने के लिए भजन गा रहे थे।[१६] संघ परिवार के ये बड़े नेता जल्दी ही सँभल गये, पर आडवाणी के चेहरे पर 'चिंता' के भाव बने रहे, जैसे कि वे कहीं दूर देख रहे हों। शायद उनकी निगाह इस घटना के दूरगामी परिणामों पर थी।[१७]

मस्जिद पर हमले के बाद साढ़े बारह बजे के करीब थोड़ी दूर पर मानस भवन के ठीक नीचे एक छोटे से तालाब सरीखे ईंटों और मिट्टी के गढ्ढे में पंप के जरिये पानी भरा जाने लगा। इसी गड्ढे में सीमेंट मिलाकर मस्जिद के मलबे पर एक प्लेटफार्म और मंदिर की दीवार बनायी जानी थी। पास की सभी गलियों में विहिप की एंबुलेंस गाड़ियाँ तैयार खड़ी हुई थीं, ताकि घायल कारसेवकों को फौरन फैजाबाद के सदर अस्पताल ले जाया जा सके। अस्पताल में उप्र की भाजपा सरकार के पूर्व स्वास्थ्य मंत्री हरिश्चंद्र

तालिका-१८
धार्मिक स्थलों और मकबरों में की गयी तोड़-फोड़ का विभिन्न एजेंसियों द्वारा लगाया गया अनुमान

एजेंसी	मस्जिद	मजार	ईदगाह	मदरसा	मंदिर
जिला प्रशासन	१९	९	०	२	०
जिला पुलिस	१४	५	३	०	१
रिलीफ कौंसिल	२३	११	०	०	०

स्रोत : कमला प्रसाद, दिनेश मोहन, कमल ए. मित्रा चिनॉय, कीर्ति सिंह, सागरी छाबड़ा, एस.सी. शुक्ला, *रिपोर्ट ऑव दि इनक्वारी कमीशन, सबमिटिड टु सिटीजंस ट्रिब्युनल ऑन अयोध्या* (नयी दिल्ली : सिटीजंस ट्रिब्युनल ऑन अयोध्या, १९९३), पृष्ठ १५४

श्रीवास्तव कमान सँभाले हुए थे।[१८]

इधर कारसेवक मस्जिद गिरा रहे थे, उधर इस घटनाक्रम की रिपोर्टिंग करने आये हुए पत्रकारों और फोटोग्राफरों पर नियोजित हमला किया जा रहा था। हमले के लिए पत्रकारों की शिनाख्त करना कठिन नहीं था, क्योंकि एक दिन पहले ही विहिप ने उन्हें गुलाबी रंग के पहचान पत्र दिये थे जिनके जरिये उन्हें आसानी से पहचाना जा सकता था। कारसेवकों ने ज्यादातर फोटोग्राफरों के कैमरे पटक कर तोड़ डाले। पत्रकारों की पिटाई की गयी जिससे कुछ तो गंभीर रूप से घायल हो गये। उनकी नोटबुकें फाड़ डाली गयीं और टेप रिकॉर्डर तोड़ डाले गये। एक कम उम्र की महिला पत्रकार को तो जान से मारने की कोशिश भी की गयी।[१९]

कारसेवकों के एक दल ने अयोध्या में घुसने के सभी रास्तों को रोक दिया ताकि केंद्रीय सुरक्षा बल न आ सकें। दूसरे दल ने शहर में मुसलमानों के घरों में लूटमार और आगजनी शुरू कर दी। वे मस्जिदों और ईदगाहों को तबाह करने में लग गये।

बहुत सवेरे से ही लाउडस्पीकरों से लगातार जय श्री राम की धीमी आवाज निकल रही थी। अचानक यह आवाज तेज हो गयी और उसकी भाषा भी बेहद आक्रामक हो उठी :

जय श्री राम, बोलो जय श्री राम,
जिन्ना बोलो जय श्री राम,
गाँधी बोलो जय श्री राम,
मुल्ला बोलो जय श्री राम ...

शुरू में माइक पर परेशानी भरी आवजों में कारसेवकों से अनुशासन रखने की अपीलें भी हुईं। चूँकि पाँच सौ साल पुरानी मस्जिद धीरे-धीरे ढह रही थी, इसलिए कारसेवकों की सुरक्षा को लेकर चिंता भी व्यक्त की गयी। लेकिन, थोड़ी देर बाद माइक से कारसेवकों को केवल प्रोत्साहन और हिदायतें ही दी जाने लगीं। राम कथा कुंज में विहिप के मार्गदर्शक मंडल के संत जमा होने लगे जहाँ सिंघल ने गर्व से घोषित किया कि हिंदुओं के विद्रोह की शुरुआत का क्षण आ पहुँचा है। विजय राजे सिंधिया ने कहा कि अब उन्हें मरते वक्त तनिक भी अफसोस नहीं होगा क्योंकि उनका सपना सच हो गया है। केदारनाथ साहनी ने एक छोटे से भाषण में मुसलमानों को चेतावनी दे डाली :

> जो लोग वंदे मातरम् तक नहीं बोलना चाहते, जो लोग कश्मीर पर पाकिस्तान का झंडा देखना चाहते हैं, उन्हें उनकी सही जगह दिखाने का सिलसिला शुरू हो गया है।

इस तमाशे में उमा भारती, ऋतंभरा और धर्मेंद्र की भूमिका सबसे जोरदार रही। भारती कई बार माइक पर आयीं। उन्होंने भीड़ को दो नारे दिये : *राम नाम सत्य है, बाबरी मस्जिद ध्वस्त है* और *एक धक्का और दो, बाबरी मस्जिद तोड़ दो*। ये दोनों नारे *जयश्रीराम* के नारों से साथ कई घंटों तक वहाँ गूँजते रहे। उमा भारती ने श्रोताओं के सामने मेरठ की शिव कुमारी प्रच्छन्य को भी यह कहकर पेश किया कि 'वे उस ढाँचे के गुंबद पर चढ़ने वाली पहली महिला हैं।' भारती द्वारा २ नवंबर १९९० को मस्जिद पर हमला बोलते समय पुलिस की गोली से मारे गये कारसेवकों शरद और रामकुमार कोठारी के माता-पिताओं को भीड़ के सामने पेश किया गया। भारती ने अपने श्रोताओं से कहा, 'उनकी माताओं की आँखों में आँसू थे, जब उन्हें पहली बार यह लगा कि उनके बेटों का बलिदान व्यर्थ नहीं गया और मुलायम और वी.पी. सिंह जैसे नरपिशाचों द्वारा की गयी उनकी हत्याओं का बदला ले लिया गया।'

इसके बाद ऋतंभरा की बारी थी। उन्होंने कारसेवकों से अपील की कि वे इस शुभ और पवित्र काम में पूरी तरह से लगे रहें, क्योंकि प्रशासन भी चुपचाप रहकर उन्हें पूरा समर्थन दे रहा है। साध्वी ने हिदायत दी कि कारसेवक अपनी जगह तभी छोड़ें जब घायल हो जाएँ या फिर उनकी तबीयत खराब हो जाए। ऋतंभरा ने कई भाषण दिये और उनके बाद उन्होंने पारंपरिक दुर्गा आरती का एक विहिप संस्करण गाना शुरू कर दिया जिसके साथ श्रोताओं ने भी जोश में आकर सुर मिलाया :

मिलकर बोलो जय माता दी
माँ तेरे बेटे, तुझे बुलाते
तू नीचे आ जा,
हम शीश कटा दें, तुझे चढ़ा दें
तू खप्पर ला दे, हम खून बहा दें
तू विनती मेरी, पूरी कर दे
तुझसे माँगूँ, मन्नत मेरी पूरी कर दे
मुझको चाहिए,
अयोध्या चाहिए, मथुरा चाहिए, काशी चाहिए
तू पूरी कर दे, जय माता दी।

शाम पौने छः बजे बाबरी मस्जिद का आखिरी गुंबद ढहा। उधर अयोध्या में दूर से ही धुआँ उठते हुए देखा जा सकता था। यह समझकर कि कारसेवक शहर में मुसलमानों के घरों पर हमले कर रहे हैं, ऋतंभरा ने माइक सँभाला और यह कहना शुरू कर दिया कि 'मुसलमान अपने घर

जलाना बंद करें।' धर्मेंद्र ने भी उनका साथ दिया और माइक पर गरजे कि कुछ अपराधी अपनी ही झोंपड़ियों को जलाकर माल कमाना चाहते हैं और कारसेवकों को बदनाम करने की कोशिश की जा रही हैं। बाद में धर्मेंद्र ने स्वर बदला और पत्रकारों के सामने दावा किया कि केवल इसी तरह से तो अयोध्या हिंदुओं का वेटिकन बन सकता था।

१२. अयोध्या का 'पहला' दंगा

अयोध्या में पहले भी दो दंगे हो चुके थे जिनकी यादें बहुत पुरानी पड़ चुकी थीं। अतीत का सिंहावलोकन करते हुए अयोध्यावासी उन यादों के आईने में दंगों को ऐसे विचलनकारी व्यवहार के रूप में देख सकते थे जो भावनाओं के क्षणिक ज्वार के कारण किसी भी समुदाय को अपनी गिरफ्त में ले सकता था। संघ परिवार सात साल से वहाँ एक आंदोलन चला रहा था, पर अयोध्या का समुदाय दो फाँकों में बँटने के लिए तैयार नहीं हुआ था। उसी अयोध्या के लोगों के लिए अब निर्णय का क्षण आ पहुँचा था।

छः दिसंबर की रात और अगले दिन दोपहर के कुछ बाद तक कारसेवकों की हमलावर भीड़ ने अयोध्या में आगजनी और हत्या का दौर चालू रखा। १३ लोग मारे गये जिनमें बच्चे भी शामिल थे। शहर के लगभग सभी मुसलमानों ने छः दिसंबर के एक दिन पहले ही सुरक्षित स्थानों पर शरण ले ली थी। कुछ मस्जिद के ध्वस्त होने की खबर पाकर भाग गये थे। मारे गये मुसलमान वे थे, जो समय रहते निकल पाने में चूक गये थे।

लगता था कि कारसेवक विहिप के इस दावे को गलत साबित करने पर तुले थे कि सर्वाधिक सहिष्णु धर्म होने के नाते हिंदू किसी दूसरे धर्म के पूजास्थलों को नष्ट नहीं करते। उन्होंने पूरे अयोध्या पर कहर ढाते हुए पूजा-स्थलों को जम कर तबाह किया। तालिका-१८ में तीन एजेंसियों द्वारा लगाए गए इस तबाही के अनुमान दिये गये हैं।

कल्याण सिंह की सरकार के इस्तीफे और राज्यपाल शासन लगने के बारह घंटे के बाद तक कारसेवक मंदिरों की नगरी की सड़कों पर *जयश्रीराम* के नारे लगाते हुए घूमते रहे। उन्होंने बिना किसी प्रतिरोध का सामना किये मुसलमानों के घरों को दिनदहाड़े लूटा और आग लगाई। इस तरह यह अयोध्या का पहला 'बाकायदा' हिंदू-मुसलमान दंगा था जो बड़े पैमाने का साबित हुआ और जिसमें कुल मिलाकर १३४ घर नष्ट किये गये।

घरों की तबाही का तरीका सभी जगहों पर एक ही था। पहले

कारसेवक कीमती चीजें और नकदी लूटते थे। लूट-खसोट करने वाले कारसेवकों में ज्यादातर पश्चिमी और दक्षिण भारत से आये थे। उन्हें लगा कि जेवर और नकदी घर ले जाने में उन्हें आसानी होगी। फिर वे घर की सभी चीजों को चूर-चूर करते थे। चूँकि फर्नीचर, मोटरसाइकिलों, किताबों और कपड़ों को डंडों और हाथों से तोड़ा-फोड़ा नहीं जा सकता था, इसलिए उनके ढेर बनाकर उनमें आग लगा दी जाती थी। कुछ जगहों पर ऐसा भी हुआ कि जो चीजें वे साथ नहीं ले जा पाये उन्हें उनके पसंदीदा स्थानीय हिंदुओं में बाँट दिया गया। कुछ घरों को इसलिए आग नहीं लगायी गयी कि वे हिंदू घरों के बहुत ज्यादा नजदीक थे। बाकी सभी को व्यवस्थित रूप से जला दिया गया। जो भी मस्जिद मिली, उसे बोनस के तौर पर तोड़ डाला गया। दिन भर में दो को छोड़कर अयोध्या की सभी मस्जिदों और ईदगाहों को या तो नष्ट कर दिया गया या तोड़-फोड़ दिया गया।

इस नियोजित विनाश में कारसेवकों को उप्र पुलिस, पीएसी और पहली बार कुछ स्थानीय हिंदुओं की तरफ से उपयोगी मदद मिली। स्थानीय हिंदुओं ने मुसलमानों की संपत्ति की निशानदही की, तो पुलिस ने लूट में भाग लिया या फिर लूटमार की तरफ से आँखें बंद रखीं। मसलन, सात दिसंबर की सुबह विवादित स्थल के पीछे रामकोट इलाके में पुलिस का भारी बंदोबस्त होने के बावजूद कारसेवकों ने लाला टेलर्स की दूकान में आग लगा दी जिसका मालिक कोई मुसलमान था। वहाँ तैनात पीएसी के जवानों ने इस आगजनी को रोकने के बजाय कारसेवकों से कहा कि वे दूकान के भीतर से कुछ फर्नीचर बाहर फेंक दें ताकि सड़क के बीच में उसकी लकड़ी का अलाव बनाकर ठंड में हाथ तापे जा सकें।

दस दिन बाद भी अयोध्या के मुहल्लों पर हिंदू राष्ट्रवाद की विजय यात्रा के घाव देखे जा सकते थे।[२०] तबाही के निशान वैसे के वैसे ही थे, क्योंकि २४ घंटे के कर्फ्यू के कारण मुसलमान वापस नहीं लौट सकते थे। उस वक्त अयोध्या में मुट्ठी भर मुसलमान ही बचे थे। वे या तो अपने पड़ोसियों द्वारा बचा लिये गये थे, या फिर उन्होंने कारसेवकों से किसी प्रकार बच निकलने में कामयाबी हासिल कर ली थी।

पचास साल के बीचू एक ऐसे ही मुसलमान थे। उनका घर एक सुंदर-सी बगीची के किनारे राजघाट नाम की सड़क पर स्थित मीरापुर बुलंदी नामक बस्ती में था। ७ दिसंबर की सुबह ११ बजे करीब सौ लोगों ने उनके

घर पर हमला किया। आधे घंटे के भीतर मुहल्ले के सात अन्य मुसलमान घर भी बरबाद कर दिये गये। किसी की जान नहीं गयी क्योंकि ज्यादातर मुसलमान पहले ही जा चुके थे। बीचू की साइकिल की दूकान थी। उन्हें उनके दो हिंदू पड़ोसियों ने बचा लिया। सरजू यादव और सुभाष ने बीचू के सिर पर कारसेवकों वाली भगवा पट्टी बाँध दी ताकि आततायी उन्हें मुसलमान न समझें। सरजू का कहना था, 'बहुत मुश्किल थी, क्योंकि हमला करने आये लोग हिंदी नहीं जानते थे। वे तेलुगू बोल रहे थे। जो थोड़ी बहुत हिंदी मैं जानता हूँ उसी से मैंने उन्हें यकीन दिलाया।' सुभाष के अनुसार उनकी बस्ती का कोई भी व्यक्ति हमले में शामिल नहीं था। लेकिन, उन्हें यह भी यकीन था कि कारसेवकों को मुसलमानों के घरों की पहले से जानकारी थी। उस समय पुलिस कहाँ थी? इस सवाल के जवाब में दोनों तकरीबन एक साथ बोले, 'हमने केवल एक व्यक्ति वर्दी में देखा और वह कारसेवकों का नेतृत्व कर रहा था।'

ठीक जिस समय मीरापुर बुलंदी को तहस-नहस किया जा रहा था, कौशल्या घाट पर बनी पड़ोस की बस्ती मछवाना को घेरा जा चुका था। दुखी अब्दुल सत्तार ने अपने बरबाद घर की तरफ इशारा करके तल्खी से कहा, 'मैं बेहद गरीब आदमी हूँ, इसलिए मेरे पास तो था ही बहुत कम। अब जो था, वह भी चला गया।' सत्तार ने उस समय तक पुलिस में रपट नहीं लिखायी थी। उसे स्थानीय मुसलमान नेताओं का इंतजार था जिनके साथ वह थाने जाता। उसने कहा, 'पुलिस हम पर तैयारशुदा बयानों पर दस्तखत करने के लिए दबाव डाल रही है। मैं पढ़ा-लिखा नहीं हूँ। पता नहीं उसमें क्या लिखा हो।'

मछवाना के सात-आठ मुसलमान घर और पड़ोस के शिकवाना के इतने ही मुसलमान घर जली हुई खुखालों जैसे लग रहे थे। सत्तार का घर जब उजाड़ा जा रहा था, तो वह फूलों की एक झाड़ी में छिपा हुआ कारसेवकों की कार्रवाई देख रहा था। उसने कसम खाकर कहा कि हमलावरों में उसके अपने मुहल्ले के हिंदू और कुछ पड़ोस के लोग भी थे। ये लोग बाहर वालों को उत्साहित कर रहे थे। शिकवाना के वासी सत्तार की इस बात से सहमत थे। उनका कहना था कि कारसेवकों को तीन बार उनके मुहल्ले में लाया गया, ताकि वहाँ रहने वाले स्थानीय जमींदार नवाब ताहिर हुसैन साहिब का मकान लूटा जा सके। तीसरी बार वे कामयाब हुए और घर के ७५ वर्षीय मालिक ताहिर साहिब समेत हर चीज को राख में बदल दिया। तीन सौ साल से अयोध्या में बसे हुए उस कुलीन मुसलमान के बूढ़े शरीर

को घर के सामने के दरवाजे पर ही जला डाला गया। केवल कुछ हड्डियाँ ही बची रह गयीं।

उन जले हुए खँडहरों को देखने से लगता था कि वह इमारत बुलंद रही होगी। हमने देखा कि वहाँ एक सत्तर साल की कमजोर-सी महिला पुरानी साड़ी पहने खड़ी थी। आँसू बहाते हुए और हाथ जोड़े हुए हुसैन साहिब की बीवी आलिया बेगम सामने खड़े पुलिस वालों से डर-डर कर कह रही थी कि उसके पति की हत्या के गवाह के तौर पर उसकी गवाही दर्ज की जाए। पुलिस इसके लिए तैयार नहीं थी, क्योंकि जब कारसेवकों ने हमला किया तो वे घर में नहीं थीं। वैसे भी पुलिसवालों के लिए वह बूढ़ी औरत बेकार थी। वे पुलिस से बहस करने की कोशिश कर रही थीं, 'ठीक है कि मैंने कुछ नहीं देखा, पर मैं सुन तो सकती थी कि वे चिल्ला रहे थे कि मारो-काटो, लूटो, फूँक दो, फूँक दो। मैं घर के पिछवाड़े झाड़ियों में छिपी थी। मैंने हुसैन साहिब को कारसेवकों से उन्हें छोड़ देने के लिए मिन्नतें करते हुए सुना—मुझे मत मारो, मुझे मत मारो। उनकी चीख भी सुनी।'

पुलिसवालों पर कोई असर नहीं हुआ। वे जाँच के नाम पर दूसरे गवाहों की घेरा-घारी करने लगे। उन्हें तो ताहिर हुसैन की मौत का यकीन भी नहीं हो रहा था, 'मोहल्ले के लोग कहते हैं कि हड्डियाँ उन्हीं की हैं। लेकिन, सबूत क्या है? किसी ने उन्हें मारे जाते हुए नहीं देखा। हो सकता है कि वे भाग गये हों।' पुलिस के जाने के बाद आलिया बेगम ने विलाप करते हुए कहा, 'यह झूठ है। मैं किसी की भी कसम खा सकती हूँ, कुरान की हो या रामायण की।' पर आलिया बेगम की बात किसी ने नहीं सुनी। वे अकेली अपने घर के उजाड़ में खड़ी रहीं और उनके आसपास टूटे हुए अनाज के दाने, टूटी-फूटी चाइना की क्राकरी, जले हुए पलंग और कुर्सियाँ, फटी हुई तस्वीरें, निजी चीजों के छोटे-छोटे टुकड़े बिखरे रहे। उस मलबे को उन बेटों, पत्नियों और बच्चों का इंतजार था जो समय रहते बच निकलने में कामयाब हो गये थे।

घर के बाहर दो पुलिस वाले जाँच-पड़ताल जारी किये हुए थे। हमने उनसे जानने की कोशिश की कि तफतीश शुरू करने में दस दिन कैसे लग गए, तो उनमें से एक पुलिस वाले को थोड़ा बुरा लग गया। उसका कहना था कि 'हमें तो पता ही अभी चला है।' लेकिन, जिस चौकी से वे आये थे, वह ताहिर हुसैन के घर से केवल पाँच मिनट के पैदल फासले पर थी।

हुसैन के पड़ोसी अली रमजान की साइकिल की दूकान उसी चौराहे पर है जहाँ कटरा की पुलिस चौकी स्थित है। रमजान ने बताया, 'जब भीड़

ने मेरी दूकान बरबाद करनी शुरू की तो मैंने देखा कि पुलिस वाले लूट लो-लूट लो कहकर उसे बढ़ावा दे रहे हैं। अब वही लोग चाहते हैं कि हम वहाँ एफआईआर दर्ज करायें।' रमजान कुल मिलाकर ज्यादा शिकायत नहीं कर रहे थे। उनका छः साल का बेटा जुबैर अहमद किसी तरह बच गया था। अपने घर के पिछवाड़े से भागने कीं कोशिश करते हुए जुबैर को हमलावर कारसेवक घर की चीजों की जलती हुई होली में फेंकने ही वाले थे कि एक हिंदू पड़ोसी ने उसे यह कहकर बचा लिया कि वह उसका बेटा है।

इसी सड़क पर आगे जाकर अशर्फी भवन के पार मुगलपुरा और बेगमपुरा के मुहल्ले हैं। यहाँ के कुछ मुसलमान घर कारसेवा के प्रकोप से बच गये थे। मुगलपुरा के मुहम्मद अमीन और अब्दुल हफीज के अनुसार सात दिसंबर को सुबह आठ बजे के आसपास कारसेवकों की एक पलटन उनके घरों को रौंदती हुई चली गयी। कुछ ही मिनट पहले बस्ती में तैनात पीएसी वाले वहाँ से गये थे। अमीन ने अपने घर के पीछे उगी लंबी घास में छिपकर जान बचायी और अफीज एक ताजा खुदी हुई कब्र में छिप गया। दो-तीन घंटे गुजर जाने के बावजूद डर के मारे वे दोनों घर जाने की हिम्मत नहीं जुटा पा रहे थे, इसलिए अपने साथ भागे अन्य लोगों के साथ उन्होंने सोचा कि क्यों न कटरा पुलिस चौकी में शरण ली जाए। अमीन ने बताया कि चौकी वालों ने 'हमें अंदर नहीं घुसने दिया।' फिर वे पास के स्कूल में लगे पीएसी के शिविर तक दौड़ते हुए गये।

> वहाँ तो हालत और भी खराब थी। पुलिस ने हम पर कातिल होने का आरोप लगाया। उनका कहना था कि हमने जरूर किसी को चाकू मारा है और अब अपने अपराध को छिपाने के लिए हम कारसेवकों की कहानी बना रहे हैं। उन्होंने हमें जान से मार डालने की धमकी दी। अगर उनका कमांडिंग अफसर न आ जाता तो न जाने हमारा क्या होता।

उनके जमींदार की बीवी को छोड़कर कोई पड़ोसी उनकी मदद के लिए नहीं आया। बेगमपुरा में रहने वाले शीतल नामक युवक ने कहा, 'हममें से भी कई लोग डरे हुए थे। क्योंकि अगर हम लूट और आगजनी रोकने के लिए भीड़ से बहस करते तो वह हमारे ऊपर टूट पड़ने के लिए भी तैयार थी।' हालाँकि, इसके बावजूद शीतल ने निजी तौर पर अपनी बस्ती के कई लोगों की जान बचायी और बदले में उसे अपने हिंदू दोस्तों की तरफ से 'गद्दार' होने का लकब मिला।

अयोध्या में मुसलमान अन्य शहरों और कस्बों की तरह घेटो बनाकर नहीं रहते। तकरीबन हर मुहल्ले में हिंदुओं और मुसलमानों के घरों की

दीवारें एक-दूसरे से लगी हुई हैं। आलमगंज कटरा और सोसाइटी जैसे कुछ ही बहुत छोटे-छोटे मुसलमान बहुल मोहल्ले हैं। ये बस्तियाँ उजड़ी हुई पड़ी थीं। उन्हें पूरी तरह बरबाद कर दिया गया था। खासकर सोसाइटी के करीब बीस मुसलमान घर मलबे में बदल चुके थे और उसकी छोटी-सी मस्जिद की मीनारें घास पर बिखरी पड़ी थीं। घरों की बहुत-सी ईंटों पर १९२४ की तारीख पड़ी हुई थी। भूखे आवारा कुत्ते भी हमारे साथ-साथ उस वीराने में मँडरा रहे थे। शायद हमारी वजह से उन्हें वहाँ जिंदगी की आहट सुनायी पड़ रही होगी।

विवादित स्थल के ठीक पीठ टेहड़ी बाजार मोहल्ला है। इसी से लग हुआ जमीन का वह खाली प्लाट है जिस पर बहुत से कारसेवकों ने अपने खेमे गाड़ रखे थे। इसी मोहल्ले के शौकत अली और उनके १३ साल के बेटे टोनी पर पहले हमला किया गया और फिर उन्हें उन्हीं के घर के आँगन में जला दिया गया। उनके खून सने कपड़ों के टुकड़े उसी जगह पड़े हुए थे, जहाँ उन्हें जान से मारा गया था। इस बस्ती के मुसलमान भी उस समय तक नहीं लौटे थे। उनकी तीन हिंदू पड़ोसी महिलाओं ने हमें यह कहानी सुनायी।

टेहड़ी बाजार वह पहली बस्ती थी जिस पर सात दिसंबर को सुबह चार बजे बंदूकों और तलवारें लिये हुए 'हजारों' की भीड़ ने हमला किया था। दस-बारह मुसलमान घरों को पहले लूटा गया और फिर उनमें आग लगा दी गयी। शौकत और उनके बेटे के अलावा सलीम और नादिर नामक दो भाई भी मार डाले गये। ये दोनों बाबरी मस्जिद के आखिरी इमाम के तीन बेटों में से थे। तीसरे भाई को कारसेवकों ने पागल समझकर बख्श दिया। एक औरत ने बताया कि 'उनमें से कुछ को हमने तीन दिनों तक अपने घरों में छुपा कर रखा। बाकी ने रामजन्मभूमि पुलिस थाने में शरण ली।'

टेहड़ी बाजार ही वह बस्ती थी जहाँ से अयोध्या की सांप्रदायिक हिंसा शुरू हुई थी। अयोध्या के हिंदू बाबरी मस्जिद एक्शन कमेटी के स्थानीय सदर हाजी महबूब पर इल्जाम लगाते हैं। महबूब का घर बस्ती के किनारे और उस मुख्य सड़क के ऊपर है जिसे कारसेवक अक्सर इस्तेमाल किया करते थे। हिंसा की शुरुआत के लिए महबूब को जिम्मेदार ठहराने वालों में कुछ स्थानीय पत्रकार और महंत शामिल थे। उनका कहना था कि महबूब ने छः दिसंबर की शाम को कारसेवकों के एक जुलूस पर बंदूक से गोली चलाई। कुछ कहते हैं कि महबूब के घर से कारसेवकों पर एक बम फेंका गया था। नतीजतन एक व्यक्ति मारा गया। कुछ मरने वालों की संख्या पाँच बताते हैं। इससे कारसेवक गुस्से में आ गये और उन्होंने बदला लेने की

कसम खायी। आरोप लगाने वालों के अनुसार इसके बाद अयोध्या में जो कुछ हुआ वह महबूब की उसी हरकत का परिणाम था। लेकिन, इस बात से अयोध्या के दो प्रमुख विहिप समर्थक महंत रामचंद्र परमहंस और नृत्यगोपाल दास सहमत नहीं थे। उनका तो कहना यह था कि हालात का फायदा उठाने के लिए अयोध्या के मुसलमानों ने अपने घर खुद जला डाले ताकि सरकार से मुआवजा वसूला जा सके।

बहरहाल, हाजी महबूब वाली कहानी को मुसलमानों ने सही नहीं माना, पर उन्होंने उसकी संभावना से पूरी तरह इनकार भी नहीं किया। फैजाबाद की शाही मस्जिद के प्रशासक नासिर हुसैन का कहना था :

> पता नहीं उन्होंने गोली चलायी या नहीं। लेकिन, अगर चलायी भी होगी तो अपनी हिफाजत में चलायी होगी। उस वक्त जब लाखों कारसेवक आसपास घूम रहे हों, कोई बेवकूफ ही इस तरह की हमलावर हरकत कर सकता है। और हाजी महबूब बेवकूफ नहीं हैं।

कुछ लोग रामजन्मभूमि पुलिस थाने के इंचार्ज शुक्ला द्वारा उस दिन किये गये अजीब-ओ-गरीब बरताव का हवाला देते हैं। शुक्ला महबूब को बेहद नापसंद करता था और यह बात कोई छिपी हुई नहीं थी। कुछ हफ्ते पहले ही शुक्ला ने महबूब को गिरफ्तार भी किया था। कई लोगों का मानना था कि आरोप फर्जी थे। लेकिन, शुक्ला ने ही न केवल महबूब और उनके घर वालों को खतरा टल जाने तक हवालात में बंद करके जान बचायी, और बाद में उन्हें साफ चले जाने दिया। मुसलमानों का दावा था कि अगर महबूब द्वारा कारसेवकों पर गोली चलाने वाली कहानी में जरा भी दम होता तो शुक्ला ने उन्हें इस तरह न छोड़ दिया होता।

महबूब के बारे में बातचीत के दौरान टेहड़ी बाजार की एक हिंदू औरत ने मुँह ही मुँह में कहा, 'आखिर उसे अपनी जान तो बचानी ही थी।'

कारसेवकों ने कुछ इस अंदाज में मुसलमानों के जान-माल पर हमला किया जैसे कि वे हाथ में वोटर-सूची लेकर उनके मकानों और दूकानों की शिनाख्त कर रहे हों। इस नियोजित हमले ने अपने इतिहास में पहली बार पूरे नगर को धार्मिक आधार पर बाँट दिया। आठ साल का प्रोपेगंडा भी जो न कर पाया था, वह इस दंगे ने कर दिखाया। पाठकों को याद होगा कि पहले दोनों समुदाय बाहर वालों को अयोध्या में हुई हिंसा का जिम्मेदार मानते हुए दावा करते थे कि वे मिल-जुलकर एक नहीं कई कारसेवाओं को झेल

जाएँगे। इस बार ऐसी कोई बात सुनने में नहीं आयी। एक समुदाय के तौर पर और हिंदू-मुसलमानों के साझे मिथकों, किंवदंतियों, जीवन-शैलियों से संपन्न एक पवित्र और मान्यताप्राप्त नगरी के तौर पर अयोध्या की ताकत भले ही पूरी तरह पराजित न हई हो, पर उसमें आयी कमजोरी तो साफ देखी ही जा सकती थी। एक समुदाय के तौर पर अयोध्या कभी सुगठित नहीं थी, पर उसमें पूर्ण समुदाय के सभी लक्षण थे। वही अयोध्या अब दो अलग-अलग हो चुके समूहों के मन में बसे हुए प्रेतों से आक्रांत लग रही थी। दोनों समूह एक-दूसरे से डरे हुए, एक-दूसरे के प्रति शक के शिकार और अपनी-अपनी हिफाजत में लगे थे। हिंदू राष्ट्रवाद और उसकी पलटनों ने अपना काम कर दिया था।

हालाँकि हमें हर मोहल्ले में ऐसे हिंदू मिले जिन्होंने अपनी जान जोखिम में डाल कर अपने मुसलमान पड़ोसियों को बचाया था; और एक को छोड़ कर हर मुसलमान ने इस बात की जम कर तारीफ भी की, पर बाहर वालों द्वारा किये जा रहे राजनीतिक तमाशे के प्रति स्थानीय वासियों में पहले जैसी मुँह बिचकाने वाली लापरवाही नहीं दिख रही थी। पहले वे कहते थे कि बाहर वालों द्वारा चलाये गये इस तमाशे ने कुछ स्थानीय लोगों को पैसे और सत्ता का स्वाद चखा दिया है। पहले अयोध्या के कई मुसलमान मंदिर आंदोलन को उपयोगितावादी नजरिये से भी देखते थे, अब यह प्रवृत्ति भी गुजरे जमाने की बात हो चुकी थी। पादुका पूजन कार्यक्रम के लिए हजारों खड़ाऊँएँ मुसलमानों ने ही बनायी थीं, परमहंस को उनके एक मुसलमान दोस्त मुन्नू मियाँ ने काबिल आदमी का खिताब दिया था, यहाँ तक कि कुछ मुसलमानों ने छः दिसंबर की कारसेवा तक में हिस्सा ले लिया था। यह सब दोबारा होना नामुमकिन हो चुका था। जब एक स्थानीय मुसलमान कारसेवक दूसरे कारसेवकों के हाथों मारा गया, तो उसके पड़ोसियों ने उसकी नमाजे-जनाजा में शिरकत करने से इनकार कर दिया।

अयोध्या के मुसलमान ६-७ दिसंबर की घटनाओं को एक लंबे विभाजनकारी सिलसिले के अंग के रूप में देखते हैं। वे डरे हुए हैं, और गुस्से में भी हैं। उन्हें लगता है कि उन्हें स्थानीय हिंदुओं ने नीचा दिखाया है। उन्हें यकीन है कि कम से कम कुछ जगहों पर तो उनके हिंदू पड़ोसियों ने भी उनके ऊपर किये गये अत्याचारों में सचेत रूप से हाथ जरूर बँटाया है। उनके दिलो-दिमाग पर छः दिसंबर के बाद सारे देश में हुए दंगों में हुई एक हजार से ज्यादा मौतों से भी अधिक यह एहसास तारी है कि उन्हें उनके पड़ोसियों ने ही दगा दिया। अब्दुल सत्तार बंबई जाकर बसने का मन बना

चुके थे। वहाँ उनका बेटा सिलाई का धंधा करता है। अब्दुल हफीज को अयोध्या छोड़ने के लिए कर्फ्यू हटने और अपने लोगों के वापस आने का इंतजार था।

दूसरी तरफ, आठ से दस साल के बीच के कुछ बच्चे इस बात पर अड़े हुए थे कि वे अयोध्या छोड़कर नहीं जाएँगे। उनमें से एक ने पास के बाग में छिपकर अपने मोहल्ले का विनाश आँखों से देखा था। उसने कहा, 'हम बंदूक चलाना और फिलिस्तीनियों की तरह लड़ना सीखेंगे।' जब हमने पूछा कि उसे फिलिस्तीनियों के बारे में क्या पता है, तो उसने बताया कि 'ताकतवर लोग सालों से फिलिस्तीनियों का नामो-निशान मिटाने में जुटे हैं, लेकिन कामयाब नहीं हो पा रहे। क्योंकि फिलिस्तीनी बहादुरी से बंदूकों के जरिये उनका सामना कर रहे हैं। हम भी ऐसा ही करेंगे।' दूसरे बच्चे इस बात से सहमत थे।

सहनवा

फैजाबाद से कुछ मील दूर सुल्तानपुर जाने वाली सड़क पर सहनवा नाम का एक गाँव है। उसकी आबादी में हिंदू और मुसलमान लगभग बराबर-बराबर हैं। ज्यादातर की रोजी खेती या उससे जुड़े धंधों पर टिकी है। पूर्वी उत्तर प्रदेश के अनगिनत शांत गाँवों से सहनवा किसी भी तरह अलग नहीं है। १९९० में करासेवकों द्वारा बाबरी मस्जिद पर किये गये पहले हमले के वक्त एक वृत्तचित्र बनाने वाले दल के साथ यात्रा करते हुए हमारा एक साथी अनायास ही सहनवा पहुँच गया था। मकसद था अयोध्या के नजदीक ग्रामीण फैजाबाद के कुछ मुसलमानों के मानस में झाँकना। इस गाँव के लोगों को हमारे साथी ने भले ही भुला दिया हो, पर हमें बाद में पता चला कि गाँव वालों ने उसे नहीं भुलाया है।

पाठकों को यह भी याद होगा कि बातचीत के दौरान नृत्यगोपाल दास ने सहनवा गाँव का जिक्र किया था। उनके अनुसार स्थानीय शियाओं की तरफ से विवाद के हल के रूप में बाबरी मस्जिद को इसी गाँव में स्थानांतरित करने का प्रस्ताव आया था। नृत्यगोपाल दास के मुताबिक १५२८ में जिस मीर बाकी ने यह मस्जिद बनवाई थी, उसे यहीं दफनाया गया था और उसके वंशज आज भी इसी गाँव में रहते हैं। रामचंद्र परमहंस ने भी तकरीबन यही बात कही थी।

अयोध्या के अपने दौरे के आखिर में अचानक हमें खयाल आया कि हमें सहनवा गाँव भी जाना चाहिए—अगर और कुछ नहीं तो केवल यह

देखने के लिए कि मीर बाकी के वंशजों ने अयोध्या की दुखांत घटनाओं पर क्या प्रतिक्रिया की होगी। आखिर वे उसी मीर बाकी के वंशज हैं जिसकी फौजों ने मध्ययुग में कई जीतें हासिल की होंगी, और जिस मीर बाकी को सबसे बड़े हिंदू-विरोधी के रूप में पेश किया जा रहा है। हमें लगा कि शायद सहनवा की यात्रा से हमें हमारी कहानी का उपयुक्त उपसंहार मिल जाए।

सूरज डूबने के बाद हम उस गाँव में पहुँचे और एक गाँववाले से मीर बाकी के वंशजों के घर ले जाने के लिए कहा। वह गाँववाला मुसलमान था, और हमें पिछले दौरे के कारण जानता भी था। वह फटाफट हमारी कार में बैठकर गाँव के बाहरी इलाके में बने एक घर की तरफ ले गया। वहाँ पहुँच कर वह भीतर चला गया और जल्दी ही एक चारपाई लायी गयी जिस पर हम लोग बैठ गये। कुछ मिनटों के बाद एक लंबा, गोरा, नीली आँखों वाला पकी उम्र का व्यक्ति बाहर आया। उसने स्थानीय बोली में हमारा अभिवादन किया। देखने से ही लग रहा था कि वह शख्स एक कुलीन परिवार में जन्मा एक प्रतिष्ठित किसान है। जाहिर था कि वही व्यक्ति घर का मालिक था और उसी के साथ हमारा परिचय कराया जाने वाला था।

हमने अभी उस व्यक्ति से पूछा ही था कि क्या अयोध्या में सहनवा और मीर बाकी के वंशजों के बारे में कही जा रही बातें सही हैं कि उसके जवाब देने से पहले वहाँ काफी लोग जमा हो गये। उनमें से कई खेतों से और कई पास की एक मस्जिद से लौट रहे थे। इन्हीं लोगों के बीच से एक-दो बुजुर्गों ने जोर की आवाज में कहा कि मीर बाकी के वंशजों वाली बात बकवास है। 'हमारा मीर बाकी से कोई वास्ता नहीं है। वह न कभी यहाँ आया, और यहाँ उसका इंतकाल तो हुआ ही नहीं। अगर उसकी मौत यहाँ हुई होती तो क्या इतने अहम आदमी का कोई मकबरा या कब्र तो यहाँ होती।' एक बुजुर्ग ने सख्ती से कहा, 'अब आप लोग यहाँ से जाकर यही सब बातें लिखेंगे और हमारे गाँव पर हमला हो जाएगा। हमें आप अकेला छोड़ दाजिए।' इस बात से बाकी लोग भी सहमत थे। उन्होंने हमसे आग्रह किया कि हम लोग झूठी बातों पर यकीन न करें। ये तो विहिप के स्थानीय कारकुनों की उड़ाई हुई बातें हैं ताकि कारसेवक सहनवा पर कहर बनकर टूट पड़ें और हमारा पूरा गाँव तबाह हो जाए। उन्होंने बताया कि गाँव में २४ घंटे पहरा देने वाले दल गठित किये गये हैं और गाँव का पूरा मुसलमान्न समुदाय लगातार दहशत में रहता है। उसे डर है कि बाहर वाले कभी भी हमला कर सकते हैं। उन्होंने बाबरी मस्जिद के आखिरी इमाम के दो पौत्रों

से भी हमें मिलवाया जिनके पिताओं को अयोध्या में सात दिसंबर का दंगा निगल गया था। दोनों बालक सदमे में लग रहे थे। रोते-रोते उनकी आँखें लाल होकर सूज गयी थीं।

हम थोड़ी देर तक उन लोगों के साथ रहे। हमारे एक साथी ने गाँववालों से वायदा किया कि वह उस वृत्तचित्र का एक वीडियो कैसेट भेजेगा जिसकी आंशिक शूटिंग उसी गाँव में हुई थी। लेकिन, उस समय तक साफ हो चुका था कि मीर बाकी के वंशजों को तलाश कर अयोध्या की घटनाओं पर उनकी प्रतिक्रिया लेने की कोशिश करना बेकार है। जब हम जाने के लिए उठ ही रहे थे कि बातचीत में कुशल एक स्थानीय दूकानदार हमें किनारे ले गया। उसने बताया कि हिंदी पत्रिका *माया* गाँववालों से बात करके सहनवा और मीर बाकी के रिश्तों पर एक स्टोरी छाप चुकी है। गाँववालों को उस समय लगा था कि शायद एक लोकप्रिय पत्रिका में उनकी बातें छप जाएँगी तो उन्हें भी कुछ मशहूरी मिल जाएगी। दूकानदार के मुताबिक 'उन्हीं झूठी बातों के कारण अब ये लोग परेशानी झेल रहे हैं।' जाहिर है कि मीर बाकी के दृष्टांत का पीछा करते-करते सहनवा आने वाले केवल हम लोग ही नहीं थे। गाँववालों ने बताया कि कई भारतीय और विदेशी पत्रकार, टेलीविजन प्रोड्यूसर और यहाँ तक कि अमेरिकी विश्वविद्यालय का प्रोफेसर इसी मकसद से यहाँ आ चुका था। 'उनसे भी हमने यही सब बातें कही थीं।'

अँधेरा होने लगा था। गाँव से चलते समय एक एहसास अचानक हम पर तारी हो गया कि मीर बाकी चाहे जो भी रहा हो, उसके वंशजों का मध्ययुग के फौजी सरदारों की किसी सामंतशाही से कोई ताल्लुक नहीं रह गया था। पूर्वी उत्तर प्रदेश के एक मामूली से गाँव में एक आक्रांत समुदाय के डरों और बेचैनियों की छाया के तले वे भी अवध के किसानों की साधारण दुनिया के अंग थे।

संदर्भ और टिप्पणियाँ

१. *जनसत्ता*, १८ जुलाई, १९९२
२. *जनसत्ता*, १६ जुलाई १९९२
३. चार दिसंबर तक राजेंद्र सिंह का धीरज चुकने लगा था। कहा जाता है कि उन्होंने एक मध्यस्थ के सामने टिप्पणी की कि जिन लोगों ने *परिवार* के साथ गद्दारी की है उन्हें सबक जरूर सिखाया जाएगा। राजेंद्र सिंह के ये उद्‌गार अयोध्या में डेरा डाले हुए संघ के नेताओं को जब पता चले तो उन्होंने इन्हें उस अंतिम सहमति के रूप में लिया जिसका वे इंतजार कर रहे थे।

४. संजय काव, 'ए कारसेवक फॉर थ्री डेज', *दि स्टेट्समेन,* ४ दिसंबर १९९२,; और 'फेनेटिसिज्म इन यूनीफॉर्म', उपरोक्त, ५ दिसंबर १९९२; स्वतंत्र पत्रकार संजय काव को कारसेवकों की कतारों में भर्ती होने के लिए काफी हाथ-पैर मारने पड़े। उन्होंने अपनी रपटों में दिखाया है कि कारसेवकों की भर्ती पर संघ का नियंत्रण कितना कड़ा था। काव की गवाही साफ तौर पर दिखाती है कि ६ दिसंबर की घटनाएँ केंद्रीकृत, पूरी तरह संगठित और निर्देशित थीं। सरकारी सुरक्षा एजेंसियों के साथ पूरी तरह तालमेल कर लिया गया था। पत्रकारों पर निगाह रखना और कारसेवकों की निगरानी भी इस नियोजन का अंग था।

५. खासतौर पर गुजरात के संदर्भ में अध्याय पाँच देखें। इसमें बताया गया कि अयोध्या जाने वाले कारसेवकों की सामाजिक पृष्ठभूमि बदलने के पीछे राजनीतिक प्रक्रिया की क्या भूमिका थी।

६. उपरोक्त।

७. अजय बोस, 'कॉट इन ए डिलेमा', *दि पायनियर,* १ दिसंबर १९९२; बोस की खबरों से यह भी पता लगता है कि सामान्य तौर पर संयमित रहने वाले आडवाणी अपने आपे में नहीं लग रहे थे। 'विश्वसनीय और सीधी बात' करने के बजाय वे 'तनावग्रस्त और चिड़चिड़े' हो गये थे। भाजपा का पूरा नेतृत्व ही इस तरह की दुविधा में फँसा लग रहा था।

पहले आडवाणी को छः दिसंबर की सुबह अयोध्या पहुँचना था। उनके साथ वे पत्रकार भी वहाँ जाने वाले थे जो उनकी यात्रा में उनके साथ रहे थे। सवाल यह है कि आडवाणी ने कार्यक्रम क्यों बदला और वे एक दिन पहले शाम को क्यों पहुँचे? जाहिर है कि वे उसी शाम और अगली सुबह कटियार के घर में होने वाली कमराबंद बैठक में हिस्सा लेना चाहते थे। इन बैठकों में शिव सेना के मोरेश्वर सावे, संघ के के.एस. सुदर्शन और एच.वी. शेषाद्रि, भाजपा के प्रमोद महाजन और कटियार और सिंघल ने भी हिस्सा लिया था। कुछ रपटों के अनुसार जब आडवाणी इस बैठक से निकले तो उनका चेहरा बहुत चिंतित लग रहा था। देखें : सिटीजंस ट्रिब्युनल ऑन अयोध्या, *रिपोर्ट ऑव दि इनक्वारी* (सिटीजंस ट्रिब्युनल ऑन अयोध्या, नयी दिल्ली, १९९३); कुछ रपटों का कहना था कि कुछ हमलावर तेवर के कारसेवकों ने कटियार के घर के बाहर जमा होकर आडवाणी के खिलाफ नारेबाजी भी की।

८. अमित प्रकाश, 'आडवाणी डिनाइज मेकिंग ''शॉवल एंड ब्रिक्स'' स्टेटमेंट', *दि पॉयनियर,* ९ दिसंबर १९९२

९. कंचन गुप्ता, 'कारसेवा कांट बी सिंबोलिक, सेज कटियार', *दि पायनियर,* १ दिसंबर १९९२

१०. छः दिसंबर के बाद भाजपा की पहली प्रेस कान्फ्रेंस में जब वाजपेयी से पूछा गया कि वे लखनऊ में पाँच दिसंबर को होने के बावजूद कारसेवा करने अयोध्या क्यों नहीं गये, तो वाजपेयी ने एक ऐसी बात कही जो बाद में लगा कि उनके मुँह से धोखे से निकल गयी होगी। उन्होंने कहा कि बाद में दिल्ली में भी तो कोई सँभालने वाला चाहिए था।

११. सात दिसंबर के बात अस्पतालों में भर्ती किये गये कई कारसेवकों के दिमागी खलल

के बारे में भी एक अखबार ने खबर छापी थी। विश्वजीत बनर्जी, 'सेवक्स फाउंड टु बी मेटली इल', *दि पायनियर,* २४ दिसंबर, १९९२; कारसेवकों का इलाज कर रहे दिमाग के डॉक्टर के अनुसार उन्हें कई किस्म की दिक्कतें थीं जिनमें श्रवण संबंधी भ्रम, अनिद्रा रोग, संभ्रांति (पेरानोइया) और आक्रामकता की समस्या ने उन्हें ज्यादा परेशान कर रखा था। डॉक्टर के अनुसार संभवत: गरीबी, बेरोजगारी और निरक्षरता का भी इन बीमारियों में योगदान था। ठीक इलाज न मिलने के कारण वे धर्म के फेर में ज्यादा फँस गये थे। इन मरीजों के पास थैले भर-भर कर ऐसी चिट्ठियाँ बरामद हुईं जिनमें अंट-शंट बातें लिखी हुई थीं। ज्यादातर पत्र राष्ट्रपति, प्रधानमंत्री और उप्र के मुख्यमंत्री को संबोधित थे।

१२. कम से कम एक खबर तो ऐसी छपी ही थी जिसके अनुसार आडवाणी ने एक बार कारसेवा रोकने की आधी-अधूरी कोशिश जरूर की थी, पर जल्दी ही उन्होंने हार मान ली। कुछ ब्योरों के अनुसार सिंघल ने उन पगलाये हुए कारसेवकों को रोकने का प्रयास किया था जो आडवाणी के कपड़े खींचने पर आमादा थे। *दि पायनियर,* १० दिसंबर १९९२

१३. इन घटनाओं को वीडियो न्यूज मेगजीन *न्यूजट्रैक* के जनवरी १९९३ के अंक में दिखाया गया है।

१४. ६ दिसंबर की घटनाओं के बाद राय को मुअत्तिल कर दिया गया। बाद में राय ने सार्वजनिक रूप से इच्छा व्यक्त की कि वे भाजपा के टिकट से विधानसभा का चुनाव लड़ना चाहते हैं।

१५. चंदन मित्रा, 'कंट्रोल रूम देट हैड नो कंट्रोल', *दि हिंदुस्तान टाइम्स,* ८ दिसंबर १९९२

१६. उपरोक्त।

१७. उपरोक्त।

१८. मंदिर आंदोलन ने उसके भागीदारों में अपने लिए किस स्तर की दीवानगी पैदा कर दी थी, इसका अंदाजा पुलिस की रपटों से लगाया जा सकता है जिनके मुताबिक उस दिन ८९६ कारसेवक घायल हुए थे। सिटीजंस ट्रिब्युनल ऑन अयोध्या, *रिपोर्ट ऑव दि इनक्वारी* (सिटीजंस ट्रिब्युनल ऑन अयोध्या, नयी दिल्ली, १९९३), पृष्ठ १५५; हालाँकि घटनाक्रम के हमारे वर्णन में पूर्व-योजना और साजिश के पहलुओं पर जोर दिया गया है, पर कुछ युवक कारसेवक विचारधारात्मक और नैतिक आवेग के शिकार भी थे। इनके अलावा कुछ पकी उम्र के कारसेवकों पर धार्मिकता के प्रभाव को भी कम करके नहीं आँका जा सकता। कहना न होगा कि पूर्व योजना बहुत सटीक नहीं थी और साजिश के आयाम भी बहुत व्यापक नहीं थे, वरना कई कारसेवक घायल होने से बच सकते थे। कुछ युवक कारसेवक तो इसलिए घायल हो गये कि उन्होंने क्रोध के आवेग में मस्जिद को खाली हाथों ही तोड़ने की कोशिश की। नेताओं पर इस आवेग का असर नहीं दिख रहा था, पर अनुयायियों पर उसका प्रभाव स्पष्ट था।

१९. उदाहरण के लिए देखें : सरोज नागी और वृंदा गोपीनाथ, 'मीडिया अटेक्ड टु स्टोप डिमोलीशन फोटोज़', *दि पायनियर,* १४ दिसंबर १९९२; 'प्रेसीडेंट हियर्स मीडियाज़ होरिफिक टेल्स', *दि पायनियर,* १० दिसबंर १९९२; पाँच दिसंबर को भी अयोध्या

में एक जर्मन टेलीविजन दल की कारसेवकों ने ठुकाई लगाई थी।

२०. पाठक जानते ही होंगे कि यह विजय यात्रा अयोध्या के अलावा भी कई जगहों पर हिंसा के निशान छोड़ती चली गयी थी। इसके एक नमूने के लिए देखें : '१५ कश्मीरी स्टूडेंट्स थ्रोन ऑफ रनिंग ट्रेन', *दि टाइम्स ऑव इंडिया,* १३ दिसंबर १९९२

अनुक्रमणिका

लेखक और अनुवादक परिचय

आशिस नंदी

अंतर्राष्ट्रीय ख्याति के समाज-मनोविद; आधुनिकतावाद, सेकुलरवाद और राष्ट्रवाद के प्रखर आलोचक; सांस्कृतिक-राजनीतिक संदर्भ में यूरोकेंद्रीयता के खिलाफ एशियायी सांस्कृतिक दावेदारी के प्रमुख पैरोकार; समरूप सांस्कृतिक महाआख्यानों के मुकाबले लघु संस्कृतियों को प्रमुखता देने के पक्षधर; आधुनिकतावादी सेकुलरवाद से लेकर हिंदुत्ववादी सांप्रदायिकता का प्रबल विरोध। **विकासशील समाज अध्ययन पीठ** के साथ आजीवन जुड़े रहे प्रोफेसर नंदी ने समाज-मनोविज्ञान के दायरे में राजनीति, कला, साहित्य, संस्कृति, सिनेमा और खेल पर विशद वांङ्मय की रचना की है।

शिखा त्रिवेदी

अंग्रेजी और हिंदी की प्रतिष्ठित पत्रकार। **इलस्ट्रेटिड वीकली ऑव इंडिया** में काम करने के बाद **इकॉनॉमिक टाइम्स** की फीचर संपादक रहीं। प्रिंट के साथ-साथ टी.वी. मीडिया में भी सक्रिय; आजकल एनडीटीवी, नयी दिल्ली के साथ संबद्ध। जाति राजनीति और जातिगत टकराव से संबंधित रपटों के लिए सुविख्यात। २००३ में पत्रकारिता में योगदान, खासतौर से गुजरात के दंगों की खबर देने के लिए **चमेली देवी पुरस्कार** जीता। १९९०-९३ के दौरान **विकासशील समाज अध्ययन पीठ** में एक शोध परियोजना (यूनाइटिड नेशंस रिसर्च इंस्टीट्यूट फॉर सोशल डिवेलपमेंट द्वारा आंशिक रूप से प्रायोजित) के तहत विजिटिंग फैलो के रूप में काम करते हुए अयोध्या संबंधित अध्ययन में भागीदारी की, और उसके बाद अयोध्या के सामाजिक-राजनीतिक घटनाक्रम में बराबर दिलचस्पी बनाए रखी।

शैल मायाराम

राजनीतिक विज्ञान के अध्ययन के बावजूद इतिहास, मानवशास्त्र और साहित्यालोचना के माध्यम से अपनी शोध-सामग्री एकत्रित करने का अनुशासन विकसित करने वाली विद्वान। राज्य-रचना, इतिहास-दर्शन, बहुसंस्कृतिवाद, धर्मों के तुलनात्मक अध्ययन, धर्मांतरण,

प्रेतबाधा और शामनों की परिघटना, वाचिक परंपरा के महाकाव्यों, लैंगिक परिप्रेक्ष्य और शासनकला के अध्ययन में रुचि। सबाल्टर्न स्टडीज़ संपादक मंडल की सदस्य। आजकल टकराव, धर्मांतरण और सहअस्तित्व संबंधी विमर्श के संदर्भ में समुदायों की अन्योन्क्रिया के साथ-साथ एशियायी शहरों पर संस्कृतियों के परस्पर व्यापी परिप्रेक्ष्य पर अध्ययन-मनन। **विकासशील समाज अध्ययन पीठ** में सीनियर फैलो।

अच्युत याग्निक

गुजरात के प्रमुख बुद्धिजीवी और सामाजिक कार्यकर्ता। पश्चिमी भारत के कमजोर समुदायों के बीच काम करने वाली स्वयंसेवी संस्था **सेतु** (सेंटर फॉर सोशल नॉलिज एंड एक्शन, अहमदाबाद) के निदेशक। गुजरात विश्वविद्यालय में डिवेलपमेंट कम्युनिकेशंस का अध्यापन करने के साथ-साथ बेहद कमजोर तबकों के जीवन और जीविका के अधिकारों के लिए संघर्ष करने वाले **फोरम-२१** नामक राष्ट्रीय मंच का समन्यव। याग्निक पत्रकारिता भी रहे हैं और **विकासशील समाज अध्ययन पीठ के लोकायन** कार्यक्रम के गुजरात स्थित समन्यवक भी रहे हैं। पीपुल्स यूनियन फॉर सिविल लिबर्टी की गुजरात इकाई के महामंत्री रह चुके याग्निक गुजराती शोध पत्रिका अर्थात के संस्थापक-संपादक भी रह चुके हैं। यूनाइटिड नेशंस यूनिवर्सिटी, टोक्यो के सलाहकार और फैलो रह चुके याग्निक ने **इकॉनॉमिक एंड पॉलिटिकल वीकली** के गुजरात स्थित प्रतिनिधि की भूमिका भी निभाई है।

अभय कुमार दुबे

लेखक, संपादक, अनुवादक और अनुसंधानकर्ता। नक्सलवादी आंदोलन से लंबा जुड़ाव। एक्सप्रेस समूह के **दैनिक जनसत्ता** में काम करने के बाद **विकासशील समाज अध्ययन पीठ** में **भारतीय भाषा कार्यक्रम** के संपादक। नक्सलवादी आंदोलन, दलित आंदोलन, सांप्रदायिकता, सेकुलरवाद, भूमंडलीकरण, नारी मुक्ति आंदोलन, यौनिकता और संस्कृति संबंधी विषयों पर अध्ययन। सिनेमा और खेल पर भी लेखन। कई पुस्तकें प्रकाशित।